《剑桥文学批评史》翻译与研究

国家社科基金重大项目资助

REFLECTIONS ON PLATO'S POETICS

柏拉图诗学新探

王柯平 〔澳〕本尼特兹 主编

北京大学出版社
PEKING UNIVERSITY PRESS

图书在版编目（CIP）数据

柏拉图诗学新探 / 王柯平，（澳）本尼特兹（Rick Benitez）主编. —北京：北京大学出版社，2016.11
　　ISBN 978-7-301-27691-4

　　Ⅰ.①柏⋯　Ⅱ.①王⋯　②本⋯　Ⅲ.①柏拉图（Plato 前427—前347）—诗学—思想评论　Ⅳ.①B502.232

中国版本图书馆CIP数据核字（2016）第255765号

书　　　名	柏拉图诗学新探 BOLATU SHIXUE XIN TAN
著作责任者	王柯平　〔澳〕本尼特兹（Rick Benitez）　主编
责任编辑	张文礼
标准书号	ISBN 978-7-301-27691-4
出版发行	北京大学出版社
地　　　址	北京市海淀区成府路205号　100871
网　　　址	http://www.pup.cn　新浪微博：@北京大学出版社
电子信箱	pkuwsz@126.com
电　　　话	邮购部 62752015　发行部 62750672　编辑部 62767315
印　刷　者	北京中科印刷有限公司
经　销　者	新华书店
	710毫米×1000毫米　16开本　20.75印张　351千字 2016年11月第1版　2016年11月第1次印刷
定　　　价	55.00元

未经许可，不得以任何方式复制或抄袭本书之部分或全部内容。
版权所有，侵权必究
举报电话：010-62752024　电子信箱：fd@pup.pku.edu.cn
图书如有印装质量问题，请与出版部联系，电话：010-62756370

目 录

撰稿人 / 001

绪论　历史意识与古典研究 / 001
　　跨文化对话与历史意识　王柯平 撰 / 003
　　中国的西方古典学　黄薇薇 撰 / 020

上编　柏拉图与诗 / 027
　　柏拉图与艺术　汤姆·罗宾逊 撰 / 张平 译 / 李莹 校 / 029
　　柏拉图与古希腊悲剧　佩内洛普·默里 撰 / 李思飞 译 /
　　　　　　　　　　　　黄薇薇 校 / 042
　　柏拉图、诗歌与解释学的诸种问题　斯蒂芬·哈里韦尔 撰 /
　　　　　　　　　　　　孙静 译 / 黄薇薇 校 / 061
　　冥府的"扩建"　安东尼·霍普 撰 / 黄水石 译 / 李向利 校 / 081

中编　介入模式：哲学与诗 / 093
　　随苏格拉底释诗——游戏诗意　凯瑟琳·克罗贝尔 撰 / 何博超 译 / 095
　　柏拉图、荷马与教养诗学　安格斯·鲍威 撰 / 黄薇薇 译 / 126
　　柏拉图之绝唱——来世的诗性神话　杰拉德·纳达夫 撰 /
　　　　　　　　　　　　张睿靖 译 / 李莹 校 / 145

下编　对话中的诗学 / 201

　　缪斯的歌者——《伊翁篇》之"磁石喻"释读　王双洪 撰 / 203

　　《普罗塔戈拉篇》中的史诗与喜剧　凯斯里·摩根 撰 / 张睿靖 译 /

　　　　　　　　　　　　　　　　　黄薇薇 校 / 219

　　寓言叙述与权威——柏拉图《会饮篇》的批判诗学

　　　　　　　　瑞克·本尼特兹　玛格丽特·约翰逊 撰 / 胡继华 译 / 239

　　柏拉图《法义》中的灵魂神话　林志猛 撰 / 265

　　《法礼篇》的"至真悲剧"喻说　王柯平 撰 / 279

主要参考文献 / 313

CONTENTS

Contributors / 001

INTRODUCTION: HISTORICAL CONSCIOUSNESS AND CLASSICAL STUDIES

Transcultural Dialogue and Historical Consciousness KEPING WANG / 003

Classical Studies in Modern China WEIWEI HUANG / 020

PART I: PLATO AND POETRY

Plato and the Arts TOM ROBINSON / 029

Plato and Greek Tragedy PENELOPE MURRAY / 042

Plato, Poetry and the Problems of Hermeneutics STEPHEN HALLIWELL / 061

Extensions for the House of Hades ANTHONY HOOPER / 081

PART II: MODES OF ENGAGEMENT, PHILOSOPHY AND POETRY

Interpreting Poetry with Socrates: Playing with Meanings
  CATHERINE COLLOBERT / 095

Plato, Homer and the Poetics of Politeness ANGUS BOWIE / 126

Poetic Myths of the Afterlife: Plato's Last Song GERARD NADDAF / 145

PART III POETICS IN PARTICULAR DIALOGUES

The Muses' Rhapsodes: The Analogy of the Magnetic Stone in Plato's *Ion*
SHUANGHONG WANG / 203

Epic and Comedy in Plato's *Protagoras*   KATHRYN MORGAN / 219

Storytelling and Authority: Critical Poetics in Plato's *Symposium*
RICK BENITEZ AND MARGUERITE JOHNSON / 239

The Myth of the Soul in Plato's *Laws*   ZHIMENG LIN / 265

Plato's Analogy of "the Truest Tragedy" in the *Laws*   KEPING WANG / 279

Bibliography/313

撰稿人

本尼特兹（Rick Benitez） 澳大利亚悉尼大学哲学系教授兼哲学系主任（Professor and Chair in the Department of Philosophy at the University of Sydney, Australia）。

鲍威（Angus Bowie） 英国牛津大学皇后学院院士、副教授兼古典学系主任（Fellow and Tutor, and Chair of the Faculty of Classics at Queen's College, University of Oxford, UK）。

克罗贝尔（Catherine Collobert） 加拿大渥太华大学研究生院导师、副教授（Member of the Faculty of Graduate and Postdoctoral Studies and Associate Professor at the University of Ottawa, Canada）。

哈里韦尔（Stephen Halliwell） 英国学术院院士，圣安德鲁大学希腊文学教授、古典学沃德洛讲席教授（FBA FRSE, Professor of Greek and Wardlaw Professor of Classics at the University of St Andrews, UK）。

霍普（Anthony Hooper） 英国杜伦大学高等研究所助理研究员（Junior Research Fellow of the Institute for Advanced Study at Durham University, UK）。

黄薇薇（Weiwei Huang） 中国北京第二外国语学院跨文化研究院讲师（Lecturer at the Institute of Transcultural Studies, Beijing International Studies University, China）。

约翰逊（Marguerite Johnson） 澳大利亚纽卡斯尔大学古典学副教授（Associate Professor of Classics at the University of Newcastle, Australia）。

林志猛（Zhimeng Lin） 中国浙江大学哲学系副教授（Associate Professor of Classics at the Department of Philosophy, Zhejiang University, China）。

摩根（Kathryn Morgan） 美国洛杉矶加州大学古典学系教授兼主任（Professor and Chair in the Department of Classics at the University of California Los Angeles, USA）。

默里（Penelope Murray） 曾任英国伦敦国王学院与牛津大学圣安妮学院研究员，后创立英国沃维克大学古典学系，荣休教授（Research Fellowships at King's College London and St. Anne's College, Oxford, before becoming a founding member of the Department of Classics at the University of Warwick, UK）。

纳达夫（Gerard Naddaf） 加拿大约克大学哲学系教授（Professor of Philosophy at York University, Canada）。

罗宾逊（Tom Robinson） 加拿大多伦多大学哲学系荣休教授（Emeritus Professor of Philosophy at the University of Toronto, Canada）。

王柯平（Keping Wang） 中国北京第二外国语学院跨文化研究院教授，中国社会科学院哲学所研究员（Professor at Beijing International Studies University, and Fellow of the Institute of Philosophy, Chinese Academy of Social Sciences, China）。

王双洪（Shuanghong Wang） 中国北京社会科学院副研究员（Associate Research Fellow of the Institute of Philosophy, Beijing Academy of Social Sciences, China）。

绪 论

历史意识与古典研究

跨文化对话与历史意识

王柯平 撰

《剑桥文学批评史》共计九卷，首卷专论古典批评（classical criticism），即古希腊罗马文学批评（Greco-Roman literary criticism）。在西方，古希腊文论开一代先河，其中最著名的摹仿论，被视为重要的理论基石，不仅贯穿于整个西方文学、艺术、诗学与美学批评史，而且也影响或改写了非西方的现代文学、艺术、诗学与美学批评史。

中国学界对西方古典批评的研究发端于20世纪初。一百多年来，前辈学者筚路蓝缕，通过成果颇丰的译介和评述，为后世学者的研究奠定了良好基础。新千年以降，中国一批学者在回归经典的思潮中，默默笔耕，陆续汉译出大量西方古典研究文献，进而催生了一批中青年学者从事古典研究的兴趣，相继出版了不少有价值的学术著作。在古希腊诗学领域，新近倡导的跨文化历史研究方法，对于偏重语言分析方法的西方古典研究，不能不说是一种有益的补充或参照。但从总体来看，西方古典研究传统久远、资料丰富、话语强势，处于引领地位，这是不争的事实。为此，中国学者需要与西方同行深化交流，加强合作，在借鉴他者与展开对话的过程中，拓展自身的学术视野，夯实自身的阐释能力，提升自身的研究水平。当然，西方学者对西方古典研究在中国的演进与发展，也表现出特殊的兴趣，希望从中了解中国学者的运思和表述方式，继而反思自己习以为常的治学理路。本部论集所呈，便是彼此竭诚努力推动跨文化对话与交流的一种尝试。

值得说明的是，本部论集的初步设想，源于王柯平与本尼特兹（Rick Benitez）最初的倡议与协作。适逢北京第二外国语学院在迎接校庆五十周年之际，经本尼特兹推荐和王柯平组织，分别邀请国内外十余名专门从事古典学研究的知名学者，于2014年9月在北京成功举办了"柏拉图诗学"国际研讨会（英语交流）。与此同时，还委托黄薇薇博士专门邀请到一批中国青年学者，举办了古典诗学研讨会（汉语交流）。在开幕仪式上，北京第二外国语学院副校长邱鸣（Qiu Ming）教授代表校方和会议筹备组，在热情洋溢的致辞中强调指出：

> 这次会议的主题是关于古希腊哲人柏拉图的诗学思想。众所周知，柏拉图生活在雅斯贝尔斯所言的"轴心时期"。在此时期，也就是在公元前8世纪到公元前2世纪之间，希腊人和中国人并没有多少实际往来或文化交流，但是，两国当时的思想家都对人性、生命、道德与政治等问题进行了深刻的追问与思索，提出了诸多具有原创性的理论与观念，借此为后世奠定了坚实的精神基础。如今，它们作为人类文明的共同遗产，以不同形式反映在人类社会、自然规律、人际关系、人品人格、伦理行为、公平正义、言说意义等领域，其永恒持久的启示功能，在诸多方面为人类世界建立共同价值体系做出了重要贡献。
>
> 作为大学教育工作者，每提到柏拉图这位教育家的大名，每谈及他本人独特的经历以及丰硕的思想成果之时，我们都会自然联想到那所位于雅典西北郊外的"阿加德米（Academia）"学园，即那所由柏拉图于公元前387年创建的学园。作为欧洲第一所颇具盛名的学园，它曾向无数有志青年传授统摄人文科学与自然科学的哲学，吸引着一批又一批的学者来此潜心研读，其中就包括百科全书式哲学家亚里士多德。毋庸置疑，柏拉图学园的创建历史，在成就了自己几百年辉煌的同时，也开创出西方绵延几千年的学术传统，

拓展了人类日益辽远的精神边界。而这一切，都可追溯到柏拉图本人的天赋及其对希腊哲学传统的创造性融合。

今天，我们在此相聚，召开这样一个专题研讨会，其中所彰显出来的，除了理性的惊异和探索之外，还包括对这位先哲的纪念。在这凝聚着敬重之情的纪念中，这位伟大的思想家，透过两千多年的历史帷幕，借助各位与会学者的悉心解读与深入交流，继续向人们娓娓道出其精义所在。可以肯定的是，柏拉图思想中所流溢的智慧，所采用的对话方式，所呈现出的诗性特质，都会穿越历史时空而衍生出丰富多彩的审美意味，开掘出常读常新的玄妙哲理，激发出用之不竭的思想灵感和精神启迪。①

事实上，这次讨论会所安排的个人发言时间与讨论时间相对富裕（分别为 50 分钟），相关问答颇为集中，会场气氛十分热烈，获得与会者高度肯定，由此取得预期交流效果。本部论集堪称明证。其作为中西跨文化对话与交流的结果，英文版书名为《柏拉图诗学反思——2014 年北京论文》(*Reflections on Plato's Poetics: Essays from Beijing 2014*)，由分设在加拿大和澳大利亚的学术印刷与出版公司（Academic Printing and Publishing）付梓，主要传布于海外；中文版由北京大学出版社出版，主要发行于国内。按照主编与出版方先前的商定，该书采用同一封面背景设计，以此作为促进日后继续合作的见证和样板。

本书所集绪论与论文 14 篇，按照结构需要加以编排。② 根据论文内容，分为四个部分。绪论部分以《跨文化对话与历史意识》("Transcultural Dialogue and Historical Consciousness") 为开篇，旨在阐明中西方诗歌

---

① 此讲稿的中英文均由院成纯博士起草，经王柯平教授修改。为了简明起见，此处引用时稍作调整。

② 在这次研讨会上，陈中梅研究员应邀演讲的主题是孔子与柏拉图诗学思想的比较研究，引起国外学者饶有兴致的讨论。本部论集英文版包括陈先生论文 "Dialectician as Poet: Plato's Dialectic and Confucius' Poetry"，中文版根据陈先生意见未将这篇论文包括在内，因为该文先前在国内已经发表。陈先生真诚希望国内青年学者积极参与此类项目。特此说明。

与哲学对话的重要理论意义和现实意义。这不仅涉及诗歌与哲学的历史渊源和内在联系，而且涉及古代先贤的想象与灵视、感悟与思维、缘情与逻辑等诸多方面。与此相关的具体论述，均以不同方式反映在所集论文之中。熟悉这一领域的诸位读者，从中不难看出当前研究柏拉图诗学的某些问题意识、方法策略、切换要点与历史视域等要素。值得关注的是，黄薇薇借此机会，以《中国的西方古典学》（"Classical Studies in Modern China"）为题，扼要综述了古希腊研究在现代中国的发展际遇及其重要成果。这对大多数西方学者来讲，可谓一件比较"陌生"但令其感到"惊异"之事。中国学者如何诠释希腊典籍，如何因革西学方法、如何引入中国学理因素、如何表述自己的体验与见解，都会引起西方同仁的关注与反思，由此会促发一种有益于学术进展的跨文化交流和对话意识。

上编部分侧重探讨柏拉图与诗的特殊关系，包括论文四篇。首先，罗宾逊（Tom Robinson）在《柏拉图与艺术》（"Plato and the Arts"）一文里，分析了柏拉图对艺术的全面看法以及普通读者对柏拉图艺术观的误解。柏拉图在《理想国》里反对过艺术，主要反对的是其所处时代的希腊艺术，尤其是雅典艺术。尽管如此，柏拉图依然重视艺术，肯定好的诗人应像匠人一样，对摹仿之物的原型拥有知识。这样的观点在《蒂迈欧》和《法礼篇》（又译《法律篇》或《法义》）中得到进一步发挥。柏拉图甚至把世界描述成一件艺术品，认为人通过审视世界和摹仿宇宙的完美秩序，就能使失序的灵魂恢复平衡，继而得到有效的医治。在这里，柏拉图借用恩培多克勒"同类相识"的原则来评判艺术，认为美的环境产生美的灵魂，而美的灵魂是有德性的灵魂。在语言艺术表现方面，《法礼篇》堪称范本之一，其特点不同于一般诉诸情感或说谎的语言艺术形式，而是突出语言艺术的教育和道德意义，将正义城邦当作一件艺术品加以建构，借此来培养公民德行，使其成为最完美的艺术形式或"至真悲剧"的组成部分。

其后，默里（Penelope Murray）在《柏拉图与古希腊悲剧》（"Plato

and Greek Tragedy"）一文里指出，柏拉图之所以对诗歌采取审慎乃至批评态度，其主要原因在于诗歌隐含的危险，这一点最为突出地反映在希腊悲剧之中。因为，希腊悲剧所展现的人生观，恰与柏拉图哲学推崇的价值观截然对立。柏拉图谙悉诗歌的感染效应，于是设法把诗性感染力运用到哲学话语之中，其目的性追求在于以哲代诗，即以哲学来取代诗歌在当时享有的文化权威。要知道，文化权威是哲学与诗争论的焦点，这便引致柏拉图将抨击对象锁定在荷马身上，因为后者是诗界的代表，是最强劲的对手。默里认为，柏拉图心目中的英雄，已非传统意义上的英雄，而是他标举的哲人或爱智者。不过，在《法礼篇》中，柏拉图对诗人的态度又有所缓和，允许经过严格挑选的诗人进入城邦，其任务主要在于辅助城邦公民教育，而非一味展示自身的诗才。总之，在争夺塑造文化权威的权力上，柏拉图始终认定这个权力属于哲人或立法者，而不属于诗人。否则，城邦就会陷入难以预料的危险境地。

随后，在《柏拉图、诗歌与解释学的诸种问题》（"Plato, Poetry and the Problems of Hermeneutics"）一文里，哈里韦尔（Stephen Halliwell）特意指出：柏拉图是否在其对话作品中提出一套完整统一的"诗学观"，实属诗学史研究中的重大问题。多数人通常将柏拉图作品中涉及诗学的言论综合起来考虑，试图从中得出有关柏拉图诗学的固定一致的结论，这种做法不太合理。首先，柏拉图创作的是对话体戏剧，而非论文。要在此类对话中归纳其诗学观，绝非易事。再者，除了《伊翁篇》部分内容外，柏拉图在其他作品中并未系统论述"诗学问题"，而只是对诗提出不同看法而已，譬如摹仿、灵感、文类与风格等。但其所言大多前后相异，彼此矛盾，尚无定论。因此，谈论柏拉图的诗学观，应就具体对话中的具体论说进行具体分析，不应预设固定理论模式予以套释，而需从解释学角度出发，注意论证作者、文本与意义的特定关系。另外，不可把苏格拉底的观点与柏拉图本人的观点混为一谈，更不能把柏拉图的观点与我们对其作品的解释混为一谈，否则就会陷入"意向论"的窠臼。事实上，苏格拉底本人向来反对"意向论"，认为诗人既然无法对自己的作品作出确切解释,那就更不会言明自己的确切意向。在论诗过程中,苏格拉底时而采用理性主义的解释模式,时而采用预示性解释模式,但始终认为诗人的意向存在于文本之内,而不能存在于文本之外。总之,柏拉图的诗说或诗学思想并非"一以贯之",而是具有多种向度。因此,探讨柏拉图的诗学观最好是回归文本,按照具体语境进行具体分析,同时需要真诚面对柏拉图诗学的矛盾之处,以免大而化之,囿于主观看法。

另外,在《冥府的"扩建"》("Extensions for the House of Hades")一文里,霍普(Anthony Hooper)借助建筑物"扩建"这一类比,来意指苏格拉底对荷马笔下的冥界所作的新式描述。这种描述既保留原有的基本形貌,同时又增添新的解读空间;既显得相当熟悉,又似乎全然陌生,由此构成了熟悉与陌生的辩证关系。在这里,当熟悉的作用旨在激发读者被动接受某种观点时,陌生的作用则要求读者对其做出更为主动和更具批判性的反思。实际上,苏格拉底以此来促使读者更为仔细地审读他所讲述的细节,促请他们对相关内容进行更有深度的思索。苏格拉底对传统形象的独特挪用方式,在柏拉图的对话作品中成为一种有效的表现手段,其根本目的在于激起听众或读者的哲学式回应。

本书中编部分侧重论述哲学与诗之间的介入模式,相关论文计有三篇。在《随苏格拉底释诗——游戏诗意》("Interpreting Poetry with Socrates: Playing with Meanings")一文里,克罗贝尔(Catherine Collobert)指出:苏格拉底的解诗目的有二:说教和说明。此两者的共同前提是把诗视为一种语言游戏。这类游戏的解释方法主要归纳为寓意解说法(解寓)和举例说明法(例示)两种。寓意解说法是一种诗性解释方法,旨在揭示字里行间的隐微含义。通常,诗歌的真理不在其表,而在其里。诗歌的意象隐含物理学、宇宙论和伦理学等方面的意蕴,揭示这些意蕴乃是寓意解说的主要任务。如此一来,这便预设诗人具有智慧,但其智慧本身并不重要,重要的是诗可为哲学吸收。这便涉及诗是哲学的同源与对立关系。一般而言,哲学的表达方式明确,诗歌的表达方式模糊。二者虽然均能揭示真理，但却有真伪之别。就苏格拉底的解诗方式而论，通常包括驳斥、挑衅与肯定三种策略。至于举例说明法，亦可分为肯定式与挑衅式，此两者比较看重诗的表层含义。为了说明自己的论点而引诗佐证时，苏格拉底惯于从相关语境和需要出发，对诗的表面含义抑或表示支持，抑或表示反对。然而，无论采用寓意解说法还是举例说明法，他都不会拘泥于诗本身的含义，而侧重对诗人意向展开哲学思考。为此，他会操纵诗文，更换诗义。可见，苏格拉底更多地是站在接受者而非诗人的立场来解诗或用诗。在他眼里，诗是开放性作品，解释者享有解释权，有时出于需要不惜杜撰诗义。这一立场形成两种解释原则，即去语境化与反意向论，结果致使诗的整体含义和诗人的意向消于无形。这在某种程度上近乎"以诗逆志"之为作。

在《柏拉图、荷马与教养诗学》（"Plato, Homer and the Poetics of Politeness"）一文里，鲍威（Angus Bowie）着重讨论了柏拉图引用荷马史诗的特殊方式。在柏拉图的对话中，其引用荷马诗句的方式并非是哲学式的，而是商议式的。总体而言，柏拉图一般是在两种情况下以此方式引用荷马：其一是在他批评荷马之时，其二是在对话中的社交场合之上。在后一种情况下，尤其要求审慎而礼貌，以免引起纠结麻烦；同时要求恰当得体，以便取得预期效果。鲍威指出，苏格拉底（柏拉图）在批评荷马时，总是客客气气，唯恐不敬，常以戏谑方式缓和批评氛围，这与苏格拉底式"反讽"相得益彰。运用反讽和幽默的语气，会使批评显得文明优雅，既承认荷马的重要性，也道出荷马的不足处。同样，柏拉图笔下的人物在交谈时，尤其在彼此观点相左时，经常为了避免尴尬或不快，就征用荷马的诗句，抑或借此鼓励对方去回应不太情愿的问题，抑或借此婉拒对方提出的要求。实际上，这是用文明而优雅的方式来掩饰自己明显或潜在的失礼行为。概言之，柏拉图在引用荷马时，总是掌握分寸，拿捏得当，轻松化解尴尬，确保对话氛围，避免陷入僵局，这些都足以彰显出温文尔雅的谈吐与引诗说理的特效。

在《柏拉图之绝唱——来世的诗性神话》（"Poetic Myths of the

Afterlife: Plato's Last Song"）一文里，纳达夫（Gerard Naddaf）侧重探讨从荷马到柏拉图所宣扬的灵魂观和采用的末世论神话，认为该议题不仅在柏拉图的诗学与哲学领域至关重要，而且在整个希腊哲学和宗教领域也是如此。一般而言，希腊人的灵魂观可追溯到全希腊的导师荷马那里。但就灵魂观与末世论的发展来看，情况却复杂得多。因为，在荷马之后，出现了诸多竞相流行的灵魂观和来世论，这些观念浸润沉潜在神话、宗教仪式和"歌唱"文化之中。柏拉图一直思索灵魂问题，从《申辩篇》《高尔吉亚篇》《斐多篇》《理想国》《斐德若篇》《蒂迈欧篇》和《法礼篇》等相关对话来看，柏拉图均论及来世报应与灵魂新生，可以说是"轮回说"的使徒，同时也可以说是"自由意志"的使徒，这一点是对其前辈思想模式的突破。尤其在其巅峰之作《法礼篇》中，柏拉图尽管给我们提供了一种"科学的"末世论，但却把自己视为立法诗人，试图将整个法律章程变成诗歌表演。颇为有趣的是，柏拉图一方面坚持自由意志，另一方面又坚持非理性劝诫，此两者相互博弈，由此形成某种特殊的张力关系，有助于凸显人类灵魂的奥秘与作用，揭示世界目的论的缘由与追求。

  本书下编部分侧重探讨柏拉图特定对话文本中的具体诗学问题，所涉论文五篇。首先，在《缪斯的歌者——〈伊翁篇〉之"磁石喻"释读》（"The Muses' Rhapsodes: The Analogy of the Magnetic Stone in Plato's *Ion*"）一文里，王双洪认为，柏拉图的对话绝不能根据现代学科（诸如文艺学、美学、伦理学）的划分进行分而治之，而应该对柏拉图的问题阈进行整体思考。"磁石喻"是《伊翁篇》中辞采最为华丽的一段。磁石不仅可以吸引铁环，而且可以使之具有磁力，吸引其他铁环，由此形成一个长长的链环。出于同样道理，缪斯赋予诗人灵感，诗人写出优美诗句以传递神的力量，从而形成"神—诗人—诵诗人—观众"的灵感链环。通过与伊翁对话，苏格拉底在此暗示：在这条链环中，诗人不断攀升，接近神灵；诵诗人上下流动，其经历与哲人相若；哲人上升至洞穴外看到真理，再返回洞穴传递真理而遭人嗤笑，诗人或经诵诗人往下传递神的话语却为人接受。柏拉图借此揭示了诗人、诵诗人和哲人在城邦中的位置及其作用，相比之下，诗比哲学更能贴近和影响城邦。

随后，在《〈普罗塔戈拉篇〉中的史诗与喜剧》（"Epic and Comedy in Plato's *Protagoras*"）一文里，摩根（Kathryn Morgan）剖析了《普罗塔戈拉篇》中的多种诗歌样式，探讨了不同的教育宗旨和理念，并且特意指出她自己所关注的问题并非诗的文化功能，而是叙述者苏格拉底和作者柏拉图与他们所传承的诗歌之间的互文关系。通过这种关系，可以揭示出非同寻常的互文效果，揭示出不同文类相互作用的意义。譬如，《普罗塔戈拉篇》与《奥德赛》第十一卷、《普罗塔戈拉篇》与喜剧或谐剧《马屁精》，就结成上述互文关系。若将苏格拉底在卡利阿斯家碰到的人，与奥德修斯下到冥府看到的人进行对比，就会发现普罗塔戈拉相当于荷马笔下的忒瑞西阿斯。根据《马屁精》的残篇，其主要角色包括卡利阿斯、普罗塔戈拉、阿尔喀比亚得与苏格拉底。除了出场人物和戏剧时间之外，《普罗塔戈拉篇》与《马屁精》一剧在情节上也有相似之处，普罗塔戈拉一群人看起来就像是从事喜剧表演的歌队一样。总之，柏拉图的对话中总是隐含着史诗和戏剧的影子，其用意大体有三：一是借用荷马和其他诗人的诗材来表达自己的观点；二是利用荷马笔下的神话故事；三是利用喜剧富有的讽刺意味。这种为作，既涉及引诗，还关乎文体，最终使柏拉图的对话成为哲学戏剧，其创作类型与悲剧和喜剧雷同，兼具悲剧和喜剧的特征。因此，在阅读《普罗塔戈拉篇》时，应从多种文类的角度切入，以便理解柏拉图如何将这些文类化入哲学创作之中。

接着，在《寓言叙述与权威——柏拉图〈会饮篇〉的批判诗学》（"Storytelling and Authority: Critical Poetics in Plato's *Symposium*"）一文里，本尼特兹（Rick Benitez）与约翰逊（Marguerite Johnson）重点分析了阿里斯托芬和第俄提玛关于"爱欲"的"赞辞"或"故事"，其中涉及人物身份质疑、言说权威问题和依据语境解读等诸多方面。特别值得注意的是，柏拉图对诗的兴趣更接近于今日之"解释学"，而非文学批评。对柏拉图而言，一切关于言说和写作的行为，都属于诗学范畴。要知道，诗人的活动并不局限于创写诗歌，也涵盖讲述各种故事、神话和寓言。在柏拉图生活的年代，诗人警句发人深思，"引经据典"蔚然成风，人们一方面赞叹诗人的杰作，一方面质疑诗人的权威，热衷确证诗人所言道理的真伪。柏拉图对待诗人的态度也是如此，《会饮篇》里对诗的多处引用堪称明证。但要看到，这里表面上看似引用传统诗文，实际上是根据各自论证的需要予以篡改或歪曲，其最终用意与原文大相径庭。柏拉图此为的目的，并非要与诗人一决高下，而是意在揭示诗受尊崇的原因。相形之下，阿里斯托芬并未在自己的故事中清楚解释"欲求"是什么，也未打算准确表达"欲求"的含义，更未证明渴望与他人融为一体的说法就是对"爱欲"的上佳描述。严格说来，阿里斯托芬讲述的是一个"分离"的故事，而第俄提玛反倒讲述的是一个"联合"的故事，在连接神—人关系方面，"爱欲"扮演着"中间者"的重要角色。通常，人可以通过趋向智慧的"爱欲"，培养其准确描述事物的能力。概言之，第俄提玛的故事以及相关解释，说明了柏拉图的如下诗学观：诗人必须知道所要讲述的故事是什么，诗人必须准确地表达故事的含义；诗人和诗必须恰如其分地描述选定的对象。

再者，在《柏拉图〈法义〉中的灵魂神话》（"The Myth of the Soul in Plato's Laws"）一文中，林志猛认为，柏拉图通过改编传统诗人的神话，创作出一种别样的灵魂神话。这种神话融合了劝谕与论证，使逻各斯具有诗和神话的形式，并使传统神话蕴涵着理性。柏拉图的灵魂神话既能促使人追求智慧以驯服血气，又能深化人向善的意愿。神话的"咒语"让人意识到自身在宇宙中的位置，认清自己的本性而恪守本分。灵魂命运的神话则使神义论获得根本的维护，从而扭转了传统诗人的命运观：坏人得福，好人遭殃。《法义》卷十中的灵魂神话，突出了整全与部分的关系。万物的照管者着眼于整全的保存和美德，让各部分各司其职。人作为整全中的一分子，也应该趋向整全。人只要依据自己的灵魂本性，各安其位、各司其职，就最有益于整个宇宙变得完善。然而，人对灵魂的去向有很大的意愿性,这取决于一个人欲望的方式和灵魂的性质,涉及天性与教养。柏拉图通过讲述灵魂神话来教育(劝谕)年轻人。此神话是一种诗,一种神话诗,其目的在于培养人的美德,深化人向善的意愿。

最后,在《〈法礼篇〉的"至真悲剧"喻说》("Plato's Analogy of 'the Truest Tragedy' in the Laws")一文里,王柯平着重从悲剧特征、法礼功用与城邦宿命等方面阐释"至真悲剧"喻说的沉奥用意和隐微含义。从悲剧的历史地位来看,"至真悲剧"喻说反映出柏拉图的双重态度:一方面借"悲剧"盛名来凸显《法礼篇》的地位,另一方面用"悲剧"喻说来嘲讽集市诗人及其诗作的价值。从悲剧与法律的应和关系来看,悲剧所激发的恐惧与怜悯,会对观众产生一种警示和教育作用,而法律的惩罚条例,也会对人们产生警示和教育作用,此两者具有某种效应相似性。从悲剧摹仿的内容来看,"至真悲剧"摹仿的是"最美好的生活",目的在于构建一部良法,此"至真悲剧"为立法诗人所创,强调的是严肃的政治体制,反映的是城邦的社会化生活,贬斥的是集市诗人摹仿或再现的戏剧性生活。从悲剧表现的人物类型来看,《法礼篇》中展示的人物都是"善的",符合亚里士多德对悲剧人物性格的规定,但他们所用的话语是理性的而非感性的,所表现的人物是实存的而非虚拟的。从悲剧的语言特征来看,尽管《法礼篇》的表述形式没有直接反映这一特点,但却富有严肃特质,另对娱乐艺术和歌队表演的正确节奏、韵律与内容做出具体规定。整体而论,柏拉图的"至真悲剧"喻说,至少包含政治、宗教与哲学三种向度,相对于正义的悲剧而言,正义的法礼、正义的哲学与正义的宗教三者互动整合,才可能构成作为次好城邦基石的正义德行。总之,柏拉图将次好城邦视为一部艺术杰作,旨在标举法礼的实用价值和立法的理性精神,重在强调法礼高于艺术、理智大于情感、公民德行胜于审美娱乐的基本原则。

从以上研究方法与审视角度来看,柏拉图的诗学思想是多维度的综合体。这种综合体,犹如一面折映光谱的棱镜,呈现出发散与会聚两种趋向。发散亦如外延，见于文学、哲学、政治、伦理、认识、心灵、宇宙、宗教等诸多学说领域之中；会聚近似凝结，归于具有多样性相的诗学领域。柏拉图的每篇对话作品，其诗学论说可谓一木一花，但若将所有对话整体观之，其花木虽然散立，但不乏根连关系，这需要研究者入乎其内予以解之，出乎其外予以观之，从辩证的角度把握其中的异同与悖论，万不可囿于一隅，强行套释而为。

特别需要指出的是，哈里韦尔对刻意追求系统诗学观的"意向论"研究方法提出批评，委实值得中外研究者予以重视和反思。在哈里韦尔看来，至少有三大要素阻止人们去证明柏拉图构建一种固定一致的诗学观：其一是柏拉图与诗之间的悖论性关系源于不同思想线索，这些线索错综复杂地交织在其对话作品之中，故而难以定于一尊、归于一说；其二是苏格拉底的对话本身是一种戏剧形式，不易将对话中所表达的个人观点简单归于柏拉图一人；其三是诗学问题在对话作品中从未以系统方式提出或阐述，相关探讨与争论总是根据不同语境从不同视角予以审视的。这三个因素抑或在学界未达共识，抑或被一些研究者所忽略。此外，在柏拉图对话文本中，对诸如摹仿、灵感、创造力、文学形式、风格、虚构、快乐和戏剧等主题的处理，也从未被教条化为既定信条，更何况处理方式不一，致使不同作品之间存在显著裂缝、沉默乃至变异。按照我个人的理解与实践，比较稳妥而可靠的做法，就是在谨记"一木一花"的同时，也要看到全部对话组成的这片思想之林，而贯穿其中的林中之路，总是伴随着追问与诘难，实则是推理与反驳的辩证之路。沿着这条路前行，我们既要见林，也要见木；既要谙悉林与木之间的整体—部分关系，也要甄别木与木之间的异同—互动关系。唯有如此，我们才能少走弯路，才能尽量减免自以为是、大而化之或削足适履等毛病。要知道，无论柏拉图本人，还是苏格拉底这个历史人物或笔下人物，他们在各篇对话中所共享的策略是贯穿始末的，那就是对于所论问题从不提供固定的或现成的答案，而是千方百计地引导和鼓励读者去二次反思，去不断追问，去继续探索。当然，在此过程中，我们或许难以完全排除强辩式归纳或推理式假设，因为，在学术研究中，我们对诸多事情常常不能确定，但却可以对其进行假设，只不过此类假设应当更加合乎情理，具有更多的正当性、合法性与可靠性。

在这里，还有一点需要再次重申一遍：在柏拉图思想研究领域，发端于 18 世纪末 19 世纪初的体系论范式，其代表人物为特恩曼（Wilhelm Gottlietb Tenneman）、施莱尔马赫（Friedrich E. D. Schleiermacher）和邵瑞（Paul Shorey）等，他们主要根据现有对话文本来总结和绅绎柏拉图的思想体系。以冈察雷兹（Francisco J. Gonzalez）为代表的一些古典学者认为，这第二种范式包括统合论（unitarian）和发展论（developmentalist）两种解释方法，此两者连同秘传论范式（esotericist paradigm）的共同之处在于：它试图从不系统的、零碎的和不设定结论的对话形式中，提炼出一套系统性的柏拉图哲学思想。这几种方法可以归之为"教义论范式"（dogmatic paradigm），与此相对的则是以新学园派（the New Academy）为主要代表的"怀疑论范式"（skeptical paradigm）。前者的目的是要证明柏拉图旨在建立一套哲学理论，后者的目的是要表明柏拉图旨在借助怀疑论的方法来反驳或拒绝发展一套哲学理论，因此运用论辩、诗化和修辞等不同手段，来瓦解自以为是的做法和倡导不设定任何结论的开放性探索之路（open-ended inquiry）。这两种广义上的范式，历史悠久，影响甚大，大多数研究柏拉图的古典学者游历于两者之间。

有鉴于此，冈察雷兹等古典学者意在推行第三种与众不同的范式，也就是他们所谓的"第三条道路"或"第三种方式"（the third way）。这种方式试图把哲学与口语、哲学与修辞、哲学与戏剧、哲学与想象、怀疑论与教义论、成文与不成文的教诲等传统的对立因素，一并纳入追问的范围。一般来讲，探求"第三种方式"的学者尽管有的偏于质疑或反驳，有的偏于建构或印证，但其共同之处在于"非同寻常地重视柏拉图对话中的文学、戏剧与修辞性相，力图避免将研究目的与系统学说的建构或反驳等同起来。相反地，他们认为柏拉图的对话给人以'灵感'，给人提供了一种世界'观'，'劝导'人采取行动，扩展人的'想象力'，

'引领'人自行进行探索，传布一种反思的、实践的和非命题性的知识，或者邀请人参与对话，以便积极探寻真理等等"①。

作为中国读者或研究者，我觉得西方的方法固然可以参考，但不一定要亦步亦趋。其一，我们有良好的历史感，一方面会自觉地设法进入历史，在努力缩短历史文化距离的同时寻求文本中所隐含的历史意义；另一方面会有意识地走出历史，尽可能在现实语境中体悟"温故而知新"的特殊效应和探寻其外延性的现实意义。其二，我们有良好的文学意识，对形象性的隐喻或比喻及其象征意味比较敏感，而柏拉图的对话在结构和修辞上富有戏剧性和文学性，这样有利于引导我们进行思辨性的感知和想象。当然，我们的短处主要在于围绕逻各斯的逻辑实证和哲学思辨方面，这就需要有选择地借鉴西方学者的科学方法与优秀成果。另外，从诗学角度来解读柏拉图的代表作《理想国》，不只是因为"摹仿论"等学说是奠定西方美学或诗学的重要基石，而且是因为诗学兼顾着哲学与文学的基本特征，包含着道德与政治层面上的实践智慧，同时又在对话形式中流溢着"诉诸情感的议论"（ad hominem argumentation），这正是引导人们走出"洞穴"、走向哲学（爱智之学）的有效途径。

再者，对于中国的西方古典学者而言，所谓历史感，也就是历史意识，这其中蕴含一种自觉的文化历史方法。拙作《〈法礼篇〉的道德诗学》曾强调指出，在采用文化历史方法来研习古希腊经典（尤其是柏拉图的对话作品）时，至少应当考虑以下三个要素：

其一，由于时间距离与历史情境的变化，我们对研究对象的理解和认识无论自觉或不自觉，都会基于各自的文化背景、知识结构或现有"前见"，在不断尝试与理智想象中努力接近或涉入相关的历史文化语境，由此得出的阐释结果会或多或少"沾染上"个体性的差异与跨文化的差异。但这并非就是我们的"过错"，而是一代代学人都会遇到的"常

---

① cf. Francisco J. Gonzalez. Ed. *The Third Way: New Directions in Platonic Studies*. Maryland: Rowman & Littlefield Publishers, 1995, pp. 1-2; 3-22.

态",因此我们坚信符合逻辑推演的想象活动是思想的现实与研究的过程。自不待言,凭空的想象无异于虚构,而合理的想象有助于假设。通常,我们不能断定,但我们可以假定。这假定既要建立在言之有据的论证基础之上,也要经得起反驳与批评的严格考验。

其二,对于文化历史的研究应当采用一种超学科的宏观视野,应当将文化历史视为人类精神活动的发展史与演变史。如果我们接受布克哈特的历史观,认为希腊文化是通过实现精神的自由而形成的,相信历史的根本任务在于描写所有能够从美学角度来感受人类精神的活动,那么,我们就需要特别重视希腊神话与艺术这两种表现形式。因为,此两者是希腊人用来在精神层面上调整人世生活的形式。凭借它们,希腊人似乎无须诉诸外力,而是完全通过感官上的直观性便可轻松自如地确保自己的价值诉求。希腊人在这两大领域充分展示和发挥了他们的才智。实际上,正因为拥有了这两种表现和观照形式,"希腊人能够把人类生活的一般结构上升到神圣和艺术的高度……故不再需要任何受某个社会阶层控制的强制性机构,也不需要任何由某些人随意篡改的救赎学说。相反,上述两种形式为希腊人提供了成为自由个体的先决条件,同时在理论上为他们赋予了客观观察周围世界的能力。希腊人描绘了在和谐且有秩序的大千世界中得到充分实现的人类精神,由此,希腊人培养了受'自由意志'支配的客观观察世界的思辨能力,并且把它看作永久的范本"[①]。

其三,无论从神话与艺术(诗乐)还是从宗教与哲学角度来阅读或研究柏拉图的对话作品,我们经常在审视柏拉图对待人生与人类生存状况的态度时,也会自然而然地思索希腊人对待人生与人类生存状况的态度,甚至还会参照彼此态度的际遇,将其作为我们现代人重思自己价值诉求时的垫脚石或支撑点。这样,我们就会自觉地反思其中蕴含的道理

[①] 布克哈特:《世界历史沉思录》,见耶尔恩·吕森:《序言:雅各布·布克哈特的生平与著作》(金寿福译,北京:北京大学出版社,2007年),第 XI 页。

与值得传承的价值,由此进入一种鲜活而动态的历史体验之中。这种历史体验,被克罗齐(Benedetto Croce)称之为一种"作为思想与行动的历史"(la storia come pensiero e come azione)体验。其间,历史阅读、历史叙述与历史判断三位一体,彼此之间相互促动、启迪和深化。在理想条件下,历史所激活的思想,不再是单纯的或被动的思辨,而是主动且理智的行动。因为,在克罗齐看来,唯有"思想作为行动才是积极的,思想既不是对实在的模仿,也不是装实在的容器;思想活动在提出和解决问题中展开,而不是在被动接受实在的片段中展开;因此,思想不在生活之外,思想甚至就是生活职能;这些看法都应视为从笛卡尔和维柯到康德、黑格尔和当代思想家的全部近代哲学的成果"①。这就是说,思想作为行动就在生活之中,就是生活职能本身,就是在提出和解决与生活相关的问题中展开。这里所言的"生活",既关乎希腊人的生活,也关乎现代人的生活,因为人类在生活中所遇到的和所要解决的问题几乎大同小异。在此意义上,克罗齐断言"一切历史都是当代史"。他说:"当生活的发展逐渐需要时,死历史就会复活,过去史就变成现在的。罗马人和希腊人躺在墓穴里,直到文艺复兴欧洲精神重新成熟时,才把他们唤醒";"因此,现在被我们视为编年史的大部分历史,现在对我们沉默不语的文献,将依次被新生活的光辉所照耀,将重新开口说话"。②

---

① 克罗齐:《作为思想和行动的历史》(田时纲译,北京:中国社会科学出版社,2005年),第 23 页。

② 克罗齐:《历史学的理论与历史》(田时纲译,北京:中国人民大学出版社,2012 年)第 11 页。为了证明历史复活的内在动因和历史契机,克罗齐在这里还举例说:"文明的原始形式既粗陋又野蛮,它们静卧着,被忘记了,很少有人关注,或被人误解,直到称作浪漫主义和王朝复辟的欧洲精神的新阶段才获得'同情',即是说,才承认它们是自己现在的兴趣。"(同上书,第 11 页)在论及"一切历史都是现代史"这一命题时,克罗齐试图说明人们在进行思考或将要思考历史事件或文献时,就会根据其精神需要重构它们。因此,对克罗齐来说,所有这些曾经或将要被思考的历史事件或文献,也曾是或将是历史。要不然,"若我们仅限于实在历史,限于我们思想活动实际思考的历史,就会容易发现这种历史对多数人来说,既是同一的,又是当代的。当我所处历史时期的文化进程向我提出(补充说我作为个人,可能多余甚至不确切)有关希腊文明或柏拉图哲学或阿提卡风俗中独特习惯的问题时,那一问题就同我的存在相联系"(同上书,第 4—5 页)。

很显然，克罗齐要求人们从现实需要或生活实际出发，应以具有批判意识的研究去复活过去的历史，并用具有时代精神的思维去解读过去的文献，借此使沉默不语的文献发出振聋发聩的新声，因为，我们会根据自身精神的需要与生活的实际，会在解读与思考过程中重估或重构相关的内容，会在审视历史问题与解决现代问题时将两者加以比照和重思。有鉴于此，可将我所推举的上述方法，称作跨文化历史方法。自不待言，以此来研究柏拉图的经典文本，更需要我们从语言、文献、神话、艺术、文化、历史、学识、判断乃至思想与行动等方面，尽可能做好全方位的准备。①

最后，在本部论集付梓之际，谨向周烈校长、邱鸣副校长和北京第二外国语学院的诸位校领导、跨文化研究院负责人刘俊伟女士与胡继华教授、本次会议筹备组负责人黄薇薇博士与王韵诸位同学深表谢忱！若无他们的大力支持和热情帮助，这次研讨会不可能如期成功举办。与此同时，谨向参与本书翻译的各位同仁与同学诚表谢意！尤其是胡继华教授与何博超副研究员等诸位学者拨冗翻译相关论文，为此部论集的按时出版贡献良多。特别值得一提的是，黄薇薇博士在百忙之中抽出时间，组织人力校对大部分译稿，使编辑工作得以顺利进行，在此谨深表谢忱！作为本书主编，我在审阅文稿过程中，深知古典学论文翻译并非易事，相关释义在中外文表述中难免有所出入，在此诚请读者诸君不吝赐教！

另外，在这部颇具特色的论集付梓之际，谨向北京大学出版社张文礼等诸位编辑表示由衷的感谢！他们的认真负责与辛勤努力，不仅有效地提高了本书的出版质量，而且使其快捷地呈现给各位读者。我真诚期望此类合作将会随着中外学术交流不断深化而继续进行下去。

---

① 王柯平：《〈法礼篇〉的道德诗学》（北京：北京大学出版社，2015 年），第 19—21 页。

中国的西方古典学

黄薇薇 撰

提中国的"西方古典学"（或"古典西学"），是为了跟"西学"在中国的整体研究，尤其专治"现代西学"的研究区分开。把国内学界对西学的研究分为古代和现代，并不是为了区分研究领域和时段，而是为了凸显西学研究的两种学术取向。但是，学术取向并不等于个人喜好，也就是说，研究现代西学的并不纯粹因为喜欢或支持西方的现代思想，而研究古典西学的也并不必然讨厌或贬低西方的现代思想，因为无论是研究西方的现代还是古代，都是立足于中国当下。换言之，西学研究的起点在于中国所处的语境，西学研究的目的在于理解现代中国所面临的问题。这不仅是百年来中国知识人的学问之路，也是当前乃至以后的治学之道。那么，既然殊途同归，二者的取向有何差异？差异就在于对中国问题的来源和实质的认识，以及对问题解决之道的选择。

中国之所以有了"问题"，源于百年前西方文明对中国传统文明的轰击，中国的传统文化和建制乃至于思维方式受到了全面的质疑和抛弃，即造成了中国文化的断裂，因而重建中国文化成了知识人的奋斗目标。可是，拿什么重建？如何重建？长期以来，中国学者一直以为，在哪里跌倒就在哪里站起来，因此一直把研究的目标放在打败了中国传统文化的西方近代或现代思想上，认为中国的失败是因为中国的"古"不能战胜西方的"今"，要想重建中国文化，当然不能仅凭中国的传统，而是要用西方的"今"去寻找中国传统的病灶，进而医治中国的弊病。所谓医治，就是把西方近代和现代的"先进"理论和思想拿来我用。换言之，重建中国文化并不是单纯的恢复中国传统，而是把西方的现代文化移植过来，甚至逐渐替换中国传统文化，建立中国的现代文化。因此，中国的问题就是现代性问题，但实质是中国文化的断裂问题。然而，中国的现代能否建立在西方的现代之上？当然，这并不是主张中国文化的建立要抵制和脱离西方现代文明，闭门造车，而是强调重建过程中，不要简单地依靠复制和替换，因为西方现代思想诞生的背景和面临的问题并不必然适用于中国的现代。那么，重建中国文化的首要任务就应该是精确地理解西方的现代文明，即分析西方现代思想是怎么来的？它们要解决什么问题？这些问题是否在西方古代也存在？如果存在，古人有何见解？古人的观点与今人的观点是否一致？又或者，今人的观点是对古人观点的延续和继承，还是背弃和反叛？因此，研究中国的问题不应该关注于"中西之争"，因而全盘接受西方的现代思想，进而改造中国的传统思想，而应该搞清楚西方现代思想的来源和实质，尤其是与西方古代思想的联系和差异。换言之，研究中国问题的前提是对西方文明和思想有着清晰的把握，尤其对西方的"古今问题"有着清醒的认识。①

西方文明从最宽泛的意义上虽然可以追溯到希腊和罗马的古代文明，但"可以追溯"并不意味着"一脉相承"。日耳曼人进入罗马疆域之后，西方的古代文明确实起到了引领和教化作用，但当欧洲诸国成长起来并试图塑造自己的民族文化时，古代文明就逐渐受到挑战，并随着宗教改革的发展，尤其基督教的分裂而最终呈现出四分五裂的状态。换言之，文艺复兴并不是在恢复和启用古代文明，而是对古代文明的质疑、批判，乃至背离和抛弃。西方近代文明的出现意味着西方文明的断

---

① 关于西学研究与中国问题的详细讨论，请参阅张文涛《古典学与思想史》，见《中国图书评论》2007 年第 9 期。

裂，并由此种下了西方近代乃至现代的诸种问题。那么，如果再把这种断裂的文明植入中国文明的重建，无异于是在中国文明的断裂之上再添一层断裂，在中国问题的基础上再添上西方的问题。因此，要思考中国的问题，当然应该首先回到西方的古代，研究古人如何解决生命以及社会问题，尤其共同体所面临的人应该如何生活（或生活方式）的问题。如果依然跟随西方现代，乃至于后现代，那就会使中国的问题变得更加复杂和困难。

在这种情况下，立足于中国的现代性问题，了然西方古今之争的状态，研究西方的古代才有意义和价值。当然，一旦有了这样的治学目的，对于西方古代的研究就无法用西方"古典学"的学科含义来匡正，因为古典研究并不等于"古典学"研究，西方的古典研究可以追溯到希腊化时代，而"古典学"作为一门学科，乃是西方近代文明兴起以后的产物，包括经典作品的训诂和疏解（古典语文学），以及古代史迹的实证（古代史和考古学）。然而，"古典学"究竟应该强调前者——古代精神品质的延续，还是后者——古代生活的证明，这在西方本身就引起了争论，并促成了"古典学"两个对立的研究方向①，中国对西方的古典研究不应该延续他们的争论，在何为"古典学"问题上纠结，而应该深入地反思何为中国的"古典学"，或者何为"古典西学"，也就是回到开篇提出的中国学者从事西方古典研究的立足点问题。

中国人治西学，出发点是为了反思中国的问题，而不纯粹是西方的问题，之所以强调对古典的研究，也是为了更好地理解古今之争，探寻西方现代问题的根源，从而诊断中国的现代。我们对西方古典的关注，是因为它曾为现代的人类社会提供了一种据说具有普遍性和正当性的生活方式——民主政制。可是，这种方式在诞生之初就受到了质疑。一些心志高贵的圣贤早就对此种生活方式的品质进行了深刻的反思，他们的

---

① 关于"古典学"在西方的学科意义及古典学家们的学科争论，请参阅刘小枫教授论文集《古典学与古今之争》首篇《古典学的何种"传统"》（北京：华夏出版社，2016年）。

作品已成为人类史上第一个民主政制兴衰的见证。当然，对古代民主政制生活品质问题反省得最为深透的，恐怕要数柏拉图、色诺芬、修昔底德以及悲剧和喜剧诗人。然而，倘若没有事先弄清楚荷马、赫西俄德、品达等早期希腊诗人对古代政治生活的看法，要恰切地理解柏拉图等政治哲人对民主政制的批判恐怕不大可能。因此，为了更好地理解这种生活方式的现代遭遇，重新疏解古希腊的经典著作，重新审视古代思想家如何反思当时的政治生活、自然哲学产生的社会影响、诗歌在希腊教育中的作用以及诗哲之争，就是中国人研究古典西学的当务之急，而不是去追问自己的研究究竟符不符合"古典学"的学科定义。

国内目前对西方古典的研究仍然分散在外国哲学、世界历史、比较文学和诗学研究当中。如果按照现代西方大学的建制，尤其"古典学"的学科设置，恐怕会把我们对古典哲学和古典诗学的研究都排除在"古典学"的范畴之外，但那只是按照西方的模式而言，如果把这些研究对中国的学术价值视为对中国问题反思的一部分，我们就可以突破西方学科的限制，建立起中国自己的"西方古典学"。

中国对西方古典作品的研究源远流长。早在16世纪，中国人就开始接触西方的经典作品，但那时只是作为一种异域文化来引介。"五四"之后，中国学者侧重于翻译和引介西方近代和现代的思想，以为能够从中寻找到中国问题的解决之道，在中国掀起"西学"热潮的同时对中国的传统文明产生了重大冲击。随着时代的变迁，越来越多研究者发现，西方现代思想也存在很多问题，而这些问题与西方古代息息相关。由此，进入20世纪二三十年代以后，部分中国学者开始以研究的心态来翻译和引介西方古代经典，希望理清西方古今思想的根源。然而，到了六七十年代，因为处于特殊的历史时期，"西方古典学"在中国的研究进展缓慢。因此，"西方古典学"在中国真正兴盛起来是晚近十年的事情。古代作品的译本逐渐增多，研究视阈更为开阔，研究方法也更为专业和系统，研究成果也非常丰富。更重要的是，"西方古典学"的研究得到了各个高校的支持，比如东北师范大学的世界古典文明史研究所（1984年），北京大学的希腊研究中心（2000 年），中国人民大学的古典文明研究中心（2009 年），以及北京大学的西方古典学中心（2011 年），重庆大学的古典研究中心（2012 年）等先后成立，在全国掀起了"西方古典学"的热潮。

以中国人民大学古典文明研究中心为例①，该中心隶属于文学院，致力于经典著作的翻译和注疏以及通识教育的实施。至 2015 年，该中心与华夏出版社和华东师范大学出版社合作，已编辑出版了近 350 种学术著作。这些著作以"经典与解释"为名，编译西方思想大家对古希腊经典作品翻译、注释和疏解的专著及论文，汇集了英、法、德多种语言国家的学者在古希腊文学、历史和哲学等领域的经典诠释和深刻洞见，分"西方思想家""西方传统"和"经典辑刊"三个丛书系列逐一出版。目前，全国各地已有上百人参与到这项事业中来。

另一方面，为了实施"通识教育"的计划，该中心在文学院的支持下，于 2010 年创办了古典学实验班，面向全校二年级本科生进行跨专业招生，学制三年，迄今已招生五届，共培养本科生 50 多人。学员的课程主要以古希腊语、古典拉丁语和古代汉语为专业基础课；以古希腊—罗马的史诗、悲剧、史书、哲学经典、犹太—基督教历代经典和西方近代文学、哲学、史学、法学经典，以及中国经史子集经典为专业必修课程；兼以古典艺术、西方古典乐理和书法等为专业选修课程。从这些课程的开设可知，中国人民大学正在试图开创自己的古典学专业，其建制和培养方案并没有照搬西方的模式，而是将西方与中国的古典学问融为一体。

除此之外，还有很多前辈一直在为"西方古典学"事业孜孜不倦地

---

① 此处仅以中国人民大学古典文明研究中心为代表，简略展示"西方古典学"近年来在中国发展的情况。关于其他古典研究中心的介绍和取得的成绩并"西方古典学"作为一个学科在中国发展的详细情况，清华大学人文学院的张弢副教授做了非常详尽和清晰的梳理，请参其论文《溯源与辟新——略论中国的西方古典学学科建设》，见《古代文明》2016 年第 1 期，第 2—9 页。

工作着。由于国内的大学还没有设置"古典学"的一级学科，因此这些研究者们只能在各自所属的文、史、哲领域为中国的"西方古典学"研究做出努力和贡献。他们在其所在院校开设古希腊语和拉丁语课程，讲解古代文明，教授柏拉图和亚里士多德的哲学和诗学思想，也出版过很多具有影响力的研究著作。

综上，"西方古典学"在中国开始兴盛，并不意味着西方古代文明取代了西方现代文明在中国的位置，更不意味着西方古代文明取代了中国的传统文明。恰恰相反，这正好反映出中国之真正崛起，因为中国的学者们研究古典西学有自己的立足点和出发点。中国学者之所以重视"西方古典学"，是因为西方古代的先哲比西方现代思想家更早和更深刻地反思了西方和现代文明遭遇的困境，这种困境曾在中国国力比较衰微的时候移入中国，致使中国传统文明受到前所未有的震动和破坏。因此，研究"西方古典学"，是中国重新认识西方文明，反思古今之争的实质性探索，只有清楚地把握了西方由古至今的问题症结，才能为中国文明的困境和危机找到出口。这一过程也折射出部分中国知识分子现有的精神状态，在他们眼里，西方文明是断裂的文明，将断裂的文明引入延续了五千年之久的中国文明会给其造成同样断裂的伤害，中国学者应当认清这样的断裂，反思这样的断裂，以便恢复文明的延续。

迄今，"西方古典学"在中国取得的成就确实令人振奋，但还有很长的路要走。中国学者们满怀喜悦也满怀信心地从事着这个任务，他们相信，古希腊文化和中国传统文明在他们的努力下将重新焕发青春，尽管这个过程充满了艰辛，毕竟：

> 永生神灵在善德和我们之间放置了汗水，通向它的道路既遥远又陡峭，出发处路面且崎岖不平；可是一旦到达其最高处，那以后的路就容易走过，尽管还会遇到困难。
>
> ——赫西俄德《工作与时日》（行289—294）

上 编

柏拉图与诗

柏拉图与艺术

汤姆·罗宾逊 撰 / 张平 译 / 李莹 校

对于许多只是随意翻阅柏拉图作品的读者来说（这类人其实只读过《理想国》这篇主要对话，顶多还读了《会饮篇》和《斐德若篇》），希腊人所理解的艺术似乎多为柏拉图的理想社会（美好城邦，*Kallipolis*）所排斥。美好城邦所接受的，只有部分军事进行曲、品达的部分英雄颂诗、部分伊索寓言，以及类似的作品，还有一些雄伟建筑和雕塑（当然不是全部，假如有一尊雕塑，刻画了阿喀琉斯哀哭帕特罗克洛斯尸体的模样，哪怕它出自菲迪亚斯之手，也同样不合要求）。但是，大部分人认为，在柏拉图看来，大多数古希腊人所理解的艺术可以说是有本质缺陷的，因为这些艺术没有将（超验的）理式（Form）视为原型，还诱发并恶性助长了灵魂中的有害部分。许多人因此错误地假设，柏拉图从根本上否定艺术，包括大多数古希腊人心中认定近乎神圣的艺术，如荷马的诗歌。

在这篇论文中，我希望用一种完全不同的方法来考察柏拉图的艺术观，特别要探讨《蒂迈欧篇》和《法礼篇》。我的首个论断如下：柏拉图在《理想国》里看似否定全体艺术，实则反对的仅是他所处时代的盛行艺术，尤其是雅典艺术。但即使在这种否定中，他也暗示，他有自己的一套出色而积极的理论。关于造型艺术和语言艺术（见《理想国》596 及以下），柏拉图告诉我们，只要作品是对某个或某套恰当理式的摹仿（mimesis），就会成为伟大的艺术作品，这些作品反过来还会在受其感染的人的灵魂中催生德性和智识。柏拉图并未详细指出这些艺术的具体内容，但值得注意的是，即使早在《理想国》中，他已经谈及一位伟大工匠（Great Craftsman），这位工匠制造出最完美的艺术品（恒星和行星，植物和动物——确实，如他所说"天上和地下的一切事物"[《理想国》596c]），参照了永恒不变的原型理式来进行创造，而不是自己原创。他也提到，一位优秀诗人（poietes），会像这位伟大工匠一样了解理式，知道语言艺术同样有其原型，而不仅仅是对"这类理式"的摹仿（《理想国》598d 及以下）。

《理想国》中，提出这些论点的段落所占篇幅虽小，但在我看来意义重大，因为他最终在下面要讨论的两篇对话——《蒂迈欧篇》和《法礼篇》中又回到这些论点。

《蒂迈欧篇》是柏拉图晚年初期的作品，被誉为神学、形而上学、天体物理学、物理学及生物学著作，但极少有人欣赏到其中相当正面的艺术观。恰是通过此篇，柏拉图穷尽所思，精心勾勒出最完美艺术物体（the most perfect art-object）的模样：世界本身，是由最完美的工匠即宇宙的造物主（Demiurge，德穆革）依照"生物"（Living Creature）之理式塑造而成。我称其为物体（object），因为在我看来，柏拉图明确表示，世界跟任何其他物体一样，拥有三个基本特征：其一，世界像其他物体一样可触、可见，拥有体积，抑或说，拥有维度。其二，它也有时间上的起始点。其三，它和世间万物一样，终会消亡（虽然其原子成分会永远存在），除非造物主下令阻止其消亡。

柏拉图更进一步论述道，这已是造物主所能创造的最好世界，一则可使用的材料有限，一则连他自己也要受物理、数学和逻辑法则的约束，他无法让物体在同一地点里同时呈现出两种对立状态，例如让它既方又圆，既可燃又不可燃，等等。因此我们在描述这个世界时要格外小心，它并非所有可能世界中最好的世界，而是在特定条件约束下可实现的最好世界，两者完全不是一回事。柏拉图可不是莱布尼兹，他不会自漏破绽等着伏尔泰嘲笑。

柏拉图还如此说道："世界是已经存在的最美好的事物"，它的造物主是"最佳的动力因"（28b8 及以下）。可以补充一点，造物主德穆革所运用的模型，即"生物"这一理式，从理式角度上定义，称得上是可能存在的最佳模型，而世界则是至高无上的艺术品。柏拉图在文中还畅谈认识世界的正确方式。他说，我们要用视觉这种天赋来欣赏世界，就像我们欣赏帕特农神庙（Parthenon）或普拉克西特利思（Praxiteles）创作的赫耳墨斯那样。《蒂迈欧篇》所做的，就是弥补《理想国》所描述的败坏艺术所造成的损害。如果《理想国》中的败坏艺术会损害灵魂，那么细心观察最伟大的艺术品，即宇宙，就会获得治疗，原先受到的伤害大多能得以消除。

这段话值得引用：

> 神发明了视觉并将它赐予我们，其目的在于让我们观察天上的理智运动，通过将它们应用到我们自身的理智运动上而获益，后者与前者相似，但我们的理智运动常受干扰而天上的理智运动则不受扰乱；学会了解它们，获得正确计算它们的自然能力，我们就可以模仿神完美无误的运动，将自身的无序运动转化成有序运动。（《蒂迈欧篇》47b-c①）

值得注意的是，这里尤其强调艺术的治疗功能，而并非引起所谓的美感（aesthetic sense）的魅力。对于柏拉图来说，出生就是进入一个纷纷扰扰的世界，这样的世界或多或少都会损害灵魂。认识优秀艺术，具体说来就是不断审视最伟大的艺术品，即运动的大宇宙，其目的在于矫正灵魂中的两种圆周运动，柏拉图称之为同与异的两种运动，受生活冲

---

① ［译注］译文参考《柏拉图全集》第 3 卷（王晓朝译，北京：人民出版社，2003 年），第 299 页。

击这两种运动已偏离了正轨。隐藏在这种治疗方法背后的便是著名的恩培多克勒原理（Empedoclean Principle），同类相吸（参 DK B90），同类相生，后一点在自然形式中最显著。根据恩培多克勒原理，世界灵魂的两种圆周运动，即承载恒星及行星、看似完美的圆周运动，当通过视觉运转机制不断被引向渗透人的灵魂时，它们就会复制出实现自身完满的摹本。

加上这个最终原理，柏拉图的普遍艺术理论，特别是将世界作为艺术品的理论所包含的一切要素都齐全了：工匠、用以模仿的模型、创造所需的材料以及根据恩培多克勒原理塑造的艺术成品。需要补充的是，在《蒂迈欧篇》中，柏拉图首先是从智力角度来阐述观察天体及其运动对灵魂产生的益处：从某种程度上被医治好的灵魂现在能够做出更好的判断，具体来说最重要的是关于同异的基本判断。与《理想国》一样，《蒂迈欧篇》中的艺术理论也和一种特殊的形而上学及认识论密切相关。

然而，《蒂迈欧篇》不乏新颖之处，柏拉图在论及城邦体系中非哲学家（non-philosophers）的前途时，语气明显发生了改变。在《理想国》里，只有少数人可以获得理式，特别是善的理式。到了《蒂迈欧篇》，柏拉图允许更多人获得那种高度接近知识的东西（倘若此物还称不上知识），这种情况在其前期对话中几乎不可能发生。不仅仅是哲学家，所有人都可以观察天体，并在此基础上达到灵魂的平衡状态（或者至少从某种程度上改善目前的不平衡状态），即以直接艺术行为为手段，而并非以学习为主要手段，使（灵魂中的）理性复位，控制住冲动。当然，这并非绝对新颖的观点，柏拉图在《理想国》中也有类似的看法，认为艺术环境会产生正面影响或负面影响，完全取决于艺术的品质。但在《蒂迈欧篇》中，柏拉图似乎发现了艺术品在获得知识过程中的特殊价值，无论观察者是谁，这件特殊的艺术品就是自然，而不是菲迪亚斯或者普拉克西特利斯的人工制品。这是《蒂迈欧篇》的独到之处。之前的对话中，美（to kallos）主要指向人工制品之美；而在《蒂迈欧篇》中，柏拉图探讨的艺术品就是宇宙本身，他将美视为宇宙的一大特点。根据恩培多克勒原理，如果造物主是至善的（aristos），那么它创造的任何东西——包括宇宙这整个实体——必定是至美的（kallistos）（30a）。

这是一个强有力的判断，在此当中，柏拉图大胆地从道德领域转向了审美领域，因为他假定恩培多克勒原理不仅可以应用于两领域内部，还可以跨界应用到两领域之间。但我们必须从细节上领会柏拉图的这句话。柏拉图所谈的美不是透纳（Turner）绘画中的日落美，后者的美主要取决于其变动图案及色彩所具有的复杂的难以预测性。柏拉图的美更类似于帕特农神庙的结构美，在他看来，像帕特农神庙这样展现理性（nous）作用、秩序（taxis）及可预测性占主导地位的作品，显然美过一件并未展现理性作用的作品（例如，一块在当代艺术理论中被称为"现成艺术品"的浮木）（30b）。

虽然柏拉图一度推崇苏格拉底的看法及古希腊的普遍艺术观，即美存在于神庙之类的艺术品中、美就是结构的和谐和比例的匀称，他在《蒂迈欧篇》里终于还是把目光转向世界本身，视之为最高艺术品、最美的作品。然而，他关于美好的艺术环境影响灵魂的基本理论并未改变。他依然相信，美好的环境会产生美好的灵魂，而美好的灵魂是有道德的灵魂；相反，丑恶的环境会带来截然不同的后果。这是恩培多克勒原理在不同领域间发挥作用的又一例子，但这次是从审美领域转向道德领域。这里我们还是要细究柏拉图的话语。这里的美严格来说，仅存在于协调的比例当中，即古希腊人最推崇的那种。杰克逊·波洛克（Jackson Pollock）充满随机性和偶然性的绘画不合要求，因为只有具备协调比例的艺术品，才能证明理性的存在。

柏拉图对语言艺术的看法可有变化？要知道他在《理想国》里，特别是在最后一卷中对待文学的态度是相当强硬的。说到这里，我们有必要考察《法礼篇》中常受忽视的一个段落，在我看来此段意义重大。多年以来，一定有许多朋友和学生不断追问柏拉图，他自己的著作在他所倡导的正义社会的教育系统中究竟发挥着什么样的作用，无论是在《理想国》中的美好城邦还是在《法礼篇》中的次好城邦（Magnesia）那里。

最终，在《法礼篇》这部临终前仍在撰写的书中，柏拉图给出了答案，而且是一个意义非凡的答案。

谈及次好城邦的青年教育，谈及哪些诗歌才是适合他们的学习内容，柏拉图提出了标准的问题，法律管理者（Curator of Law）必须保证青年所记诵的诗歌合乎标准（811b及以下）。实际上，雅典人、克利尼亚人和麦吉卢斯所进行的谈话恰恰符合这种标准！这里我们有必要引用整个段落，雅典人先说道：

> 当我回顾你我二人从破晓到现在所进行的谈话时——我确实相信，整个过程有某种神圣的指引 [epipnoia]——尽管如此，在我看来，我们的谈话就像一类诗。当我回顾自己所组织的话语的严密结构，如果可以这么说的话，我感受到了强烈的愉悦感，这并不足为奇。事实上，在我见过或者听过的许多作品中，有韵的或者无韵的，我发现这种谈话最适合让年轻人听。（811c-d，泰勒译文）

他接着又说：

> 因此，我确实以为，我能给法律管理者和教育大臣指出的最佳标准就是这类谈话，他们最应该让教师给学生教授这样的东西，如果教师们在研究中偶然发现与之相关、相似的内容，比如从诗人的作品里，无韵的文学里，甚至是像现在这样的简单口头谈话里，他们绝不能忽视之，而应该马上记录下来。（811d-e，泰勒译文）

> 雅典人最后总结道，法律管理者要做的头等大事就是"强制教师们自己学习并欣赏这类材料……"（811e，泰勒译文）

如果这就是柏拉图的本意（我想这确实就是他的本意），那么他自己的这篇对话——《法礼篇》就是另一件非凡的艺术品。如果我们将《法礼篇》视为"无韵诗",那么它就是次好城邦中青年应当学习的所有诗歌的典范。推而广之,他的全部著作以及其他失传的苏格拉底对话(包括柏拉图本人和苏格拉底其他学生所编),或许都可以纳入这一行列,即他自己所说的"像现在这样的简单口头谈话"。

对于柏拉图来说,《法礼篇》之所以能成为如此完美的艺术品,原因有二:其一,它不同于当时"有问题的"诗歌和戏剧,以谎言(例如:神可能不存在;神可能不善;一生行恶之人可以幸福地死去)为内容。其二,《法礼篇》在形式上诉诸理性而非情感。当时的雅典艺术在这两方面都不合正道,只有《法礼篇》和柏拉图的其他对话在艺术上合乎标准。

那么,次好城邦的公民究竟应该接触哪一类艺术?可以欣赏悲剧或喜剧吗?这些问题的解答显得意义重大。比如,喜剧可以存在吗?可以,但柏拉图认为只能由"奴隶或者雇佣的外邦人"来表演,并且"它们不会受到严肃的考虑"(816e)。悲剧可以存在吗?答案或许是否定的,关于原因,必须详细引用原文加以说明。柏拉图提出这样一个问题:假如有一班悲剧诗人某日造访次好城邦,请求允许他们表演一出悲剧,城邦应该给出怎样的正确答案呢?

雅典人代表城邦发言:

> 为什么是这样,尊敬的客人,我相信我们自己就是悲剧作家,而且知道如何制作最好最优秀的悲剧。事实上,我们整个政体的建构就是对高贵完美生活的戏剧化呈现;这是我们心目中至真的悲剧。因此,你们是诗人,我们也是同一类型的诗人,与你们竞争的艺术家和演员,而且所有戏剧中最优秀的戏剧,确实只有通过真正的法律法规才能产生——至少那是我们的信念。(817b-c)

因此城邦必须首先决定外来诗人的作品是否"适合朗诵",是否"对听众有教化作用"(817d)。他们必须首先向城邦的法官展示他们的作品，法官会说："如果你们的观点与我们所见略同，甚至优于我们，我们就会授予你们一支歌队，但倘若不是如此，我的朋友，恐怕我们永远不能这样做。"（同上）但是柏拉图非常清楚，这种可能性极低，因为他们所构建的城邦已经是"所有戏剧中最优秀的"（817b）。

诗歌和音乐同样会受到严格的控制。"禁止诗人创作任何违反法律和正义、荣誉和善这些普遍标准的作品，在他将作品提交给奉命行事的审查官及法律的护卫者，获得其许可之前，不得随意向任何公民私下展示任何作品。"（801d）这些诗人还必须年满五十岁，并且至少做过一件"高贵而杰出的事情"（829c8-d1）。在最后的分析中，柏拉图坦率地承认，应该表演那些德高望重的诗人的作品，"即使它们缺乏艺术价值"（829d）！柏拉图只是顺口一说，但这句话却传达出丰富的意涵：如果教育的独特目标就是催生和强化道德，那么诗人崇高的道德声望便可以弥补其作品在艺术价值上的缺乏。

探讨到此，我们不妨稍事休息。如果城邦的目标是在良好法律框架下追求真理和道德，柏拉图到此已经亮出一件伟大的道德艺术品，即正义城邦本身，它在日常生活中永远竭力生产着最优秀的悲剧。如此造就的悲剧也从另一角度运用了恩培多克勒原理：柏拉图对话《法礼篇》拥有伟大艺术的品质，作为教化工具，它模仿了次好城邦本身的功能。

成为正义城邦中的公民就意味着在最完美的悲剧中发挥作用，而悲剧又是最完美的艺术形式之一，这一说法令人振奋。此番最后宣言是柏拉图关于构建何种城邦的艺术化表达，而并非他取消艺术的陈述。

上述正是柏拉图的高妙见解。下面，我想揭示这些论断背后的深层原因，考察它们所依据的坚实根基。

我们或许可以从艺术的"匠人"模式开始，苏格拉底、柏拉图及大多数古希腊人似乎都十分认同这种看法。我想，大多数人仍然会同意在隐喻意义上将"现成艺术"（found art）或"自然奇观"（wonders of nature）纳入匠人模式中来（它们"可能是"匠人在适当环境、适当时机和资源下塑造出来的）。适当材料这个概念也是如此，虽然此概念通常指某种成品材料（Stoff），在隐喻意义上它可以再次大范围延伸，超出原有界限（例如，把自己的人生当作艺术品这一说法早已成为老生常谈）。然而，人们究竟需不需要范式（paradigm），更具体地说，比物质对象具有更高真实内容的柏拉图范式，成为饱受争议的问题。亚里士多德进入学园后不久，柏拉图自己便发现了这个困难。我们可以试着用"观念"（甚至"很普遍的观念"或"很模糊的观念"）来代替苏格拉底式／柏拉图式的理式（eidos/idea），但是苏格拉底／柏拉图自己绝不会接受这样的替换。正如苏格拉底在《巴门尼德篇》（Parmenides）中表明的，对于某个特殊的理式，我们脑中肯定会产生一个概念（concept），哪怕是一个模糊的概念，但是概念本身和理式（eidos）不同。虽然如此，许多人还是会这样，他们乐于接受柏拉图的概念论（conceptualism）和本质论（essentialism），却拒绝接受他的超验论（transcendentalism）。换言之，他们认同柏拉图和亚里士多德就此问题所达成的共识，却不愿面对两人的分歧之处。

但非本质论者仍旧不会满意，他们认为大卫或德拉克洛瓦（Delacroix）的英雄式绘画能够顺利进入次好城邦，而杰克逊·波洛克的作品则永远不会被接受。之所以如此，因为他们与本质主义者的分歧始终难以化解：对本质论者来说，艺术有永恒确定的特征；而对非本质论者而言，我们可以随意自由地定义艺术，只要有足够多的人支持我们的观点。非本质论者总把古希腊人的观念视为障碍，因为后者强调和谐、平衡、协调才是艺术品的本质特征；比如，他们会一边愉快地欣赏毕加索的作品，一边几乎毫不迟疑地认为：这些作品永远与次好城邦无缘。

另一个永恒的争论点是艺术的社会政治价值，在此问题上有互不相容的两大阵营，一方高举旗帜宣称一切艺术都必须增强公民和城邦的道德，另一方骄傲地喊着"为艺术而艺术"（ars artis gratia）的口号。前文引用的柏拉图原话完美概括了这种巨大分歧：如果有选择的话，在次好城邦中可以表演德高望重的诗人的作品，"即使它们缺乏艺术价值"。这个观点在柏拉图的世界里完全行得通：如果一个群体的目的（telos）

是让公民过上有德性的生活，有德之人所创作的诗歌或戏剧更有益于（起码更不会危害）社会，即便这些作品毫无艺术价值，也优于道德品行不端者技艺高超的作品，这完全符合古老的恩培多克勒原理——同类相生、同类相吸。

但对于质疑者来说，上述论证是有缺陷的，因为如此一来，瓦格纳的《尼伯龙根的指环》及其他作品，任何言行与大众格格不入的艺术家的诗歌及戏剧作品，都会永远被排斥在次好城邦之外。质疑者们反对将恩培多克勒原理作为准则，并且认为，即使它确实具备作为准则的价值，如何利用它还是个问题。即使在柏拉图时代，善于思考的人们已经开始讨论有智之父为何会培养出无知之子。如今我们对鸟类习性有了更深入的了解，我们知道物以类聚（这恰是构成恩培多克勒原理的基本要点）通常指的是好几种鸟成群结队，而不仅仅是一种。但即使是为了论证而认可恩培多克勒原理，柏拉图在《法礼篇》中运用该原理探讨艺术的方式依然很难赢得许多人的支持。例如，就瓦格纳的《尼伯龙根的指环》而言，为什么强调他令人反感的道德观可能会对个人和社会产生不良影响，而不是重视观看这部四幕剧可能给个人和社会带来的益处呢？如果恩培多克勒原理确实可以作为准则，它就不能只适用于特殊情况，特别是像现在这种容易被证实的情况，否则在特殊情况之外，它便站不住脚跟。如果要把它运用于特殊情况，必须提出清楚明了且站得住脚的理由。结果怀疑论者会不安地认为，由于这样运用恩培多克勒的原理是有待商榷的，次好城邦中会充斥着正直人士创作的二流艺术品，却缺乏像米开朗琪罗的《大卫》或达·芬奇的《蒙娜丽莎》一类的杰作，因为这些创作者的生活不够体面。

我想，这一点尤其值得深究，因为它是柏拉图晚年的观点，而不是他在《理想国》时期的观点。在美好城邦中，最可能存在的或许是像帕特农神庙那样有纯粹、和谐线条的建筑，但《理想国》运用恩培多克勒原理的方式不同于《法礼篇》。在《理想国》中，帕特农神庙的和谐线条本身有助于在观赏者的灵魂中引发同样的和谐状态（*harmonia*）；柏拉图没有提及帕特农神庙雕刻师的生活品质问题，后者事实上被指控犯有不敬神和侵吞财产罪。与此情况相同的，还有美好城邦始终禁止的戏剧诗歌，诗歌中包含关于神的谎言，这些谎言会损害美好城邦公民的灵魂，《理想国》中的恩培多克勒原理仅仅针对诗歌中的谎言，而并没有涉及某位诗人或某些诗人的低劣道德品质。

既然柏拉图在《理想国》里如此运用恩培多克勒原理，他在《法礼篇》里显然可以延续这个套路。但他并没有这样做，有一个非常明确的原因。美好城邦是典型的正义社会，依据定义，它的公民是有德性的；一旦城邦的平衡被打破，道德让位于邪恶，不管程度多轻微，正义城邦已经不复存在。但美好城邦就是美好城邦，它是正义社会的范式，城邦中的艺术家不可能有道德缺陷，因此从来无须考虑要不要禁止道德低劣之人的作品。然而，按照柏拉图自己的定义，次好城邦是"第二等理想"的社会，其中的公民形形色色，品质各不相同，有善有恶，有智有愚，包括未来的诗人、戏剧家、雕塑家、画家和音乐家，因此他不得不解决艺术品与艺术家心灵品质的关系问题。

结果非常有趣。在柏拉图的次好城邦中，甚至连统治者接受的教育同其他人都没什么两样；包括公众推选出来的统治者在内，所有人都可能堕入腐败，所有人获得的仅仅是真实的意见，而非知识。因此，各种类型的诗人（poietai），无论是本邦人还是前来推销其作品的外邦人，从才智上说，有的相对聪明，有的相对愚蠢；从道德上说，有的基本善良，有的好坏参半，有的邪恶至极。对于柏拉图来说，根据恩培多克勒原理，只有那些相对聪明和基本善良的诗人，才能创造出引人求真向善的作品。那些心术不正的诗人显然是社会的公害，因为他们企图利用艺术来宣扬自知是错误的，或认为可能极其错误的内容（比如神可以被收买）。但是，柏拉图同样警惕那些相对善良却头脑简单的诗人（poietes），他们提出这样的谎言，却把它们当真理。这两种诗人对灵魂造成的损害程度几乎相当。

从《法礼篇》的另一个段落中，我们可以看出柏拉图对待该问题有多么严肃,他提出要对屡教不改的无神论者判处死刑(甚至更重的惩罚)。这里他敏锐地谈到,一个不信神的人,从其他方面来看可能是十足的有德之人。但他断言,这样的人依然会危害到城邦道德,必须将之处以死刑,因为他对他人发表的关于神的言论很成问题,就像出自其口的谎言("出自"意味着他以为自己的言论是事实,实际上却是谎言),这就好比出自撒谎成性的恶人之口的谎言(比如撒谎者明知或认为谎言极其错误,却依旧说了出来)。由于非恶意的无知产生的错误信念和由于恶意的无知产生的错误信念,如果进入艺术品中,例如一首诗或一出戏剧,会造成同样的损害,因为在任何一种情况下,作品讲述的都是谎言,因此它们都没有资格进入次好城邦。

那么,在艺术品和艺术家的灵魂状态两方面,究竟该如何运用恩培多克勒原理?尽管这个问题还没有完全明晰的解答,但恩培多克勒原理似乎证明了艺术感染力的存在:一个诗人,如果在才智上无知、愚蠢,在道德上轻浮、邪恶,他的这两部分品质可能会影响他的所有作品,撒下谎言的病菌。用柏拉图的话说,上述状态都或多或少地表明,存在着"灵魂中的谎言"(a lie in the soul),因为在所有这些情况中,理性不完全处于支配地位。因此,根据恩培多克勒原理,任何这样的人的艺术品可能都会有某种程度的虚假性(例如,像某首诗或某部剧声称的那样,恶人可以幸福地死去)。

如果我上面探讨的是柏拉图在《蒂迈欧篇》和《法礼篇》中对艺术品的看法(主要是三件伟大的艺术品,即世界本身、柏拉图对话《法礼篇》以及次好城邦),我们是否必须在两种主要艺术观中做出选择,即柏拉图式的社会艺术观和为艺术而艺术的观点?难道任何其他观点仅仅是两者之一的某个变体?我认为不是。例如,如果世界实际上并非物体,而仅仅是在语言上对所有物体的概括,就不能称其为艺术品了。此外,柏拉图还谈到了对语言艺术内容的强制要求,例如禁止在一首诗或一部戏剧中表现坏人幸福死去的思想。他有足够证据来维护这个观点,并且在《理想国》中,他也确实向反对者发表了有力辩护,他否认生活幸福的坏人巨吉斯（Gyges）是该论的明显反例；当巨吉斯在豪华的床上渐渐死去的时候，他或许觉得自己是幸福的，但从真正的柏拉图意义上的幸福来说，他并不幸福，因为他不知道，自己没有能够产生真正幸福的和谐灵魂。但批评者要反驳柏拉图其实很容易：他为了证明自己有理，自创了一种为他所用的演说方式。如果一个人感到幸福（If one feels *eudaimon*, one is eudaimon），就是幸福的；灵魂的特殊状态可能会、也可能不会伴随这种情感。

人们还可以提出更多的疑虑。但我认为更重要的是，无论最终有多少反对声音，无论驳斥柏拉图的观点多么有力，它们都无法推翻艺术的"社会"目的（telos）论，而仅仅证明，柏拉图个人关于艺术的社会目的论在诸多方面都难以服众。例如，除了恩培多克勒原理，还可以根据其他原理建立论证，着眼于社会目的（*telos*）而不是道德和幸福（*eudaimonia*）。前一种观点可能基于"无害"原理（"no-harm" principle），非常有趣的是，约翰·斯图亚特·密尔（John Stuart Mill）和苏格拉底在此论上所见略同。后一种观点的例子有，艺术的目的（*telos*）不是在公民主体中培育道德，而是为公民主体提供一种强烈引发愉悦和挑战的形式。其他的例子还有很多……

但那就是另一篇论文了。

柏拉图与古希腊悲剧

佩内洛普·默里 撰 / 李思飞 译 / 黄薇薇 校

众所周知，柏拉图对待诗的态度是模糊不清的，尽管他在《理想国》中严厉地批评诗人，但他自己的对话却深怀一种诗情，甚至在他把诗逐出理想国时，依然承认诗的吸引力。的确，正是诗歌体验带来的愉悦使诗成为一种威胁。在柏拉图看来，诗造成的危险，可以在希腊悲剧中得到最清晰的佐证，希腊悲剧是他最想取代的体裁。本文旨在揭示柏拉图这一观点的成因。我认为，悲剧呈现给我们的人生观，从根本上说，与柏氏哲学信奉的价值观相悖。

柏拉图与诗的交锋长久而深远，我们可以发现，他对诗的援引遍及所有著作，不仅以明确讨论的方式，也以引诗为证，或唤起共同文化价值观的方式来表现。此外，文学拼凑（literary pastiche）是柏拉图写作的显著标识，他从各种体裁中吸取养料，重新改写这些传统素材，创造出自己与众不同的哲学对话（《夜莺》，1995）。柏拉图浸淫在过去的诗歌中，他为受过教育的观众写作，这些观众所受的教育建基于一种口传的社会文化，在此文化中，传统的价值观皆由诗来传播，不管这些诗是学校里教的，还是在节日中演的。在节日里，公民们除了可以在剧场里观看悲剧、喜剧和萨提尔剧，抑或全神贯注地聆听游吟诗人吟诵荷马之外，还可以积极地参与歌队的表演。

诗以多种不同的形式伪装在柏拉图的作品中。论及柏氏对诗的态度，我们不能只就其一而不及其余。他不时对诗人予以激赏，如在《伊安篇》中，诗人被描绘为与神相通的神圣造物，其话语直接来自于神。许多场合都唤起了诗人的神性灵感（尤其《申辩篇》22b-c，《美诺篇》99b-d，《斐德若篇》245a，《法礼篇》719c），尽管一涉及这个传统的主题就总带有一定程度的讽刺意味，我们却无法否认灵感隐含的价值：诗人也许不知道他怎样或为何诉说一些事情，并且无法解释自己的话语，但这些话语本身可能是真实的，或至少值得一听。在《会饮篇》中，柏拉图（毋宁说其主人公第俄提玛）赞扬诗人赋诗的智慧，称"任何人都会嫉妒荷马、赫西俄德和其他优秀诗人留在身后的子嗣（意指诗歌）所带给他们的不朽声名与荣耀"（209d）。然而，在《理想国》中，荷马却与其他备受崇敬的希腊诗人一起，被逐出理想国，因其在这个美好城邦或公正、和谐、有序的社会中无立足之处。我们不应为这种缺乏一致性的做法感到惊讶，与其说柏拉图写的对话是一部意义明确的诗学专著，不如说他在对话中用不同的角色来提出不同的观点。但这位最具诗意的诗人哲学家却要放逐诗人，这一悖论打击了自古以来的读者们，且令人同样震惊的是，这一悖论此前就被讨论了多次。我之所以回溯这个老生常谈的话题，原因有二：其一，这个主题拥有无穷魅力，能引起永不衰竭的兴趣；其二，我发现近来某些西方学者身上有一种倾向，他们最大限度地减弱了柏拉图在《理想国》中谴责诗歌的力度，这种倾向在我看来是一种误导。

代表上述倾向的例证之一，就是意大利学者朱利亚诺（Fabio Massimo Giuliano）提供的一部完整而详尽的研究著作——《柏拉图与诗》（*Platone e la Poesia*, 2005）。这是一部值得赞赏且发人深省的著作，但其结论我不敢苟同。简而言之，朱利亚诺认为，柏拉图深深根植于希腊的文化传统，远非对诗怀有敌意；实际上，柏拉图认同自己在《会饮篇》（209d）中借第俄提玛之口所说的观点：荷马、赫西俄德及其他优秀诗人会因其身后所留下的"子嗣"而被人羡慕，而这些精神后代的价值远胜过终有一死的凡夫俗子。在朱利亚诺看来，世人公认，柏拉图对待诗人狭隘而独裁,这种态度源于柏拉图认为诗乃抱残守缺之物的观念,即柏拉图将诗假设为一种纯粹的审美现象,或一种主要关乎自我的表达。朱利亚诺认为,我们需要做的就是,根据柏拉图的历史语境和柏拉图本人的术语来解释柏拉图;而且,我们在研究柏拉图的诗歌理论时不应孤立于柏拉图的实践,即不应孤立于柏拉图把诗的引文、主题和主旨全都融入对话中的做法。如果柏拉图真的希望在社会中根除诗歌,那他为何不践行自己宣扬的观点,为何不在自己的写作中抹去诗的所有痕迹呢?

对于柏拉图所谓的"独裁主义",朱利亚诺认为,柏拉图只是反映出他那个时代的常规做法,即当时的城邦对诗的表演和娱乐都实行严格管控。普律尼科司(Phrynichus)的悲剧《米利都的陷落》(*The Sack of Miletus*)(希罗多德,6.21.2)因勾起观众的苦痛回忆而使观众流泪,诗人为此遭到了罚款,这个著名的故事表明:如果诗人的作品被认为不适当,诗人便会被处以罚金。朱利亚诺把这一说法,与柏拉图在《理想国》605c-606c 处对诗歌情感威力的谴责联系了起来。他认为,柏拉图的观点并没有现代评论家说的那般令人震惊。有进一步的材料可以证明这一点,即柏拉图批评诗的许多观点已被他之前的作家表达过了。例如,色诺芬也同样批评了希腊诗歌对神祇的传统表现方式,阿里斯托芬在其剧作《云》《鸟》和《蛙》中也攻击了"新音乐"的堕落和酒神颂,这些观点与我们在柏拉图那里发现的内容极为相似。亚里士多德也持有类似态度(如在《政治学》1341b9-18 中,他说音乐应当由专业人士而不是自由民来演奏,因为这是一种粗俗的艺术),但这只不过证明柏拉图的判断与那个时代的知识精英保持了一致而已。与此同时,柏拉图对诗的态度深深根植于传统,正如我们从其对话中到处引诗的做法可见,诗的文本可以为伦理问题的讨论提供一个重要起点。苏格拉底尤其喜欢通过诘问诗人来梳理他们所说内容的真实意义,喜欢运用逻辑方法加以注释,并向我们展示如何正确解释诗人的语言。

结合理论与实践,朱利亚诺认为,诗主要在以下四个方面对柏拉图有用：用于保存过去的神话；用于劝导性的目的；用于教育年轻人；用作知识传播的首要步骤。柏拉图因其所处的文化背景而把诗视为教育（paideia），但他并没有不加批判地将诗人视为生活的向导，也并不认为诗可以传授唯有哲学追求才能提供的真正智慧。确切地说，诗的价值在于它可以给我们提供知识，让我们认识身处的这个不完美的世界。朱利亚诺的分析大多正确，但我不同意他从柏氏对诗的使用及对诗的态度上得出的结论。例如，柏拉图自己展示的诗歌技巧，他将传统素材融入对话当中；他对想象尤其是神话的运用，这些无不向我暗示，他深谙诗的力量，但他希望把这种力量拿来适应自己的哲学目的，并让哲学取代诗歌成为文化权威。在《理想国》中，柏拉图与诗人争论的核心恰恰在于这一文化权威，而非他们工作的媒介。

我们应当记得，《理想国》是一个思想实验，一个用言词勾画的理想国，正如苏格拉底在 472d-e 处描绘的那样。（我应当澄清，本文所说的"苏格拉底"，均指柏拉图笔下的苏格拉底，因此我并未对柏拉图与苏格拉底做严格的区分。）① 苏格拉底想要除旧布新，重新开始，不想背负社会既定价值观的包袱，这些价值观通过诗人的神话故事得以表达，而按照传统，诗人正是公民的教师。正是这些诗人应被放逐出去。在这个勇敢的新世界中，苏格拉底没有为荷马的史诗，埃斯库罗斯、索福克勒斯和欧里庇得斯的悲剧，以及其他希腊文学的杰作构想出一席之地。朱利亚诺正确地指出，那个世界会有"某种"诗，苏格拉底知道它的用处。例如，我们知道那儿会有歌颂神明的赞歌和赞美好人的颂诗（607a3-5）；在苏格拉底最早构想的社会中，就包含着歌颂神的赞美诗（372b7-8）；在宗教庆典中，当新娘新郎结合时，也需要赞美诗（459e5-460a2）；在 468d9 处我们还了解到，有美德的男女还将得到歌颂其荣誉的赞美诗作为嘉赏。这些零散的参照表明，诗歌因为某种用途，是允许在理想国中演奏的：虽然看起来它将为特定场合量身定制，且将严

---

① 相关解释学问题见本书上编哈里韦尔的论文。

格服从统治者的目的。最后一个例子（468d9）尤为有趣，它提到把荷马作为此类颂诗的榜样，谈起他对《伊利亚特》卷七第321—322行英勇作战的埃阿斯（Ajax）表示敬意时，苏格拉底说："我们至少可以把荷马作为我们的榜样。"所以很显然，即便在苏格拉底设想的革新后的社会，荷马也应有用武之地。此外，《理想国》卷三中也有个重要段落（400d11-402a6），清楚提到诗歌可以被演奏的场合，其中苏格拉底认为，诗和艺术对于青年人养成正确习惯和培养良好品格起着至关重要的作用（即诗人和艺术家遵照要求只给青年人描绘好的方面）。然而，苏格拉底并未进一步发展这一见解，因此对于哪一类诗会符合统治者制定的指导方针而被允许留在理想国（378c-379a）呢，将留待我们自己想象。

当苏格拉底在《理想国》末卷（607b-608b）放逐荷马和甜蜜的快乐女神缪斯时，作为一个自童年起就喜爱诗歌且沉醉其中的人，他怀着深深的遗憾。甚至就在流放诗歌的那一刻，他还申明：如果诗歌及其爱好者能证明"她不仅是令人愉悦的，而且也是对社会和人们的生活有益的"，他"很高兴接受她回来"，从而保留了重新接纳诗歌的可能性。尽管这一喻说的含义模棱两可，但我并不认为它严肃地削弱了卷十前半部分及更早的卷二和卷三中反对诗歌的言论。确切地说，它强调了诸如苏格拉底和格劳孔这种人的艰难挣扎，不完美社会（如同当时的雅典一样）造就并滋养了他们对诗的热爱。但无论怎样困难，为了维护他们灵魂的宪法，诗的魅力必须被抵制，因为为了过上一种美好生活的奋斗是如此伟大，绝不允许任何事情转移他们对公正与美德的追求，荣誉、财富、权力甚至诗歌本身都不允许。

没有比过一个完整的哲学生活更要紧的事情了，正如我们在《理想国》结尾处看到的厄尔（Er）神话那样。在这则神话里，柏拉图改造了传统的希腊神话，他转换大家熟知的观念，以制造一个关于人死之后灵魂的幻象，这一幻象挑战了自古传承下来的信仰。苏格拉底的引言指出（614b），这将不是一个"讲给阿尔基诺斯的故事"（Alkinou），而是一个勇士（alkimou）的故事，此处可与《奥德赛》进行对勘，奥德修斯在《奥德赛》卷十一下到了冥府，即所谓的"冥府之旅"（Nekuia），这是奥德修斯讲给阿尔基诺斯最著名的故事之一（《奥德赛》卷九至十二）。阿尔基诺斯名字的双关含义进一步暗示，柏拉图的神话将鼓励人们勇敢面对死亡，相比之下，对冥界的传统描绘却植入了怯懦与恐惧，比如荷马的描写就是这样，这一点早已在《理想国》（386a-388d）中遭到了抨击。厄尔的濒死经历和他看到的死后景象让我们想起其他那些下过冥府，后又复活过来讲述其经历的希腊英雄，尤其是俄耳甫斯、忒修斯和赫拉克勒斯。我们还在挑选其命运的那串灵魂中遇到一些熟悉的人（620a-c），他们中有俄耳甫斯、埃阿斯、阿伽门农和奥德修斯。我们对如下主题也很熟悉：灵魂之旅、审判亡者、严厉地描绘等候惩罚的恶徒，以及有草原和河流的冥界地形。尽管有荷马的润色和传统的修饰，但这则神话传达的主要讯息却有一种与众不同的秩序。"必然"（Necessity）女神膝上纺锤状的宇宙图景，以及从《奥德赛》中危险的女妖变成了宇宙和谐之源的塞壬，这些都描绘出一个神性有序的宇宙，正义原则体现于其中。当灵魂们前来选择来世的生活模式时，寓意十分明了：*aitia helomenou: theos anaitios*[过错由选择者自己负责，与神无涉]（617e）。这句警言出自"必然"女神的女儿拉赫西斯（Lachesis）之口，浓缩了《理想国》的核心信念：相信神之善，以及人类最重要的事就是选择过正确的生活。

到目前为止，我主要讲述了荷马与柏拉图和诗人之争的关联；荷马作为希腊的教育者（《理想国》606e2-3），在文化权威和影响力方面无疑是柏拉图主要的竞争对手（Murray 1996，19-24）。但是，用苏格拉底的话说，荷马也是"第一个悲剧家"（607a），《理想国》通篇都将荷马视为悲剧人生观的始作俑者，而这种观念正是柏拉图希望用他的哲学取而代之的。《理想国》神学观的一个基本原则就是，神是善的且只能是善的原因。卷二（379a-d）讨论年轻卫士的教育时，这个原则是诗人创作故事时必须遵守的第一种模式（*tupoi*）。这当然是对传统信仰的彻底背离，诗歌经常表达的传统信仰是：神既要为善也要为恶负责，而苏格拉底坚持神不能引发恶，这就与流行了几个世纪的信仰相抵触。值得注意的是，柏拉图引用的第一首诗来自于即将被理想国拒斥的《伊利亚特》，那是阿喀琉斯的著名诗行（《伊利亚特》24. 527-532，被《理想国》379d 所引）："宙斯大堂上，并立两铜壶。壶中盛命运，吉凶各悬殊。宙斯混吉凶，随意赐凡夫。"①宙斯赐给某些人以混合的命运，但那些单被他赐予厄运的人则过着可怜而悲惨的生活。世间根本没有毫无痛苦而完全幸福的生活。这段诗行总结了《伊利亚特》悲剧世界观，苏格拉底认为《伊利亚特》无论对神，还是对紧随世人的伦理后果的描绘，都有着根本性的缺陷。这种观点被荷马和悲剧诗人带错了头，第二个例子就通过引用埃斯库罗斯的《尼俄柏》（Niobe）来证明。这是埃斯库罗斯最著名的戏剧之一，现已佚失，描述的是尼俄柏失去子女的哀痛。尼俄柏的故事，讲的是她的子女遭到阿波罗和阿尔忒弥斯射杀，因她夸耀自己比他们的母亲勒托（Leto）女神育有更多的孩子。这是一个凡人因狂妄自大（hubris）而受到神的惩罚的经典例证。由于哭得筋疲力尽，尼俄柏最终变成了石头，成为一个泪如泉涌永久悲伤的雕像。她是埃斯库罗斯和索福克勒斯悲剧的主人公，也是悲剧中广为流传的范例（例如索福克勒斯的《安提戈涅》824-832；《厄勒克特拉》150-152）。她的故事也出现在《伊利亚特》阿喀琉斯与普里阿摩斯和解的那一幕（《伊利亚特》24. 602-617），阿喀琉斯恰如其分地讲述了尼俄柏的故事，甚至说她是块石头，在"思考神降到她身上的苦难"（《伊利亚特》24. 617）。人因神而遭受苦难，这种看法也可以通过埃斯库罗斯戏剧的引文得到例证："天欲毁巨室，降灾群氓间。"（《理想国》380a3-4）荷马聚焦于个人，悲剧作家们则关注家庭（oikos）这个更大的范畴，但他们传达的信息一致。在《理想国》卷二头两个批评诗的引文中，柏拉图巧妙地将荷马与希腊悲剧放到一起，并让阿喀琉斯作为桥梁（他当然期望读者明白，在《伊

---

① [译注]中译参郭斌和、张竹明译《理想国》（北京：商务印书馆，2002 年）相应位置，以下《理想国》引文中译皆出自此版本，不再赘述，仅标示行码。

利亚特》中是阿喀琉斯回忆的尼俄柏的故事），并且他坚定地拒绝了荷马和悲剧，诚如苏格拉底在380b-c处所说，"对于'神虽然本身是善的，可是却产生了恶'这种谎言，我们必须迎头痛击"，"假使这个城邦要统治得好的话，更不应该让任何人，不论他是老是少，听到这种故事，无论故事是有韵还是没有韵的"。这一论点不只关乎青年人教育，也适用于全体社会。

在厄尔神话中，柏拉图将其理想原则付诸实践，含蓄地将自己对人类命运的看法与诗人的悲剧世界观作对照。① 正如我们可以从灵魂等待选择来世生活这一描述中（617d）清晰地看到，厄尔神话是为说明人应当为自己的生活负责而专门设计的。在抓阄之前，他们受到告诫，这一选择与神无涉：aitia helomenou: theos anaitios（过错由选择者自负，与神无涉）（617e）。因此，拥有区分好生活与坏生活的能力和知识（618c），能够在更好更正义的生活与更坏更不义的生活之间做出理性选择（618e），这是人类的头等大事，因为我们的幸福全赖于此。当抽得第一号的灵魂跳起来选了一个最大僭主的生活时，就充分表明了自作自受的道理。他出于贪婪和愚蠢做了这个选择，并未意识到自己将被判处过像降临到悲剧人物梯厄斯忒斯（Thyestes）身上的那样吃自己孩子的命运等诸多恐怖的生活。当他意识到自己做了怎样的决定之后，他捶打自己的胸膛，号啕痛哭，怨天尤人，怪罪命运、神和其他人造成了他的悲伤，但就是不怨自己（619c）。事实上，他的所作所为正如荷马笔下或之前被苏格拉底批评过的悲剧诗人笔下的人物一样。听众们着实喜欢听这样的哀号，但这就使得诗人的虚假描写更加危险。因此，驱逐这些骗人的形象，用人类命运的真相取而代之，其重要性就蕴含在柏拉图的神话中。

在《理想国》卷二和卷三讨论传统诗歌的缺点时，苏格拉底坚决主张，若想让青年在他们年幼时得到正确的教育，城邦的缔造者必须为诗

---

① 更多论述参阅 Halliwell 1984 以及 Halliwell 1996。

人发布应当创作何种诗歌的指导方针。就神而言，柏拉图建立了两条原则：（1）神是善的，且只能是善的原因（379b-380c）；（2）神不会变化，且完全不会骗人（380d-383c）。这样一种神学观与希腊宗教和讲故事的传统完全不同，我们可以在荷马史诗和希腊悲剧中找到例证：《伊利亚特》卷二中（第1-34行）宙斯托给阿伽门农送去的假梦，以及忒提斯在埃斯库罗斯亡佚剧作中（残篇350 Rodt）的发言。忒提斯在剧中痛骂阿波罗，说阿波罗曾在她婚礼上歌唱，祝贺她将来儿孙安康，现如今就该为她唯一的儿子阿喀琉斯之死负责。阿喀琉斯又一次被牵连进来批评由来已久的价值观，这些价值观则经由诗人广为传播。在理想国中，剧作家不得上演含有上述段落的剧本，教师也不准用这些段落来教育年轻人（383c），因为它们歪曲了诸神的真正本质。

　　之所以审查现存的大部分诗歌，其进一步原因在于，诗歌鼓励了错误的行为模式，提供了与城邦卫士必需的勇气和节制等品质相抵触的榜样。这尤为明显地体现在对待死亡的态度上，源自荷马史诗的一系列引文可以作证，以《奥德赛》卷十一第489—491行阿喀琉斯对奥德修斯说的著名诗行开始：

> 我宁愿为他人耕种田地，被雇受役使，
> 纵然他无祖传地产，家财微薄度日难，
> 也不想统治即使所有故去者的亡灵。

　　如此冷酷地描述死后世界对视死如归的精神毫无益处，按照苏格拉底的观点，这样的情感只会煽动听众胆小怕事。事实上，此处表达的死亡观并未削弱阿喀琉斯的豪勇；相反，他对人生短暂的敏锐意识使他更加重视在战场上赢得的尊敬和荣耀。但是正如我们所看到的，苏格拉底出于自己的原因用上述方式歪曲了阿喀琉斯。"所有暗示冥界是个恐惧之地的段落都必须删除"，苏格拉底说，尽管他承认它们的吸引力："我们并不否认这些是人们所喜欢听的好诗，但是愈是好诗，我们就愈不放心人们去听，这些儿童和成年人应该要自由，应该怕做奴隶，而不应该怕死。"（387b）我时常想知道，究竟什么才是苏格拉底所谓的"愈是好诗"。听诗的快乐（强调听，当然反映了希腊文化的口传性质）是希腊人认为诗歌自荷马以来最重要的特征，这一点苏格拉底也认同（397d，601b），此处提及这一点是为了提醒我们，不仅是诗的内容危险，诗的形式本身也危险。我们需要把这一点铭记于心，以便我们思考苏格拉底驱逐荷马和甜蜜的快乐女神缪斯时究竟禁止的是什么时，有所开悟（607a）。

在苏格拉底看来，听众最大的快乐来源之一，就是传统英雄的号啕恸哭。他在卷十解释道：

> 请听我说。当我们听荷马或某一悲剧诗人〔注意：此处特别把荷马称为悲剧诗人〕模仿某一英雄受苦，长时间地悲叹或吟唱，捶打自己的胸膛，你知道，这时即使我们中的最优秀的人物也会喜欢它，同情地热切地听着，听入了迷的。我们会称赞一个能用这种手段最有力地打动我们情感的诗人是一个优秀的诗人的……然而当我们在自己的生活中遇到了不幸，我们就会反过来，以能忍耐能保持平静而自豪（605c-e）。

诚然，哀叹的场景是悲剧的一个独特特征，在卷三对荷马的抨击中，它们是首当其冲的对象。当时苏格拉底除了反对别的地方，还反对描写阿喀琉斯因帕特罗克洛斯之死而悲伤得心烦意乱，反对描写普里阿摩斯看到阿喀琉斯凌辱赫克托尔的尸体而在粪土中爬滚，也反对描写宙斯本人因儿子萨尔佩冬死亡迫近而哀叹（388a-d）。这样的举止对青年听众来说全然不适合，青年人应学习勇敢面对死亡，在任何场合下无所畏惧，正如厄尔神话将展示的那样。好人为了过上好生活就必须自给自足，必须意识到一位朋友、兄弟、儿子的死并不是巨大的不幸，他必须学会平静地接受死亡（387d-e），必须引导自己去做那些与苏格拉底所引用的荷马人物截然相反的事情。这其中首当其冲的就是阿喀琉斯，他在

《理想国》讨论应当剔除哪种诗歌材料的教育规划时起了重要作用。阿喀琉斯在以下几方面受到了批评：他的错误观念——他认为是神引起了人的不幸（379d）；他对死亡的态度（386a-b）；他对帕特罗克洛斯之死过度悲痛（388a-b）；他羞辱阿伽门农时缺乏自控；他的物质主义和受贿（390e-391a）；他对阿波罗和河神斯帕尔克斯傲慢无礼（391a-b）。总之，他身上存在两种自相矛盾的毛病：既卑鄙贪婪，又狂妄自大；既蔑视神，也蔑视人（391c）。

如此负面地描绘阿喀琉斯，依据的是具体的解释情况（正如我前文所述），这样的描绘并不寻常，至少按柏拉图自己的标准来说也不常见。在别处，阿喀琉斯为其亡友帕特罗克洛斯复仇而作的牺牲，被广泛认为是英雄豪勇的典范。于是，在《申辩篇》（28c-d）中，苏格拉底将自己等同于阿喀琉斯，赞扬他面对死亡时无所畏惧；在《会饮篇》（179e-180a）中，据说阿喀琉斯因杀死赫克托尔时的英雄气概而赢得神明的赞赏，尽管他知道自己不久后将注定走向死亡。不过，这些观点并没有出现在《理想国》的讨论中，《理想国》的目的更在于打破阿喀琉斯作为青年战士榜样的传统地位。① 勇敢或勇武，作为《理想国》（427d）界定的四大美德之一，是城邦卫士必备的基本品质（375a），但它并非阿喀琉斯身上体现的那种骁勇，即拒绝服从权威的大个人主义，因为对他来说，个人的荣耀远重于共同体的整体利益。因此，如果卫士在理想国的和谐社会中想履行保卫城邦的职责，阿喀琉斯就必须离开，必须被一个具备服从、坚忍、对目标坚定不移的勇敢榜样所取代（429a-430c）。我们稍后就知道（442b-c），这个勇敢的人，就是无论在快乐还是在苦恼中，都听从理性命令的人，理性会告诉他应当惧怕什么不惧怕什么。这让我们想起苏格拉底在《申辩篇》（28d）中说的话，他说一个人哪怕在面对死亡的时候，都应当做正确的事而不动摇。对勇敢的分析，从批判阿喀琉斯开始，经由苏格拉底列举的一个勇敢模范的典故而达到顶点，

---

① 更多论述参阅 Hobbs 2000。

这意味着《理想国》所建构的教育规划的部分目的，就是用哲学家这种人类最高典范取代阿喀琉斯作为青年榜样的地位。

阿喀琉斯过时的英雄主义与他对死亡的态度密切相关，对他而言，死亡有效地终结了一切有意义的存在。他活着时就意识到自己将会死去，他的价值由必死的事实来决定，因而他是荷马英雄的一个极端类型。厄尔神话认为人类生活永世不朽的看法并不适用于他，神话中不死的灵魂永远活着，这体现在灵魂自己选择的一个接一个的生活中，而永恒幸福的可能性就依赖于那个选择。对阿喀琉斯来说，不朽的唯一形式是战死疆场所得来的荣誉，"名声"（*kleos*）是对他注定英年早逝的唯一宽慰。阿喀琉斯不怕死，但他对好友帕特洛克罗斯之死的过度悲伤表明，他过于强调人类生活的重要性，并不明白在现实世界中，人类事务不值得认真对待（《理想国》604c-d，另参486a；《法礼篇》803b）。阿喀琉斯不只是勇士的原型，也是悲剧人物的原型，他为人类存在的苦难而哭泣、哀号、恸哭悲叹，这样做完全不符合柏拉图哲学的原则。相反，理性之人并不会为死亡的结局哀伤，而是会像苏格拉底那样引导自己，柏拉图在《斐多》中就描绘了苏格拉底镇静地讨论着灵魂的不朽，平静面对死亡，对来生满怀希望。他说（114e-115a），一个毕生追求知识的人是无所畏惧的，他丢弃了肉体的欢愉，用自制、公正、勇敢、真理来装点自己灵魂，这与《理想国》传达的讯息别无二致。《斐多》结尾处（115a），苏格拉底要去洗最后一次澡了，他周围全是哀号的朋友，他便摹仿英雄的口气说道，"现在命定的时刻已经到来"，颇为讽刺地与悲剧中临死前的英雄形成对照。然而，正如柏拉图向我们展示的，苏格拉底力劝同伴要坚强，然后平静地饮下将置他于死地的毒酒，从而成为悲剧英雄的对立面。

在《理想国》卷二和卷三讨论诗对青年人的教育中，苏格拉底对于应该剔除哪种诗歌内容相当明确，但他也考虑到诗歌形式（392c-398b）。他区分了两种表达方式：一种是诗人以自己的口吻讲故事，为纯叙述方式（*diegesis*）；另一种是诗人以其角色的口吻说话，则为纯摹仿方式

(mimetic)。所有的文学作品都会用到两者之一，有时是两者并用。他对尚有几分困惑的阿得曼托斯解释道（394b-c），赞美狄俄尼索斯的酒神颂代表了第一种类型，悲剧和喜剧说明了第二种类型，史诗则包含了叙述和摹仿（mimesis）两种方式，结合语境我们可将"mimesis"这个词译为"摹仿"或"扮演"。苏格拉底认为，"摹仿"是一种相当危险的活动，不仅对诗人自身，对所有参与诗歌表演的人，无论演员、诵诗者还是听众都很危险，因为它涉及说话人与所诵之词的情感认同：如果他扮演一个坏人、一个懦夫、一个醉汉、一个以泪洗面或与丈夫争吵的女人，当他说这些人的话时他就会表现出这些人的性格，从而不知不觉中逐渐沾染上他们的习惯。此外，摹仿或扮演各种不同的角色违反了建立城邦的基本原则，即一个人干一行的原则，所以完全采用摹仿形式的诗歌，如悲剧和喜剧，全都应该逐出城邦。另一方面，在有限范围内，即当扮演的对象是好人时，摹仿也有用武之地。因此，应该为两种表达方式并用的诗歌保留位置，这些诗歌会同时使用叙述和摹仿两种方式来刻画适合做青年人榜样的角色。问题在于，这并不是公众所喜爱的诗歌类型，苏格拉底在这段讨论结束时承认（398a）：

> 那么，假定有人靠他一点聪明，能够模仿一切，扮什么像什么，光临我们的城邦，朗诵诗篇，大显身手，以为我们会向他拜倒致敬，称他是神圣的，了不起的，大受欢迎的人物。与他的愿望相反，我们会对他说，我们不能让这种人到我们城邦里来；法律不准许这样，这里没有他的地位。我们将在他头上涂以香油，饰以羊毛冠带，送他到别的城邦去。至于我们，为了对自己有益，要任用较为严肃较为正派的诗人或讲故事的人，摹仿好人的语言，按照我们开始立法时所定的规范来说唱故事以教育战士们。

《理想国》这段话清晰地暴露了诗构成的威胁，根据前几卷对柏拉图形而上学和灵魂学重要观点的阐释，这段话在卷十又得到进一步发展和深化。但这段话也以另一种更为间接的方式暗示出对柏拉图方案的挑战。卷三结尾和卷十开篇，诗都不是主角，但苏格拉底在讲述那个又长又像神话的城邦衰落的故事之前，却祈求缪斯帮忙，这便提醒我们诗的在场（抑或不在场）。统治阶级的内讧（stasis）将引起理想国的堕落，但这样的纷争是如何发生的呢？苏格拉底在545d处指出："我们要不要像荷马那样，祈求文艺女神来告诉我们内讧是怎样第一次发生的呢？"这是对《伊利亚特》卷十六第112-113行的改编，荷马当时呼唤女神们讲述希腊战舰起火的原因，那场大火的根本原因在于阿喀琉斯的愤怒以及他煽动性地退出战斗，这再次提醒我们，荷马的英雄不适合做理想国卫士的榜样。然而，并不只是荷马卷入了引起城邦衰落的纷争之中，苏格拉底继而构想了缪斯们"悲剧式的"（tragikōs）回答。她们解释说，卫士阶层在错误的时节生育子女，且忽视对子女的教养，这便导致后代品质退化的结果（546d-547b），这些后代将彼此相互争斗，而非为共同体的整体利益携手合作。

城邦的主要危险不是来自于外部，而是来自于内讧，即内部争斗或内战。苏格拉底反复强调，对一个城邦来讲，最恶的事莫过于闹分裂化一为多，最善的事莫过于讲团结化多为一（462b，464a-b）。他坚持认为，就理想的城邦而言，促进其和谐团结的重要因素，有赖于对共妻共子政策的安排，例如取消卫士阶层的家庭（464a-b，458b，543a）。这些卫士将不再拥有个人的苦乐，但会分享相同的利益，会一起经历快乐和痛苦。既然他们除了自己的身体而别无私有，他们就不会发生冲突和内讧，因为冲突和内讧，都是源于个人对财产、儿女和亲属的私有。一旦团结被打破，就播下了毁灭的种子，这正是家庭冲突的主题强调的内容，它支配着对理想国衰落的生动描述（Murray 2011）。

在我看来，此时此刻向文艺女神祈求并非巧合，因为它提醒我们"内讧"在希腊诗歌中无所不在。《伊利亚特》的全部情节始于一场争吵，阿喀琉斯就是个人反抗社会的首例。希腊神话建基于一个不正常的神氏家族，此家族的功绩在卷二讨论诗歌时遭到了严厉批评。即将接受审查的神话首例，苏格拉底称之为"关于最重要之事的最大谎言"（377e），是关于克洛诺斯阉割其父乌拉诺斯的故事，这个血腥的继位神话拉开了宙斯登上权力宝座的序幕。家族成员和家族之间的冲突，自然是希腊悲剧的生命线。正如亚里士多德在《诗学》（1453b）中所说，最成功的悲剧情节（最擅长唤起怜悯和恐惧之情），是涉及至亲至爱之间的苦难，如兄弟相残、子弑父、母杀子，或子弑母等。这就是为什么悲剧总是取材于为数不多的家族故事的原因。总之，可以毫不夸张地说，希腊诗歌自荷马以降，处理的都是冲突问题。那么，把这样的故事从卫士的教育中清除出去又有什么值得大惊小怪的呢？卫士的幸福不就是依赖于和谐团结的原则吗？而和谐团结的原则不就是摆脱了个人家庭束缚的公共生活培养出来的吗？

卷十苏格拉底回到诗的主题时，他说在他们的城邦禁止"摹仿的诗歌"，这样做完全正确（595a）。但他这句话到底什么意思？事实上，早先的讨论并不排斥所有的"摹仿"，因为该讨论暗示，卫士可以摹仿合适的榜样——摹仿那些激励他们勇敢、节制、虔敬、自由的人物（395c）。苏格拉底在此允许先前的禁令有所松动，他想的似乎是那些摹仿类诗歌，或者摹仿体裁的诗歌，即之前界定为本质上属于摹仿性质的诗歌，即悲剧和喜剧（Burnyeat 1999）。卷三当然把这些诗歌排除在外，尽管喜剧似乎关系不大（这本身就饶有趣味）。这种解读得到卷十的支持，卷十提及悲剧是诗的首要类型，当时苏格拉底恳求朋友们不要谴责他，因为他将令人震惊地对"悲剧诗人和其他摹仿者"（595b）宣布：这类诗歌确实对听者的心灵造成不可挽回的破坏。他进而放宽了"摹仿"的范围，将荷马也纳入即将放逐的诗人之列，尽管荷马现在被描述为"所有这些美的悲剧诗人的祖师爷"（595c，参 598d8，695cll，607a2-3）。荷马与悲剧诗人的亲密关系，之前是在暗示，现在则公开了，而且我认为此关系不仅仅指内容。重要的是，我们当记住，柏拉图把荷马视为戏剧方法的创始人，诗人因此可以摹仿人物的语气说话，这一点我们可以从 392e-394b 看出，柏拉图在那里选择用荷马来说明什么是摹仿式的表达。这类诗歌本身就很危险，对待它们应持怀疑态度，因为它直接感染了说者和听者的情感，抹去了直截了当叙述事件所必需的距离。

整个卷十都把荷马和希腊悲剧作为一个统一体来看待，由此证明诗歌的腐化力量，这是一种最具威胁性的力量，因为它是快乐的一种来源，连苏格拉底也承认这一点（607a-608a）。这正是诗人的活动必须被缩减的原因：在理想国中，无论改良后的诗歌其作用多么受限，我们都必须不惜一切代价抵制悲剧人生观，而此人生观正是希腊传统的重中之重。《理想国》强调了诗固有的危险，但柏拉图却在其最后一部著作《法礼篇》中，从一个更积极的视角探究了诗塑造文化的力量。① 的确，诗乐（*mousike*），即诗、歌、乐和舞的统一体，是希腊文化的基础，在这篇对话中被视为传播价值观和塑造公民性格的主要载体。尽管强调了诗对社会的建设作用，但诗在严格意义上仍然从属于统治者的意图。诗与歌的主要任务，是将灵魂转向正直的美德，只有正直善良的人才会被允许创作诗歌。因此，在公共节日表演诗歌的时候，主管教育的官员将依据行为出色而非艺术才能来拣选作诗者，没有人敢演唱一曲未经许可的歌，"哪怕它比俄耳甫斯的赞美诗还要甜美"（《法礼篇》829d-e）。《理想国》和《法礼篇》都讨论了该由谁的声音来塑造文化的问题，两者皆认为应当由哲学家和立法者而不是诗人担此重任。诗歌在严格把控下也有一定的效用，但当它落入诗人之手时则会造成十分危险的影响。柏拉图兴许羡慕过荷马留在身后的诗歌，但这并不妨碍他希望取代荷马成为希腊的教育者。

当苏格拉底从城邦中驱逐那些令人愉快的诗歌时（607-608b），他怀着深深的遗憾，并为其归返保留了可能性，前提是诗歌的拥护者能够说明诗歌不仅令人愉快而且对政制（politeias）和人世生活有益。尽管苏

---

① 但在这部著作中悲剧作为一种诗歌类型很大程度上被忽视了。更多论述见 Murray 2013 和 Sauvé Meyer 2011，尤其 399 页。

格拉底放逐诗人的态度比较含混，但我并不认为它严重损害了本文结论中提出的批判。很有可能，荷马及其追随者不是因为他们是诗人而被流放，而是因为他们制造了错误的诗歌类型。^①但可以留存在《理想国》思想实验中的诗，与伴随苏格拉底及其同伴长大的诗非常不同。如果苏格拉底和格劳孔就像一对恋人，不能弃绝对己无益的情感，因为这种爱欲（erōs）原本贯穿于他们的教育之中（607e）。那么，这一点尤其不容轻视：文化对个人塑造所产生的影响，是《理想国》的一个关键主题，这种影响甚至连苏格拉底本人都无法免除。我赞成哈里韦尔的观点：苏格拉底在放逐伴随了其童年时代的诗歌时，怀有一种深切含混的情感，而且他的语气像"某个人那样，永远无法完全根除对诗的热爱"。^②但我并不认为，苏格拉底真的希望诗与哲学友好相处，除非我们是在谈论柏拉图在创作自己的对话时对诗歌技法的挪用，以及由此产生的诗化哲学。哈里韦尔主张：

> 柏拉图的《理想国》中没有治疗诗歌的方案，只有一个药方可以解除对诗释放出的情感需求所产生的潜在病态的毒瘾，那就是承诺给爱欲重辟路径，把那些情感需求转变为诗歌体验的形式，让快乐与真理和善和谐相处（261）。^③

我关注的是诗释放出的"情感需求"问题。听诗的快乐，如《理想国》所示，主要与各种生活、冲突和苦难有关，这些是人类存在必不可少的组成部分。这样的主题肯定对情感有直接的吸引力，荷马的诗和希腊悲剧因而被视为一种威胁。正如苏格拉底在606d处谈及诗歌摹仿情感所引起的效果时所说："在我们应当让这些情感干枯而死时，诗歌却给它

---

① 参阅 Burnyeat 1999。
② 参阅 Halliwell 2011：265n.36。
③ 参阅 Halliwell 2011：261。

们浇水施肥。在我们应当统治它们，以便我们可以生活得更美好、更幸福而不是更坏更可悲时，诗歌却让它们确立起了对我们的统治。"无论什么形式的诗歌体验，要让快乐与真理和善和谐相处，就一定不会包含人生的悲观景象，像荷马和希腊悲剧大量刻画的那样。诗歌作为一种话语形式，可以在柏拉图的理想国中继续存在，但其功能将用来进行情感教育，使之符合柏氏哲学的指令（如我们在《法礼篇》所见）。在我看来，柏拉图提出的是以哲学取代诗，而不是在两者间建立友善关系。①

参考文献

Burnyeat, M. 1999. "Culture and Society in Plato's *Republic*," *The Tanner Lectures on Human Values* vol. 20, pp. 217-324.

Destrée, P. and Hermann, F. -G.（eds.）2011. *Plato and the Poets*, Leiden.

Giuliano, F. M. 2005. *Platone e la Poesia: Teoria della Composizione e Prassi della Ricezione*, *International Plato Studies* vol. 22, Sankt Augustin.

Halliwell, S. 1984. "Plato and Aristotle on the denial of tragedy," *Proceedings of the Cambridge Philological Society* vol. 30, pp. 49-71.

Halliwell, S. 1996. "Plato's repudiation of the tragic," in M. Silk（ed.）, *Tragedy and the Tragic*, Oxford, pp. 332-49.

Halliwell, S. 2011. "Antidotes and Incantations: is there a cure for poetry in Plato's *Republic*?" in P. Destrée and F. -G. Hermann（eds.）, *Plato and the Poets*, Leiden, pp. 241-66.

Hobbs, A. 2000. *Plato and the Hero: Courage, Manliness and the Impersonal Good*, Cambridge.

Janaway, C. 1995. *Images of Excellence: Plato's Critique of the Arts*, Oxford.

Murray. P. 1996. *Plato on Poetry*, Cambridge.

Murray, P. 2011. "Tragedy, women and the family in Plato's *Republic*," in Pierre Destrēe & Fritz - Gregor Herrmann (eds.), *Plato and the Poets*, Leiden, pp. 175-93 .

Murray, P. 2013. "*Paides Malakôn Mousôn*: Tragedy in Plato's *Laws*," in A. -E. Peponi

---

① 有关"取代"的概念，参阅 Janaway 1995 的详细研究。

(ed.) *Performance and Culture in Plato's* Laws, Cambridge, pp. 294-312.

Nightingale, A. 1995. *Genres in Dilaogue. Plato and the Construct of Philosophy*, Cambridge.

Sauvé Meyer, S. 2011. "Legislation as a Tragedy: on Plato's *Laws* VII, 817b-d," in Pierre Destrēe & Fritz - Gregor Herrmann (eds.), *Plato and the Poets*, Leiden, pp. 387-402.

柏拉图、诗歌与解释学的诸种问题

斯蒂芬·哈里韦尔 撰／孙　静 译／黄薇薇 校

西方诗学史上存在一个饱含反讽意味的事实：柏拉图是对诗学定义影响最大的人物之一，但他与诗歌之间却有着不可避免的暧昧关系。上自朗吉弩斯（Longinus），下至布鲁姆（Harold Bloom），许多批评家都强调，柏拉图同诗具有一种深沉的抗辩关系（agonistic）。一方面，柏拉图一再被视为"否定诗学"之始作俑者，亚里士多德及其后学作为一脉相承的思想家，则以"捍卫"诗和诗的价值的方式来回应柏拉图；另一方面，令人感到矛盾的是，柏拉图由于自身的才华又被奉为哲理诗人。柏拉图的读者形形色色，出于各自的意图，都只强调上述貌似矛盾事实的某个方面；但对其他读者而言，恰恰就是诗与哲之间的张力，构成了这位哲学家思想体系（oeuvre）的独特魅力①。

柏拉图与诗之间的悖论，源于多种不同的线索，交织在柏氏作品的总体结构中。此外，还有两个复杂的因素强化了这些线索，阻止了人们去证明柏拉图有一种固定一致的诗学观：其一，苏格拉底的对话本身就是一种摹仿或戏剧形式（亚里士多德很快就指出了这一点，见《诗学》1. 1447b11）②，这便阻止了把对话表达的个人观点简单归之于柏拉图的

---

① 有关柏拉图矛盾诗学观的不同阐释角度及例证，参阅 S. Halliwell, *Between Ecstasy and Truth：Interpretations of Greek Poetics from Homer to Longinus*, Oxford, 2011, pp. 55-158。

② O. Gigon, *Aristotelis Opera III: Librorum Deperditorum Fragmenta*, Berlin，1987. p. 8.

做法；其二，除《伊安篇》部分内容外（我认为这是一篇神秘至极的悬疑之作），诗学问题从未以系统的方式提出过，而是根据不同的讨论语境从各种不同的视角来审视的。前一个因素虽未在学界达成共识，但颇引人瞩目，后一个因素则往往被研究者忽略了。

许多研究柏拉图与诗歌关系的著作，都试图忽视对话对诗学问题进行非系统化的处理，这种研究方法的表征就体现在维开利（Paul Vicaire）的《柏拉图：文学批评》（*Platon: critique littéraire*，1960）一书中。作者不由自主地试图从浩繁的研究材料中提炼出一种统一的理论——一种潜在的"诗艺"（art poétique），认为其基本原理大概可以用柏拉图的术语"理式批评"（critique idéal）来界定。① 与之不同的是，我认为，如果确实存在一种叫作"柏拉图诗学"的东西，那么，这种诗学就会提出各种引发争议的问题和难题，而它自身却永远不想给出最终答案。我在另一篇文章中详细论述了这个观点。② 柏氏对话对诸如摹仿、灵感或创造力、文学形式、风格、虚构、快乐和戏剧等主题的处理，从未被教条式的转化为既定的信条；对这些主题的处理，也因作品不同而不一致。毋宁说，不同作品之间存在着显著的裂缝、沉默与变异。

举个象征性例子来说，《斐德若篇》268c-269a 中有个显要的段落，讲到苏格拉底和斐德若都赞同一个概念，即悲剧的形式具有整一性（但对诗歌的总体暗示则不言而喻），并认为艺术的具体原则（"悲剧的原则"，苏格拉底称之为 τὰτραγικά）也有相应的内容。这段话的用语似乎预示了亚里士多德在《诗学》中的某些观点，尤其 268d 提及的"把这些要素都安排成一个整体，使部分与部分以及部分与整体都和谐一致"（τὴν τούτων σύστασιν πρέπουσαν ἀλλήλοις τε καὶ τῷ ὅλῳ συνισταμένην）。此外，

---

① P. Vicaire, *Platon critique littéraire,* Paris, 1960. pp. 363-405. 对读者来说，戴斯特例和赫尔曼等合编的《柏拉图与诗人》（*Plato and the Poets*, 2011）是一本当前比较实用的入门书籍，它梳理了有关柏拉图诗学研究的大量文献。在本文中，我有意尽量少用二手文献。

② S. Halliwell, *The Aesthetics of Mimesis*: *Ancient Texts and Modern Problems*, Princeton, 2002, pp. 37-14; S. Halliwell, *Between Ecstasy and Truth*: *Interpretations of Greek Poetics from Homer to Longinus*. Oxford，2011, pp. 155-20.

这句话反过来也与苏格拉底之前在 264c 说到的"有机"整体原则("每篇文章的结构"都应该像个有机体,"有它特有的身体,有头有尾,有中段,有四肢",也就是说,要有开头、中间和结尾)紧密相关。就像亚里士多德随后说明的那样,这些关于形式与整一性的观点,对如何定义诗歌批评和如何进行诗歌批评有着深远的意义。苏格拉底甚至提出,索福克勒斯和欧里庇得斯这类诗人会嘲笑那些不理解上述原则有多重要的人(268c-d);苏格拉底还暗示,了解以上原则是正确理解诗歌必不可少的条件。然而,虽然柏拉图著作中多次讨论诗歌这一主题,但苏格拉底本人却很少或未曾在其他场合考虑上述原则①。例如,在《伊安篇》或《理想国》中,苏格拉底在评价某首诗歌的具体部分之前(或期间),确实没有关注诗歌的形式和整一性。苏格拉底似乎并没有严谨地践行自己的主张。

然而,我们不能将柏氏作品中这种前后不一的现象当作一种偶然。毋宁说,它表明对话有关诗歌的讨论与具体语境有关,并且需要在具体语境中解读。这些语境有各自强劲的活力,而且并未打算架构一种教条式的框架。我认为,就算对于诸如神圣灵感或从管理有序的城邦中驱逐诗人这等所谓"柏拉图诗学"的重要主题,我们也能且应该以辩证的眼光,将之视为策略性的假设和激进的思想实验,而不是教条式的信条。

为了进一步以这一反传统的方式解读柏拉图的诗学,我将在本文尤以解释学的问题为核心,将柏氏诗学广义地理解为作者、文本(几近可辨的话语结构,不管是否记录下来)和意义之间的关系。我的部分初衷,在于驳斥一种普遍的共识,即认为我们可以在对话中发现一种等同于作者意图的意义模式,甚至将之归于柏拉图本人。把在对话中发现的意义模式归之于柏拉图笔下的苏格拉底和(或)柏拉图,我将此做法称为强烈的意图论(intentionalism),西尔克(Michael Silk)已在其《诗歌

---

① 《普罗塔戈拉》344b 也许可以例外,苏格拉底当时试图在解释西摩尼得斯诗歌的过程中考虑其"整体特点"(τὸν τύπον αὐτοῦ τὸν ὅλον)。我下文就这篇引起广泛关注的文章展开了进一步论证。

意象的相互作用》（*Interaction in Poetic Imagery*）一书中对这一观点做了清楚而生动的说明：

> 毫无疑问，古代最强烈的意图论言论来自一位哲学家：柏拉图……柏拉图笔下的苏格拉底特别关注诗人的意图……柏拉图主义将诗的意图放在了核心位置……与之相应，我们在理论和实践层面都能发现柏拉图对意图论的支持①。

从解释学角度看，以上说法本身就有些反讽，因为西尔克（声称自己是诗学上的反意图论者）在此表现出自己潜在的意图论偏见，将柏拉图笔下的苏格拉底明显视为柏拉图的代言人，不假思索地将两者的声音融为一体。②

此外，我将在最后给出一个重要例证，一个在我们试图理解柏拉图诗学的过程中不容忽视的例证，即柏氏作品中的解释学问题，与我们自己对其对话做出的解释交织在一起。③我曾说过，大多数读者（包括古今读者）都同意，柏拉图本人是一位卓越的"文学"哲学家。如果真是如此，那我们将始终面临如何解释柏氏作品这一难题。鉴于对话在历史上所引发的各种激烈讨论，我提出以下观点就绝非偶然了，即解释学的诸种问题来自于对话的不同场景，它们讨论的话题敏锐且尚未完成。

我想在此指出，那种把强烈的意图论归之为柏拉图笔下的苏格拉底，甚或归之为柏拉图本人的做法，比上文引述西尔克的话更有问题。首先，让我们回想一下苏格拉底在《申辩篇》（22a-c）中的著名汇报，

---

① M. Silk, *Interaction in Poetic Imagery*, Cambridge, 1987，p. 234.

② 之所以说是"潜在的意图论者"，是因为文本本身并不能告诉我们，苏格拉底就是柏拉图的代言人，而西尔克采用这一前提则必然表现出一种基于文本的假设，认为有一种确定的作者意图。

③ 有关这一宏大主题相关的论述，参 75 页注释①。

他对几位诗人表达了不满与质疑。虽然没有列举什么实质性证据，但苏格拉底声称：他发现诗人们无法解释或阐释自己的作品——更确切地说，无法解释他事先挑选出来的那些作品，因为他觉得这些诗精雕细琢（μάλιστα πεπραγματεῦσθαι），在某些方面更是从"文本上"（textually）入手的。这个发现等于驳斥了强烈的意图论，因为意图论竭力主张：诗的意义恰恰在于诗人在意识支配下直接表达的意图。这种观点因以下事实显得尤为尖锐：苏格拉底赞同，他挑选出来的那类诗歌确实"言说"或"表达"了（λέγειν）许多美好的事物（πολλὰ καὶ καλά）①。因此苏格拉底认为，他谈及的诗歌，包括悲剧和酒神颂，确实具有不同的意义，但它们的作者却无法就其给出令人满意的解释。

因此，《申辩篇》这段话中的苏格拉底绝非强烈的意图论者，而是稍微风趣地预示了施莱尔马赫的观点，即他能比作者本人更好地理解作者。然而，就假定作者"无意识"中存有某种东西而言，苏格拉底的动机却与施莱尔马赫的不同。苏格拉底对此问题的看法与一种假设相关：诗人的创作不是源于意识层面的知识，而是源于"某种自然"（φύσει τινί）和神启的状态（ἐνθουσιάζοντες），就像宗教的先知和预言家那样（22c）。在柏氏著作的各种段落中，我们可以找到涉及诗歌"灵感"的内容，此处不便赘述，这一话题将在本文结尾再作讨论。然而，我反对——上文已提到些原因——那种认为我们能够找到柏拉图关于诗之灵感论的一种清晰且一致的说法。在此刻的语境中，我想就《申辩篇》强调两点：第一，本文提及灵感说，是为了给我们讨论的诗歌文本提供一种预言（即类似占卜）的层面（我稍后会解释何为"预言"观）；第二，我因此认为那些文本的作者既没有（完全）意识到、也不能用（有逻辑的）话语去解释他们的作品。

相比之下，苏格拉底在《申辩篇》里还汇报了两段他与诗人的对话，

---

① 这种观点在与神谕者作比较时（22c）也得到暗示，苏格拉底表示"他们也（καὶ γὰρ οὗτοι）说了许多美好的事物"。

这有助于强调意图论的缺失。可以说，这两段话采取了相反的方式。首先，苏格拉底质疑阿波罗宣告的神谕（"神说的话到底什么意思？神为什么要用谜语的方式来说呢？" τί ποτε λέγει ὁ θεός, καὶ τί ποτε αἰνίττεται;《申辩篇》21b），这本身就是一个解释学行为，不容辩驳地给人留下一种强烈意图论的印象：这明显带有重返阿波罗意愿的想法，因为苏格拉底根据德尔斐女祭司的话语（"文本"，即神谕说"没有人比苏格拉底更聪明"，参《申辩篇》21a），产生了想要理解神自身意图的愿望。然而，如果此处存在意图论，那显然是因为苏格拉底持有一个无法免除的假设：神的想法和话语之间不应存在任何分歧，二者之间肯定有真实的联系——用他的话说，"[神]绝不会撒谎——这不是神应该做的事"（οὐ γὰρ δήπου ψεύδεταί γε· οὐ γὰρ θέμις αὐτῷ, 21b）。即便如此，出于更为广义上的解释学目的，我们必须留意这个例子涉及苏格拉底进一步的假设，即表面意义与隐含意义的区别。虽然"没有人比苏格拉底更聪明"这句话没有歧义或语焉不详，但苏格拉底认为它深不可测，就像某种晦涩难懂的谜语。因此，神谕的"文本"自身表现出多层含义，可以从不同的角度进行探索和阐释——就像苏格拉底接下来做的那样，在与政治家、诗人和工匠的谈话中思考神谕——而不仅仅囿于阿波罗头脑中原初想法的某条线索。

苏格拉底在《申辩篇》21b 处用了动词 αἰνίττεσθαι（"用谜语的方式来说"）来形容阿波罗的神谕，为了与此产生联系，我想在此简单地提及一下柏拉图的伪作《阿尔喀比亚德后篇》（Alcibiades II），苏格拉底在这篇对话中认为，诗歌从本质上说是"天生的""谜语"（αἰνιγματώδης, 147b）。这段话的价值在于，它给我们当代研究柏拉图的腹地思想带来一种饶有趣味的意义，即关注柏拉图讨论诗歌背后隐含的意义。我特别想强调一处细节，"谜语"这个词后来时常意指寓言，但在《阿尔喀比亚德后篇》中不这么用，《申辩篇》中也不这么用来解释阿波罗的神谕。在《阿尔喀比亚德后篇》中，苏格拉底直接使用了"荷马的"例子（实际上引自托名荷马的喜剧史诗《玛吉特斯》[Margites]），那是一段他认为句法微妙、拐弯抹角的话（他把"他严重[badly]知道某事"解释为"知道某事，对他不利[bad]"），而不是一段意义完全被文本隐藏了的话。苏格拉底由此得出诗歌大都使用"谜语"的结论（147b），他认为诗歌具有一种复杂的文本性特征，理解（γνωρίζειν, 147c）这一特征需要特殊的阐释过程。在此，我们之所以将苏格拉底在《申辩篇》中对 αἰνίττεσθαι（"用谜语的方式来说"）一词的使用与阿波罗的神谕联系起来，是因为后者还涉及一个指导性的解释学假设，也就是说，我们需要从文本的词语中准确找到并甄别出完整的意义。

现在让我们暂时回到《申辩篇》，我想让大家关注的最后一段话是28b-d。那一刻，苏格拉底援用并解释了《伊利亚特》卷十八对阿喀琉斯心理状态的描绘。当时，阿喀琉斯藐视母亲的警告：如果杀死赫克托耳，他就会很快死去。对此，苏格拉底略微狡猾地进行了部分改述。苏格拉底认为，这个场景是荷马表达自己视死如归意愿的典范。我只想强调两点：其一，苏格拉底很容易阐释他在荷马文本中发现的心理和伦理方面的意义，因此此处不同于柏氏作品的其他段落（包括《申辩篇》22a-c），苏格拉底没有对应该如何理解诗产生怀疑；其二，为此，苏格拉底将自己的价值观（或者有人会说，他自己毫不含糊的阐释）叠加到文本中，借助阿喀琉斯之口论说了"正义"（δίκη），后者恰恰是史诗缺少的内容，因为阿喀琉斯只说到要为帕特洛克罗斯的死报仇。然而，以上两点都不支持"柏拉图笔下的苏格拉底是解释学上的意图论者"这个观点。

我从《申辩篇》中引用了三个段落，它们依次分别是：苏格拉底对阿波罗神谕的回应、他对诗人的质问、他利用《伊利亚特》中的阿喀琉斯来表达自己对死亡的态度。这三个段落之间的关系足以让我们认识到解释学的复杂性，并削弱了西尔克认为"柏拉图是意图论者"的笼统结论。如果我们要在这三个段落中探寻同一个没有明说的前提，那么它并不是一种意图论原则，而是如下一种假设：我们可以在文本本身中发现意义，但只有通过阐释者主动的堪称特殊本领的解读才能做到。但我想指出，这三个段落也暗示了柏氏作品相当重要的一点，即苏格拉底这个人物身上存在一种解释学的含混：此含混首先表现于苏格拉底自己的阐释行为，苏格拉底有时是个严密的理性主义者，有时却像个半仙或"占卜家"的样子；因此，含混其次就表现于苏格拉底在对话中扮演的角色，以及这个角色引发的开放性阐释。

在苏格拉底理性主义的解释学模式（rationalist mode of hermeneutics）中，他的原则接近于尼采在《悲剧的诞生》中所说的"美学的苏格拉底主义"（在讨论苏格拉底的后继者欧里庇得斯时提到这个说法），尼采将之概括为一句箴言"万物欲成其美，必易于理解"（*alles muss verständig sein, um schön zu sein*）。① 在柏拉图的对话中，我们可以将苏格拉底的这种倾向描述为：坚持意义必须完全清晰透彻，这是解释学接受的必要条件（尽管不是充分条件），我们已从苏格拉底在《申辩篇》中讲述他对诗人的质疑一事中窥见一斑。事实上，这一倾向是苏格拉底辩证地对付他人时所采用的主要模式；至少是所谓的苏格拉底问答法（Socratic elenchos）的部分证据，苏格拉底问答法即严密地查（盘）问对话者的观点。因此，苏格拉底也常常用这一倾向来阐释问答讨论中引用的诗歌片段。举个明显的例子，在《理想国》卷一中，苏格拉底面对玻勒马霍斯引用西摩尼得斯的箴言（可能只是一句格言，而不是西摩尼得斯的一句诗）"正义就是欠债还债"时产生的反应：当时，苏格拉底把西摩尼得斯和（或）这句话视为另一个对话者或一个"虚拟的"对话者，他坚持认为，在得出西摩尼得斯是用了一种诗歌"谜语的"方式来表达自己的意思（显然是一样的问题，与我们上文在《阿尔喀比亚德后篇》和《申辩篇》中阿波罗的神谕一事遇到的情况一样②）这个结论之前（有人认为这个结论颇具反讽），必须要先弄清楚这句话的含义，或应该如何理

---

① Nietzsche, *Birth of Tragedy* 12, in F. Nietzsche, *Die Geburt der Tragödie etc.*, Kritische Studienausgabe vol. 1, eds. G. Colli and M. Montinari. Berlin, 1988, p. 85.

② 有关苏格拉底对西摩尼得斯箴言的复杂解释，参《理想国》1.331e。他得出（反讽的）结论说，西摩尼得斯以谜语的方式（ᾐνίξατο）给诗歌加了密码，相关论述见 332b-c。

解这句话。

《理想国》卷一这段文字是否具有一种强烈的意图论倾向,这个问题此处不作讨论①。我引用这段话,最直接的原因是因为它可以清楚地证明苏格拉底理性主义的解释学模式。然而,这并不是苏格拉底仅有的解释模式。在某些情况下,他另辟蹊径,使用了一种预言或占卜的视角,既以预言家的身份给出某种说法或"文本",又以半占卜的方式推测这些文本的意义。在这种情况下,他并没有坚持清晰透彻的意义,而是选择识别一种特殊的意义,这种意义构成被称为"特别赋予的暗示"(privileged intimation),隐藏在日常的解释过程背后,因此得以保持一种神秘的氛围。例如,在《斐多篇》62b 中,俄耳普斯认为灵魂被囚禁在身体之中,尽管这一说法不够清晰透彻,苏格拉底依然对它兴味盎然:他明确表示 οὐρᾴδιοςδιιδεῖν([我们可以意译为]不容易发现底部的意义),但这并不妨碍他坚持发现底部意义的重要性。

事实上,柏拉图的作品曾多处使用预言式词汇来描述苏格拉底,或描述他的思维方式。举个简要的例子,苏格拉底自己就专门把他的守护神或内心的声音说成是一种"预言"能力(尤其在《申辩篇》40a 中,他说:"我的神迹通常具有预言或先知的能力"[ἡ...εἰωθυῖά μοι μαντικὴ ἡ τοῦ δαιμονίου]),这也可以作为他说自己习惯于相信梦和神谕(比如《克里同篇》和《斐多篇》)的补充②。在《斐德若篇》(242b-c)中,当他准备变更论调时,他称自己是预言家、"先知"或"占卜家"。他也谈到灵魂本身,但显然是从一般意义上谈的,认为灵魂是"预言的"东西(μαντικόν γέ τι καὶ ἡ ψυχή),能将直觉的信息传达给意识。在《斐多篇》84e-5b 中,他的著名说法是把自己的"天鹅之歌"当作阿波罗的一个预言(mantikê),即对死亡本质的特殊洞见。有些人也认为苏格拉底拥有预言的能力或洞察力:如在《泰阿泰德篇》中,当欧几里德想起苏

---

① 事实上,我对此问题的回答是否定的,理由就像我在下文谈及《普罗塔戈拉篇》339a-347a 讨论西摩尼得斯诗歌时提出的观点。

② 苏格拉底相信神谕(μαντεία)和梦的总体说法,参《申辩篇》33c。

格拉底预言年轻的泰阿泰德未来的前程，并预感此人将英年早逝时，就认为苏格拉底具有预言的本事。① 在《会饮篇》中，第俄提玛本身就是个预言家（她象征性的身份是来自曼提尼亚国的女祭司，Μαντινική，201d，211d），至少从某个层面上说，是苏格拉底的预言式替身，她就把"预言"（mantikê）总的划到神人交流（包括"阐释"，ἑρμηνεύειν）的领域②。苏格拉底回答她说，自己无法理解她的话，需要"占卜家"来解释：μαντείας, ἦν δ'ἐγώ, δεῖ ται ὅτιποτε λέγεις, καὶ οὐ μανθάνω（206b）。如上所述，此处的占卜活动涵盖了意义与阐释之关系的两个层面。

如果我们要问这类材料与诗歌有何关联，那我们并不能得到直接的回答——事实上，它比对柏拉图诗学的正统解释还要隐晦。虽然苏格拉底在许多地方将诗人比作占卜者或预言家（尤其在《申辩篇》《伊安篇》和《美诺篇》中），但我们却不能简单地将之理解为苏格拉底（或柏拉图）关于"诗之灵感论"的学说，部分原因在于，以上三篇对话中至少有两篇都具有不容忽视的反讽因素③。此外，如果我们认为，苏格拉底确实表达了一致的灵感论，我们就会期待对话中的他将诗歌最重要的东西全都视为预言式的，也许还会期待他只使用预言的解释模式来解读诗歌。但我们已经发现并很快还会发现，情况并非如此。实际上，苏格拉底就像对大多数对话者那样，经常用理性主义的解释学模式来解读诗歌，坚持完整、一致、透彻的推理。然而，他确实偶尔也采用了一种预言的方式来解读诗歌。举个明显的例子，在《美诺篇》81a-b 中，品达

---

① 欧几里德对苏格拉底的预言能力感到吃惊，既与泰阿泰德的事有关，但更多的是苏格拉底对一般事情的预言，参《泰阿泰德》142c，原文为 καὶ ἐθαύμασα Σωκράτους ὡς μαντικῶς ἄλλα τε δὴ εἶπε καὶ περὶ τούτου[这是苏格拉底那预言家般的洞察力的一个重要范例，使我惊讶极了]。对泰阿泰德之死的文本的讨论，见 Halliwell, S. "The Theory and Practice of Narrative in Plato," in J. Grethlein and N. Rengakos, eds., *Narratology and Interpretation*, Berlin, 2009, pp. 16-7.

② 《会饮篇》202e 中，把 τὸ δαιμόνιον[精灵]描述为在神与人之间"解释和传递"（ἑρμηνεῦον καὶ διαπορθμεῦον）消息的东西，同时也被当作所有预言发挥作用的媒介（διὰ τούτου καὶ ἡ μαντικὴ πᾶσα χωρεῖ）。

③ 见《申辩篇》22c，《伊安篇》534c-d，《美诺篇》99c-d；这些段落中的反讽难题，见 Bluck, R. S. *Plato's* Meno. Cambridge, 1961, pp. 425-7; Murray, P. *Plato on Poetry*. Cambridge, 1996, pp. 118-9.

与男女祭司联系在一起，成为灵魂不朽和灵魂转世理论的来源。尽管苏格拉底声称，祭司能够对这种事情"给出理性的解释"（λόγον διδόναι），但他对祭司的信任似乎是个死循环：他们的"智慧"优于并独立于一切理性，但恰恰是理性使得他们被信任。当然，就品达的诗歌而言（诗歌本身作为一种预言的实践，偶然成为前柏拉图观念或隐喻的来源），苏格拉底并未表现出要求理性判断或清晰推理的迹象。相反，他打算把诗歌特殊的段落融入同一个材料，包括口头诗歌与诗歌作品，然后把这个材料作为进入真理的特殊路径，因为理性独自无法建立通往真理的道路。

在柏拉图笔下，苏格拉底的行为和解释学实践有推理和预言两种方式，这两种方式之间的张力可见一斑，而此张力只在对话《伊安篇》中是个复杂因素。在《伊安篇》中，诗学，或诗之"批评"和"解释"是讨论的核心问题。① 既然我已在别处解读了这篇作品，那么我在此处就只提出与解释学问题直接相关的一点，也是本文的核心论点。在《伊安篇》开场不久（530c），苏格拉底就设置了一系列条件，他认为专业裁判或诗歌批评家必须具备这些条件：一位优秀的诵诗人，就其推理或批评能力来说，必须能够解释诗人的思想或意义（ἑρμηνέα... τοῦ ποιητοῦ τῆς διανοίας），就像苏格拉底认为必须理解诗人所说或所指（συνιέναι τὰ λεγόμενα ὑπὸ τοῦ ποιητοῦ）。由此引发一个问题，即用这些术语规定的诗学，如何才能为自身界定一种清晰的能力和价值观，而不是在解释具体段落时仅遵从其他种类的专业知识。这一问题贯穿整篇对话，直到最后仍悬而未决。在接下来的两个部分中，苏格拉底反复（以假设地方式）对伊安说，要合格地评判诗歌的一切，最好由专家来做，因为

---

① 《伊安篇》中的"批评"观，见苏格拉底提到合格的"裁判"（κριτής）的观念，如 532b 中对诗歌裁判的讨论，538d 中对同源动词 κρίνειν[评判]的论述；同样，关于"解释"，也在 530c 用了名词 ἑρμηνεύς[解释]（之前引用过），535a 也使用了同源动词 ἑρμηνεύειν[解释]。我解读《伊安篇》时表述上述观点，参 S. Halliwell, *Between Ecstasy and Truth: Interpretations of Greek Poetics from Homer to Longinus*. Oxford, 2011, pp. 166-17。

他具备相关领域的专业知识。因此在 538d 中，苏格拉底引用了《伊利亚特》卷二十四第 80-82 行的比喻，说伊里斯跳入大海就像鱼线上的铅坠子掉到水里；之后，他问这位诵诗人，究竟该凭渔民的技艺还是诵诗人的技艺来判断这句话的意义和妙处。伊安尴尬地回答道，这显然该凭渔民的技艺。然而，只有天真的读者才会以为，我们只需接受伊安胆小的回答就行了。

  在此，我想强调的是，《伊安篇》开头这部分，苏格拉底预先假定了一种理性主义的解释学模式，这种模式不同于苏格拉底平时假定的模式，不能证明苏格拉底带有我称之为强烈意图论的倾向。的确，在之前引用的段落中，诗歌文本的内容和意义都是用诗人"所说或所指"来描绘（τὰ λεγόμεν αὐπὸ τοῦ ποιητοῦ, 530c; ἄττα λέγει[sc. Ὅμηρος], 538d）。这种情况几乎自始至终都存在。再举个典型的例子，在《伊利亚特》23. 335-340 中，涅斯托尔教导儿子安提洛科斯在战车比赛中控制坐骑的最佳方法，苏格拉底在 537a-b 引了这段话，然后让伊安同意，"荷马这些话说得是否妥帖"（εἴτε ὀρθῶς λέγει Ὅμηρος εἴτε μή），除了（专业）的御车人能够做出最佳的评判之外，无人能行。然而，抛开这些表面现象，我认为苏格拉底在这些段落中使用的公式（formulations）符合且必须是一种文本自身的解释学，而非强烈的意图论。出于显而易见的原因，诗人"所说"或"所指"的内容并不是真正说出来的话，而是创作（τὰ λεγόμενα）或类似构思的一部分，必须首先与文本的意义保持一致。① 但在诸如《伊安篇》530c（见上文）这样的段落中，也可以这样来理解 διάνοια（即"思想"或"意义"）这个词。换言之，以其字面含义来形容说出的话（如 λέγειν）或者说话人有意识的意图（如 διάνοια），这样的词汇已发生了转变，用到了写好的文本中，指向文本自身的属性。因此，对苏格拉底而言，争论的

---

  ① 《伊安篇》537a-c 使用了动词 λέγειν（说）便强调了这一点，这部分提到荷马这几行诗，包括涅斯托尔和荷马说的话。

焦点就在于文本内不确定的解释意义，而不在于诗人本人独立的思想状态。

《伊安篇》接下来的部分，完全不关注诗歌的文本性（诗歌文本性关注诗歌"所说或所指"的内容，以及如何评价诗歌），在对话最著名最夸张的中间部分，苏格拉底提出灵感创造说，带来了一种明显预言式、非推理式的解释学模式。[①] 苏格拉底提出，伊安自以为非常理解荷马的观点，但他不过是诗人自身灵感的延伸和传播而已——是连接缪斯、诗人、表演者或解释者和观众之"磁环"的一个环节。然而，正是伊安对苏格拉底的重要反驳，促使对话中间部分的讨论戛然而止[②]，并使得这位诵诗人在整篇简洁的对话中成为未被证实的解释者，两种受到强烈反对的解释学模式，不管是推理的专业知识，还是灵感启发的"能力"，都不能证实伊安的解释者身份。我认为，把整篇对话视为一个难题的原因在于：对话设置了两种互不兼容的解释学模式，暴露了一位解释者，但这位解释者对两种解释学模式都不满意。

无论用哪种方式解读，《伊安篇》都是个棘手而伤脑筋的案例。但我的观点是，不管是在《伊安篇》还是柏氏更一般的对话中，柏拉图笔下的苏格拉底总在理性主义者和预言心理之间摇摆。然而，不管摇摆在哪一方，他都不是个纯粹或强烈的意图论者。我相信，苏格拉底在《普罗塔戈拉篇》里讨论西摩尼得斯的诗歌时也是如此，这个段落引起了对希腊诗学史和文学批评感兴趣的诸多学者的极大关注。基于本文的目的，我将再次限制自己，只说几句。我之前引用的西尔克，他这段话中发现了"确定无疑的"意图论；郎伯顿（Robert Lamberton）声称，苏格

---

① 这个暗示不容易发现，因为诗人常常把自己比作预言家（*μάντεις*, 534d，而且据说伊安这样的诵诗—解释者也就因为灵感而继承了诗人的灵感（536b-c，见下一注释）。有些讽刺的是，苏格拉底在 531b、538e 及 539d 中提及 mantikê 一词是用作一种活动的例子，诗人对这种活动的描绘最好由专家来评判：mantikê 有时被理解成一种理性技术，有时被理解成一种灵感形式，根据具体语境而定。囿于篇幅，此处不再展开讨论。

② 参《伊安篇》535d，伊安（无意中反讽式的）说道，如果苏格拉底亲耳听到伊安讲述荷马，并把伊安看作受灵感启发的解释者，若是如此，他就会非常意外。

拉底在此处将"文本的真实含义"理解成了"作者的意义（或意图）的延伸"；赞克尔（Andreas Zanker）最近写了一篇有趣的文章，认为（多种语言）用到说话人身上和用到文本中表"意义"的词汇之间会产生歧义，对苏格拉底来说，"不是诗歌本身，而是作者西摩尼得斯本人在表达"，因此苏格拉底"对文本自身的独立意图并不感兴趣"。① 毫无疑问，上个说法中，何为"独立"意图至关重要。如果它是指苏格拉底不想从作者已知的身份和文化语境去理解文本，那么该观点也合情合理。但如果因此说苏格拉底并不直接关注"文本本身"的含义，就未免言过其实了。赞克尔说，苏格拉底提出解释"西摩尼得斯在这首歌里的意图或意指"（我的译文），"意指用的动词是 διανοεῖσθαι，是针对作者而非文本而言"（楷体由我添加）。此时，赞克尔用一种传统的表达方式告诉我们必须了解的苏格拉底的解释程序，由此做出一个误导性的区分。实际上，即便是"西摩尼得斯在这首歌里的意图或意指"这类措辞也告诉我们，不能简单地认为那是指与"文本本身"相反的"作者"自身，即认为苏格拉底试图从这首歌中准确地找到一种被认识到的意图或意义；认为文本本身具有一种（有争议的）独立意义。不管这一说法有多草率，它依然得到了苏格拉底的证实。其一是在 344a 处，苏格拉底呼吁一种注重语境的意义标准（他指出，文本的一个部分"证实了"[μαρτυρεῖ] 作者的意图）。其二是苏格拉底建议详细讨论"一首诗的整体结构及意义"(τὸν τύπον αὐτοῦ τὸν ὅλον… καὶ τὴν βούλησιν)② 。必须承认，从某种程度上说，苏格拉底在讨论这首诗的创作时确实参考了西摩尼得斯的意图。③ 不仅

---

① 见 M. Silk, *Interaction in Poetic Imagery*. Cambridge, 1974, p. 234; R. Lamberton,*Homer the Theologian: Neoplatonist Allegorical Reading and the Growth of the Epic Tradition*. Berkeley, 1986, p. 21; A. T. Zanker，"Expressions of Meaning and the Intention of the Text, " in *Classical Quarterly*, 63, 2013, p. 848。

② 此处，诗中使用的名词 βούλησις 意为"希望或意愿"，该词尤其引人瞩目，而且反驳了赞克尔的观点，参柏拉图《法礼篇》2. 668c 也同样使用了 βούλησις 一词（以及其同源动词 βούλεσθαι，其主语也指的是文本，而不是诗人）。

③ ταῦτά μοι δοκεῖ… Σιμωνίδης διανοούμενος πεποιηκέναι τοῦτο τὸ ᾆσμα（这就是我对西摩尼得斯写这首诗歌时的心境所作的解释），见《普罗塔戈拉篇》347a。

如此，他还推测西摩尼得斯是因为蓄意攻击庇达库斯（Pittacus）的观点才创作这首诗的：诗歌原初的文化语境只是个假说，但这并不能抹杀苏格拉底的努力（不论是否具有反讽意味；此问题暂不生发，集中讨论当前的话题），他想要完善一种基于诗歌自身语言及结构的解读方式。此外，最让苏格拉底受挫的是，如果不考虑作者，那么（诗歌）文本的解释就会引发无法解决的分歧——"有些人会说诗人是这个意思，有些人会说诗人是那个意思"（οἱ μὲν ταῦτά φασιν τὸν ποιητὴν νοεῖν, οἱ δ' ἕτερα, 347e）。但即便如此，也并不能证明苏格拉底是个强烈的意图论者。他在此处的基本观点涉及以下两种做法之间的差别，即质疑一个人（此时，辩证法大体可以成为讨论的焦点，以此得出某种结论）与解释一个文本，而文本本身却无法回应解释者的推论。然而，这并不是说作者意图和文本的意义之间存在一种明确的模型。①

即便有人争论说，苏格拉底在《普罗塔戈拉篇》里讨论西摩尼得斯的部分比我认为的更具意图论者的倾向，但要从中推断出一种固定的柏拉图的解释学理论也非常危险。有篇最长的对话在进行诗歌批评时从另外一个角度证实了这一点，此文确实长于《伊安篇》，我指的是《理想国》卷二和卷三。其中，苏格拉底举了一系列例子来制定不容妥协的要求，规定哪些诗歌适（不适）合用来教育美好城邦未来的卫士（376e-392c），然后将其发展成一种"话语模式的原叙事类型学"（proto-narratological typology，392c-398b）②，最终针对文本与音乐的关系进行了一些反思，并由此带出更多重要的评判标准（398b-403c））。以上提到了三段材料，第一段与卫士的音乐教育有关。一方面，苏格拉底评论了各段诗歌文本的意义，毫无解释学的犹豫，也不觉得解释文本意义时需要参考作者的意图：此处不像《普罗塔戈拉篇》347e 中那样涉及不同读者对同一文

---

① 《普罗塔戈拉篇》347e 也讨论文本意义的"不确定性"，这一点特别适用于柏拉图自己的本文：此处（就像《斐德若篇》批评写作一样）也没有逃脱悖论和自我指涉的困境。

② 关于这部分的叙事学暗示的详细讨论，参 S. Halliwell, "The Theory and Practice of Narrative in Plato," in J. Grethlein and N. Rengakos, eds., *Narratology and Interpretation*, pp. 15-41. Berlin, 200。

本的不同解释（见上文）；另一方面，在《理想国》这部分，苏格拉底并没有假定文本的意义已经给定或固定在其中。与之不同，他假定读者具有一种"期待视野"，也就是说，读者倾向于通过诗歌中的角色，将诗歌作品当作某种生活价值的反映，并相应地将诗歌中的角色视作伦理和心理上的范本。我们知道，这种期待视野并非柏拉图的发明，而是源于阿里斯托芬的《蛙》。该剧谈到悲剧家的竞赛时，提到了这个通俗易懂的批评观念，尽管带有喜剧的歪曲性。苏格拉底原本以为，柏拉图最初的读者是些循规蹈矩的年轻观众，尤其是他们偏向于或易于效法（原文是"做一样的事"，ὁμοιαποιεῖν，388a）他们在诗歌作品中的所见所闻。

　　苏格拉底给荷马和其他诗人的诗歌设定了他认为可接受的教育规范，除此之外，他实际上还为一种更复杂的批评模式埋下了伏笔，这一模式承认诗歌价值的"内部"（或技术）标准和"外部"（即伦理和政治）标准之间可能存在张力。下面就是这些伏笔中最重要的部分。苏格拉底承认，诗歌是被创造的艺术品：诗人"编造故事"（μύθους... συντιθέντες，《理想国》377d，动词 συντιθέναι 具有半技术含量）。此外，此处的故事具有某种虚构性：（从字面上看）它们是"虚假故事"（μύθους ψευδεῖς），属于用来教育年轻人的两种基本话语（logoi）（"真话"和"假话"）中的一种（《理想国》377a）。但最后一个细节表明，此处使用的"虚假"概念本质上并不具有贬义，而是至少表现出一种虚构的概念。苏格拉底谴责的只是滥用"虚假"故事传达伦理不能接受的观点。根据387b中出现的形容词 ποιητικός（制作的），诗歌作为艺术品和（部分）虚构的作品，具有特殊的"诗歌"属性。苏格拉底既没有言明这些属性，也没有提及这些属性会产生何种快乐——但那定是种复杂的快乐，因为在目前语境中，快乐来自于对蝙蝠一样的存在物所作的描绘，在哈德斯等待的灵魂就被描绘成像蝙蝠一样的存在物（不像我们从自我预期中可以直接获得的快乐）。然而，"诗歌的"特征必然不只包括纯粹的形式属性，因为"诗歌的"特征使作品具有"令人信服的"作用。如果我们把这一点与稍后对音乐诗学的分析（398b-403c）结合起来，那就可以说，"诗歌的"特征在某种程度上就是"表达的"属性。在分析音乐诗学时，苏格拉底提出 εὐσχημοσύνη（《理想国》401a，即"姿态"、优雅、美）的概念，使得给人快感的外表在整个艺术形式范围内成为传达伦理情感的工具。因此，当我们细嚼以上文字时，我们就会发现，苏格拉底意识到了诗歌的意义与诗歌的体验，但他并不打算详细讨论它们。

作为假定的立法者，苏格拉底的评判背后隐藏着更多批评的可能性，这在另一段著名论述中可以见到，他在其中诉诸寓言的意义（ὑπόνοιαι，直译为"寓言"，《理想国》378d）来为某些段落进行辩护。他说，年轻人不能"分辨"寓言，暗示某些读者亦是如此。因此，苏格拉底并不是反对寓意解释本身，实际上他在柏氏作品各个地方都对寓意解释表现出开放的态度。① 此外，苏格拉底明确表示，不管寓言的意义（ὑπόνοια）是什么，原则上可能是对文本进行批评解释的对象，而不是对作者心理状态的假设。简言之，苏格拉底无意将整部《理想国》中提及的教育和政治框架变成一种完整或全面的诗学：实际上，就像他对同伴的警告（《理想国》378e-379a）一样，此框架并未从诗歌本身的角度来看待事物，而是对创立城邦这个激进的思想实验的回应，在这个城邦中，各个领域的生活都会受到严密的政治控制。

我认为，第一，我们不能合理地在柏拉图对话中定位一种系统的诗学；第二，解释学的问题被描述为相当复杂的事情，无法简化为明确的解释原则。鉴于以上两个观点，在做结论之前，我想简要回顾一下《法礼篇》的两个段落。在柏拉图对诗歌的处理中，这两个段落强化了一种持续挑战的分辨能力，而非教条式的结论。第一段选自卷二里的一个重要部分，当时雅典人定下了令人满意的批评标准，即评价视觉和音乐诗歌的艺术时，要用"明智或有反思能力的评论家"（ἔμφρων κριτής，《法礼

---

① 例如《泰阿泰德篇》152e（荷马的海洋意象寓意了流动的原则）和153c-d（《伊利亚特》8.18-26 中宙斯的黄金绳寓意为太阳）。

篇》669a）。这些标准让雅典人卷入了一场复杂甚至混乱的讨论，即关于"快乐""正确"和"有益"三重标准的重要性讨论。我想要强调的是，雅典人如何论述他视为诗歌属性的标准。他提到需要优秀的评论家或批评家来鉴别每首诗的"存在"或"本质"（οὐσία），还提到诗是"现实中"（ὄντως）某种东西的意象或再现（《法礼篇》668c）。此处的确存在着某种客观主义的批评问题，明显预示了像亚里士多德在《诗学》中提出的一种以文学类型为基础的理论。然而，雅典人提的这个特点很容易被否定。即便是桑德斯（Trevor Saunders）这位《法礼篇》的优秀研究者，也令人费解地强调文章本身的"意向性"，把描述诗歌目的的词语冒失地理解为"不管作者是否正确达到目的"[①]（楷体为我所加）。整个卷二成了见证"晚期"柏拉图持续关注诗学问题的证据，值得注意的是，雅典人根本没想过作品背后存在着作者意图。

能与《法礼篇》卷二部分相提并论的是卷四的一个段落，其中确实提到了诗人的心理，但情况复杂得多。此处略带讽刺的是，雅典人设想（其实是用腹语说）诗人自己提醒立法者，说立法者并没有享受到诗歌戏剧性且富有想象的自由。与诗人观点相对的是，一首诗无论是叙述性的还是规定性的，都不需要成为适合立法者的单一陈述或演说行为（εἷς λόγος）。他暗示，不能假定一首诗直接传达了真理或标准的权威，因为诗是一种视角话语，能涵盖对同一主题产生的互相矛盾的观点：人物及其立场之间的契合度优先于立场的一致性，一如优先于真理或接受性的独立标准（实际上，这接近于伊安对诵诗人批评专业的直觉，苏格拉底对此置之不理，参《伊安篇》540b）。需要注意的是，当雅典人把诗人描述为自我矛盾（ἐναντία λέγειν αὑτῷ）时，这并不是从逻辑上说诗人

[①] 参 T. Saunders, *Plato: The Laws*, Harmondsworth, 1970。从语法角度看，代词 αὐτοῦ 应指诗歌本身，但桑德斯却认为该词指作者。然而我在 *The Aesthetics of Mimesis: Ancient Texts and Modern Problems*（Princeton, 2002）一书的第 69 页却对这段话产生了误解，认为这段话指"（诗歌的）创作者的意图"。《法礼篇》668b 中使用 βούλησις 一词（直译为"意愿""心愿"）指诗人的目的或意义。

不严密，而只是说诗人的言说方式（façon de parler），因为很显然，诗人的演说行为（因而还有"意义"）并不包含诗人本人的陈述，而是诗人在诗歌话语结构中再现各种声音的方式——这一点可以再次用来反思柏拉图对话本身。

在这一框架下，雅典人想象诗人假定一种表面上的灵感观念（719c-d）。但是，就柏氏作品其他地方提到的诗之灵感而言，这一观念充满了困难。第一，它用幽默的伪德尔菲比喻来润色，说诗人坐在缪斯的三足凳上；第二，显而易见，对于诗歌具有多种声音的普遍争论无需涉及灵感（或者说，为什么诗人不能依据自身经验来建立自己诗歌中不同人物该说什么话的观点呢）；最后，如果把灵感与以下观点联系起来，即把诗人的职业或"技艺"视为摹仿、戏剧再现（τῆς τέχνης οὔσης μιμήσεως），那么灵感观念就会受到质疑。因此，一方面，这段话似乎在不受控制、无法解释的观念"流"（诗人受灵感激发不断冒出诗句，如同泉眼不断冒水一样，719c）之间建立了一种并不透明的联系；另一方面，对观念"流"的梳理又是通过诗人有意识的操控（他的技艺）来进行。然而，与我的观点最相关的是，要注意不管我们对诗人创造力模式的心理学分析合理与否，其创作过程与对创作结果的接受或解释均无关系。如同《申辩篇》22c 处一样（参阅我之前的讨论），在《法礼篇》中，创造力和解释学各自独立。在《法礼篇》669a 处，不论"灵感"与"技艺"在诗人创作行为中有何种联系，"明智的评论家"或批评家（ἔμφρων κριτής）都无法得知诗人内心的想法，但就像雅典人强调的那样，只有文本才能够理解文本本身。从这一点看，诗歌评论者与柏拉图对话的读者别无二致。

参考文献

Bluck, R. S. 1961. *Plato's* Meno. Cambridge.

Destrée, P. , and Herrmann, F. -G. , (eds.), 2011. *Plato and the Poets*. Leiden.

Gigon, O. , (ed.), 1987. *Aristotelis Opera III: Librorum Deperditorum Fragmenta*.

Berlin.

Halliwell, S. 2002. *The Aesthetics of Mimesis: Ancient Texts and Modern Problems.* Princeton.

Halliwell, S. 2009. "The Theory and Practice of Narrative in Plato." In J. Grethlein and N. Rengakos, (eds.), *Narratology and Interpretation*, Berlin, pp. 15-41.

Halliwell, S. 2011. *Between Ecstasy and Truth: Interpretations of Greek Poetics from Homer to Longinus.* Oxford.

Lamberton, R. 1986. *Homer the Theologian: Neoplatonist Allegorical Reading and the Growth of the Epic Tradition.* Berkeley.

Maehler, H. (ed.), 1989. *Pindari Carmina cum Fragmentis: Pars II, Fragmenta.* Leipzig.

Murray, P. 1996. *Plato on Poetry.* Cambridge.

Nietzsche, F. 1988. *Die Geburt der Tragödie etc.*, Kritische Studienausgabe vol. 1, (eds.), G. Colli and M. Montinari. Berlin.

Saunders, T. 1970. *Plato:* The Laws. Harmondsworth.

Schleiermacher, F. 1998. *Hermeneutics and Criticism*, transl. /(ed.), A. Bowie. Cambridge.

Silk, M. 1974. *Interaction in Poetic Imagery.* Cambridge.

Vicaire, P. 1960. *Platon critique littéraire.* Paris.

Zanker, A. T. 2013. "Expressions of Meaning and the Intention of the Text," *Classical Quarterly*, 63, pp. 835-53.

冥府的"扩建"

安东尼·霍普 撰 / 黄水石 译 / 李向利 校

澳大利亚对建筑业最典型的贡献,很可能在于对房屋的"扩建"(extension),尽管这样的扩建不像悉尼歌剧院(Sydney Opera House)或其附近的海港大桥(Harbour Bridge)那样举世闻名,也不像联邦平顶别墅那样雅致,因其可以点缀我们的城市景观。扩建(最形象地说)采取的方式是给建筑物增添一个帆板房间(one-room weatherboard edifice),即一个手工爱好者(其热情也许超过了建筑工程技能)把一个帆板房间添加到他那座专业建造的砖墙住宅外。这样的扩建很有前景:在这个房间里,这位手工爱好者可以自由自在、安安静静地摆弄自己的嗜好,远离房屋主体更为实用的空间,远离嘈杂,也远离其他居民。

这样的扩建可能是澳大利亚特有的现象,但扩建出的建筑物却是一个有用的类比;通过这个类比,我们或许可以理解一座重要的古代建筑——冥府(House of Hades)——所发生的重要变化。在整个古风和古典时期,关于死者的居所,基本上都隐现着荷马在《伊利亚特》和《奥德赛》里描述的幽暗、阴森的景象。[①] 但这并不是说,这一宏伟建筑在这段时间不曾发生过重要变化;毋宁说,荷马对冥界(Underworld)

[①] 关于荷马对冥府的描述所占据的统治性地位,参 Burkert(1985:194-9),以及 Garland (1985:第五章)。

的描述给人印象过于深刻，当后世有人对死后命运产生了充满希望的设想，而这些设想开始在希腊世界受到青睐的时候，持有这种设想的人，并不会拆除或抛弃荷马描述的冥府，相反，他们只会对它进行"扩建"。① 也就是说，他们在很大程度上保留了荷马对冥府的描述，只是给冥界这个建筑物增加了一个完全属于自己的空间，在这个空间里，所吸纳的成员可以享有一种极为惬意的死后命运，远离普通死者仍要逗留的悲惨住地。通过这样的方式——挪用并"扩建"荷马的冥府，这些团体就可以为他们新设想的死后命运提供权威性，而且他们是在熟悉的基础上操作的，可以更容易地向普通人推荐他们的末世学说。

当我们转向柏拉图的对话，就可以看到苏格拉底在描述自己的冥界时，自觉地靠近了这一"扩建"传统，这在《高尔吉亚篇》《斐多篇》《理想国》和《斐德若篇》等对话中都有生动的体现。苏格拉底并不是无中生有地（ex nihilo）描述死者的居所，他在表述中也挪用和吸收了冥界既有的景象。荷马的描述仍然最有影响，尽管"扩建"景象的重要特征也很突出。但苏格拉底自己对冥界的表述，并非是对原有景象的小修小补，而是走得更远，他彻底翻新了传统的冥府景象——完全重新构思了荷马奠定的冥界基础。对苏格拉底的对话者和柏拉图的读者而言，苏格拉底描述的冥界，成了一个既极为熟悉，又全然陌生的地方。那些在冥界的传统描述中长大的人，对苏格拉底如此描述死者的居所绝不会感到满意。熟悉与陌生的辩证法，是这些段落的本质特征；只有借鉴"扩建"传统，才能恰当地理解这种辩证法的功用。苏格拉底向"扩建"传统示意，将传统因素融入翻新的冥界景象，由此赋予自己的描述足够的熟悉度，激起听众的兴趣，并提供了一种乍看上去（prima facie）很有道理的说法。但是，苏格拉底既然提供了一种全新的冥界景象，显然也就削弱了传统的说法，由此颠覆了让听众被动接受新景象的愿望，让听众被动

---

① 这些（扩建）运动包括了厄琉西斯密仪（Eleusinian Mysteries）、俄耳甫斯教派（the Orphics）、毕达哥拉斯学派（the Pythagoreans），以及酒神巴库斯崇拜（Bacchic cults）。

接受冥府的新景象是"扩建"传统的目标，苏格拉底因而邀请他的听众更具批判性地思考他对死后命运诸种细节的描述。如此一来，这些描述便唤起听众对其内容做出回应，而这样的回应无疑具有反思性，并且隐含哲学性。

本文将首先勾勒荷马对冥府的描述，以及两个团体——厄琉西斯教和俄耳甫斯教——在此基础上的"扩建"①；随后，将转向苏格拉底对冥界的描述，并考察苏格拉底如何利用熟悉与陌生要素之间的交互作用，促进人们对神话进行哲学反思。这里，我研究的个案是苏格拉底在《理想国》厄尔神话中构建的冥界景象。

冥府：荷马的基础、厄琉西斯教和俄耳甫斯教的扩建

荷马的冥府景象，是通过《伊利亚特》和《奥德赛》建立起来的。荷马通过一段长文描述了冥界作为行动的关键背景冗长（《奥德赛》卷十一和卷二十四），又通过散落于史诗的各种片段对冥界景象进行了描述。贯穿这些描述的中心主题是：冥府是一个阴冷、荒凉的地方，是一个潮湿（*eurôeis*，《伊利亚特》22.65、《奥德赛》10.512, 23.322）、阴森（*zophos*，《伊利亚特》20.356、《奥德赛》11.155, 21.56）的王国；也就是说，冥府不论对于诸神（《伊利亚特》20.65）还是对于人（《伊利亚特》9.312），都同样可憎。冥府居民的生存状态（existence）与其住地一样悲惨。与那些（活着的）英雄惊人的活力相比——两部史诗首要关注的正是英雄的光荣事迹——冥府中的人，则被打上了身体无能和精神无能的标记。就像奥德修斯观察到的，冥界的居民更像是梦与影（《奥德赛》11.205-209），而不是活生生的人。冥界的这种生存状态，其真正

---

① 我之所以专门选择聚焦于这两个宗教社团，是因为有现成的文本证据，这些证据涉及他们对冥府的描述，以及对那里的入教者和非入教者死后的生存状态的描述。

可悲之处在于，这是所有人死后普遍的、无可逃脱的命运，不论他们活着时享有多高的地位，也不论他们曾经做过怎样伟大的事迹。

在填充这个悲惨的建筑框架（scaffold）时，荷马对冥府细节的布置极为简略。他简要提及入口处的大门（《奥德赛》24.12）和白色石头（《奥德赛》24.11），含糊地提到森林、树丛和草地（《奥德赛》10.508-509，24.11-14）。他描述了可以在那里找到的各种河流的特征（《奥德赛》10.12-13），包括以其特征来定名①的悲伤洪流（冥河 Styx）——由火的河流（Puriphlegethon）和泪的河流（Kokutos）汇聚而成。②但大多数情况，要靠听众的想象来填补这座恐怖大厦的细节。

在荷马所述的基础上，不同的团体随后对冥府展开了各自的描述，这里我要考虑的是其中两种贡献：厄琉西斯密仪和俄耳甫斯教。首先是厄琉西斯密仪。尽管密仪的仪式和典礼的细节在很大程度上还是一个秘密，但我们仍然可以通过荷马的《地母颂》（Hymn to Demeter，行480-482）和阿里斯托芬的《蛙》（Frogs，行154-157、445-460）窥见他们对冥府景象的描述。乍一看其主要外表，他们的描述显然是非荷马式的（un-homeirc），因为他们的文本谈的是冥界的居民在草地上、花丛中，以及茂盛的小树林间跳舞、宴饮和游戏。然而，这些描述的基础大体还是荷马的框架。厄琉西斯信徒用少数细节给他们的冥界景象赋予了血肉，这些细节尤其与荷马的冥界景象联系起来。草地和树丛仍然是最突出的地形特征，且两个文本都提到了冥河。最重要的是，文本描述的[冥界]生存状态，只有厄琉西斯密仪的成员才能享用。我们被告知，大部分死者继续按照荷马大致勾勒的方式生活。他们所处的冥府仍然阴森（zophos），他们在那里的生存状态也依旧悲惨。因此，厄琉西斯密仪的描述保留了荷马奠定的冥界基础；冥府只是得到了"扩建"，厄琉

---

① [译注]这里"按照特征来定名"指的是，古希腊诸神的名称往往以同位语的形式缀有标识其身份和特征的词或者短语，例如"集云者宙斯"，这在荷马史诗里是非常普遍的。这里用以描述描述冥河斯提克斯的"悲伤之流"（苦河）也是同样的用法。

② 这些河流的名称，我采用 Fagles（1996）的《奥德赛》中的译名。

西斯信徒只是给它添加了密仪成员才可以居住的宜人环境。

至于俄耳甫斯教对死者住地的发展，我们可以发现其情形类似于厄琉西斯密仪。① "俄耳甫斯教金板"（Orphics Gold Tablets）富有启发意义。② 此金板提到入教者享受福佑的生存状态，附带着各种各样的描述，譬如：诸神永恒陪伴（A2, 3），与其他入教者（B10）或英雄（B1）一起设宴欢庆，甚至被奉若神明（A1）。但为了到达这个幸福居所，入教者必须首先成功地穿越冥府的其余部分——其构思的灵感显然来自荷马。这里，荷马的影响无疑是从狭义而言，即主要体现于细节，细节使冥界的图景变得充实——尤其提到树木和水流的特征，包括一棵白色的柏树（B1、2、4）、草地和树丛（A4），以及恰好是荷马式的忘川（B1、2）；但 [荷马的影响] 也可以从广义理解，主要体现于对非入教者住地的描述，他们居住在冥府的其余部分：那里依旧阴暗，像个幻影（B10、11），那里的死者丧失了精神功能。我们在这里再次看到，俄耳甫斯教给荷马大体描述的冥府景象添加了一个舒适愉悦的地方，在这里，入教者可以自由地享受惬意的死后生存状态。

对荷马冥府的保存和"扩建"，给这些明确表达新末世论的 [宗教] 团体带来了两方面不可或缺的好处。第一，荷马是希腊人的"第一位教师和领路人"，就像苏格拉底称呼他的那样（《理想国》10.595b10-c2），既然荷马在文化上如此重要，他们选择他来暗中支持自己的观点，就为其死后命运的景象提供了极大的权威。第二，同样重要的是，他们在描述新景象时提及希腊人的代表，这样可让人放松心情并感到舒适，还能够让听众很快接受他们的观点；从此立场出发，这些景象

---

① 很多现代学者，例如 Graf 和 Johnston（2007），Edmonds（2011b），在谈到"俄耳甫斯教诗人"和"俄耳甫斯教著作"时，显得略有犹豫。这种犹豫源自如下事实：俄耳甫斯著作很可能是众多各自为政、常常相互竞争的游吟诗人和神谕贩子们的，而不是一群宗教践行者的产品。使用"俄耳甫斯教诗人"（"Orphics"）这一术语，我并不是指这些诗人组成了统一的群体，而是这些诗人的作品（至少他们的末世论著作）具有充分的分类传统，以至于可以将它们归到这一术语之下，而这样做是很有意义的。

② 俄耳甫斯教金板的文本，可参看 Edmonds（2011a）。

带来了新的希望，同时也焕发了迷人的魅力。传统对死后的生存状态做出了描述，"扩建"冥府的目标在于确保听众能够被动地接受他们对传统描述的新发展；有鉴于此，我们将会理解苏格拉底自己 [设想] 的冥府景象；现在我将转向讨论这一主题。

冥府的变形：苏格拉底对传统冥界景象的再造

柏拉图对话中最令人难忘的段落，在于对冥界和死后生存状态的诸种描述，这些段落尤其出现在柏拉图享有盛誉的所谓"中期"著作中。这里使用"描述"（descriptions）一词的复数形式非常恰当，因为这不仅是为了涵盖这些段落的数量，也是为了表明如下情况：虽然这些段落具有某种重要的共性，但如果有人想通过这些段落的细节找到一致的学说，他是不会找到两种关于死后命运模式的相同（identical）描述的，而且这些段落相互之间也不完全相容。某些比喻一再在这些段落中出现，包括：下到冥界；死后审判；生命轮回；以及回忆灵魂出窍的可能性。但并非所有的段落都会显示以上每一个特征。例如，《斐德若篇》涉及的是死后的上行，而非下行；《高尔吉亚篇》则没有提到生命轮回。因而，不论是关于冥府建筑的细节，还是关于冥府居民死后生存状态的细节，苏格拉底的描述都不一致。相反，这些描述基本上是通过一般性的创作特征来连接的，这些特征包括：对神话的运用[①]，与对话背后更广泛的哲学结构的关联[②]，以及——对我们当前目的至关重要的——对冥府传统形象（主要是冥界本身的描述）的挪用和再想象（re-imagination）。

这些段落中的传统形象已在 [研究] 文献中得到很好的分类编目，此形象的功能也已成为某评论的对象。例如，关于《斐德若篇》悔罪诗

---

① 讨论过柏拉图在这些段落当中运用的神话话语的学者，尤其参看 Morgan（2000）和 Edmonds（2004）。

② 关于柏拉图将这些神话与包含这些神话的对话其余部分整合到一起的方式，尤其参看 Morgan（2000）、Edmonds（2004）、Halliwell（2007），以及 Partenie 的各种论述（2009）。

(palinode)中对传统形象的挪用,沃纳(David Werner)就把这一形象的功能归结如下:

> 由于运用了神话媒介——以及来自传统神话的特定主题和形象——柏拉图能够赋予悔罪诗权威性和可靠性,纯散文叙述不可能具备这些。不论悔罪诗的主张如何激进,对于一个在希腊过去的神话中泡大的听众而言,都不会显得陌生。因而,传统神话身上独一无二的特征就能够用来建构新的哲学体系方案——尤其是其他声音也来竞争权威宝座的语境当中。(2013:121)

在[研究]文献中,这样的解读非常典型[①],且不乏精确和敏锐。但这种解释仅仅触及论题的表面。苏格拉底并不只是用传统因素来装饰他的冥界景象,毋宁说,他是在一个既定的传统上,挪用和扩展冥府的描述。苏格拉底的回应十分复杂。一方面,他对冥界的每种描述都受惠于既定的描述,既包括荷马的基础,也包括各种"扩建"——尽管这些影响群落(constellation)因段落不同而不同。就此而言,苏格拉底对冥府的诸种描述,反映了"扩建"的传统。但另一方面,苏格拉底直接与"扩建"传统相反,他展示了一种决心,他要完全刷新这些景象,并且要给观众创造一种明显独特、公然相反的描述。这些段落对"扩建"传统做出了双面(Janus-faced)反应,为了领会这一双面反应的功能,我将考察《理想国》中厄尔神话对死后命运的描述。

首先,让我们简述一下这个段落。厄尔神话始于厄尔之死。厄尔是名普通战士,到冥界走了一遭,十天之后又活了过来。之后,他详细讲述了在冥界的经历:他从死者的审判讲起,根据审判结果,死者要么到天上享乐,要么到塔尔塔罗斯(Tartarus)受罚,取决于死者生前如何正义(just)。但故事的焦点在于审判程序,冥府的死者是在一千年后才

---

① 也可参看 Edmonds(2004:167)和 Halliwell(2007:447)。

接受审判的,此时他们正准备投生。根据抓阄,他们有机会在无数化身(incarnation)之间做出选择,这些化身包括各种人和动物。厄尔对不同个体做选择时的愚蠢进行了细致描述,在这之后,我们得知,死者被带到忘川(River of Unheeding),依据他们从中喝水的多少,在他们最终投生之后将不同程度地记起过去的经历。① 在此之后,厄尔重又回到活人的世界。

这个段落始于一个明确的提示,这对我们当前的目的具有重要意义。这个提示说,苏格拉底接下来要叙述的"不是阿尔基诺奥斯的故事"(《理想国》10. 614b2),不是《奥德赛》中奥德修斯在费埃克斯王阿尔基诺奥斯的宫殿里讲述的那几卷故事(《奥德赛》卷九至十一)。这一提示肯定马上就会让人觉得有些奇怪,因为整个厄尔神话都明明白白地表现出来自荷马的突出特征——不仅涉及荷马描述的冥界景象,尤其涉及奥德修斯冥界之旅的著名事件。在更宽泛的意义上说,厄尔描述的冥界之旅,类似于《奥德赛》卷十一当中奥德修斯的冥界之旅。与奥德修斯一样,这个段落中的主人公厄尔,下到冥界,他在那里的经历,与伊塔卡王在冥界的经历一样充满想象。厄尔也详细描述了史诗中著名人物的不同命运,这些人包括特拉蒙的埃阿斯、阿伽门农、忒尔斯忒斯,甚至奥德修斯本人(《理想国》420a-d)。厄尔的其他经历,也让人想起奥德修斯其他的历险情节(elements)。例如,厄尔描述了死者如何在一艘巨大的宇宙三层桨战船上航行,穿过许多巨大的旋涡(《理想国》616c7-617b5,就像卡吕布迪斯[Charybdis]制造的旋涡),路上甚至遇到了塞壬(《理想国》617b6-8)。并且,正如"扩建"的传统一样,地形细节的描述尤其为自己打上了荷马灵感的印记。此处,苏格拉底提到了草地(《理想国》616b2-3)——(再次恰好是荷马式的)遗忘的平原(《理想国》621a3);冥界之水的特点也同样突出(《理想国》621a6)。最后,

---

① [译注]忘川之水用于消除前世记忆,因此按照苏格拉底的厄尔的讲述,喝的忘川水越多,转生后能记起的就越少,反之亦然。

就像奥德修斯那样，厄尔从冥界返回，讲述了他的见闻。

除了这些荷马式的比喻，这个段落中的一些内容，也受到新近末世论的影响。例如，死后审判的比喻，以及转世的逼真性，本质上都源自俄耳甫斯教，就像提及忘川的那些细节一样，至于按几何原理排列的宇宙，其暗示很可能源自毕达哥拉斯学派。① 正如哈里韦尔注意到的，没有哪个团体可以从厄尔神话描述的冥府中辨认出熟悉的元素，因为这个段落的目的是面向广大听众，它装饰了大量源自各种末世论主张中常见的细节（2007：461）。

在此段落中，传统的影响清楚而明确；当然，苏格拉底一开始就声称，这不是阿尔基诺奥斯的故事，便有力地将听众的注意力引向故事的特征。接着，此段落略带反讽地透露出与"扩建"传统的关系。这个说法并非单纯的反讽，因为从更根本的意义上说，这是完全真实的断言。厄尔神话不是单纯的人云亦云（regurgitation），甚至也不只是一种"扩建"，不是对荷马的冥界，也非对冥府传统描述的"扩建"。（鉴于苏格拉底早前在《理想国》卷三和卷十对荷马和其他诗人的批评，以及在《理想国》卷二和卷三拒绝过冥界的传统描述，这样说也不太恰当。）厄尔神话中的冥界景象，是对荷马奠定的冥府及其诸种"扩建"系统而戏剧化的再想象（re-imagining）。神话对冥界三重结构特征的描述，对惩罚性质的描述，以及对抓阄选择转世的描述，构成了对传统冥府景象的完全翻新。甚至那些让人觉得熟悉的细节，也为了适应这一框架而得到重新构思。例如，厄尔并不是奥德修斯那样的大英雄，只不过是个普通士兵；塞壬和旋涡远非死者旅途中的威胁，而被转换成了宇宙和谐的代表；在转世的运气中扮演着重要作用的，与其说是宗教的净化仪式，不如说是正义和哲学。这样描述出来的冥界景象，就成了一个极为熟悉，又全然陌生的地方。

---

① 关于毕达哥拉斯学派假设的按几何学方式安排的井然有序的宇宙，参看 Kahn（2001）和 Riedwig（2002）。

熟悉与陌生的辩证法，是苏格拉底描述死后生存状态的共同特征，构成了对"扩建"传统的回应。当我们考虑，苏格拉底对传统元素的使用产生哪些作用时，我们不能得出结论说，此作用与"扩建"实践产生的作用完全相同。诸如厄琉西斯教和俄耳甫斯教的做法，他们使用冥界的传统描述，为的是利用观众轻信的性格，把自己的新观念放在一个让听众放松舒适的框架下，暗度陈仓，使其接受他们的新观念。苏格拉底把冥府的传统形象纳入自己对死后生存状态的描述，借此回应了冥府的[宗教的"扩建"]实践，而且在某种程度上说，其产生的结果是一样的。正如沃纳所说，这些典故赋予苏格拉底的描述以某种权威，保证它们被视为合理可信（plausible）的说法，以至于不会（也不能）被随手丢弃。苏格拉底诉诸一系列可以挪为己用的灵感，因而能够确保自己的描述对于信仰多种末世论传统的人来说也具有某种程度的熟悉度。但苏格拉底只在某种程度上接受了这种"扩建"实践，因为他把这些传统元素放到了一个更为普遍的框架当中，这一框架井然有序却又全然陌生。与"扩建"传统截然不同的是，这样做的结果是，他的听众没有谁——抛开他们对末世论的信奉——能够最终感受到放松和舒适，能够在他描述的冥府中悠然自得。这种感受，是这些段落发挥恰当作用的关键。如果我们将此解读为对"扩建"传统的回应，我们就能理解这一点：当熟悉的作用是为了激发被动接受时，陌生就要求做出更为主动和更具批判性的回应。由于对冥界提供了一种颠覆性和崭新的描述，苏格拉底便促使他的读者更为仔细地反思他所说的细节，促请[他们]对内容作出更为深层的思考。

通过以此方式来促进反思，苏格拉底对传统形象的独特挪用成为一种有用的手段。凭借这一手段，他能够在听众中激起一种显然是哲学式的回应。为什么我会注意到这种情况的成因呢？简言之，我发现对这些段落的新近研究大都致力于证明其出处，我认为这种做法毫无魅力可言，因为那根本就是些空洞的故事，充其量也只不过是加诸苏格拉底谈话（以及柏拉图对话）上的空洞故事的特殊饰物而已，其应有之义与所在对话的哲学方案紧密相关，是被深嵌于所在对话的哲学方案之中的东西。埃德蒙（Radcliffe Edmonds）在论及《斐多篇》中的神话时，就清楚地表达了这一立场，他说道：

> 柏拉图精心制作苏格拉底讲述的死后灵魂之旅的神话，意在强调他在此前的论证中所提出的重要观念，重塑传统传说以扩展并强化这些论证。(2004：160)

苏格拉底把这些冥界故事置入一个广义上是哲学、狭义上是对话的论证中，通过传统的末世论形象来明确表达恰当的哲学内容，借此将这些故事提升到了恰当的哲学神话的高度。① 当然，展示哲学内容，其本身并不足以引起哲学回应。苏格拉底可以像"扩建"传统中的那些人一样，用这样的方式来表述哲学内容，以促进对这一内容进行被动的、毫无反思的接受。然而，通过翻新冥界的传统描述，苏格拉底却能够激发听众对其内容进行仔细的反思，从而促生一种本身正好是哲学性的回应。

参考文献

Burkert, Walter 1985, *Greek Religion*, Cambridge: Harvard University Press.

Edmonds, Radcliffe III 2004, *Myths of the Underworld Journey: Plato, Aristophanes, and the "Orphic" Gold Tablets*, Cambridge: Cambridge University Press.

ed 2011a, *The "Orphic" Gold Tablets and Greek Religion: Further Along the Path*, Cambridge: Cambridge University Press.

2011b, "Sacred Scripture or Oracles of the Dead? The Semiotic Situation of the 'Orphic' Gold Tablets," in Radcliffe Edmonds III (ed.), *The "Orphic" Gold Tablets and Greek Religion: Further Along the Path,* Cambridge: Cambridge University Press, pp. 257-70.

Fagles, Robert 1996, *Homer: The Odyssey*, New York: Penguin.

Garland, Robert 1985, *The Greek Way of Death*, Ithaca: Cornell University Press.

---

① 对哲学神话的本质的一个深入讨论，参 Morgan（第6、7章）。

Graf, Fritz and Johnston, Sarah Iles 2007, *Ritual Texts for the Afterlife: Orpheus and the Bacchic Gold Tablets*, London: Routledge.

Halliwell, Stephen 2007, "The Life-and-Death Journey of the Soul: Interpreting the Myth of Er," in G. R. F. Ferrari (ed.), *The Cambridge Companion to Plato's Republic*, Cambridge: Cambridge University Press, pp. 445-73.

Kahn, Charles 2001, *Pythagoras and the Pythagoreans: A Brief History*, Indianapolis, Hackett.

Morgan, Kathryn 2000, *Myth and Philosophy from the Presocratics to Plato*, Cambridge: Cambridge University Press.

Partenie, Catalin ed 2009, *Plato's Myths*, Cambridge: Cambridge University Press.

Riedweg, Christoph 2002, *Pythagoras: His Life, Teaching, and Influence*, trans Steven Rendall, Ithaca: Cornell University Press.

Werner, Daniel 2013, *Myth and Philosophy in Plato's* Phaedrus, Cambridge: Cambridge University Press.

中 编

介入模式：哲学与诗

随苏格拉底释诗
——游戏诗意

凯瑟琳·克罗贝尔 撰 / 何博超 译

尽管柏拉图对诗人们的技艺提出了严厉的批评，但他对他们的诗句仍然引用颇丰，这也是当时人的普遍做法，至少亚里士多德是这样认为的（《形而上学》，995a7-8）。为了解释这一貌似矛盾，甚至违反柏拉图行事风格的现象，我要主张：苏格拉底在对话中对诗歌的阐释起到了说教（didactic）和说明的双重功能；这些阐释立足于这种观念：诗意可以游戏。我首先会表明，这些诗意游戏在使用时分为两种阐释模式。第一种是解寓（*allegoresis*）①，它又分为三种：反驳性、攻击性（offensive）、积极性；第二种是例示（exemplification），又分为攻击性或积极性。反驳性解寓对诗进行驳诘式（elenctic）考察，得出"困境"（aporia）。攻击性解寓的目标是表明：诗没有传达隐含的真理，而是藏匿了错误，与之相对，积极性解寓的目标是证明对话中维护的哲学立场正当合理。而两种例示达到的目的与解寓相同，但是，它们并未设定隐含的意义，也没有确认多层次意义。我会分析支撑这些阐释策略的种种诠释学原

---

① [译注]在诠释学传统中，*allegoresis* 与 allegory（ἀλληγορία）相应，后者指寓言或譬喻，前者是对后者的隐喻性解释，即发掘寓言中隐含的意义。比如苏格拉底认为某句诗隐含了意义（但诗人未必把这句话当作寓言来写），他就将之用作 allegory，然后阐发其中的含义，这个过程就是 *allegoresis*，中译统一为解寓。作者有时也会用 allegory 指这种解寓法，比如第一节开始。

则，其中之一就是反意图论（anti-intentionalism），另一个是去语境化（decontextualization）；我会考察这两种不同类型的阐释具有的说教功能和说明功能。

一、作为阐释法（ars interpretandi）的引用法（ars citandi）

可以定义解寓（allegory）是一种诗学阐释的方法，它要发现一行诗或一首诗的隐含意义（ὑπόνοια），诗中包含了相反于显在意义的潜在真理，而显在意义并不具有这种真理。ὑπόνοια 的字面意思指一种潜在于文本语词之下的思想。因此，它是一种解码（decoding）意义的方法。诗学形象是表面的和字面的意义，它隐藏了物理的、宇宙论的、伦理的意义；解寓者会揭示这些意义。虽然解寓把诗人的智慧当作自己的前提，但这种智慧本身并不重要，重要的是这种思想：诗人的智慧可以被哲学吸收，这一部分是因为前者是后者的起源。

正如诗与哲学相互冲突这种观念一样，诗与哲学具有亲缘性这种观念在柏拉图的对话中也是屡见不鲜。① 这两种观念为不同的阐释提供了背景。但必须澄清的是，当这种亲缘性转变为冲突——比如在攻击性和反驳性解寓中——时，这种冲突就照搬了"前苏格拉底的哲学思想家"与"智者"之间的冲突。所以，苏格拉底把自己弄成诗人的对手，就如智者与前苏格拉底思想家的关系——这两者可以说是"混成一团"——一样。但是，当诗人支持苏格拉底维护的立场时（无论是不是含蓄地支持），诗人也会成为盟友；两者的和谐来自于亲缘性，这从积极性解寓与例示中就能看出。哲学与诗的具体差别并不在于它们的内

---

① 按照泰耶尔（Thayer）（1975）的看法，在《普罗塔戈拉篇》的论述背后就暗含了诗人智慧与哲学家智慧的冲突。但是，那里提到的这两种智慧的冲突，仅仅对于柏拉图，也就是对于哲学来说才算是一种冲突。哈里韦尔（Halliwell）（2011）、莫斯特（Most）（2011）和格里斯沃尔德（Griswold）（2008）都概述了所谓的诗与哲学之争。

容，而是在于它们的形式：哲学明确说出了诗歌隐晦而言的东西。① 诗人神秘兮兮，像打哑谜一样（enigmatically②，参阅 αἰνίσσομαι③ 一词的用法），道出了后来人会揭示出的事情。④ 这不仅意味着，在诗的故事和意象之下，诗传达出了表达诗人思想的话语（logoi），而且还意味着阐释者的任务就是提取这种思想。⑤ 我们下面会看到，正因为这些话语的存在，对诗歌真理内容的考察才可以进行，诗人智慧这种观念才具有了基础。

应该指出，解寓并不以诗人使用寓言（allegorize）为条件。⑥ 在《理想国》中，我们似乎难以确定苏格拉底对这个问题的立场。他在 377a-379a 一段里指出，神话（muthoi）（既有诗歌故事，也有流行故事）虽然也许大错特错，但仍然包含了某些真理（377a5）。这个说法在 378a1 又重复了一遍，论述更详⑦，而且此处还表示，如果真理不在文本表面之上，就必须将其揭示出来，这是可行的。苏格拉底并未明确主

---

① 应该指出，亚里士多德反对这种联系。他在《诗学》中指出了荷马与恩培多克勒毫无共性（《诗学》，1447b17-18），而在《形而上学》卷一里，他对于《泰阿泰德篇》和《克拉底鲁篇》中对荷马《伊利亚特》卷十四第 201 行的解释持有保留意见。如曼斯菲尔德（Mansfield）（1990）以及之前的施奈尔（Snell）（1944）的看法，这种联系很可能源自希庇阿斯（Hippias），他把哲学理论与诗歌辞章类比到一起（巴格哈萨里昂 [Baghassarian][2014:79] 引用了希庇阿斯的看法）。

② [译注]这个词来自于希腊文 αἴνιγμα，即谜语，暗语。作者用的英文与之同源。

③ 在柏拉图对话中，αἰνίσσομαι 一次出现九次，有四次与诗人有关（《阿尔基比亚德篇》2,147b7,《理想国》479c2,《泰阿泰德篇》194c8,《吕西斯篇》214d4）。

④ 按照第欧根尼·拉尔修的说法，这种观念见于利吉翁的忒阿根尼（Theagenes of Rhegium）、西罗斯的斐勒希德（Pherecydes of Syros）和兰普萨斯的美特罗多罗斯（Metrodoros of Lampsacus）（DK61A4）等解寓者（allegorists）之中。他也记录了斐沃利诺斯（Favorinus）归于阿那克萨戈拉的一段话："荷马的诗歌论及了德性和正义。"（DK59A1）这也证实了色诺芬那里的一个证据：他把阿那克西美德和塔索斯的斯特西姆布罗特斯（Stesimbrotus of Thasos）称为解释荷马言辞之隐义的人（III. 6）。

⑤ 参阅哈里韦尔（2000:103-6）。

⑥ 参阅朗（1996:60）对强意义的寓言和弱意义的寓言的区分。

⑦ 解释这一段的方法至少有两种：真理要么从事实的角度来考虑，也就是从历史角度，要么从道德角度。语境更支持第二种解释，因为它包含了对城邦卫士的道德教育，也批评了赫西俄德对神的描绘。

张存在隐含真理，他只是暗示了这一点；按照他的意思，荷马也许使用了寓言（《理想国》378d7-8），但对这种可能性，苏格拉底从教育的角度又提出了异议，因为他的目标之一就是改革教育，他主张（378d-e）：即使诗人使用寓言，但是年轻人没法理解它们，而结果就是，既然年轻人的灵魂还不定型而且缺乏判断力，故而他们都吸收了诗歌中不道德的字面意思。① 苏格拉底之所以语带犹豫，很可能是因为他在这篇对话中主要使用了例示法。这一点，我们后面会重提。

在《泰阿泰德篇》以及其他地方，苏格拉底显然承认，诗使用了寓言。② 在180c8-d1，苏格拉底强调了诗之语言隐含的意义——μετὰ ποιήσεως ἐπικρυπτομένων（诗隐含的事情）——这种意义会由最博学之人向民众揭示出来（ἀποδεικνυμένων）。在《克拉底鲁篇》中，隐含意义通过词源分析被揭示出来——这种分析属于对名称正确性的讨论的一部分（391b4-5），克拉底鲁主张词源分析，他断定，知道事物的名字就可以知道事物本身。③ 这两部对话包含了两个特别有趣的攻击性解寓的例子。

1. 攻击性解寓

《克拉底鲁篇》的词源分析的首要意图就是要揭示：名称正确性理论脱离不了克拉底鲁主张的流变（Flux）理论（411c），而克拉底鲁正是赫拉克利特的学生。苏格拉底问他，"在你看来，那个给其他神的祖先

---

① 如见里尔（Lear）（2006:26-30）。

② 我暂不考虑《斐德若篇》（229b-230a）中苏格拉底提出的物理角度的解释，因为在这里我仅仅讨论诗人的解释。参阅巴格哈萨里昂（2014:83-90）。

③ 在本研究的语境中，这个问题不可能再深究了。应该注意的是，按照亚里士多德的看法，普罗狄刻也主张这个看法（《修辞术》1415b15），有可能也包括德谟克利特，据说他写了一部《论荷马或言词之正》（Περὶ Ὁμήρου, ἢ ὀρθοεπείης）（D. L. IX,48）。见柏拉图《克拉底鲁篇》384b，《欧绪德谟篇》277e；也参阅《普罗塔戈拉篇》337a-c, 349e，《美诺篇》96d。赫拉克利特的有些残篇也玩起了词语和重音的游戏（后者如 βίος βιός，DK48），尽管公认这并非出自赫拉克利特之手（关于重音，参阅《克拉底鲁篇》399a8）。在 DKB32 也能看到 Ζηνός 源自 ζῆν 这样的说法（参阅戈尔德施密特 [Goldschmidt][1982][重印]:28）。

起名为莱亚（Rhea）和克洛诺斯（Cronus）①的人跟赫拉克利特的想法有什么不同吗？你难道认为，他是偶然间起了这两个'流到'这两者之上的名字吗？而荷马也是按照同样的方式称俄刻阿诺斯（Ocean）②为父亲，称忒提斯（Thetys）为母亲吧"（402b1-5）。诗人给神命名，其中并没有偶然因素；诗人想用这些名字表达出流变的普遍性，或者换言之，将之寓言化。③ "忒提斯"这个名字的词源让苏格拉底能为他的论证画龙点睛，因为"其中隐藏了'泉'这个名字"④（402c6-7）。这样，给众神命名就是诗人有意在使用寓言。苏格拉底像解释忒提斯一样，也从词源上按照"流变"的寓言来解释莱亚和克洛诺斯；用他自己的话说，这种寓言是"可能的"，虽然他的意思也许是"可笑的"（402a1）。《克拉底鲁篇》中的寓言式词源论模仿了诗人和解寓者的做法，比如有些人断定雅典娜就是心灵和理智的化身（《克拉底鲁篇》407b2）。在荷马那里，我们也能找到一些这方面的例子，比如《伊利亚特》21.6（Ἥρη和ἠέρα两词，苏格拉底曾经举过这方面的词源[《克拉底鲁篇》404c2-3]）⑤，也见赫西俄德的《神谱》195-197（Ἀφροδίτην和ἀφρογενέα）——苏格拉底也用过（406d1-2）⑥。寓言式词源论让人们有可能创造出拟人效果，拟人正如抽象概念具体化一样，它是抽象存在和神性的混合物。

但是在这一点上，寓言式词源论应与标准词源论区分开来。在《神谱》中，赫西俄德为提坦神的名字提供了词源（207-210）。⑦ 这种词源

---

① [译注]这两个名字，前一个为"流动"，后一个为时间，都包含了流变的含义。所以克拉底鲁会认为起这两个名字的人跟赫拉克利特的想法一致。
② [译注]希腊文名字为Ὠκεανός，英文ocean来源于此词，这里直译的希腊文主格。这个名字也暗含了流动的意思。
③ 参阅亚里士多德《形而上学》I. 3. 983b31。
④ [译注]苏格拉底认为忒提斯这个名字来自"渗透"，所以与泉有关。
⑤ 在《伊利亚特》卷五第844行（Ἄρης和ἐνιάζε）和《伊利亚特》卷二十第320-321行（Ἀχιλλεύς和ἀχλύν）也能找到其他的例子。
⑥ 亚里士多德批评过阿那克萨戈拉对以太（ether）一词词源的看法（《论天空》270b24）。苏格拉底对此提出了不同的词源看法（410b6）。
⑦ 参阅潘多拉来自δῶρον ἐδώρησαν（《工作与时日》81-82）。

论立足于提坦神做出的行动及其成就解释了这个名字的起源,也就是说,它证明了这个名字是正确的,但是,它并没有说出特殊的意义。这样就没法像赫拉(Hera)或雅典娜的情况那样用它来揭示出提坦神究竟是什么抽象物的具体化。还需要指出的是,并非所有拟人都一定有隐含意义(hyponoia);比如,当神的名字与它的意义一样时,情况就是如此。荷马的"眼盲"①——Ate——就是这样的例子,它看起来就具有神的形式,而且被描述成一种制造恶果的东西(《伊利亚特》9. 502-512,参见《会饮篇》195d2,那里提到了这个拟人);还有赫西俄德那里的涅米西斯(Nemesis)(报应女神)(《神谱》223-224),这个神的名字对应了事物本身;抽象的存在转变为了行动者。②

当苏格拉底使用寓言式词源论时,他的态度有多严肃,这个问题暂且不论③,我想关注的是其中的结果。在《克拉底鲁篇》词源分析的结尾,我们一方面知道,诗人"相信万物永动而流变,所以立[名]"(《克拉底鲁篇》,439c),另一方面又知道,在他们所起的神名之下,暗含着赫拉克利特的学说,这就让神灵披上了各色"流变"观念的外衣,成为这些观念的化身。这正是苏格拉底有意使用的策略的一部分,他借此首先证明诗已成为普遍流变学说的工具,也就是说,已成为一种错误学说的工具;其次,他证明,命名者出于无知而命名,因为他们都不清楚名字的意义(……他们晕头转向……事情似乎转来转去,卷入了普遍的运动中,411b7-c)。苏格拉底证明了克拉底鲁的理论在词源分析上是死路一条,尤其是,这根本不可能知道事物的本质,由此,他指责了普罗塔

---

① [译注]希腊文 ἄτη,表示眼盲和错觉,是神的一种惩罚结果。后来被拟人化为女神。

② 普罗狄刻《论赫拉克勒斯》中的德性(Virtue)和腐败(Depravity)的寓言也是如此(参阅色诺芬《回忆苏格拉底》II. i. 21-34)。阿瑞斯(Ares)和阿芙洛狄忒的爱情故事也可以解释为寓言(《奥德赛》8. 264-365)。比较莱尔德(Laird)(2003:151-75)。亚里士多德在《优台谟伦理学》(III. 1233b)中也提到了涅米西斯的拟人,他说:"……对于那些应得的人[感到快乐];由此,涅米西斯被认为是神。"最早的哲学家如巴门尼德(DKB1. 13;29)、恩培多克勒(DK B6)和赫拉克利特(DKB24, 28, 32)都用神的形象来创作寓言(参阅泰特[Tate][1934:106])。

③ 这是一个棘手的问题,参阅迪克索(Dixsaut)(2000:155-74)。

戈拉和荷马的错误，这两人正是这种观点的始祖（391c9-d3）。

《泰阿泰德篇》（152e6）也引用了前面提到的荷马的这句诗——"众神生于俄刻阿诺斯，忒提斯是母亲"（Ὠκεανόν τε θεῶν γένεσιν καὶ μητέρα Τηθύν）（《伊利亚特》14. 201）。就这个解寓的例子而言，其语境是批判式地考察普罗塔戈拉的学说，尤其是他的相对主义和普遍流变学说；在苏格拉底看来，前者和后者不可分割。但是，这两种学说并不新鲜，诚如苏格拉底所说，它们都可以追溯到赫拉克利特和恩培多克勒，甚至可以追溯到诗人中的代表（τῶν ποιητῶν，e4）埃庇卡摩斯（Epicharmus）和荷马。而在《克拉底鲁篇》中，埃庇卡摩斯换成了赫西俄德和俄耳甫斯。即使哲学家和诗人在这一点上存在区别，但他们都以荷马为榜样，荷马支持了这套理论。因为按照苏格拉底的意思，荷马的诗歌中暗含了这种理论，比如他用"金链"这个意象比喻太阳（《伊利亚特》8. 18-27），太阳的运动保证了将来的存在并且让这个意象具有了宇宙论上的含义。与赫拉克利特和普罗塔戈拉一样，荷马的诗句（《伊利亚特》14. 201）也从根本上证明了"知识就是感觉"这个看法（160d）。（此外，苏格拉底还证明了赫拉克利特的学说与荷马的"学说"的相似性，特奥多罗斯对此表示赞同 [179e3]。）

同样，在《吕西斯篇》（214a）中，苏格拉底又从《奥德赛》中引了一句诗，"神总是让同类相聚"（17. 218），他解释这一句的角度就是将荷马与赫西俄德加以对比，而且还隐含地将恩培多克勒（参见 DKB22, 4-5）与赫拉克利特对比起来。苏格拉底在解寓时首先断定，诗人都是有智慧的人（214a1），然后又说，在最博学之人的作品中，能发现荷马这句话（214b2-3）。他用了一个复数人称的动词 δοκοῦσιν（他们看起来）（214c6，d4），将荷马与博学者放到了一起。此外，他又把这种阐释诗歌的做法描绘为"解谜"（αἰνίττονται，214d4），所解的"谜"产生了下面这个"困境"（aporia）：好人不会成为好人的朋友，因为这种友情让好人无利可得。苏格拉底接着考察了与荷马"提出"的看法相反的观点，他是以前听一个人说的，但这个人的名字始终没有被提及，他曾引用过赫西俄德（《工作与时日》25）当证人（ἐπήγετο μάρτυρα，215c⑥）。②由此，苏格拉底把这两位诗人的观点全都否定了。

苏格拉底证实了他在诗人和哲学家之间——无论是赫拉克利特和普罗塔戈拉与荷马、荷马与恩培多克勒，还是赫西俄德与赫拉克利特之间——确立的联系，理由就是，诗人即"一切智慧之父和向导"（《吕西斯篇》214a1-2）。这个被苏格拉底在某些语境中接受的观点，类似于普罗塔戈拉称自己与诗人有亲缘关系的说法（《普罗塔戈拉篇》316d），因为诗人就是乔装的有智慧者。③《吕西斯篇》和《普罗塔戈拉篇》中的混淆文体的做法，或《泰阿泰德篇》和《克拉底鲁篇》（参见，πάντες ἐχῆς④ οἱ σοφοὶ，《泰阿泰德篇》152e1；ὁ πάσσοφος ποιητής⑤，194e2；参见《会饮篇》178b，195c2）中把文体合并一类的做法，都是解寓的必然结果。

苏格拉底在《泰阿泰德篇》《克拉底鲁篇》《吕西斯篇》中使用的解寓方法可以得出如下结论：即使诗人不是乔装的哲学家，他的诗作也与自然哲学家和智者一致，甚至极为和谐。这种和谐首先源自如下事实：自然哲学的起源就在诗中——苏格拉底确立的那种联系可以证明这一点。尽管如此，解寓者提出的存在隐含真理的看法并不能将诗人从无知中拯救出来，通过解寓，诗人不得不面对自己的无知。这样，攻击性解寓就把诗人隐含的错误揭示出来，而且同时还让赫拉克利特及其弟

---

① [译注] 原文误为 214c6，应为 215c-d。

② 关于友爱（philia）问题，荷马与赫西俄德一样（《尼各马可伦理学》卷八开头 [1155a-b] 引用了后者的相同的诗句）。

③ 参阅斯科德尔（Scodel）（1986:31）。苏格拉底后来还嘲弄了普罗塔戈拉的说法，他问，如果荷马和其他诗人都是有智慧者，那么拉栖代梦人就不应该被认作是哲学家了，因为他们都擅长言简意赅（βραχυλογία）（《普罗塔戈拉篇》342a-343b）。

④ [译注] 作者引用有误，原文为 ἑξῆς，即一个接着一个，按次序。这句意思就是，所有有智慧者（这里是广义用法，不仅仅指智者，还包括哲学家。上面引《普罗塔戈拉篇》316d，342a-343b 的例子中提到的"有智慧者"都是如此）一个接着一个 [排成一列]。但需要注意，苏格拉底这里排除了巴门尼德。

⑤ [译注] 句意为诗人全是有智慧者。

子——包括智者——的理论沦为无效。但是，揭示他们的错误并不意味着驳倒了错误；错误被找到，被标明，但没有被反驳掉，这跟反驳性解寓的情况完全相反。我下面会讨论这种解寓。

2. 反驳性解寓

反驳性解寓会让苏格拉底的某位对话人提出的阐释接受考察。这种解寓要展现对话人认为的、在诗人传达的信念背后隐藏着的含蓄和蕴涵的信念。对话人让诗人的"死语言"复生，而苏格拉底把对话人转换为诗人的代表，他的目的就是反驳所需要的这场"对话"。反驳性解寓首先将诗句从其诗歌语境中剥离下来，将之转换为一段"格言"（maxim），这个任务由提出阐释的对话人完成。这个第一步——是苏格拉底的阐释者／对话人的任务——可以参见《普罗塔戈拉篇》中对七贤的"精言"（laconicism）的描述。① 他们用"简短、令人铭记的成语"（ῥήματα βραχέα ἀξιομνημόνευτα, 343a7）表达了道德观念，比如，"认识你自己"（斯巴达的基隆），"勿过度"（梭伦，参见 343b2），"变好不易"（皮塔克斯）（343b5）（参见《卡尔迷德斯》164e-165a）。

在《理想国》第一卷，玻勒马霍斯引用了西蒙尼德的格言，但是没有将之与哪首诗或任何语境联系起来："他［西蒙尼德］说，给每个人应得的就是正义。"（331e3-4）由于缺少资料，我们没法知道这句话是不是从西蒙尼德诗中截取下来的，但根据动词 εἰρηκέναι（335e10）和名词 τὸ ῥῆμα（336a1）来看，情况似乎就是这样。② 按照玻勒马霍斯的意思，这句话表达了"报应性正义"（331e3-4）的观念，诗人的权威证明了这种观念的正确。

首先，苏格拉底的反驳性阐释指出了上述阐释的问题（332a）；其次，他对后者做出了全新的阐释（332c）。他一上来就断定——我们之

---

① 这里提到的七贤，人物略有不同。如克罗瓦塞（Croiset）（2002:62）指出的，"柏拉图在这里用米松（Myson）代替了柯林斯的佩里安德"（Platon substitue ici Myson à Périandre de Corinthe）。

② ［译注］两个词的意思是，"已经说过"和"所言或成语"。

前看到过——诗的本性是设谜（ἠινίζατο，332b11）。解决这个谜就需要发现诗人想的（διενοεῖτο，332c1）是什么，但既然诗人不在，那么这就得询问阐释者玻勒马霍斯，"你觉得他会怎么回答呢？"（332c7-8）诗人的意思看起来并不是玻勒马霍斯一开始想的那样，所以他不得不把原来的想法又重新表述为"正义就是助友损敌"（332d2，参见 τὸν Σιμωνίδην ἔφαμεν λέγειν，334e3-4）。这个重新表述仍然有问题，因为，当它被推向极端的话，"正义似乎就成了一种偷盗技艺"（334a10-b5）。玻勒马霍斯不冷不热地回答说，"看起来是这样吧"（334a9），但这并未阻止住苏格拉底的反驳。这种正义定义，如苏格拉底所言，不仅玻勒马霍斯和西蒙尼德可能如此主张，甚至荷马也会这样认为。在苏格拉底看来，这就是玻勒马霍斯维护的第一句格言中的隐含意义。尽管如此，他语带反讽地得出一个结论：既然西蒙尼德如此有智慧①，那么跟皮塔克斯、比阿斯（Bias）等贤人一样，他不可能赞同这样的正义观。因此，玻勒马霍斯把这种观念归给西蒙尼德，必定是错误的，只有佩里安德那样的僭主才会这么想（《普罗塔戈拉篇》也提到了西蒙尼德与僭政的联系；《理想国》中提到了诗人群体与僭政的联系，568b②）。所以，既然西蒙尼德这番话的含义不可能是那个反驳性考察得出的荒谬结论，故而阐释者没有抓住他的意思。这样，阐释者面临着一个困境，只有对正义进行辩证法考察才能解决它。

与上述相对，《小希庇阿斯篇》中的反驳性阐释则是靠《伊利亚特》中的几句引诗来支持的。对话一上来讨论了荷马中的英雄，意在确定奥德修斯和阿喀琉斯谁更伟大；按照希庇阿斯的看法，"荷马让阿喀琉斯成为去往特洛伊的英雄中最勇敢的那个，涅斯托尔是最有智慧的那个，奥德修斯是最狡诈的那个"（364c5-8）。讨论转向了 πολύτροπος 这个词的含义，这是奥德修斯的绰号。希庇阿斯引用了《伊利亚特》卷九

---

① 忒拉绪马霍斯后来注意到了苏格拉底语带反讽地承认西蒙尼德有智慧（《理想国》，337a4）。

② 这是苏格拉底拒绝诗人进入城邦的理由之一。

第 308-334 行的诗句来支持把阿喀琉斯描绘为"单纯、真诚的人"这个说法。苏格拉底由此得出结论,"似乎荷马相信,有真诚的人,也有说谎者,但他们不可能是一个人"(365c4-5)。苏格拉底推导出的这个看法,希庇阿斯也表示赞同(365c7-8),它成了苏格拉底反驳的目标,而希庇阿斯作为荷马的阐释者,他要为之辩护(ἀπόκριναι κοινῇ ὑπὲρ Ὁμήρου τε καὶ σαυτοῦ, 365d3-4)。之后,荷马一度没有被提及,在 369a8 处,他又重新出现,但此时的结论是:欺骗者和真诚者是同一个人,这就与希庇阿斯的阐释截然相反。苏格拉底从《伊利亚特》中引用了几句诗并且加以阐释,这些都支持了他的主张:撒谎者不是奥德修斯,而是阿喀琉斯。"八面玲珑的"(of the many turns)① 奥德修斯被安上了这个错误的名字,他从不撒谎——并不像阿喀琉斯一样。但是,苏格拉底对这两位英雄都持轻视态度;谁比谁也好不了多少,而且很难知道荷马想让这两位中的哪一个更优秀(370d7-e4),因为荷马给这两人起的绰号跟他们的行动并不相符。尽管如此,按照"自愿欺骗的人比不自愿欺骗的人更优秀"这个已经确定的看法,苏格拉底还是认为奥德修斯比阿喀琉斯更佳。既然无论选择希庇阿斯的阐释,还是苏格拉底的阐释,这两位英雄都同样品德有亏,那么这不恰恰就是在批评这两位英雄吗?两人都不真诚——上述对荷马引诗的阐释得出的就是这个结论;反过来,它又得出了一个困境:自愿欺骗的人比不自愿这么做的人更佳。对英雄典范的反驳暗含在对希庇阿斯阐释的反驳中。

最后,我们应该注意到,苏格拉底在这两部对话里的阐释策略是有差异的:他对荷马的反驳没有像对西蒙尼德那么直接,他是间接反驳的。② 在这两处,主要阐释者,也就是揭示出诗人诗句最终含义——这对诗人来说却是不太容易得到的东西——的人不是玻勒马霍斯,也不是希庇阿斯,而是苏格拉底。在从小读诗的阐释者看来,诗人根据自己的

---

① [译注] 这是 πολύτροπος 的直接意思,直译就是"许多转弯或向多个方向转动",形容一个人多变灵活,多才多艺,狡猾多端。

② 见哈里韦尔(2000:107)。

合理结论（比如骗人的英雄和正义的盗窃）得出了种种信念，而反驳性解寓的目标正是指出诗人提供的信念是虚假的。与大众的信念及其阐释者的看法相反，诗人是糟糕的道德家，他对美德的真正本性一窍不通。由此，之前并不合理地归给诗人的智慧就被剥夺掉了。

3. 积极性解寓

如果说攻击性解寓和反驳性解寓否认了诗具有真实内容，而且对隐含真理的揭示其实是在揭示隐含的错误，那么与之相反，积极性解寓会依靠诗人智慧的合理性及其诗作中的真实内容——这是靠演绎推理揭示出来的。① 既然目标是为了证实自己的主张，那么它所立足的论证就与攻击性解寓相同，但此时，需要确立的就是苏格拉底与诗人的亲缘关系了：苏格拉底的主张在诗中有其源头，诗句被用来当作见证，它就是权威论据。这样，荷马，这位流变理论和相对主义的思想之父，就被用来证实苏格拉底的主张。在《泰阿泰德篇》（194c）中，κηρός 源自 κέαρ②的词源说法虽然可疑，但他让苏格拉底可以声称，荷马确立了灵魂和蜡的相似性。在这里，词源论对揭示隐含意义还是有用的。当从所要考察的语词中得出了它本来没有的含义时，荷马语词的"谜"（αἰνιττόμενος）还能作为借口来解释这种做法。在《美诺篇》（81a-b）中，苏格拉底宣称，以前的大诗人中就有人提出过"灵魂是不朽的，因为它存在又离开身体，但永不毁灭"（81b4-6）这种看法，尤其是品达；他的残篇在这里被引用（Fr. 133 Schr.）③，苏格拉底对它的阐释加强了自己对"回忆"的论证。但是，这段残篇的主题并不是回忆，而是化身。苏格拉底从化

---

① 这种做法也见于阿那克萨戈拉及其学派，他的目的就是证实自己的学说（DK59A1）。在本研究的语境中，我没法对这一点展开论述了，但可见裴平（Pépin）（1976:99-101）以及布费尔（Buffière）（1956, repr. 1973）；理查德森（Richardson）（1975: 65-81）；兰波顿和基尼（Lamberton and Keaney）（1992）；福特（1999: 33-53）；卡里夫（Califf）（2003: 21-36）；桑托斯（Martinho Dos Santos）（2007:11-23）。

② [译注]这两个单词，前一个即蜂蜡，后一个为心。

③ 虽然这段残篇很可疑，但这并不影响我的论证（参阅普埃赫[Puech][1961:209]）。

身推理到化身①，灵魂"思考万物"（81c6-7）而且最终学习万事（c7）。在这里，他的阐释就是一个演绎推理的过程：诗句就是有可能得出结论的前提，而结论隐含在引诗里。"回忆"说的来源是品达，但品达并没有明确表述过，他只是有所暗示。同样的推理也出现在《卡尔迷德斯》（161a），那里引用了《奥德赛》卷十七第 347 行的诗句，它表明羞怯（modesty）② 既好又坏，因此不同于本质上就是善的智慧。但是，这种两重性实际上是从下面这句诗中推出的，"羞怯是贫困之人的坏朋友"（参见《拉克斯》201b2-3，那里引用了相同的诗句）。

在《斐多篇》里，《奥德赛》卷二十第 17-18 两行诗句被用来当作反对西米阿斯（Simmias）的论证，后者主张灵魂是和谐的（94d5-a）。在这段诗里，奥德修斯展现了自制，按照苏格拉底的阐释，诗句表达了心灵高于身体的看法。心被阐释为代表灵魂，苏格拉底之前已经说过，灵魂居于主人之位（δεσπόζουσα, 94d1）。而荷马的诗句同样可以证实灵魂的这种地位（用了同样的动词 δεσπόζειν, [94e3]）。所以，荷马也表明了，灵魂统治身体。通过证实这一点，苏格拉底推出——方式与《美诺篇》相同——灵魂不可能是和谐的。在这里，荷马与苏格拉底是一致的；既然前者无法质疑，那么后者也同样如此（95a1）。由此，这位"神性诗人"（94e7）的权威加强了苏格拉底的论证：荷马支持了他的立场——尽管不是明确地支持。③

在《理想国》441b 中，我们发现那里也提到了这段诗，不过是在 XX. 16 行；引用它是为了证实划分理性部分（*logistikon*）和情感部分（*thymoeides*）④ 的重要意义。在这里，荷马证明了（μαρτυρήσει, 441b6）

---

① ［译注］疑作者笔误，此处似应为回忆（reminiscence）。
② ［译注］即 αἰδώς，词义就是羞耻、知耻。英文的 modesty 往往译为节制。
③ 这里不可能再详细论述《理想国》中的心理学了。此处的划分基于 *thymoeides*（情感部分）的无理性。
④ ［译注］词根的 thymos 即血气、心气，柏拉图在这里区分了灵魂的知、情、意三部分，因此意译为情感部分。

理性和情感部分的区别。① 奥德修斯和自己内心的对话被阐释为这两个部分的对话——心又成为无理性行为的源头。在苏格拉底看来，荷马明确（σαφῶς, 441b8）做出了这个划分。应该注意的是，这里的"心"不是《斐多篇》中的理性灵魂。我们可以将苏格拉底的做法与《法礼篇》中雅典人的做法进行比较，后者引用了提奥格尼斯（Theognis）（ἡμεῖς μάρτυρα ἔχομεν, 630a5）② 来主张，最高的美德就是立法者应该认准的东西（630c4-5）。但是在这里，意思出现了变化，"忠诚"这种美德成了最高的美德，提奥格尼斯那句诗里并没有这么说，尽管雅典人说，"ὥς φησιν Θέογνις"③（c5）。

积极性解寓最成熟的一个例子，但也有可能是最有争议的例子，见于《普罗塔戈拉篇》。普罗塔戈拉选择解决苏格拉底提出的美德问题，后者将对话的交流转入了诗的领域（μετενηνεγμένον δ᾽ εἰς ποίησιν, 339a5）。在普罗塔戈拉开始讨论西蒙尼德的诗作之前，他认为诗术是由教育的本质组成（338e8-9）。这门技术为有教养者所必需，它不仅包括引用诗人，还包括阐释他们，而区分好诗和坏诗的能力是后者的前提（339a）。为了批判普罗塔戈拉的定义④——这是一部分目的——苏格拉底首先表明，与普罗塔戈拉的看法不同，西蒙尼德并没有自相矛盾。苏格拉底、普罗塔戈拉、普罗狄刻之间的争论就围绕着西蒙尼德的用词展开（340a-342a）。但最终，这种词语分析还是被放弃了（343c7-344b1），因为，虽然他想要对一般意义进行考察（344b2-5），但有利于这一点的判断太耗时间了（344b1-2），不过我后面还会回到这个问题。由此，通过将哲学分析转到诗中，苏格拉底颠覆了普罗塔戈拉的做法——苏格拉

---

① 《理想国》390d 也引了《奥德赛》20.17-8，那里的语境则是批评诗人。苏格拉底首先举出了荷马诗歌中的其他例子，在他看来，这些例子都代表了放纵的行为，因此不适合用来教育；在这之后，他引用了我们说的那段诗，这些被认为是正当的，因为它们描绘了节制的行为。

② [译注] 句意为，我们有个证人。

③ [译注] 句意为，如提奥格尼斯所言。

④ 与反驳希庇阿斯和玻勒马霍斯不同，苏格拉底对普罗塔戈拉阐释的反驳并没有产生困境，因为在这里，他提出了自己的阐释。

底在解释这段诗时，一上来就提到了"哲学"这个词（342a7）。在开场，他的解释首先谈到了拉栖代梦人的哲学活动（参见342b3-4），语带反讽，由此，他第一步可以确立他在其他地方（如我们之前所见）承认的诗与哲学的亲缘关系；接着，又能凸显皮塔克斯与西蒙尼德之间隐含的争论（343c1-3）；最后，可以在这两位诗人之间建立一场对话（343e-344a）。

苏格拉底的阐释由一组问答构成：问题就是对所引用的诗句进行重新表述（参见344c3-6，344e7-345a2），而答语显而易见（δῆλον ὅτι, 344c7, 345a3）。我们这样就看到了一个有两重对话的考察：苏格拉底排演了西蒙尼德和皮塔克斯的对话；而他本人又对文本提问，反过来再回答，让自己成了诗人的代言。① 最后，苏格拉底得出结论：西蒙尼德在他的诗中支持了"不自愿的恶"这个观点（《普罗塔戈拉篇》345d）。② 这一结论来自一段诗中没有的话（logos）③，或者最起码来说，有没有这段话还需要多加小心，苏格拉底自己也说，"ὡς ἂν εἰ λέγοι λόγον"④（344b6）。苏格拉底的观点不仅仅包含在西蒙尼德的诗中，而且一切有智慧的人都这样认为（345e1），因为没有哪位有智慧的人会主张相反的观点（345d7, e4-5），除非他毫无教养（ἀπαίδευτος, 345d7）；但又没有人能如此指责西蒙尼德——这个结论跟《理想国》一样，有反讽之意。应该注意，普罗塔戈拉之前也做过相同的推理（340e2-3）。

苏格拉底进行的这个解寓假设"诗人有智慧"；这个假设一方面（被认为真）被用作权威论据，另一方面（被认为假）又为消除虚假信念提供了条件。我们下面会看到，例示也同样具有这样的"正反两重性"。

---

① 同样的两重对话手法在《法礼篇》中也用过：雅典人跟诗人提尔塔欧斯（Tyrtaeus）进行了对话，后者又与提奥格尼斯形成对比（629b-630b）。

② 如泰勒（Taylor）(1976:146)所见，"苏格拉底对这几句诗的阐释是从自己的'善是知识'这个观点出发的，这一看法显然颠倒了时序，异想天开"。苏格拉底堂而皇之地篡改了诗句。

③ ［译注］作者理解为诗中的话，但有的学者理解为西蒙尼德写过的散文。

④ ［译注］句意为，如他似乎讲过一番话。

4. 积极性和攻击性例示①

例示立足于对引诗的字面阐释，它可以用来阐明引诗之前或之后的论证。引用者并不探究隐藏的含义，因为字面意思足以实现他的意图。②它是一种修辞手法，其目的就是支持某个断言或推理过程。③引诗既起到了权威论据的作用，也起到了教育示范的作用——在《拉克斯篇》（201b1）中，苏格拉底主张，他给自己披上荷马的权威，是为了肯定学习的意义，哪怕是在暮年；这就承认了他在进行教育示范。尽管如此，引诗之所以具有这种功能，却是由于它是那种其真理无须证明的信念的对象，之所以无须证明，因为在示范中，真理并无争议。如果推理正确，示范也由此正确（参见 πεισόμεϑα，《理想国》468d7）；如果推理不正确，示范也就不正确（例如，οὐ πειστέον，536d2）；它让诗成为信念（pistis）的对象。下面举几个例子，我们可以看出例示是苏格拉底很熟悉的方法。

在《理想国》中，361b7 提到了埃斯库罗斯，然后引用了他的诗句（362a8-9），这是为了证实对"实际不正义"和"看似不正义"的区分（361b7）。《欧绪德谟篇》为了概括"王的技艺"（royal art）④的定义，复述了《七雄攻忒拜》第 2—3 行。苏格拉底的对话人也是这样做的。在《高尔吉亚篇》中，卡里克勒斯声称，诗人证明了他的主张（484b1-2；参见 484e4-7），接着，他就引用了品达。在卡里克勒斯和苏格拉底的交锋中，引诗被当作武器。卡里克勒斯用了欧里庇得斯《安提俄珀》

---

① 本节讨论涉及的引诗繁多，我就不做详细考察了；相对于其他人物，苏格拉底的引诗要频繁一些，如：《斐德若篇》266b6-7, 276d3-4；《斐勒布篇》62d4-5, 66c8-10；《政治家篇》297e11-12；《智者篇》216c5, 268d2-3；《会饮篇》196c2-3,199a5-6。但《理想国》中的苏格拉底的引诗里，他对诗人的处理太过严厉，如 411b4、457b2-3、501b7 和 516d5-6。《会饮篇》中斐德若的演说是一个很好的例子。

② 值得注意的是，色诺芬在他的《回忆苏格拉底》中明确提到了这种积极例示（《回忆苏格拉底》I 3,3；3,7；6,14）和攻击性例示的做法，他试图为苏格拉底开脱，否认他做过攻击性例示（《回忆苏格拉底》I 2,56-9）。

③ 安提斯蒂尼（Antisthenes）也曾用过（参阅理查德森 [Richardson] [1975:77-80]）。

④ [译注] 希腊文为 ἡ βασιλικὴ τέχνη，作者没有注明具体出处，应为《欧绪德谟篇》291d。

(*Antiope*)（485e6-486a3）中的诗句为例，向苏格拉底证明了哲学活动是无用的。① 随后，苏格拉底也用了欧里庇得斯的诗句回答卡里克勒斯，"谁又晓得生就不是死，死就不是生呢？"（fr. 639, N.），这让他可以引入"漏罐"的意象——有可能来自毕达哥拉斯（来自"某位西西里人或意大利亚人"，493a6）——从而说服卡里克勒斯接受他之前建议苏格拉底放弃的那种生活方式（493c7-8）。

但是，凭借自己的权威性，诗人不仅仅证实了定义和论证，他还证实了神话性的描述。在《斐多篇》的神话中，《伊利亚特》卷八第14行就被用来证实对地内世界的描绘，尤其是其中的深渊之一——塔塔罗斯（Tartarus）（参见113c8）。与之相似，在《高尔吉亚篇》的神话中，苏格拉底引用了《奥德赛》卷十一第569行来证明自己对米诺斯的描述；在《斐德若篇》（252b）的神话中，他还引用了"荷马后裔"（Homeridae）② 的诗句。

在攻击性例示中，苏格拉底引用诗句是为了展示与自己维护的立场相反的立场。如在《游叙弗伦篇》中，他说，"我的主张跟那位诗人在他诗里说的截然相反"（12a7-8），这句话引出了《塞浦路斯诗》③ 中的一段残篇，它被当作确凿的证据，证明诗歌的内容是错误的（c3）。在《斐多篇》中，他举出并质疑了埃斯库罗斯在《忒勒福斯》（*Telephus*）中的末世观，指出了他的错误（108a1-2），这正如他指出荷马和斯特西克洛斯（Stesichorus）的错误一样，他们（讽刺和）误解了海伦及其在特洛伊战争中的责任，这让他们付出了失明的代价（《斐德若篇》243a-b）。在《美诺篇》中，他比较了提奥格尼斯（Theognis）的《哀歌》中的两段诗（33-36，434-438），表明了它们对美德的见解是自相矛盾的，这就延续了普罗塔戈

---

① 参阅南丁格尔（Nightingale）（1995:67-80）。
② [译注] Ὁμηρίδαι，直译就是荷马的后代，专指基俄斯的诗人部落，自称是荷马之后，诵荷马的诗。有的学者也理解为荷马的追随者或赞美者。
③ [译注] 即 *Cypria*，是塞浦路斯诗人斯塔西诺斯（Stasinos）的史诗，这部创作于公元前7世纪的六音步史诗完整叙述了特洛伊战争，属于特洛伊史诗圈的一部分。

拉在《普罗塔戈拉篇》对话中对西蒙尼德的处理方式。之后，他进一步严厉指责了那些自我标榜、毫无知识的德性教师（96a-b）。

在这些引用中，我们能看到，苏格拉底以诗人的对手自居，他在《斐德若篇》243a-b 中明确肯定了这一点："我会比他们更聪明。"（b3）①在《理想国》（407a）里，这种对抗关系只是有所暗示，因为与《斐德若篇》相反，他没有要跟弗希里德（Phocylides）争斗一番（μαχώμεϑα）（407a10）。而这种对抗也可以采取效仿的形式：在《理想国》545e1，苏格拉底就解释了理想城邦必然要摹仿荷马（πρῶτον στάσις ἔμπεσε），不过他表明，这完全是闹着玩罢了（παιζούσας，545e2）。但是再往后，他又开诚布公地对抗诗人，为此，他拒绝摹仿荷马，"我说，我要给你讲的完全不是阿尔基努斯（Alcinous）说的那种故事"（614b1-2）。

我们前面已经看到了，很可能正是在《理想国》中，攻击性例示才最为突出，尽管它并没有挤掉积极性例示。第三卷罗列了诗人在神学（379d-383c）和伦理学方面，也就是在勇敢德性（386c）和对英雄的展现（388a-394a）方面犯下的一系列错误。对所选诗句的字面阐释，证明了对诗人的谴责是合理的。但是，尽管苏格拉底的指责明确其与正义德性有关，不过却有先例，在第二卷，阿德曼托斯已经按照苏格拉底的方式这样做过了（364a-366b）。全段都是在谴责那些用自己的诗作鼓励不道德行为，说这是幸福必要条件的诗人（365d1-2）。与苏格拉底一样，阿德曼托斯没有做任何释义；相反，为了表明自己的观点，他以转述的方式引出诗句（参见 364c7、364d4）。攻击性例示使用字面阐释的方法，以罗列错误来加以谴责，这让它可以凸显诗歌文本表面层次上的错误。

这些对话有时认为诗人有智慧，有时却认为他们无知，但首先又认为他们是哲学家——包括苏格拉底——之祖，这种方法上的差异，我们

---

① 应该注意的是，再之后，他是从斯特西克洛斯那里得到了灵感才做出了他的第二篇演说（《斐德若篇》244a1-2）。

已经看到，那又该如何理解呢？对于这种不一致，也许可用反讽来解释，因为苏格拉底的反讽的确时有出现，尤其是《理想国》和《普罗塔戈拉篇》中他对西蒙尼德的处理，但这样的解释似乎并不充分。

二、游戏诗意

从上述我们分析过的不同引诗中可以看出，对诗的阐释，其用意并不是揭示诗的意义，它背后的动机是哲学反思，这种反思不关心旨在发现诗人意图的释义。① 此外，也可以看出，这种阐释允许操纵②诗句，使其意义发生转变。在这方面，这种阐释行为应该被认为与接受者有关，而不是诗人③；阐释至少有两重功能，一是说教，二是说明，这都要求把诗歌看作开放的作品④，把阐释者看作全能的，他既能确定意义，还能发明意义。⑤

1. 去语境化和反意图论：两种诠释学原则

我们已经考察过的各种阐释都不是从语境出发的阐释，因为后一种阐释立足于这样的原则：作品的要素既彼此相联，又与整体相联，整体立足于一种对应关系，按照这种关系，一个元素不可能自在地脱离语境被阐释，也就是孤立地被阐释。与之相反，我们考察的种种阐释均认为诗句与所属的整体没有关系，这样，它们展现出了一种系统的去语境化过程。至少在亚里士多德看来（参见《诗学》ch. 25），这种做法似乎并

---

① 见泰特（Tate）（1934:109）。
② 智者也同样如此，如摩根（Morgan）(2000:89-131) 的证明。见魏恩加特纳（Weingartner）(1973:100)，在他看来，苏格拉底"在阐释上，把能犯的错误全都犯了"。
③ 见斯科德尔（Scodel）(1986:25)。
④ 如福特（2002:86）主张的，"古代诗人的文本可以有多重解释方法，除非当面询问这些诗人，否则绝不可能确定根据文本解释出的含义就是诗人的'意思'"。
⑤ 按照莫斯特（Most）(1986:235) 的看法，这种想法为当代诠释学所赞同。事实上，苏格拉底早就表示赞同了。

不稀奇。① 去语境化是捷径，它让苏格拉底可以直达目标，无论是反驳某个学说，还是支持自己的立场。② 除了已经考察过的例子外，我们还应该注意到苏格拉底对荷马（《伊利亚特》10. 224）的一处引用，他是为了强调在考察真理时有个同伴的重要性（《普罗塔戈拉篇》348d1）；这句诗——被去掉语境——让苏格拉底能阐明辩证法交流活动。还是这一句，它在《会饮篇》(174d2-3) 中也被引用，但语境不同，苏格拉底用它来说明共同作出决定这个行为。诗句的意义随着引用时的语境和所问的问题发生改变。③ 这样，在《理想国》中，某些荷马的诗句因为对灵魂产生了有害的作用，故而被禁止，但当转换到另一个语境，它们就被判定为正当。比如《奥德赛》卷十第 495 行诗，在《理想国》中被否定，但在《美诺篇》中被用来将（参见 οἷον, 100a4）亡者中唯一有智慧的提瑞西阿斯（Tiresias）比作能将美德传给其他人的政治家，而其他人则被比作游荡的魂灵（ὥσπερ, 100a7）。④

去语境化与反意图论不可分割，后者的基础就是认为不可能发现诗

---

① 比如斯多亚派就效仿了苏格拉底的做法。见博伊斯-斯通斯（Boys-Stones）(2003:189-216); D. 奥宾克（D. Obbinck）(2003:183)。

② 但是，比如当苏格拉底解释 to khalepon 一词的意思时，他还是从语境出发。然而，他通常的做法却是歪曲词义，如巴布（Babut）(1975:35) 指出的，他会"改变词序"（[il] change l' ordre des mots）（比如，ἑκών），由此，他"公然违背诗句的语境"（contredit ouvertement le contexte du vers）。需要指出的是，理查德森（1975:68）注意到，在普罗塔戈拉对诗的阐释中，"文本批评"也许与解寓有同等地位。《普罗塔戈拉篇》中发展出的"文本批评"似乎也反映出了当时人的做法，对语法的反思就是其中一部分。文本批评包括了语法分析（见《代尔维尼纸草》(Derveni Papyrus), coll. IV,6-11; 色诺芬《会饮篇》III. 6, DK80A29）和组织语言的方式，也就是文体分析（《普罗塔戈拉篇》344b1-2）：柏拉图在讨论调换（hyperbaton）、考虑语词用法和语词意义时呈现的就是文体分析，普罗狄刻的分析也是如此。

③ 苏格拉底熟悉这种方法。如弗莱德堡（Freydberg）(2007:118) 主张的，"还有许多其他的例子，其中，苏格拉底将诗意一分为二，证据就是，相同的一段在一个语境中引用时得到赞同、在另一个语境中却遭到反对"。

④ 后一个方法或可以认为是"再语境化"(recontextualization)。如莫斯特（1994:132）主张的，"文本被有意地去语境化，这样，它们在意识形态体系中被再语境化，意识形态体系为它们提供了新的真值，或肯定、或否定（柏拉图对希腊诗歌的种种讨论为这种方法提供了很多例子）"。

人的意图①，苏格拉底多次强调了反意图论，但是，他也一直认为诗作是意图的产物。阐释首先是建构作者，也就是具有意图的诗人②——既然意图对应意义，因此这种建构是必要的，在对西蒙尼德的阐释快结束时，苏格拉底注意到，"在我看来（ταῦτά μοι δοκεῖ），这就是西蒙尼德写这首诗的意图（διανοούμενος）（347a3-4）"。在《普罗塔戈拉篇》中，苏格拉底在阐释一开始就提出了意图问题：这是解释一般思想和意义的关键（τὸν τύπον αὐτοῦ τὸν ὅλον καὶ τὴν βούλησιν, 344b3-4）。③ 在《伊翁篇》中，苏格拉底说，诗的阐释就在于阐释作者的思想（τοῦ ποιητοῦ τῆς διανοίας, 530c4），也就是理解作者的用词（συνείη τὰ λεγόμενα ὑπὸ τοῦ ποιητοῦ, 530c2）。④ 在《理想国》（332b3）和《小希庇阿斯篇》（365d1-4）中，苏格拉底要求他的对话人把诗人的意图告诉他。之所以揭示诗人的意图是困难的，在前一处（《理想国》332b11-12），原因是诗人谜一样的风格；在后一处，原因是诗人已经不存在了（《小希庇阿斯篇》365c-d）。

在《普罗塔戈拉篇》里，苏格拉底没有试图探寻诗人的意图是什么，相反，在他的探究之初，他设定了诗人的意图，而这个探究的目的之一就是证明这个意图是成立的；而在《小希庇阿斯篇》和《理想国》

---

① 可以认为柏拉图的立场类似维姆萨特（Wimsatt）和比尔兹利（Beardsley）的立场。他们（1989:3）主张，"作者的用意或意图既无法理解，也不能用来当作评判文学艺术品的标准"。
② 需要注意，这个被建构的作者并不是，比如内哈马斯（Nehamas）说的，那种"被假设的"作者。他（1981:145）主张，被假设的作者必定是不太可信的，就是说，"文本的意思只能是历史上的作者表明出的意思，不可能是其他"。被建构的作者也不是，比如卡里（Currie）定义的，隐含作者（implied author）。他（1993:420）认为，"在阐释中，虽然无法摆脱意图，但我们需要的意图不必总是实际意图"。与之相反，我们要注意，苏格拉底并没有为作者的意图寻求最佳的假设；因此，他并不想主张假设性的意图论（见列文森 [Levinson][1996:175-213]）。
③ 我要感谢斯蒂芬·哈里韦尔的建议，他认为应该把 τὴν βούλησιν 译为意义，而不是意图。
④ 但是，苏格拉底嘲笑了自称是荷马的优秀朗诵者和阐释者（530b-c）的伊翁，后者认为自己能够与兰普萨克斯的美特罗多罗斯（Metrodorus）和斯特西姆布罗特斯（Stesimbrotus）一争高下（也见色诺芬《会饮篇》3.6；《回忆苏格拉底》IV 2.10）。色诺芬《会饮篇》指责过荷马诵诗者（rhapsode）没有理解诗人的隐含之语。似乎可以看出，柏拉图和色诺芬认为荷马诵诗者不应该仅仅是传声筒（相反的观点，见加布奇诺 [Cappuccino][2011:68-71]）。见哈里韦尔（2011:173）。

中，就一定要揭示意图了。在《理想国》中，意图被假设出来：西蒙尼德的目标是反驳追求荣誉而非真理的皮塔克斯（343c3-5,344b4）。希庇阿斯打断了苏格拉底的阐释，这体现出了阐释的相对性或多元性。针对西蒙尼德，他想要提出一种他认为与苏格拉底的阐释一样好的阐释。① 一元论者也许与希庇阿斯不同，他会主张，如果意图就等同于意义，而且意义已经被苏格拉底发现，那么就只能有一种真的阐释，也就是苏格拉底的阐释。对话证明了，诗的意义是不确定的，一方面因为存在着意象和隐喻，比如，荷马诗歌中的意象和隐喻竟然让人们有可能发现主张流变理论和相对主义的人②，另一方面，原因在于诗人意图的不可通达，他的意图只能靠猜测。诗在大多数情况下都不是能通过它的作者加以考察的"活语言"，此外，灵感来临、进入迷狂的诗人也不能解释他的意思：他全然不解自己的意图，他没法保证自己的意思（参见《申辩篇》22b-c）。③ 结果就是，阐释者对于诗歌的意义难以达成共识，阐释者之间出现冲突不可避免。④ 苏格拉底恰恰肯定了这一点，他说，"但是在大多数情况下，当人们引用他们时，有人说诗人的意思是这样，另一个人则说是那样；他们为了难以确定的观点争论起来"（《普罗塔戈拉篇》347e，译文出自泰勒）⑤。

在《普罗塔戈拉篇》里，对智者阐释方法的批评——苏格拉底对

---

① 事实上，这是希庇阿斯的多元观点，不是读者的（相反的观点，见德莫斯 [Demos] [1999:33]）。

② 赫拉克利特肯定会惊讶于荷马支持自己的理论，毕竟，他常常指责荷马说过的话（比如 DK22B42, B56）。

③ 见克罗贝尔（Collobert）（2011:41-61）。

④ 值得一提的是，普罗塔戈拉和苏格拉底都认为西蒙尼德的诗与美德有关。莫斯特（1994:143）重新阐释了西蒙尼德的诗作，认为它与赞扬和责备而非美德有关。

⑤ 作为书写话语，诗类似于画，苏格拉底在《斐德若篇》中就这样认为。即使有人询问词语什么事情，语词仍然是沉默的，这跟西蒙尼德的看法相反（见《斐德若篇》275d5-6）。苏格拉底在这里也许暗指西蒙尼德将绘画定义为沉默之诗，将诗定义为有言之画的说法（普罗塔克，《论雅典人的荣誉》346F）。但跟西蒙尼德不同，苏格拉底声称诗和画一样沉默。无论我们问什么问题，书写话语总是给他的读者同一个回答（《斐德若篇》275d9）。关于柏拉图和西蒙尼德的关系，见泰耶尔（Thayer）（1975）。

这种阐释并未加以嘲讽①，而是表明了其局限；比起这种方法，他更喜欢自己的探究方法——基于下面这个观念：真理能通过辩证法的探询被揭示，而不是通过大多数时候不传达任何真理的诗人之言（参见347d）。② 此外，真理不是学来的东西，而是要找出的东西（347c-d），③ 正因此，普罗塔戈拉对诗所做的那种讨论（τὸ περὶ ποιήσεως διαλέγεσθαι，347c3）与苏格拉底从事的"检验真理和我们自己的思想"、把诗人的声音排除在外的辩证法交流（348a4-5）截然不同。即使当不得不放弃诗人的话时（如，"让我们忽略荷马吧"，《小希庇阿斯篇》365d1；"我们应该把诗人放一边"，《普罗塔戈拉篇》348a2；还有347c2，"我们为什么不对颂歌和诗歌告别呢？"），苏格拉底和他的对话人仍然把时间和精力花在阐释诗人之言上。④ 这样，虽然正确来说，哲学无须诗人，就像苏格拉底自己表明的那样（参见《普罗塔戈拉篇》348a），但是，诗人在城邦中的地位和角色让所有讨论（包括苏格拉底的讨论）都少不了诗人的存在。然而，柏拉图不只是遵循了人们通常的做法，因为如苏格拉底及其对话人一再重申的，诗也在教育中占据了主要位置。由此，必须按照哲学活动的要求重新定义诗的说教功能。

2. 说教功能和说明功能

诗歌阐释的说教功能有两方面：（1）让人接受某种原创的主张，由此，用被认为意思相同的诗句来展示新颖的言论、先发制人地阻止对这

---

① 见赖德拜特（Ledbetter）（2003:111-3）。

② 鉴于本文研究的语境，我没法处理"诗人无知"这个问题，他是苏格拉底一再提出的话题之一（如《申辩篇》22c，《伊翁篇》537c，《理想国》377a5）；《理想国》卷十和《伊翁篇》会证明这一问题。虽然在诗歌中发现不了真理，但有一个事实必须说明：真理之所以存在于诗中，是基于这样一个观念，即真理偶然出自诗人之口（参阅《法礼篇》682a）（参阅维尔德纽斯[Verdenius][1943:261]）。真理是通过辩证法交流被发现的——诗人并不懂这种方法。

③ 参阅弗拉斯托斯（Vlastos）（1991:135-8），维凯尔（Vicaire）（1960:389）。如果全面处理这一问题，就会超出我研究的主要范围；见吉尔（Gill）（2002:145-71），厄勒（Erler）（2003）。

④ 如科苏塔（2001:133）主张的，"苏格拉底还是让自己进行阐释，这完全不符合'诗是无意义的饶舌'这种想法（Socrate s'est laissé aller à l'interprétation, ce qui ne s'accorde pas totalement avec l'idée que la poésie serait comme'un caquet dénué de sens'）"。

种言论的反对意见和可能的反驳（回忆说和灵魂三分说都是这方面的例子）；（2）向苏格拉底的对话人证明，对诗人的引用应该成为更广阔的探求真理活动的一部分，由此，这就吸引住了对话人。①

积极性解寓和例示都想要在古老而庄严的传统中确立全新的哲学立场。诗人在不知不觉中为看起来属于这种传统的哲学立场做了证明并使之合法化。立足于这种传统并延续它，哲学立场就不会让人觉得大言不惭了。柏拉图从引诗的做法中获益不少，这让他可以援用作为权威人物的诗人们。② 苏格拉底奇异的（atopic）③ 言论具有了十足的可信性，这让它更有说服力，因为诗歌的说服性似乎进入了被认为重新阐述相同智慧并以另一种方式表达它的哲学中——因此，苏格拉底宣称的哲学家与诗人的亲缘关系就非常重要了。这就是亚里士多德说的"'熟悉'具有的强有力的效果"，因为，"熟悉的东西就是可理解的"（《形而上学》995a3-5）。

通过辩证法的技术，解寓让说话人——无论是玻勒马霍斯、普罗塔戈拉还是苏格拉底本人——以哲学的方式与诗人打交道。苏格拉底强迫他的对话人不要认为诗的真理是不证自明的，相反，要质问它。这样，在对话中，苏格拉底与诗人的阐释者进行交流，或以虚构的方式与诗人本人交流，他并没有采用智者的阐释方法，而是将这种方法改头换面或彻底颠覆，使之探求真理。④ 苏格拉底没有以智者的特有方式歌颂诗人，相反，他的解寓评估了诗人⑤ 及其阐释者的言辞——也就是按常规

---

① 见帕帕斯（Pappas）（1989:248-61）。如赖德拜特（2003:101）主张的，"当苏格拉底重新捡起阐释者的任务时，他修改了原则，重新设定了阐释的目的"。

② 见哈里韦尔（2000:97）。

③ [译注]这个词来自古希腊语，但在现代英语中，这个词只用于医学，作者这里使用的是词源含义，古希腊文的 topos 即位置，所以 atopos 即离位、怪异、异常，这里强调了苏格拉底言论的新颖奇特。

④ 见帕里（Parry）（1965:299）和福特（2005:19），后者主张，苏格拉底"在诗的作者已经不存在的情况下，不但有能力处理，而且确实处理了'诗'这种棘手的东西"。也见弗雷德（Frede）（1986:741-2）。

⑤ 卢森（Russon）（1995:399-418）的思路相同。这不是说，其中并无反讽，而是说，阐释本身不是反讽的。

归于这些言辞的真理内容。[①] 由此，这种解寓成了一种训练活动、旨在培养阐释者的辩证法技术（参见《斐德若篇》260a7）。这种哲学交流在某种情况下包含了一种"再创造"，借此，苏格拉底[②]建构了诗本身没有的含义，他的明确目的[③]就是：让诗说出它没有说出的内容，以便确定它如果真能说出而应该说出的东西。因此，正确来说，这并非或真或假的阐释，不如说，它是由这种阐释得出的命题。由此，在《普罗塔戈拉篇》中，对西蒙尼德的唯一可能的阐释就是苏格拉底的阐释，因为它是唯一精确的那个：这句诗意就是"不自愿的恶"这个论点（《普罗塔戈拉篇》345d）。如果在这个语境下还能谈得上"有效性"的话，那么这种阐释的有效性就立足于苏格拉底自称已经揭示出来的那个命题的真理。这样，诗人似乎被剥夺走了他自己的诗作，而阐释者取而代之、他认为诗是进行哲学活动——也就是寻求，甚至有时能发现真理的活动——的契机。

尽管如此，为了让诗中有可能发现真理，要么是诗人先行表达出了真理，要么是在他做不到的情况下，阐释者自称发现了真理，也就是说，他将诗中并不存在的真理转嫁给诗。故而，柏拉图让笔下人物做出的阐释在很大程度上都是这样的情况：诗句所没有的意思被归给了诗作。[④] 这样，西蒙尼德就能成为新型的美德概念的创造者，而且这就是他的意图（但是应该注意，西蒙尼德已经首先通过对荣誉的欲求得出了真理）。结果，在诗面前的是这样一个接受者：他能随心所欲、自由地

---

① 见库尔特（Coulter）（1976:6-7），按照他的观点，这种文学批评带有认识论的性质。
② 套用费什（Fish）（1980:327）的话来说，身为阐释者的苏格拉底并没有解码（decode）诗歌，而是在制作诗歌。
③ 见斯泰克（Stecker）（2002:169）。在某种程度上、如果不考虑时序颠倒，那么我们可以将柏拉图的阐释者视为斯泰克定义的"建构主义者"；他的定义是，"假使有人声称，20世纪流行的弗洛伊德式的人类心理学观能让当时的人把哈姆雷特的行为（在《哈姆雷特》中）解释为受俄狄浦斯情结驱动，那么这也许就是建构主义的主张"。
④ 某些擅长解寓的人也是如此，如泰特所说，斐勒希德就"为了自己的目的"改造了"神话"，"这个过程后来发展为公开的解寓活动（allegorism）"（1934:107）。

对待诗;故而借用贡巴尼翁(Compagnon)①的话来讲,诗成了读者的俘虏。因此,阐释者要么证明,诗人说的不可能是这个意思(参见《理想国》I),要么让诗人说出与他自己所说的不同的内容(参见《普罗塔戈拉篇》342a-347a)。

但是,如果情况如此,那么所谓的"诗人传达了与神或美德有关的错误信念,因而诗人是低劣的教育者"之类的说法就被严重削弱了。的确,苏格拉底谴责的错误信念,有可能是不正确的阐释的结果。比如,如果我们假设荷马和所有诗人那里存在寓言,那么,他们创作的这些故事所具有的不道德性就仅仅是看似如此了;这不是真实的意思,而仅仅是字面意思和表面意思。然而,公众并不总是能理解这种错误信念仅仅是字面意思;对话中的某些人物就证明了这一点,无论他们是不是阐释者,如玻勒马霍斯、卡法劳斯和美诺。而反驳性和攻击性解寓、反驳性例示的目标恰恰就是辨认并且证明这些信念的错误。这样,字面意思和隐含意思传达出的错误全都是苏格拉底要展现和批评的。

除此之外,某些苏格拉底的阐释在组织对话上还起到了说明功能。它们引入了辩证法的交流——无论是通过反驳某个论点(比如《理想国》第一卷西蒙尼德的论点),还是通过证实某个论点(比如《普罗塔戈拉篇》中苏格拉底的论点),这样的论点在对话后面的部分还会再次用到。与玻勒马霍斯的讨论就提出了某些问题,尤其是正义和善的关系、正义和友爱的关系等,它们都会在对话余下的部分加以讨论。这次讨论也把正义描述为德性——这个问题会在第四卷考察(432b-434c)。在《普罗塔戈拉篇》中,西蒙尼德支持的所谓的苏格拉底式的论点在对话讨论快乐的部分被再次引入(《普罗塔戈拉篇》355a5-e)。②同样,我们能发现,苏格拉底谴责诗人(392a12-392b)时的措辞恰恰来自之前阿德曼托

---

① 《斐德若篇》中吕西阿斯的演说就是如此。苏格拉底讨论而且批评了这篇演说。见贡巴尼翁(1998:76)。在《斐德若篇》中,通过阐释西蒙尼德,苏格拉底证明了,事实上,一篇演说防止不了被人错误对待和理解(参阅《斐德若篇》275d-e)。

② 参阅巴布(1975:45)。

斯（《理想国》362d-366b）谴责诗人的那番话（367d-398c）。但更为根本的一点在于：正是通过回答诗人表达的正义概念，苏格拉底才提出了他认为的、令人满意的而且与幸福不可分割的正义概念。

三、结论

在对话中，诗凸显了自己的可塑性和多用性，凭借这两点，它成了苏格拉底的"意义的水库"；当他一再游戏诗意时，这一点就体现了出来。苏格拉底对诗的阐释意在让我们摆脱错误信念，说服我们相信一些真理，得出一些真理。它也让苏格拉底代表的哲学可以相对于诗加以界定；当诗是哲学的起源时，哲学也反映在诗中，它在诗中找到了具有相同真理的共鸣（积极性解寓和积极性例示）。诗也就成了哲学的仆从。当哲学成为诗的对手时（攻击性例示和攻击性解寓），它通过自己的方法与诗区别开来，而且真理就仅仅属于哲学。无论诗是哲学的仆从还是对手，它在苏格拉底手里都不再具有令人羡慕的地位了。①

参考文献

Babut, Daniel. 1975. "Simonide moraliste," *Revue des Etudes Grecques* 88, pp. 20-62.

Baghassarian, Fabienne. 2014. "Méthodes d'interprétation des mythes chez Platon," *Journal of Ancient Philosophy* 79, pp. 76-104.

Boys-Stones, George R. 2003. "The Stoics' Two Types of Allegory," In G. R. Boys-Stones (ed.), *Metaphor, Allegory, and the Classical Tradition: Ancient Thought and Modern Revision*, Oxford: Oxford University Press, pp. 189-216.

Buffière, Félix. 1956. *Les Mythes d'Homère et la Pensée Grecque*, Paris: Belles Lettres (repr., 1973).

Califf, David J. 2003. "Metrodorus of Lampsacus and the Problem of Allegory: An Extreme Case?" *Arethusa* 36, pp. 21-36.

Cappuccino, Carlotta. 2011. "Plato's *Ion* and the Ethics of Praise," In *Plato and the*

---

① 我由衷地感谢路易斯·斯蒂芬在英语方面对我的巨大帮助。

Poets in P. Destrée & F. -G. Hermann (eds.), Leiden: Brill, Mnemonsyne Suppl. vol. 328, pp. 63-92.

Collobert, Catherine. 2011. "Poetry as Flawed Reproduction: Possession and Mimesis in Plato," *Plato and the Poets in* P. Destrée & F. -G. Herrmann (eds.), Leiden: Brill, Mnemosyne Suppl. vol. 328, pp. 41-61.

Compagnon, Antoine. 1998. *Le Démon de la Théorie: Littérature et Sens Commun*, Paris: Seuil.

Cossutta, Frédéric. 2001. "La joute interprétative autour du poème de Simonide dans le Protagoras: herméneutique sophistique, herméneutique socratique ?" In F. Cossutta and M. Narcy (eds.), *La Forme Dialogue chez Platon: Évolution et Réceptions*, Paris: Jérôme Millon, pp. 119-54.

Coulter, John A. 1976. *The Literary Microcosms: Theories of Interpretations of the Later Neoplatonists*, Leiden: Brill.

Currie, Gregory. 1996. "Interpretation and Objectivity," *Mind* 102, pp. 413-28.

Demos, Marian. 1999. *Lyric Quotation in Plato*, Lanham: MD.

Dixsaut, Monique. 2000. *Platon et la Question de la Pensée, Etudes platoniciennes I*, Paris: Vrin.

Erler, Michael. 2003. "To Hear the Right Thing and Miss the Point: Plato's Implicit Poetics," In A. N. Michelini (ed.), *Plato as Author: The Rhetoric of Philosophy*. Leiden: Brill. pp. 153-73.

Fish, Stanley. 1980. *Is There a Text in this Class?: The Authority of Interpretive Communities,* Cambridge (Mass.): Harvard University Press.

Ford, Andrew. 1999. "Performing Interpretation: Early Allegorical Exegesis of Homer," In M. Beissinger, J. Tylus, S. Wofford (eds.), *Epic Traditions in the Contemporary World: The Poetics of Communities*. Berkeley: University of California Press, pp. 33-53.

Ford, Andrew. 2005. "The Function of Criticism ca. 432 BC: Texts and Interpretations in Plato's *Protagoras*," Princeton/Stanford Working Papers in Classics, http://www.princeton.edu/~pswpc/papers/authorAL/ford/ford.html.

Ford, Andrew. 2002. *The Origins of Criticism: Literary Culture and Poetic Theory in Classical Greece*, Princeton&Oxford: Princeton University Press.

Frede, Dorothea. 1986. "The Impossibility of Perfection: Socrates' Criticism of Simonides' Poem in the Protagoras," *The Review of Metaphysics* 39, pp. 729-53.

Freydberg, Bernard. 2007. "Homeric Μέϑοδος in Plato's Socratic Dialogues," In G. A. Scott (ed.), *Philosophy in Dialogue: Plato's Many Devices*. Evanston (Ill.): Northwestern University Press, pp. 111-29.

Gill, Christopher. 2002. "Dialectic and the Dialogue Form," In J. Annas and C. Rowe (eds.), *New Perspectives on Plato, Modern and Ancient,* Washington: Harvard University Press, pp. 145-71.

Goldschmidt, Victor. 1982. *Essai sur le Cratyle, Contribution à l'Histoire de la Pensée de Platon,* Paris: Vrin, (repr.).

Griswold, Charles. 2008. "Plato on Rhetoric and Poetry," In E. N. Zalta (ed.), *Stanford Encyclopedia of Philosophy*, URL = http://plato.stanford.edu/entries/plato-rhetoric/.

Halliwell, Stephen. 2011. *Between Ecstasy and Truth: Interpretations of Greek Poetics from Homer to Longinus*, Oxford: Oxford University Press.

Halliwell, Stephen. 2000. "The Subjection of Muthos to Logos: Plato's Citations of the Poets," *Classical Quarterly* 50, pp. 94-112.

Laird, Andrew. 2003. "Figures of Allegory from Homer to Latin Epic," In G. R. Boys-Stones (ed.), *Metaphor, Allegory, and the Classical Tradition: Ancient Thought and Modern Revision*, Oxford: Oxford University Press, pp. 151-75.

Lamberton, Robert and John J. Keaney (eds.), 1992. *Homer's Ancient Readers*, Princeton: Princeton University Press.

Lear, Jonathan. 2006. "Allegory and Myth in Plato's *Republic*," In G. Santas (ed.), *The Blackwell Guide to Plato's* Republic, Malden [MA]&Oxford: John Wiley&Sons, pp. 25-43.

Ledbetter, Grace. 2003. *Poetics before Plato: Interpretation and Authority in Early Greek Theories of Poetry,* Princeton: Princeton University Press.

Levinson, Jerrold. 1996. *The Pleasures of Aesthetics*, Ithaca: Cornell University Press.

Long, A. A. 1996. *Stoic Studies*, Cambridge: Cambridge University Press.

Mansfield, Jaap. 1990. *Studies in the Historiography of Greek Philosophy,* Assen: Van Gorcum.

Martinho Dos Santos, Marcos. 2007. "Théagène de Rhégium et Métrodore de Lampsaque: À propos de la paternité de l'exégèse allégorique des mythes homériques," *Ateliers* 38, pp. 11-23.

Morgan, Kathryn. 2000. *Myth & Philosophy: From the Presocratics to Plato,*

Cambridge: Cambridge University Press.

Most, Glen W. 2011. "What Ancient Quarrel between Philosophy and Poetry," in P. Destrée & F. -G. Herrmann (eds.), *Plato and the Poets,* Leiden: Brill, pp. 21-40.

Most, Glen W. 1994. "Simonides' Ode to Scopas in Contexts," In I. J. F. de Jong and J. P. Sullivan (eds.), *Modern Critical Theory and Classical Literature,* Leiden: Brill, pp. 127-52.

Most, Glen W. 1986. "Sophistique et herméneutique," In B. Cassin (ed.), *Positions de la Sophistique,* Paris: Vrin, pp. 233-45.

Nehamas, Alexander. 1981. "The Postulated Author: Critical Monism as a Regulative Ideal," *Critical Inquiry* 8, pp. 133-49.

Nightingale, Andrea. 1995. *Genres in Dialogue. Plato and the Construct of Philosophy,* Cambridge: Cambridge University Press.

Obbinck, Dirk. 2003. "Allegory and Exegesis in Derveni Papyrus: The Origin of the Greek Scholarship," In G. R. Boys-Stones (ed.), *Metaphor, Allegory, and the Classical Tradition: Ancient Thought and Modern Revision,* Oxford: Oxford University Press, pp. 177-89.

Pappas, Nicholas. 1989. "Socrates' Charitable Treatment," *Philosophy and Literature* 13, pp. 248-61.

Parry, Hugh. 1965. "An Interpretation of Simonides 4 (Diehl)," *TAPA* 96, pp. 297-320.

Pépin, Jean. 1976. *My the et Allégorie, les Origines Grecques et les Contestations Judéo-Chrétiennes,* Paris: Etudes augustiniennes.

Richardson, Nicholas J. 1975. "Homeric Professors in the Age of the Sophists," *Proceedings of the Cambridge Philological Society* 21, pp. 65-81.

Russon, John. 1995. "Hermeneutics and Plato's *Ion*," *Clio* 24, pp. 399-418.

Scodel, Ruth. 1986."Literary Interpretation in Plato's *Protagoras*,"*Ancient Philosophy* 6, pp. 25-37.

Snell, Bruno. 1944. "Die Nachrichten über die Lehren des Thales und die Anfänge der griechischen Philosophie und Literaturgeschichte," *Philologus* 96, pp. 170-82.

Stecker, Robert. 2002. "Interpretation and the Ontology of Art," In M. Krauz (ed.), *Is There a Single Right Interpretation?* University Park [Penn.], The Pennsylvania State University Press, pp. 159-80.

Tate, John. 1934. "On the History of Allegorism," *Classical Quarterly* 28, pp. 105-14.

Taylor, C. C. W. 1976. *Plato:* Protagoras, Oxford: Clarendon Plato Studies.

Thayer, H. S. 1975. "Plato's Quarrel with Poetry: Simonides, " *Journal of the History of Ideas* 36, pp. 3-26.

Verdenius, Willem J. 1943. "L' *Ion* de Platon, " *Mnemosyne* 11, pp. 233-62.

Vicaire, Paul. 1960. *Platon: Critique Littéraire*, Paris: Klincksieck.

Vlastos, Gregory. 1991. *Socrates, Ironist and Moral Philosopher,* Ithaca [NY]: Cornell University.

Weingartner, Rudolph H. 1973. *The Unity of the Platonic Dialogue: the Cratylus, the Protagoras, the Parmenides*, Indianapolis: Bobbs-Merrill Co.

Wimsatt, William K. and Monroe C. Beardsley, 1989. "The Intentional Fallacy, " In W. K. Wimsatt (ed.), *The Verbal Icon: Studies in the Meaning of Poetry*, Lexington: University Press of Kentucky, pp. 3-18.

柏拉图、荷马与教养诗学

安格斯·鲍威 撰／黄薇薇 译

在这篇文章中，我不想讨论柏拉图对荷马和史诗的态度，也不想讨论柏拉图自己的诗学观点①，而是想讨论柏拉图引用荷马的方式。柏拉图引用荷马不是哲学式的，而是商议式的，用以缓和各种"微妙的场景"。这个话题似乎极少得到关注。②我将讨论两种这样的场景：第一种是柏拉图批评荷马的时候；第二种是对话中出现社交场合，即要求审慎或者礼貌，以免引起麻烦的时候。这些段落不多，但足以说明柏拉图写作的谐剧特色。③

---

① 可大致参 Graziosi and Haubold（2002，pp. 37-40）；Lohse（1960, 1964, 1965, 1967）；Halliwell（2000）；O'Connor 2007；Yamagata（2012 尤其 pp. 130-8）。关于荷马和其他引语的清单，参 Brandwood（1976）；Huntingdon and Cairns（1961 索引）；关于对话和发言人的清单，参 Yamagata（2012，p. 131）；柏拉图引用荷马共 117 次，80 次引自《伊利亚特》，37 次引自《奥德赛》，另有 138 处提到了荷马，参 Hamilton and Cairns。覆盖面令人叹为观止，涉及《伊利亚特》二十二卷以及《奥德赛》十九卷之多；对《伊利亚特》的引用几乎遍布每一卷，而且有多卷至少被提到过 3 至 4 次。柏拉图引用的第二多的作者是欧里庇得斯（17 次），然后是品达和埃斯库罗斯（各 10 次）。Yamagata 总结说，"历史上的苏格拉底可能在谈话中经常引用荷马……但根据荷马编造的神话则更多是柏拉图而非苏格拉底所为（2012，p. 144）。"

② Yamagata（2012）也讨论过引用荷马的作用，但不是专门从"教养"的角度讨论的。

③ 关于柏拉图作品中的幽默，参 Rankin（1967）；Brock（1990）；Rowe（1997）；Corrigan（1997）；Mc Cabe（2007）；Trivigno（2009, 2012）。

一、批评荷马

柏拉图在批评荷马的时候，当然可以不用太顾忌礼貌，但即使是在一些批评得比较严厉的段落，柏拉图还是会用一种温和的态度来纠正荷马。因此，在《理想国》386-392 啰啰唆唆地批评荷马的意识形态和诗歌时，苏格拉底说起阿喀琉斯是收了赎金才归还赫克托尔的（Hector）尸体，说到这里便暂停下来道了个歉，说：

ὀκνῶ δέ γε ... δι' Ὅμηρον λέγειν ὅτι οὐδ' ὅσιον ταῦτά γε κατὰ Ἀχιλλέως φάναι καὶ ἄλλων λεγόντων πείθεσθαι. 但是为了荷马，我不愿说这类事情时阿喀琉斯做的。如果有别人说，我也不愿相信。否则是不虔敬的。（郭斌和、张竹明译文，《理想国》391a）

而《理想国》599b-601b 在谈到荷马就医学和政治方面对人类做出的贡献很少时，苏格拉底也不无幽默地总结说：

Ὅμηρον δ' ἄρα οἰέπ' ἐκείνου, εἴπερ οἷός τ' ἦν πρὸς ἀρετὴν ὀνῆσαι ἀνθρώπους, ἢ Ἡσίοδον ῥαψῳδεῖν ἂν περιιόντας εἴων. 如果荷马真能帮助自己的同时代人得到美德，人们还能让他或赫西俄德流离颠沛，卖唱为生吗？（郭斌和、张竹明译文）

而是会把他们请进家门，就像人们邀请普罗塔戈拉和普罗狄科一样，或者会跟随他们，学尽他们的本事（《理想国》600c-e）。

还有一种情况，柏拉图用了一种更为豁达和文雅的幽默来缓和对荷马的批评，使荷马本人参与到论证中来。有一个简单的例子，即当第俄提玛谈到"两个友人的交融"何以"比哺育子女产生的交融更为完满"时，说道：

καὶ πᾶς ἂν δέξαιτο ἑαυτῷτοιούτους παῖδας μᾶλλον γεγονέναι ἢ τοὺςἀνθρ
ωπίνους, καὶ εἰς Ὅμηρον ἀποβλέψας καὶἩσίοδον καὶ τοὺς ἄλλους ποιητὰς το
ὺς ἀγαθοὺςζηλῶν, οἷα ἔκγονα ἑαυτῶν καταλείπουσιν, ἃἐκείνοις ἀθάνατον κλέ
ος καὶ μνήμην παρέχεταιαὐτὰ τοιαῦτα ὄντα. 谁都宁愿有这种子女而非身生子女。看看荷马、赫西俄德以及其他了不起的诗人，他们留下的子女多么让人欣羡！这些子女自己就是不死的，还让父母的声名不死，永世长存。(刘小枫译文，《会饮篇》209c-d)

通过"ἀθάνατονκλέος"（声名不死）一词，第俄提玛意译并运用了荷马借阿喀琉斯之口表达的词汇，"κλέοςἄφθιτον"（[声名不朽]，《伊利亚特》9.413）。这个例子以讽刺的方式使用了荷马著名的套语，以此向批评荷马表达歉意，而且以一种温和的幽默指出，诗人不仅让他笔下的人物不朽，同时也让自己不朽。这种效果值得称道，即便这种荣耀似乎最终比更高的哲学成就低一个档次。①

《理想国》595b-c 有一个更为复杂和搞笑的例子。当时重新回到了诗的问题，苏格拉底确信他们之前的决议是正确的，而苏格拉底就肃剧（旧译悲剧）产生的破坏性做了一番相当尖刻的评论后，接着说了以下这段话（《理想国》595b）：

ῥητέον, ἦν δ' ἐγώ: καίτοι φιλία γέ τίς με καὶ αἰδὼς ἐκπαιδὸς ἔχουσα περ
ὶ Ὁμήρου ἀποκωλύει λέγειν. ἔοικεμὲν γὰρ τῶν καλῶν ἁπάντων τούτων τῶντρ
αγικῶν πρῶτος διδάσκαλός τε καὶ ἡγεμὼνγενέσθαι. ἀλλ' οὐ γὰρ πρό γε τῆς ἀ
ληθείας τιμητέοςἀνήρ, ἀλλ', ὃ λέγω, ῥητέον. 虽然我从小就对荷马怀有一定的爱戴之情，不愿意说他的不是。因为他看来是所有这些美的悲

---

① 比较而言，苏格拉底在《伊翁篇》530b 把荷马说成是"最好最神圣的（θειοτάτωι）诗人"，而这个称号则经常被荷马自己用在《奥德赛》中的诗人身上，柏拉图在对话中如此形容荷马，是对这个称号的讽刺意味产生了一丝怀疑。

剧诗人的祖师爷呢。但是，不管怎么说，我们一定不能把对个人的尊敬看得高于真理，我必须（如我所说的）讲出自己的心里话。（郭斌和、张竹明译文）

亚当（J. Adam）在注解这一段时，令人愉快地写道："柏拉图说的是他的真实感受……我们可以很好的认为，柏拉图在与他儿时的朋友产生分歧时不可能没有痛苦"（Adam[1902]对此处的注解）。但苏格拉底是以他的反讽闻名，因此我们在判断他的语气时必须谨慎。① 这里的荷马因素表现于使用了"αἰδώς"[爱戴]和"τιμητέος"[尊敬]两个词。这两个词代表了荷马的强大观念："爱戴"一词激励着赫克托尔坚持他知道的命定之事②，而"尊敬"一词则是阿喀琉斯抱怨阿伽门农（Agamemnon）以及他灾难性地退出战争的关键所在。反讽的意味在于，这是荷马史诗中两个强大的动因，而哲人必须在追寻真理的过程中克服第一个动因，并为他拒绝荷马的诱惑辩护，就像阿伽门农忽略荷马所说的第二种动因一样。《伊利亚特》的这两个重要观念给这段话一种温和的讽刺性幽默，用荷马自己的观念来反对他。亚当的诚挚增添了一丝学问机智的味道。

荷马虽受到了不少批评，但也时常被作为一种历史权威来引用，尽管也被附加了一种讽刺性的曲解。有两处例子都插入了词语 γε。在《理想国》404b，用荷马战士的饮食来证明理想城邦中对卫士的统治方式，原文如下（也参《理想国》468d-e）：

ἁπλῆ πού καὶ ἐπιεικὴς γυμναστική, καὶ μάλιστα ἡ τῶν περὶ τὸν πόλεμον...καὶ παρ' Ὁμήρου, ἦν δ' ἐγώ, τά γε τοιαῦτα μάθοι ἄν τις. οἶσθα γὰρ ὅτι ἐπὶ στρατιᾶς ἐν ταῖς τῶν ἡρώων ἑστιάσεσιν οὔτε ἰχθύσιν αὐτοὺς ἑστιᾷ... 这是一种简单而灵活的[体育]，尤其是指为了而进行的那种体育锻炼……

---

① 尤其参 Boder 1973；Vlastos 1991；Rutherford 1995：pp. 77-8。
② 尤其参《伊利亚特》6.442，αἰδέομαι Τρῶας καὶ Τρῳάδας ἑλκεσιπέπλους（我羞于见特洛亚人和那些穿拖地长袍的妇女）；Cairns（1993），第一章，Lévy（1995）。

办法可以从荷马诗里学得。你知道在战争生活中英雄们会餐时，荷马从不给他们鱼吃……（郭斌和、张竹明译文）

还有一次在《理想国》468c-d，用埃阿斯的荣誉（《伊利亚特》7.321-322）来证明年轻勇士的荣誉，此时用了一个类似于"*πεισόμεϑαἆρα*"（听从）……"*ταῦτά γε Ὁμήρῳ*"（至少在这种事上）的说法。正如亚当注解说，"因此，我们至少可以这样来理解荷马：γε 这个词提醒我们，荷马在其他方面并不是我们城邦所欢迎的人"，尽管他可能在不少领域都有用：γε 这两处用法搞笑地承认，对话者虽已尽力，却还是无法完全将荷马逐出城邦。

这种情况还有一个更为复杂的例子是《法礼篇》680b-d，当时对话中有个人讽刺性地巩固了荷马的权威，而另一个人却幽默地降低了荷马的权威。《奥德赛》卷九第 112—114 行描述的库克洛普斯人（Cyclopes）的生活方式被用来证明原始社会的存在，雅典人把它的年代放在洪水发生之后（679e）。这促使克里特的克列尼亚斯（Clinias）说了一通讽刺性的、稍微令人泄气的话（680c）：

ἔοικέν γε ὁ ποιητὴς ὑμῖν οὗτος γεγονέναι χαρίεις. καὶ γὰρ δὴ καὶ ἄλλα αὐτοῦ διεληλύϑαμεν μάλ' ἀστεῖα, οὐ μὴν πολλά γε: οὐ γὰρ σφόδρα χρώμεϑα οἱ Κρῆτες τοῖς ξενικοῖς ποιήμασιν. 你的这位诗人似乎是一个迷人的家伙。我已经读过他的其他诗句，这些诗句同样也流畅优美。我并不是非常了解他的作品，我们克里特人不太喜欢外国的诗歌。（何勤华、张智仁译文）

"*χαρίεις*"（迷人）和"*ἀστεῖος*"（优美）两个词通常是赞誉之词，但也可以表示讽刺意味（比如阿里斯托芬《公民大会妇女》794；《云》1064）。克列尼亚斯令人泄气的总结在于后面一句话：荷马什么都好，但不值得克里特人如此关注，因为荷马写的是"外国的"诗歌。①

斯巴达人梅奇卢斯（Megillus）奋起为荷马辩护，他为他所认可的荷马的权威引入了一段证明（680c-d）：

> ἡμεῖς δ' αὖ χρώμεθα μέν, καὶ ἔοικέν γε κρατεῖν τῶντοιούτων ποιητῶν, ο ὐ μέντοι Λακωνικόν γε ἀλλάτινα μᾶλλον Ἰωνικὸν βίον διεξέρχεταιἑκάστοτε. νῦν μὴν εὖ τῷ σῷ λόγῳἔοικε μαρτυρεῖν,τὸ ἀρχαῖον αὐτῶν ἐπὶ τὴν ἀγριότητα διὰ μυθολογίαςἐπανενεγκών. 但我们斯巴达人则认为，荷马是史诗的王子，即使他所描绘的生活方式始终是爱奥尼亚人的，不是斯巴达人的。在这一特例中，当他在他的故事中把对库克罗普斯们的野蛮生活的描述作为对他们原始习俗的解释时，他看上去无意是证明了你的观点。(何勤华、张智仁译文)

尽管如此，荷马虽是最好的，却令人有些遗憾，因为他没有描写拉哥尼亚人的习俗。因此，尽管荷马对克里特人和斯巴达人有用，但正如我们在对话之初就已经得知，克里特人和斯巴达人的法制都来自神明，因此荷马作为一个凡人，且更重要的是作为一个外国人，只能发挥部分指导作用，总之不利的因素在于他曾经的身份使他不能成为一个爱奥尼亚人。

因此，尽管柏拉图可以有力地批评荷马，但总是用一种反讽或幽默的方式，使批评比较文雅，在承认荷马重要性的同时又摆出他的不足。

二、礼貌和参与者

我们迄今讨论了柏拉图在批评荷马这位伟人的时候，用荷马来商议

---

① 有趣的是，两个非爱奥尼亚人证明了荷马是所有希腊人的诗人这一说法。

微妙的事，但荷马也在不少例子中用来保持礼貌，这些例子不是柏拉图使用的，而是对话中的参与者使用的。当有人不太同意某个观点，有人为了避免尴尬或引起怨恨，有人想要求或鼓励别人做他不愿意做的事情时，都可以引用荷马：荷马的话可以以一种有礼貌和文雅的方式掩盖自己明显或潜在的不礼貌行为。

这种情况最简单的例子就是用荷马来恭维同伴。《会饮篇》中就有三处，《会饮篇》这篇对话以人物之间的搞笑关系引人瞩目。阿尔喀比亚德（Alcibiades）一到，就假惺惺地同意厄里克希马库斯（Eryximachus）作为医生的权威，答应按照他定的规矩喝酒，因为"ἰητρὸς γὰρ ἀνὴρ πολλῶν ἀντάξιος ἄλλων"（一医能抵许多人）（《会饮篇》214b；参《伊利亚特》11.514）。随后，他将复述苏格拉底讽刺性地使用的短语"χρύσεα χαλκείων"（以铜换金）。这个短语来自于荷马，说的是格劳科斯（Glaucus）用金铠甲交换狄奥墨得斯（Diomedes）的铜甲（《伊利亚特》6.236）。苏格拉底用这个短语来暗示，阿尔喀比亚德想用他自身仅仅是看起来的美换他说他在苏格拉底身上发现的真正的美，这是个吃亏的交易。最后，在阿尔喀比亚德即将结束对苏格拉底的颂词时，他说即便是荷马也无法完全传达人的本性（《会饮篇》221c-d）：

> ἷος γὰρ Ἀχιλλεὺς ἐγένετο, ἀπεικάσειεν ἄν τις καὶ Βρασίδαν καὶ ἄλλους, καὶ οἷος αὖ Περικλῆς, καὶ Νέστορα καὶ Ἀντήνορα—εἰσὶ δὲ καὶ ἕτεροι—καὶ τοὺς ἄλλους κατὰ ταῦτ' ἄν τις ἀπεικάζοι· οἷος δὲ οὑτοσὶ γέγονε τὴν ἀτοπίαν ἄνθρωπος, καὶ αὐτὸς καὶ οἱ λόγοι αὐτοῦ, οὐδ' ἐγγὺς ἂν εὕροι τις ζητῶν, οὔτε τῶν νῦν οὔτε τῶν παλαιῶν. 就阿喀琉斯来讲，你可以拿像布拉斯达斯或别的什么人同他相比，提起伯里克勒斯，你可以拿涅斯托、安忒诺以及谁谁谁同他相比；对这些人，你总可以找到别的类似的人来相比。可是，说到苏格拉底哲人的神奇，无论就他本身还是他的言谈来说，大概远近都找不出一个人——无论今人还是古人——来和他相比。（刘小枫译文）

荷马也被用在更为复杂的场景。荷马可以让人理直气壮地表示对某件事情的犹豫不决。在《斐勒布篇》62d，苏格拉底假装不愿加入一场完全不同知识种类的讨论，问道："μεϑιῶ δὴ τὰς συμπάσας ῥεῖν εἰς τὴν τῆς Ὁμήρουκαὶ μάλα ποιητικῆς μισγαγκείας ὑποδοχήν；（我能让它们完全涌入，并汇聚在荷马高度诗意的'水之汇合'的交汇处）？"这是参考了《伊利亚特》卷四第452—456行描写战场上血流成河的比喻。"μισγαγκείας"（河流交汇处）是一个高度诗意的词，荷马只用过一次，是个极为罕见的词。① 苏格拉底把一个如此艰深的词插入到哲学对话中，是用讲究的术语来表达他的感觉，即让不同种类的知识涌入有点不协调，由此给这部分讨论画上了一个掉书袋和揶揄的句号。

还有个更为实质的例子。在《拉克斯篇》结尾，苏格拉底用荷马婉言谢绝了一个请求，当时尼基阿斯（Nicias）和吕希马库斯（Lysimachus）试图最后一次说服苏格拉底当他们儿子的老师。苏格拉底说，他乐意帮助任何一个人，但既然他已经在刚才的讨论中表现得力不从心，那么他就没有理由接受这个任务。他们大家都需要老师，不管年龄有多大（201a-b）：

> εἰ δέ τις ἡμῶν καταγελάσεται, ὅτι τηλικοίδε ὄντες εἰς διδασκάλων ἀξιοῦμεν φοιτᾶν, τὸν Ὅμηρον δοκεῖ μοι χρῆναι προβάλλεσθαι, ὃς ἔφη οὐκ "ἀγαθὴν" εἶναι "αἰδῶ κεχρημένῳ ἀνδρὶ παρεῖναι". 如果有人笑话我们这把年纪还要去上学，那么我会引用荷马的话来回答："羞怯对于乞讨人不是好品格。"（王晓朝译文）

这句话是特勒马科斯说的，奥德修斯伪装成乞丐第一次进入王宫时，特勒马科斯叫欧迈奥斯鼓励奥德修斯不要羞于向聚众者乞求恩赐。② 荷马的这句引文也给了这场争论以及整篇对话一个权威而雅致的结尾。这

---

① 这个词直到 Galen（3x）才再次见到，笺注者以及后来的段落都依据荷马来解释。荷马集注如此定义这个词：一个凹地，水从不同的地方汇聚于此。

② 《奥德赛》17.347；另参《卡尔米德》的引文，161a。

句话使苏格拉底坚持要他们必须继续学习而无须感到羞愧的观点达至顶点；也反过来让苏格拉底能够引经据典地说他不合适做任何人的老师。争论显然还可以继续，但荷马的"格言"有能力成为一个结束语，使得拉克斯（Laches）和尼基阿斯默许了苏格拉底的观点。这让我们想起亚里士多德的话，他说有些人在他们相信所听到的话之前，"要诗人来作证人"（吴寿彭译文，《形而上学》A995a7-8）。此处与荷马并无争议，一个微妙的场景得以协商。

在这种场景下，荷马的具体语境似乎就与柏拉图的段落没什么特别的关系。但在其他场景，荷马的语境就与柏拉图的相关段落产生了大量的互文关系。比如在《泰阿泰德篇》中，当有关普罗塔戈拉理论的讨论结束时，赛奥多洛（Theodorus）因他不用再回答苏格拉底的问题而如释重负，但泰阿泰德（Theaetetus）说，赛奥多洛和苏格拉底必须继续讨论那些认为一切都处于静止的人的理论。赛奥多洛不愿意，说那是泰阿泰德的任务。泰阿泰德同意，但苏格拉底的话却震惊了每一个人，他说他不愿依从泰阿泰德的邀请而加入讨论。他如此解释说（183e）：

> μέλισσον μὲν καὶ τοὺς ἄλλους, οἳ ἓν ἑστὸς λέγουσι τὸ πᾶν, αἰσχυνόμενος μὴ φορτικῶς σκοπῶμεν, ἧττον αἰσχύνομαι ἢ ἕνα ὄντα Παρμενίδην. Παρμενίδης δέ μοι φαίνεται, τὸ τοῦ Ὁμήρου, 'αἰδοῖός τέ μοι εἶναι ἅμα 'δεινός τε.' συμπρο σέμειξα γὰρ δὴ τῷ ἀνδρὶ πάνυ νέος πάνυ πρεσβύτῃ, καί μοι ἐφάνη βάθος τι ἔχειν παντάπασι γενναῖον. 对那些主张宇宙是一，并且是静止的人，我出于对他们的敬重，甚至不愿与麦里梭这个不值一提的家伙争论，但是有一个人我对他的尊敬超过所有人。巴门尼德在我眼中，就如荷马所说，是"令人敬畏的"。我在还很年轻的时候见过他，而当时他已经很老了。他是那么深邃和高贵。（王晓朝译文）

"令人敬畏的"这句引文非常著名，这是海伦（Helen）对普里阿摩斯（Priam）说的。普里阿摩斯不管海伦给他的城邦带来了什么，对她都友善而尊敬，而且在那些老人在斯开埃城门上低声议论她的时候，他仍叫海伦坐在他身旁（《伊利亚特》3.172；另参《奥德赛》8.22，14.234）。荷马的话提供了一幅年轻的苏格拉底及他如何被这位伟人接受的画面。① 这个画面暗示，那一刻是多么有意义而珍贵，即便巴门尼德在难忘的那一天提出的论点没有得到充分的讨论，但也丝毫没有破坏这个记忆。荷马再次提供了一个生动的短语，让苏格拉底可以礼貌地回绝。

然而有些时候，这样的礼貌在微妙关头也会被更激烈的反应代替。在《普罗塔戈拉篇》中，苏格拉底与普罗塔戈拉讨论了西蒙尼德斯（Simonides）诗歌的意义，讨论结束后苏格拉底赢了普罗塔戈拉，因此苏格拉底说对诗的讨论即可结束，尽管没有定论，但他们应该重新讨论他们一开始提出的话题，而他仍然让普罗塔戈拉自己决定是否继续。而普罗塔戈拉在对话中不太光彩，坐在那里生闷气，直到其他在场的人恳求他，让他无地自容（如苏格拉底所见），他才继续参与讨论。于是，为了缓解对他的伤害，苏格拉底向他保证，说他的目的只是为了搞清楚让他困惑的问题，并引用荷马的说法，"σύν τε δύ' ἐρχομένω, καί τε πρὸ ὅ τ οὗ ἐνόησεν（两个人一起行走，一个人要先于另一个人拿主意）"（《普罗塔戈拉篇》348c；《伊利亚特》10.224），这句话的意思是说，当两人一起的时候，其中一个可以看到被另一个人忽略的问题。②

> μοῦνος δ' εἴπερ τε νοήσῃ,' αὐτίκα περιιὼν ζητεῖ ὅτῳ ἐπιδείξηται ... ὥσπερ καὶ ἐγὼ ἕνεκα τούτου σοὶ ἡδέως διαλέγομαι μᾶλλον ἢ ἄλλῳ τινί, ἡγούμενός σε βέλτιστ' ἂν ἐπισκέψασθαι... "但若只有一个人拿主意"，这就促使我们思考，为什么这个人要马上去寻找另一个人，对他说明自己的想法……这就是为什么我宁可与你交谈，而不与其他人交谈，因为我

---

① 这次会面当然是《巴门尼德篇》的背景。
② 这句话《会饮篇》174d 也不带象征性地引用过。

认为你最有能力解释……（王晓朝译文）

然后苏格拉底说了一通赞美普罗塔戈拉的话：普罗塔戈拉没有回应，却继续加入了讨论。引用的那句话是狄奥墨得斯说的，他想找人和他一起在夜里侦查，因为"这样会更高兴，也更有信心……如果只是一个人拿主意，智慧（μῆτις）显得会简单肤浅，作决定也会犹豫迟疑"（罗念生译文，《伊利亚特》10.223）。① [阿伽门农] 叫狄奥墨得斯自己选人，狄奥墨得斯立即点名要奥德修斯，因为他有"预知（πρόφρων）的心灵和骄傲的精神"（《伊利亚特》10.244）；雅典娜是他的保护神，他甚至可以从烈火中救人性命，"他的智慧可以战胜一切"（ἐπεὶ περίοιδε νοῆσαι,《伊利亚特》10.245-246）。因此，苏格拉底的话暗示，没有比普罗塔戈拉更好的同伴，他不仅可以给苏格拉底安慰，帮助苏格拉底，而且更重要的是，对于充当了更平庸的狄奥墨得斯的苏格拉底来说，普罗塔戈拉将扮演有预知能力和智慧的奥德修斯，更有可能看到苏格拉底所忽略的东西。苏格拉底把对奥德修斯的高度赞誉悄悄放到了普罗塔戈拉身上，假装谦虚地把自己置于次要位置。尽管普罗塔戈拉并不认同苏格拉底的说法，但他还是被带回到讨论中：苏格拉底机智而出其不意地使用了荷马的高度赞誉之辞，这让受过教育的普罗塔戈拉得以愉快地消受，他不好意思拒绝，只能陪着苏格拉底进行哲学侦查，得以在黎明时分成功地偷袭特洛亚人。

遇到比这种情况更激烈的争论时，荷马也可以成为一个斗士，比如这段对话之前就发生了这样的事。普罗塔戈拉攻击性地批评了他认为西蒙尼德斯两首自相矛盾的诗，同时也批评了苏格拉底对这两首诗的理解。当普罗塔戈拉对西蒙尼德斯的第一次攻击受到热烈响应的时候，苏格拉底承认自己需要时间考虑，于是转向普罗狄科求助，普罗狄科是西门尼德斯的同胞公民（《普罗塔戈拉篇》339e-340a）：

---

① 参阅下文对这段话的使用。

> δοκῶ οὖν μοιἐγὼ παρακαλεῖν σέ: ὥσπερ ἔφη Ὅμηρος τὸν Σκάμανδρον πο
> λιορκούμενον ὑπὸ τοῦ Ἀχιλλέωςτὸν Σιμόεντα παρακαλεῖν, εἰπόντα. 我想我得
> 像河神斯卡曼德请求河神西谟伊斯的帮助一样来请求你的帮助。

诗中说阿喀琉斯坚不可摧，河神斯卡曼德对西谟伊斯说：

> "φίλεκασίγνητε, σθένος ἀνέρος ἀμφότεροί περσχῶμεν..." "我亲爱的兄弟，让我们一起阻遏这位英雄的神力……"（《伊利亚特》21.308）

> ἀτὰρ καὶ ἐγὼ σὲ παρακαλῶ, μὴἡμῖν ὁ Πρωταγόρας τὸν Σιμωνίδην ἐκπ
> έρσῃ. καὶγὰρ οὖν καὶ δεῖται τὸ ὑπὲρ Σιμωνίδου ἐπανορθωματῆς σῆς μουσικῆς
> , ᾗ τό τε βούλεσθαι καὶ ἐπιθυμεῖν διαιρεῖς ὡς οὐ ταὐτὸν ὄν, καὶ ἀνυνδὴ εἶπες
> πολλά τε καὶ καλά. 我请求你别让我们的西蒙尼德斯被普罗塔戈拉包围，就像发起另一场特洛亚战争。请把你的本事用出来，就好像我们刚才听到你对"希望"和"欲望"，以及诸如此类的语词，作出精细和优雅的区别。（王晓朝译文）

荷马的这句话出自《伊利亚特》卷二十一第308行，其后的诗行与柏拉图的文本有进一步的联系："因为他不久就要摧毁（ἐκπέρσει）普里阿摩斯的大都。"因此，苏格拉底把普罗狄科置于普罗塔戈拉猛烈攻击的枪口下，而他这种颇为胆怯（如果我们这么看待苏格拉底的话）的做法肯定会让普罗狄科感到吃惊，因为眼下正是苏格拉底而不是普罗狄科受到普罗塔戈拉的刻薄攻击。对荷马的引用，缓和了苏格拉底当场受到的打击。

此外，把整部《伊利亚特》中最令人震惊的、几乎有着宇宙般规模的武装冲突拿来与艰难的文学批评作比较，未免有些小题大做，而这两者之间搞笑的差距则驱散了苏格拉底明显无力求助的不协调感。[苏格拉底对荷马的引用]也与普罗塔戈拉介绍自己要引用的诗形成对照：普

罗塔戈拉唐突地问苏格拉底是否需要他把诗背诵出来，且确定苏格拉底已经对这首诗做过许多思考之后，仍然要求苏格拉底看得更仔细些，而当苏格拉底再次确认他已经思考过了，普罗塔戈拉还是粗鲁地说，"那样的话，你就得知道它是这样的"，然后根本没有必要地把诗引了出来。苏格拉底把普罗塔戈拉滑稽且不合时宜的急躁比作阿喀琉斯宇宙般规模的暴力，而"包围"的隐喻也透露出这段引文是为了描述普罗塔戈拉处于一种略微荒谬的境地。普罗狄科毫不犹豫地加入了讨论，或者说他对随时待命没什么不满，而普罗塔戈拉还是采用他的立场，但再次搞笑地证明了其行为表现出的极端性格，不过这一点表现得并不明显。①

即便是《欧绪德谟篇》里更为激烈的氛围，荷马也可以用来降低温度，使正在超出控制的讨论危机得到缓解。② 在苏格拉底与狄奥尼索多洛（Dionysiodorus）和欧绪德谟（Euthydemus）进行了无谓的争论之后，即他们两人没起一点作用时，克特西普（Ctesippus）一句"胡言乱语"的抱怨冲口而出，说他们两人"喋喋不休"（《欧绪德谟篇》288a）。为了避免克特西普与他们两人展开骂战（λοιδορία），苏格拉底打断克特西普说（《欧绪德谟篇》288b-c）：

> οὐ γιγνώσκεις τῶν ξένων τὴν σοφίαν ὅτι θαυμασία ἐστίν. ἀλλ' οὐκ ἐθέλετον ἡμῖν ἐπιδείξασθαι σπουδάζοντε, ἀλλὰ τὸν Πρωτέα μιμεῖσθον τὸν Αἰγύπτιον σοφιστὴν γοητεύοντε ἡμᾶς. ἡμεῖς οὖν τὸν Μενέλαον μιμώμεθα, καὶ μὴ ἀφιώμεθα τοῖν ἀνδροῖν ἕως ἂν ἡμῖν ἐκφανῆτον ἐφ' ᾧ αὐτὼ σπουδάζετον· οἶμαι γάρ τι αὐτοῖν πάγκαλον φανεῖσθαι, ἐπειδὰν ἄρξωνται σπουδάζειν. 你不知道我们客人的智慧有多么深邃，只是他们不愿认真地加以证明罢了。他们正在为我们变戏法，就像那名埃及智者普罗托斯。所以让我们以墨涅拉俄斯为

---

① 我们从《伊利亚特》21. 240=DK 80 A 30 得知，这一段也被有意选中，因为这是普罗塔戈拉解释诗的一段（参 Denyer 2008, pp. 150-1）。普罗塔戈拉可能对很多段落都做过解释。

② 另参 Rutherford 1995, pp. 114-5。

榜样，在他们真的现出本来面貌之前不要让他们离开，因为我相信只要他们开始认真证明了，美好的东西就会出现。（王晓朝译文）

苏格拉底把普罗托斯形容为智者，搞笑地提升了普罗托斯（Proteus）的女儿埃伊多特娅（Eidothea）在《奥德赛》卷四对普罗托斯的描述，她说他"$νημερτής$"（不会犯错），"知道大海所有幽深之处的事"（《奥德赛》4.384-6.401）。墨涅拉俄斯（Menelaus）也说普罗托斯"$ὀλοφώια\ εἰδώς$"（狡猾多变化）（《奥德赛》4.460）；尽管 $ὀλοφώια$ 一词经常指"破坏性的"，但这里更多的是指"狡猾"（参 LSJ s. v.）。[《欧绪德谟篇》中]两个智者的文字游戏被比作了普罗托斯无止境地变换外形的技能，而且还把他们比作一种有魔力作用的变化力，把他们融入公元前 5 世纪臭名昭著的那个阶层。①

荷马的引用使讨论回到正轨，这是个明智的选择。苏格拉底通过引用普罗托斯及其狡猾的变化，承认克特西普的怀疑并非没有道理；而且用荷马笔下的英雄墨涅拉俄斯做例子，以此测试克特西普的怀疑：在这种情况下，克特西普应该效仿墨涅拉俄斯。埃伊多特娅严厉地对墨涅拉俄斯说（《奥德赛》4.371-374）：

> 外乡人，你是愚蠢，过分缺乏智慧，
> 还是甘愿这样，乐于忍受苦难？
> 你这样长久滞留岛上，想不出任何
> 解救的办法，同伴们也日渐心灰意冷。（王焕生译文）

这意味着，克特西普也不应该坐着抱怨，而应该提请两位智者认真地进行讨论。苏格拉底认为，正如普罗特斯曾受到限制，然后给墨涅拉俄斯提供了消息，说他和海伦死后要被送往福岛一样，克特西普也应该迫使

---

① 关于变化力，参 Burkert（1962）。

两位智者展示一切（πάγκαλον）。

与此同时，从狄奥尼索多洛和欧绪德谟的立场来看，苏格拉底暗示他们确实只是轻率的参与者，但苏格拉底通过引用荷马的文字从这一暗示中除去了伤人的话：他们是在开玩笑，但如果像普罗特斯那样受到限制而严肃认真起来，无疑会对哲学提供不少东西。柏拉图的做法让人十分欣赏的地方在于，这些段落的引用取决于他对荷马有很好很细致的了解，再次假定了参与者将拥有的品质并给予了称赞。

我最后再举一个最复杂的有教养地使用的例子，这个例子之前出现过。《会饮篇》开场，阿里斯托德得莫斯（Aristodemus）碰到苏格拉底正要去阿伽通（Agathon）那里吃饭，苏格拉底问他愿不愿意一同前往，即便阿伽通并没有邀请他。这时出现了一个变化了的说法（《会饮篇》174b-d）①：

> ἕπου τοίνυν, ἔφη, ἵνα καὶ τὴν παροιμίαν διαφθείρωμεν μεταβαλόντες, ὡς ἄρα καὶ "Ἀγάθων' ἐπὶ δαῖτας ἴασιν αὐτόματοι ἀγαθοί". Ὅμηρος μὲν γὰρ κινδυνεύει οὐ μόνον διαφθεῖραι ἀλλὰ καὶ ὑβρίσαι εἰς ταύτην τὴν παροιμίαν: ποιήσας γὰρ τὸν Ἀγαμέμνονα διαφερόντως ἀγαθὸν ἄνδρα τὰ πολεμικά, τὸν δὲ Μενέλεων "'μαλθακὸν αἰχμητήν'," θυσίαν ποιουμένου καὶ ἑστιῶντος τοῦ Ἀγαμέμνονος ἄκλητον ἐποίησεν ἐλθόντα τὸν Μενέλεων ἐπὶ τὴν θοίνην, χείρω ὄντα ἐπὶ τὴν τοῦ ἀμείνονος. ταῦτ' ἀκούσας εἰπεῖν ἔφη ἴσως μέντοι κινδυνεύσω καὶ ἐγὼ οὐχ ὡς σὺ λέγεις, ὦ Σώκρατες, ἀλλὰ καθ' Ὅμηρον φαῦλος ὢν ἐπὶ σοφοῦ ἀνδρὸς ἰέναι θοίνην ἄκλητος. ὅρα οὖν ἄγων με τί ἀπολογήσῃ, ὡς ἐγὼ μὲν οὐχ ὁμολογήσω ἄκλητος ἥκειν, ἀλλ' ὑπὸ σοῦ κεκλημένος. 'σύν τε δύ',' ἔφη, 'ἐρχομένω πρὸ ὁδοῦ βουλευσόμεθα ὅτι ἐροῦμεν. ἀλλ' ἴωμεν. 那就跟我一道去罢，苏格拉底说，这样我们就可以把那句谚语变化一下了："阿伽通办宴好人不请自来。"的确，荷马化用这句谚语不仅以辞害意了，甚至还添加了些

---

① 另参 Rosen（1987，p. 24）；Yamagata（2012，pp. 132-3）。

自负的成分在里面。他把阿伽门农写成打仗非常英勇的好男儿,把墨涅拉俄斯写成"女里女气的武士"。有一次,阿伽门农搞献祭摆筵,荷马让墨涅拉俄斯不请自来,这就是让一个不大好的人赴比他好的人的宴。阿里斯托德得莫斯说,他听到这话就说:像我这样不请自来,苏格拉底,只怕不像你说的那样罢,倒像荷马说的,聪明人摆宴,一个什么也说不上的人不请自来。既然带我去,你得给我找个说法。要我是不请自来,我才不干,得说是你请我的。"两人结伴走",苏格拉底说,咱俩总有一个到时会想出该怎么说。我们走吧。(刘小枫译文)

苏格拉底"破坏"的那个谚语,其准确的原文是什么不太清楚,但很可能他采用的版本是,"αὐτόματοιδ Δ ἀγαϑοὶδειλῶν ἐπὶ δαῖτας ἴασιν",即"好人主动赴了没他好的人的宴"。这句话也在欧波利斯(Eupolis)和克拉提努斯(Cratinus)的作品中出现过①,苏格拉底用"ἀγαϑῶν"(阿伽通)来替换"ἀγαϑοί"(好人),而改变了这个句子,使其变成更有礼貌更受听的说法,以鼓励阿里斯托德得莫斯,让他不要介怀。当然,这里也使用了阿伽通名字的双关语。②苏格拉底的替换得到了支持,那就是荷马对这句谚语做了更彻底的改动,他让不那么好的墨涅拉俄斯主动去赴比他更好的阿伽门农的宴。荷马的出处在《伊利亚特》卷二第402—409行,阿伽门农召集所有伟大的希腊战士参加献祭,而"擅长呐喊的墨涅拉俄斯不请(αὐτόματος)自来,因为他知道他的哥哥做事辛苦":"αὐτόματος"(不请自来)这个词把这两段话联系起来。这段话还没有说墨涅拉俄斯是不合格的战士,说他不合格我们得参看卷十七第586—588行,阿波罗(Apollo)当时奚落赫克托尔,让他反抗墨涅拉俄斯,说墨涅拉俄斯

---

① 参 Eupolis, 残篇 315 K-A, 以及 Cratinus, 残篇 182 αὐτομάτους ἀγαϑοὺς ἰέναικομιψῶν ἐπὶ δαῖτα ϑεατῶν(雅士办宴,好人不请自来)。参 the Bury 1932, pp. 8-9 的讨论;Dover 1980, pp. 81-2。

② 有些编者真的把"Ἀγάϑων"(好人)这个词理解成宾格或与格,但这种解读就超出了笑话的含义。参 Dover (1980, p. 82) 注解说:"语法虽有点不稳,但也有可能。"

是受了雅典娜（Athena）的鼓舞：

> 赫克托尔，有那个阿开奥斯人还会惧怕你，
> 要是你从藐小的枪手（μαλθακὸς αἰχμητής）墨涅拉俄斯
> 面前后退？刚才他独自从特洛亚人中
> 抢走了尸体，杀死了你的忠实朋友，
> 一个杰出的战士，埃埃提昂之子波得斯。（罗念生译文）

即便是在此处，柏拉图也在"败坏"荷马①，因为荷马这段话并没有谨慎地评价墨涅拉俄斯，而是阿波罗用来羞辱赫克托尔的话，以激励他代表特洛亚人更努力地战斗。就文中涉及的所有文字游戏来说，主要目的是用荷马来圆场，以缓和自己带一个没被邀请的客人去赴宴的尴尬。

尽管阿里斯托德莫斯未受邀请，苏格拉底还是想带着他去赴宴，还给出了这样一个高雅的论证，阿里斯托德莫斯于是自我调侃说，他更符合荷马而非苏格拉底对这句谚语的改动，并把苏格拉底用的两个中性词"χείρων"（更差的）和"ἀμείνων"（更好的），换成了更适合一个有学问的诗人举办的庆祝晚宴的词汇，"φαῦλος"（什么也说不上的）和"σοφός"（聪明的）。当他提醒苏格拉底为他找个理由时，苏格拉底又用荷马的话来回复阿里斯托德莫斯的玩笑之语，这句话狄奥墨得斯也说过半句，我们之前讨论过（《伊利亚特》10.223）：阿里斯托德莫斯把自己刻画成一个笨学生，而苏格拉底却高雅地暗示他（就像之前讨论的普罗塔戈拉一样）会成为奥德修斯那样的人。

因此在这里，苏格拉底又引用荷马开了一个高雅的玩笑。当然，苏格拉底也确实想让阿里斯托德莫斯去赴宴，但他从荷马的段落中想出了一个精细的客气话来鼓励他，而阿里斯托德莫斯又把苏格拉底改动

---

① 参另一处更明显地"误解"荷马的地方，《理想国》405c-406a，此处参考了《伊利亚特》11.624，事实上与柏拉图所说的内容没有多大的关联；参 Labarbe (1949)；Benardete (1963, pp. 174-5)；Tarrant (1951)。

的谚语还原回去，再次回到荷马对谚语的使用。于是，两人坦坦荡荡，一起去赴宴。

在需要交际技巧和外交手段的时候，柏拉图就使用荷马，通常会让幽默伴随着技巧。使用荷马的程度会随着柏拉图自己对话的展开而改变。在对话中，柏拉图将荷马的话语插入传统的权威中，这些话语便能产生温和的压力，从而实现想要的结果，或者可以缓解尴尬的气氛：谈话的双方都会承认荷马说法的有效性。此外，对话的双方都熟知荷马的话语，这便给听者带来一种温暖的感觉，承认他也是有教养的团体中的一员，因此而营造出一种氛围，有助于接受用荷马的引文提出的各种观点。

参考文献

Adam, J. 1902. *The* Republic *of Plato*, Cambridge.

Benardete, S. 1963. "Some misquotations of Homer in Plato," *Phronesis*, 8, pp. 173-8.

Boder, W. 1973. *Die Sokratische Ironie in den Platonischen Frühdialogen*, Amsterdam.

Brandwood, L. 1976. *A Word Index to Plato*, Leeds.

Brock R. 1990. "Plato and comedy," in Craik, E. M. (ed.), *Owls to Athens: Essays on Classical Subjects Presented to Sir Kenneth Dover*, Oxford, pp. 39-49.

Burkert, W. 1962. "*Goes*. Zum griechischen 'Schamanismus'," *Rh M*,105, pp. 36-55.

Bury, R. G. 1932. *The* Symposium *of Plato,* Cambridge.

Cairns, D. L. 1993 *Aidõs : the Psychology and Ethics of Honour and Shame in Ancient Greek Literature*, Oxford.

Corrigan, K. 1997. "The Comic-serious Figure in Plato's Middle Dialogues," in Jakel, Timonen and Rissanen (eds.), *Laughter Down the Centureies*, Vol. Ⅲ . Turku. pp. 55-64.

Denyer, N. 2008. *Plato* Protagoras. Cambridge.

Dover, K. J. 1980. *Plato*: Symposium. Cambridge.

Graziosi, B. & Haubold, J. 2002. *Inventing Homer*, Cambridge.

Halliwell, F. S. 2000. "The subjection of muthos to logos: Plato's citations of the poets," *CQ*, 50, pp. 94-112.

Hamilton, E. and Cairns, H. 1961. *The Collected Dialogues of Plato*, Princeton.

Jäkel, S. , Timonen A. and Rissanen V. -M. (eds.) 1997. *Laughter Down the Centuries*, vol. 3, Turku.

Labarbe, J. 1949. *L'Homère de Platon*, Liege.

Lévy, Edmond. 1995. "Arétè, timè, aidôs et némésis : le modèle homérique," *Ktèma*, 20, pp. 177-211.

Lohse, G. 1960. *Untersuchungen über Homerzitate bei Platon*, Diss. Hamburg.

Lohse, G. 1964, 1965, 1967. "Untersuchungen über Homerzitate bei Platon," *Helikon*, 4, pp. 3-28; 5, pp. 248-95; 7, pp. 223-31.

Mc Cabe, M. M. 2007. "Irony in the soul: should Plato's Socrates be sincere?" in Trapp, M. B. (ed.), *Socrates from Antiquity to the Enlightenment*, Ashgate, pp. 17-32.

O'Connor, D. K., 2007. "Rewriting the poets in Plato's characters," in Ferrari, G. R. F. (ed.), *The Cambridge Companion to Plato's Republic*, Cambridge, pp. 55-89.

Rankin H. D. 1967 [1970]. "Laughter, humour and related topics in Plato," *C&M*, 28, pp. 186-213.

Rosen, S. 1987. *Plato's Symposium*, New Haven and London.

Rowe, C. J. 1997. "The good, the reasonable and the laughable in Plato's *Republic*," in Jäkel, A. Timonen and V. M. Rissanen (eds.), *Laughter Down the Centuries*, Vol. III. Turku, pp. 45-54.

Rutherford, R. B. 1995. *The Art of Plato: ten essays in Platonic interpretation*, London.

Tarrant, D. 1951. "Plato's use of quotations and other illustrative material," *CQ*, 45, pp. 59-67.

Trivigno, F. V. 2009. "Paratragedy in Plato's *Gorgias*," *OSAPh*, 36, pp. 73-105.

Trivigno, F. V. 2012. "Etymology and the power of names in Plato's *Cratylus*," *Anc Phil*, 32, pp. 35-75.

Vlastos, G. 1991. *Socrates: Ironist and Philosopher*, Cambridge.

Yamagata, N. 2012. "Use of Homeric References in Plato and Xenophon," *CQ*, 6, pp. 130-144.

柏拉图之绝唱
——来世的诗性神话

杰拉德·纳达夫 撰 / 张睿靖 译 / 李莹 校

引 言

柏拉图《理想国》开篇伊始（330d-e），事业成功的退休商人克法洛斯谈道：一个人若想到自己将不久于人世，就会开始害怕并担忧死后的生活。克法洛斯表示，他开始严肃对待过去所听的故事，即不义之人在冥界遭受的惩罚（*hoi legomenoi muthoi peri tôn en Haidou*，330d7-8），这些故事扰乱了灵魂（*strephousin hautou tên psuchên*），因为他担心这些有可能是真的（*alêtheis*，330d9-e1）。

《理想国》卷三 392a3-9（以及 427b），柏拉图列举了五种实体（如名称、阶层或事件）：诸神（gods）、精灵（daimons）、英雄（heroes）、冥界居者（inhabitants of Hades）以及古代先人（human men of the past），这些都是神话叙述（mythical discourse）的题材。柏拉图批判过去的诗人，批判传统诗歌或神话（*muthoi*）对这些实体的叙述方式。[①] 神明本该是

[①] 柏拉图在具体语境中对下列主题一一作出了讨论：诸神（377e-383c）、神灵（382e）、冥界居者或生灵（386a-387e）、英雄（388a-392a）、人类（392a-c）。他在 392a-b 提到人类（anthrôpoi）时，重点关注的是，诗人宣称，尽管有诸多的不正义，人类也能过得幸福。

人们效仿的典范（*tupoi*），诗人们却往往把神塑造成爱嫉妒、爱报复、爱欺骗、爱吵架、经常通奸的负面形象（377c-378e）。① 柏拉图认为，必须按照诸神原本的样子对其进行描写。为此，他举出两例：首先，神是绝对善的，因此只能是善之事物的原因（379b-380c）；其次，神是绝对完美的，因此不会改变（380d-382c）。②

关于冥界众民的故事（386a-387e），柏拉图所举的例子全都源自荷马。这些故事无一例外地表明，即使对一个正直的人（*ho epieikês anêr*，378d5）来说，死亡和来世都是非常可怖之事。可能在柏拉图看来，垂垂老矣的克法洛斯是正直之人。克法洛斯也的确展现出正直之人应具的所有品德。既然如此，他为何会惧怕死亡呢？克法洛斯对于来世的这番认识可能并非来自荷马——起码不完全来自荷马，因为在荷马那里，尚未出现关于来世报应的明确说法。③

说到这里，我想谈谈古希腊诗歌的另一传统，或许能够解释为什么对来世的恐惧会一直萦绕在年迈的克法洛斯心头。

《理想国》里，柏拉图在概述了诗歌内容方面的弊端，即对上述五

---

① 这或许可以说明，为什么柏拉图后来将这一典范称为法律（或法礼 *nomoi*），且规定诗人不得偏离法律（《理想国》380c5、7、d1、383c7）。

② Thomas K Johansen. *Plato's Natural Philosophy: A Study of the* Timaeus-Critias, Cambridge: Cambridge University Press, 2004, p. 65. 乔纳森（Johansen）（2004，65）十分精准准确地指出，这些特质说明了为何对于柏氏来说，神（或诸神）不是传统神话学（muthologia）的灵感所在。神绝不可能讲述虚假故事，也不能认为这些谎言有益。这类故事纯粹是人类的虚构——尽管在柏氏眼里，有些诗意的虚构故事，例如金属等级的神话（《理想国》415a-e）可能对人类有益。

③ 实际上，荷马式的真实相当复杂。具有"自我"意义的"灵魂"（*psuchê*）尚未出现，而描写冥界的一些事例无疑让情况变得更为复杂。更多内容可见下文。与此同时，当时的许多希腊悲剧都提到了死后报应（如埃斯库罗斯：《欧墨尼德斯》273 以下；索福克勒斯：《安提戈涅》451；阿里斯托芬：《蛙》353 以下；欧里庇德斯：《海伦》1013 以下）。提到此论的还有一些广受欢迎的诗人（例如品达《奥林匹亚》2.56 以下）、神秘教派（例如毕达哥拉斯教和俄耳甫斯教）、当然还有一些哲人（例如恩培多克勒）。因此，克法洛斯提到的来世报应说可能来自上述的这些"特殊"群体。柏拉图在《理想国》（364b-366d），对其中的部分群体表示蔑视，特别是对俄耳甫斯教的祭祀及其追随者。下文将结合具体语境对部分群体进行讨论。

大神话主题的不当描写后，开始讨论起摹仿（mimêsis）概念。他指出，比起内容，史诗的讲述方式（词汇或"风格"）更令人担忧。柏拉图在《伊安篇》（535a-e）中明确指出，荷马史诗的吟诵者在吟唱时，对其听众有莫大影响。吟诵者化身为自己所讲述的角色，煽动起观众的强烈情感，而观众也显然参与到表演当中。①

学校里的孩子们会像吟诵者那样，将自己带入故事当中，然后用演员的声音和动作呈现演说（或诗歌）（《伊安篇》396b-397c；《理想国》605c-608b）。因此，柏拉图认为"摹仿"（mimêsis）对立于"叙述"（diêgêsis），即与转述或讲述相对（《理想国》，392d）。如果说柏拉图认为叙述的害处小于摹仿，那是因为叙述没有混淆讲述人与所讲述的内容（393d-394b），而对于摹仿来说，讲述人在发表演说或吟唱诗歌时，则好像变了一个人。在讲述过程中，他通过言辞（词汇）同化自身，进而再现或"化身为"（mimêisthai）有思想有感情的角色本人。②

下面我将把摹仿现象放入其语境中，做进一步解读，以便我们更好地理解神话和神话创作的作用和本质。神话（及/或其引起的事件）与"来世"（beyond）有关，来世存在于遥远的过去或不同的空间（例如阴

---

① 柏拉图似乎意在说明，诗歌及与之相关的摹仿是自然产生的（poiêtai egignonto phusei men poiêtikoi,《法礼篇》700d4；参 Ford 2002, 260n29）。亚里士多德延续了这一观点。在《诗学》（Poetics）卷四（1448b5-1449a30）概述希腊诗歌的起源和演变时，他主张诗歌的起因有二，且都与人类天性相关：一为摹仿的天性，一为对摹仿作品的天然喜爱。这不仅与柏拉图在《理想国》中的主张（例如：395d，475d-e）及《法礼篇》中的主张（例如：667c）相似，并且柏氏与亚氏都将和谐、节奏和音乐视为人的天赋能力。（关于上述列举的柏氏与亚氏的相似之处，参 Steven Halliwell. *Aristotle's Poetics*, Chicago: University of Chicago Press, 1986, pp. 332-3.）以上这些转而导致了格律的变化，而格律是诗歌的首要条件，也恰是诗人之所长（《诗学》1448b20-24；《法礼篇》653e-654a，664e-665a）。

② 在此我不会讨论柏氏是否将诗人逐出理想城邦这一著名的争议性话题。我个人的观点是，柏拉图没有驱逐诗人。我在另一篇文章中对此做过论证（参 Gerard Naddaf. "The Role of the Poet in Plato's Ideal Cities of Callipolis and Magnesia," *Kriterion* 46, No. 116, pp. 329-49.）。实际上，柏拉图恢复了摹仿传统，并且这种传统还在他创建理想城邦的过程中，成了最有效的工具。从诸多方面看来，柏拉图都将荷马视为自己的直接竞争对手，并且，他认为自己是最出类拔萃的摹仿诗人。

间），不同于讲述人或诗人／吟诵者及其观众／民众所生活的时空。任何人类感官都无法认识这些"虚构的"（mythological）存在。在柏拉图看来，它们处于灵魂（psuchē）的掌控或管辖之下。说来讽刺，灵魂同样是感官所不能认识的实存之一。

为了给虚构的存在赋予生命，并且召唤"来世"，诗人或吟诵者首先要构建一个故事，通过语言描绘另一世界的存在物。吟诵者或诗人（以及后来解说他们的人）完全把自己和超自然的中介等同起来，这样一来，他便与自身的本体分离了。他口中念念有词，发出的声音都源自来世的生灵。更有甚者，他还能进一步"变身成"他们的模样，只要戴上面具，伴随着音乐和舞蹈节奏，他可以演绎出他们的神情体态。①

因此可以说，诗人或诗歌表演者进行"摹仿"的目的，就是煽动大众的情绪，让他们认同被召唤到面前的来世生灵。对于观众而言，这些来世生灵便是社会和道德典范，事实上，虚构他们的目的就是为了改变观众的行为。因此，诗人以集体的名义，通过诗歌来塑造观众的灵魂，以求让后者遵循集体价值观。与此相关，神话的吟咏表演也为诸神、世界、人类及其所居社会的起源提供了解释。甚至有时候，诗歌还能解释和描述来世生活！

还有一点需要注意，诗歌总是采取吟唱的形式。对于大多数古代社会来说，这种现象都非常普遍，并且在某些传统社会里仍然流行。事实上，人们奉为"神圣"的大多数文本至今仍被吟唱，例如《古兰经》《摩西五经》和《弥撒曲》。最早的希腊诗人，比如最重要的荷马和赫西俄

---

① 在很大程度上，我采用了布瑞森（Luc Brisson）在《柏拉图：神话诗人》（*Plato the Myth Maker*）一书当中的描述。此处所述的现象在大多数传统社会里都很普遍，利雅德（Mircea Eliade）在他的许多著作中对该现象作出了更为细致的描述，我曾在自己的书中结合上下文引用并讨论过利雅德这些描述（参 Gerard Naddaf, *The Greek Concept of Nature*, Albany: State University of New York Press, 2005, 37ff）。在我看来，柏拉图在《法礼篇》中也论述了类似的现象。

德，都以歌者（aoidoi）身份著称，而非"诗人"或"制作者"（poiêtai），①并且，他们的诗歌被奉为神圣。②事实上，人们认为这些诗人得到了"神启"（divinely inspired），连荷马和赫西俄德本人都发表过类似言论（《神谱》31；《奥德赛》8.539，22.347-348）。③此外，荷马及赫西俄德还宣称自己通晓过去、现在和将来的万事万物（荷马《伊利亚特》1.70，2.484-492；《奥德赛》12.191；赫西俄德《神谱》38），因为他们享有缪斯女神的特殊恩典，而女神们是由宙斯和摩涅莫绪涅（Mnêmosunê，又称记忆女神）所生（《神谱》52-53；915-918），她们无所不知，无所不晓。④

我们这里考察的是一个社会的集体记忆。从这个角度来说，诗歌是

---

① 歌者所做的便是吟唱（aeidô，例如《伊利亚特》1.1；《奥德赛》1.147，325-9，338-40；赫西俄德《神谱》34），他们所唱的便是诗歌（aoidê，例如《伊利亚特》2.599，《奥德赛》1.329，340；赫西俄德《神谱》22，104；赫西俄德《工作与时日》659）。这些在所有传统社会中似乎都广受认可。但是，荷马和赫西俄德都将吟唱者归为"公共"或"专业"匠人（demiougoi）（《奥德赛》17.383-5；《工作与时日》26）。关于诗歌与技艺的关系，参韦斯特一书（Martin West, *Indo-European Poetry and Myth*, Oxford: Oxford University Press, 2007, p. 39）。有人认为，诗人由歌者到制作者的转变与诗歌的世俗化（secularization of poetry）有关。对此，我在2009年发表的一篇文章中（Naddaf, 2009）有所讨论（Gerard Naddaf. "Allegory and the Origins of Philosophy," in *Logos and Mythos: Philosophical Essays on Greek Literature*, ed. W. Wians, Albany: State University of New York Press, pp. 99-131）。

② 我同意伦德哈特的说法（Jean Rudhardt. "Le preambule de la theogonie," in *Le Métier du mythe: lectures d'Hésiode*, ed. Fabienne Blaise, Pierre Judet de la Combe, and Philippe Rousseau, Lille: Septentrion Presses Universitaires, 1996, p. 27）："诗歌"（aoidê）一词还有一种用法，这种用法或许更精膸，即从"歌唱艺术"意义上使用该词，例如《神谱》第22行。赫西俄德在歌唱情景中也使用了动词"吟唱"（humeô）（例如：《神谱》第11、33行）；荷马和赫西俄德都用过名词"颂歌"（humnos），尽管提及诗歌时他们很少使用该词（《奥德赛》8.429；《工作与时日》657）。更为重要的是，荷马与赫西俄德还用过动词歌唱"melpôi"（例如《伊利亚特》16.182；《奥德赛》4.17；《神谱》66）以及名词"歌曲"（molpê）（例如《伊利亚特》18.606，13.637；《奥德赛》1.152，4.19，6.101；《神谱》69），并且每一处的语境中，我们都能看到韵律性的舞蹈，有时还伴有器乐伴奏。

③ 我在另一篇文章里（Gerard Naddaf. "Algunas reflexiones sobre la noción griega temprana de inspiración poética," in *Mythos y Logos Revista de Filosofía*, ed. Miguel Giusti, in ARETÈ 21, 2009, No.2, pp. 51-86）详细讨论过诗歌灵感的概念及早期发展。

④ 显然，主导诗歌灵感的记忆既是客观的，又是集体的，即它与歌者（aoidoi）以往的个人经历无关。这种记忆也不会让人想起曾经的转世经历，而转世与其后发生的事情有关。荷马非常明确地指出，人类世代不过是生死循环的交替发生（参《伊利亚特》6.146之后的内容）。

至关重要的一种言说形式，它不仅保存了一个集体过去的全部信息，并把历史代代传承下去。①

荷马与赫西俄德均明确表示，诗人或吟唱者的首要功能便是歌唱前人（尤其是英雄）以及诸神的光荣事迹（《奥德赛》1. 337-338；《神谱》100-101）。然而，他们所说的还不止于此。历史之父希罗多德有一著名论断："作为诗人，荷马和赫西俄德编写了我们的'神谱'，为我们描述了诸神的形象，赋予他们恰当的头衔、职能和权限。"（希罗多德《历史》2. 53）② 就在这一论断之前，希罗多德还提到希腊诸神被称为 theoi，"因为他们按照恰当顺序来'安排'和归置万事万物，让一切各司其职"（《历史》2. 52. 1）。总而言之，诗人创立了宇宙的物理秩序以及道德/社会秩序。人们应当遵守这样的社会及道德秩序。③

这样看来，荷马与赫西俄德的形象便有了几分宗教色彩，他们的诗歌成为古希腊最近似于《圣经》或神圣文本的作品。毫无疑问，公元前7世纪字母征服希腊大陆之后，这些"口传"之作便是付诸笔头的首批文学杰作。并且，到了柏拉图的时代，人们仍在吟唱荷马的诗歌。实际

---

① 布瑞森观点参 Luc Brisson, *Plato the Myth Maker*, trans., ed., and with an introduction by Gerard Naddaf, Chicago: University of Chicago Press, 1999。此处布瑞森乃是追随人种学家卡拉姆－戈勒（Calame-Giaule，1970，23）的观点（Genevieve Calame-Giaule, "Pour une étude ethnolinguistique des littérateurs orales africaines," *Langages*, 1970, 19, pp. 22-45.），并在《柏拉图：神话制作者》(*Plato the Myth Maker*) 一书中将此论运用得非常出色。然而，神话并非只是以口传故事形式传达的消息。亨利·法兰克福对神话的把握十分准确："神话是诗歌的一种形式，但它超越了诗歌，因为它表明了真理；神话是说理的一种形式，但它超越了说理，因为它意在引发其所宣明的真理；神话是行动和仪式行为的一种形式，但在行动中它无法得以实现，它必须作为宣告并阐明真理的一种诗性形式。"（参 Henri Frankfort, John Wilson and Thorkild Jacobsen, *Before Philosophy: The Intellectual Adventure of Ancient Man*, Chicago: University of Chicago Press, 1946, p. 16）

② 正如伯克特所言，荷马和赫西俄德的一项重大功绩就是，将希腊诸神的混乱世界变成了一个体系，参 Walter Burkert, *Greek Religion* (trans John Raffan), Cambridge Mass.: Harvard University Press, 1985, p. 119。

③ 这正是神谱的本质，在许多古代社会中，神谱都与宇宙起源神话密不可分，它解释了当前的万物秩序是如何建立的。对于该问题的详细分析，可参本人《古希腊自然观》(*The Greek Concept of Nature*) 一书第二章（Gerard Naddaf, *The Greek Concept of Nature*, Albany: State University of New York Press, 2005）。另外，柏拉图《蒂迈欧篇》的创世故事也属于这一类别。

上，在主要的泛希腊宗教节日上，还会举办与荷马诗歌有关的竞赛。希腊学龄儿童必须把荷马的诗歌牢记于心。甚至到柏拉图时代，荷马也仍然是广大希腊民众及众多上层人士心目中首屈一指的导师。①

本文将聚焦于从荷马到柏拉图以来的一个重要主题。从某些方面来看，该主题可能具有根本性意义，但人们却很少在具体语境里对其进行分析。这个主题便是灵魂及其来世命运。

论及此话题，我们自然要从荷马开始说起。我的上述讨论意在揭示，多数希腊人对于灵魂及其死后生活的认识，其最初理解（某些时候甚至是唯一理解）全都源自荷马。而且，由于诗歌表演具有摹仿的天性，这些观念在绝大多数希腊人头脑中可能就更加根深蒂固。

然而，灵魂和来世的历史其实比这有趣得多，也复杂得多。荷马诗歌刚出现不久，许许多多与之针锋相对的灵魂和来世观念便随之涌现。这些观念当中也充满了神话、宗教仪式和"吟唱"文化色彩。它们极大地改变了人们对于灵魂和来世的理解。厄琉息斯秘仪（Eleusinian mysteries）和狄俄尼索斯秘仪（Dionysian mysteries）便是这样的例子，往后还有俄耳甫斯秘仪（Orphic mysteries），毕达哥拉斯秘仪（Pythagorean mysteries）可能也算其中一种。有时候，这些秘仪并不好区分。在此，转世的概念首次出现。关于此概念的起源，争议颇多，众说纷纭。柏拉图是转世说最重要的支持者，关于此说的观点有诸多不同之处。在柏拉图之前，此说的重要支持者是米利都学派（the Milesians），即古希腊哲学先驱。该学派的灵魂学说出现了极大转变。米利都学派认为，灵魂是普遍的运动原则，这一思想后来成为柏拉图整个理论体系的关键。米利都学派之后的前苏格拉底哲人，也就灵魂发表过真知灼见，不过，他

---

① 我认为这一点是毫无争议的。荷马何以成为希腊的教导者，这是一个饱受争议的话题，许多学术著作都对此进行了探讨。在色诺芬的《会饮篇》3.5B7 部分，尼西亚斯（Nicias）的儿子尼塞拉特斯（Niceratus）自夸道，为了变成有教养的人（anêr agathos），他已经把《伊利亚特》和《奥德赛》烂熟于心。尼塞拉特斯心中的范式究竟为何，我们不得而知，但这确实反映出了荷马的魅力。

们眼中的灵魂通常与来世无关。此外，这些哲人基本上都表达了对荷马的看法，虽然褒贬不一，他们都认可荷马作为伟大诗人和教育家的魅力。非常清楚的是，直到柏拉图和他笔下的苏格拉底出现，他的前人及同代人关于灵魂及来世的宗教信仰或理论似乎还是遵循着荷马的思路。

柏拉图的灵魂观基于深厚的思想传统，他本人从这些传统中获益匪浅。尽管柏拉图不断更新自己对于灵魂的理解，他与灵魂这一观念的较量也从未停歇。灵魂只能借由末世神话或宇宙神话来展现，因为一般解释无法让我们认识灵魂。然而，"灵魂"却又是柏拉图自然哲学、认识论、心理学或人类学的研究对象和普遍原则，如此一来，灵魂的不可理解性就带有讽刺意味了。柏拉图关于感觉界（the sensible）和观念界（the intelligible）的区分，以灵魂作为两界的现实中介，虽然灵魂乃该假说的理论基石，其出现的语境却依旧是宇宙神话。灵魂是否可解，至今仍无定论。

我主要关注柏拉图的灵魂观（个体灵魂及普遍灵魂）以及死后报应说（post-mortem retribution）。柏拉图是转世说的忠实拥护者，他从先辈那里继承了这一学说，并在对话中将其不断发展。研究此说在柏拉图对话中的演变定会非常有趣。我想要展现的是，相较于其早年的看法，柏拉图晚年关于灵魂和来世的观点发生了极大飞跃。柏拉图后期的灵魂观颇有点"新时代"末世论的味道。但我也不愿忽略柏拉图作为诗人的一面，以及诗歌表演在其思想探索中所起的重要作用。我认为，《法礼篇》中的灵魂和来世观念，达到了某种令人费解的高度。柏拉图不仅在其中给出了一种"科学式"末世论，还将自己视为立法者与诗人的合体。对此，我的解读是：柏拉图意在改变整套律法，使其成为终极的诗歌表演——最伟大的悲剧！

现在让我们把目光转向荷马。

荷马的"灵魂"和来世观

在荷马那里,"灵魂"意味着"生命"(life),它是我们赖以呼吸的生命力或生命之源。荷马的"灵魂"指的就是"有气息的灵魂"(breathe-soul),因为"*psuchê*"一词的动词形式"*psuchein*"表示"呼吸、呼气"①。气息为万物赋予生命。当灵魂离开躯体,肉体也就宣告死亡。②与此同时,肉体死亡后灵魂便进入冥界,但却毫无意识,这时的灵魂相当于幽灵(eidolon),保持着死者生前的样貌,看得见却摸不着(参见《奥德赛》11. 220-224 及欧尼恩斯[Onians]观点)。③在这里,灵魂通常被刻画成"幽灵",与活生生的"有气息的灵魂"相对。

灵魂当中容纳"自我意识",也就是能够思考和感觉的部分,称为"激情"(*thumos*)。它存在于人的胸中,有时也被称为"血气"(blood-soul)。④在荷马那里,诸神经由激情向英雄体内吹入(enepneuse)思想、感觉以及情感。⑤激情离不开肉体,一旦肉体死亡,激情便不复存在。

---

① 在《克拉底鲁篇》(*Cratylus*)399e-400a 部分对"灵魂"一词的词源学分析中,柏拉图很好地捕捉到了这层意思。

② 在荷马那里,"*psuchê*"作为"有气息的灵魂",与头部相关(《伊利亚特》9. 409, 16. 856),头部被视为身体中最神圣、最值得尊崇的器官(例如:《伊利亚特》17. 240 以下,18. 82;《奥德赛》22. 463, 10. 286 及以下)。这或许是因为"生命气息"(life-breath)由头部进入,具体说来,由头部的嘴巴进入。另外一个可能的原因是,头部或面部一个人最容易辨认的特征。后来,柏拉图把头部视为最具有神性、占首要地位的躯体部分,且头部是灵魂的居所(《蒂迈欧篇》90a)。

③ R. B. Onians, *The Origins of European Thought*, Cambridge: Cambridge University Press, 1951, p. 94.

④ "激情"(*thumos*)一词显然来自"血气腾腾/怒气冲冲"(*thuô*)。欧尼恩斯认为,"激情"一词来源于自觉而有节奏的呼吸,因此与品德相关,他曾在《欧洲思想起源》(*The Origins of European Thought*)一书中对此作了一番有趣分析(参 R. B. Onians, *The Origins of European Thought*, Cambridge: Cambridge University Press, 1951, pp. 47-50)。

⑤ 在此列举几例。荷马经常提到,每逢大事当前,男神或女神会将"气力"(menos)吹入英雄体内,就像肺部吸入了空气一样,所谓的"气力"就是力量、勇气或战斗时的怒气(例如:怒气勃发 menea pneiontes,《伊利亚特》2. 536, 3. 8, 10. 482, 11. 508;亦可参《神谱》第 31 行,以及希腊语—英语词典 *LSJ*)。这股深厚的"气力"不仅会让英雄充满勇气,甚至可能让他陷入某种疯狂。这就解释了,在尚特赖纳(Pierre Chantraine)的《希腊语词源词典》(*Dictionnaire étymologique de la langue grecque*)(1968-1980,参 Memona 词条)中,解释为什么"气力"与(接下页)

因此，荷马式英雄的终极目标便是死后留下"好名声"，任何古代社会的英雄其实都是如此，《吉尔伽美什》便是一个很好的例子。美好的生活便是对诸神世界的摹仿，里面充满着战争、筵宴和爱欲。说人类的灵魂不朽就是亵渎神明！——只有诸神才是不朽的！

那么在荷马看来，当肉体死亡，灵魂就会前往冥界。冥界（Haidēs）的字面意思是"看不见之物"，既可指冥界之神，也可指冥界本身。具有讽刺意味的是，冥界中大有可见之物。这在很大程度上要归功于诗人的"创造性"想象。如前所述，诗人的主要功能之一，便是为另一时空中的"神秘"存在赋予生命。对于全身心参与到诗歌表演中的观众，这恰是引起他们怜悯之情的部分。冥界就像亡者那样，阴湿幽暗，因此是冰冷的。冰冷（psuchros）这个词和"psuchē"一样，都是从动词"psuchō"演化而来，指的是"吹或呼"。①

人们通常把死者描述为鬼魅或幽灵之类的东西。阿喀琉斯就这样描述死者，当他梦到帕特洛克罗斯的鬼魂之后，他大声喊道："现在看看你吧，尽管在冥王的府邸，仍有某种灵魂和鬼魅（eidolon），心智（phrenes）却早已不在那身躯"（《伊利亚特》23. 103-104）。在冥界，只有传奇的盲眼先知忒瑞西阿斯还能保持理性（nous），因为他受到冥后珀尔塞福涅的庇护，肺部完好无损，依然能够呼吸（《奥德赛》10. 490-495）；奥德修斯还到冥界跟他请教过问题（《奥德赛》10. 490-495，11.

（续上页）"癫狂"（mania）在词源学上相互关联。因此在《伊利亚特》卷十第482行之后的内容里，英雄狄奥墨得斯（Diomedes）对其敌手展开杀戮之前，雅典娜便将"气力"（menos）吹入（empneuse）其体内。简而言之，赋予"气力"的男神或女神将力量注入或吹入狄奥墨得斯体内，后者吸进之后，"气力"便保存在他的激情（thumos）或腹部（phrenes）中。对于感受、情感甚至是思想来说，情况同样如此。因此奥德赛之妻佩涅罗佩也说过，有神将计谋吹入（empneuse）到她的肺部，令她架起巨大的机杼，开始织造衣袍（《奥德赛》19. 139）。

① 茹阿纳（Jouanna）在其文章中令人信服地指出了动词"吹气"（psuchō）的主要含义，并说明该动词的同根词与动词"呼或吹"（pneō）及其同根词有着紧密的联系，实际上，这两个词在荷马那里通常可以互换（参 Jacques Jouanna, "Le soufflé, la vie et le froid: remarques sur la famille de psuchô d'Homere à Hippocrate," Revue des Etudes Grecques, 1992, 100, pp. 203-24）。

90-99)。但是荷马笔下的忒瑞西阿斯完全忘记了前几世的生活。他只活在当下的这一世!

死后的生活毫无吸引力,这或许是让逐渐老去的克法洛斯担忧的原因。阿喀琉斯对冥界的评价非常到位,他说,宁可为穷苦人工作,也不愿统领冥界的一众魂灵(《奥德赛》11. 498-9)。但是,与普遍观点不同的是,死者其实还保留某种记忆能力,对生前的世界还有某种眷恋,以《奥德赛》卷十一为例(参见《奥德赛》11. 174-175),在这个著名情景中,逝者的魂灵饮用了献祭山羊的鲜血之后,纷纷吐露出内心的担忧。他们的血气或激情因此得到了短暂的复活。这也就表明,冥界的魂灵还是有躯体的,他们并未脱离自己的躯体。事实上,这些死者似乎意识到了自己的命运,他们也能看到彼此。所以,当埃阿斯看到奥德赛时,不愿意同后者交谈,他仍然余怒未消:因为争夺阿喀琉斯铠甲时他输给了奥德赛(《奥德赛》11. 542-560)。尽管埃阿斯并未饮用献祭的血,他还留有些许意识。冥界中的亡者仍然能"看到"事物,这似乎是令人害怕的老生常谈,在索福克勒斯的《俄狄浦斯王》里也有类似的例子(《俄狄浦斯王》第 1371—1373 行):俄狄浦斯让下属把自己的眼睛刺瞎,这样死后到了阴间就不必面对父母的脸。①

死亡在荷马史诗中也是"永恒的"。永远"生活"在冥界或许已是莫大的惩罚,然而,荷马史诗中描写的一些人物不仅要留在冥界,还要在里面永受刑罚之苦,例如《奥德赛》里的提提俄斯(Tityos)、坦塔罗斯(Tantalus)和西绪福斯(Sisyphus)(《奥德赛》11. 576-600)。② 他们

---

① 根据荷马的描述,这些灵魂仍然拥有死前的躯壳(《奥德赛》11. 37-41)。柏拉图《高尔吉亚篇》的来世神话中,看到无药可救的罪人,可以使人从中受益(525b)。

② 其实他们在冥界中并没有受到这样的惩罚。冥界里没有判官。罪人们冒犯了神的尊严,神便找来代理人,比如精灵(daimons)(参 Trevor Saunders, *Plato's Penal Code*, Oxford: Clarendon Press, 1991, 52ff)。他们所受到的不过是报复性的惩罚。在灵魂的死后生活中,我们还可以看到另一种形式的惩罚,即自我惩罚,这里以阿伽门农和埃阿斯为例。两位英雄所受的惩罚是无穷无尽的精神折磨,这与他们生前所遭受的痛苦有关,起码与他们在世最后几年的经历有关。正因如此,阿伽门农只会永远哀叹女人的不可信(《奥德赛》11. 404-45),而英雄(接下页)

没有改过补偿的机会，没有改变的可能，也没有类似转世的出路。在柏拉图的一些末世论神话当中，僭主的下场也大致如此。①

秘仪教派的"灵魂"和来世观

古希腊文学中，有关来世善恶报应的最早作品当属荷马的《地母颂》，该作品大约创作于公元前 7 世纪。颂诗涉及著名的厄琉西斯秘仪（*hiera*），这种秘仪源于农业劳作。实际上，所有秘仪都带有一定的农耕色彩——厄琉西斯秘仪就与谷物有关。不过，各种秘仪还有其他的共同点。秘仪最重要的就是隐秘性，且总与性发生关联，无论是真实关联还是象征关联。这些秘仪通常还跟神话有关，涉及"圣言"（*hieroi logoi*）或神圣故事论说（*hieroi logoisacred stories*）。当然，这些神话都是以诗歌的形式呈现，因此也用作表演。它们通常歌唱某位受难或受迫害的神灵，致使"入教者"（*mustai*）在首次参与秘仪时会遭受心灵的痛苦，体验死亡的恐怖。但是，神之启示则会帮助人们克服恐惧，许诺彼岸的极

（续上页）埃阿斯则如前文所述，永远无法忘记他对英雄奥德修斯的怨恨（《奥德赛》11. 542-67）。那么，这些灵魂是否会有快乐的时刻呢？答案是肯定的。奥德修斯就给阿喀琉斯带来了欢乐一刻，他对后者讲述了其子涅奥普托勒摩斯（Neoptolemus）的伟大战绩，使得阿喀琉斯在离开时流露出满心欢喜的（*gēthosunê*）样子！（《奥德赛》11. 438-40）。

① 然而，是否有人可以享受优待，不必忍受与他人相同的悲惨命运？英雄墨涅拉奥斯似乎就是受到优待的人。史诗告诉我们，他命中注定会被不朽神祇送到埃琉西昂原野（Elysian Plains），在那里享受最悠然自得的生活（《奥德赛》4. 561-8）。这虽然只是个例，但至少说明有人可以获得死后的永世快乐。这可以和赫西俄德的《工作与时日》做比较。在《工作与时日》中（见 166 行及以下），对于那些从战场上生还的英雄，宙斯也会让他们享受类似于上文墨涅拉奥斯的命运，但这种优待与个体功绩无关。还有一些方面会让这个问题变得更复杂。在《奥德赛》11. 601-603 处，奥德修斯说自己正在和死去的赫拉克勒斯的"魂影"（*eidôlon*）说话，而赫拉克勒斯自己（*autos*）此时正在和诸神宴饮。这可能是后世的一种解读。关于此问题的讨论，参索拉布吉的著作（Richard Sorabji, *Self: Ancient and Modern Insights about Individuality, Life and Death*, Chicago: Chicago University Press, 2006, p. 34）。这里我们关键要记住身体与灵魂之间的形而上对立。如果依据本体论来划分等级，肉体要高于灵魂，这也是典型的荷马观点。关于这一点，参杰里迈亚（Jeramiah）著作（Edward Jeramiah, *The Emergence of Reflexivity in Greek Language and Thought*, Leiden: Brill, 2012, pp. 59-60）。

乐人生。①

厄琉西斯秘仪规定，一旦你入教，来世就会得到保佑（olbios）；若没有入教（atelēs），命运（aisa）将会黯淡无望。这里没有提到善有善报。厄琉西斯教认为，教徒的生活方式对其人生毫无影响，这点与俄耳甫斯教和毕达哥拉斯教完全不同。此外，根据该教观点，仅凭神启就能得以不朽，但人们难免疑惑：单靠神启就能让人摆脱对死亡的恐惧吗？厄琉西斯教也没有转世（metempsuchōsis）的说法，而对一些更具特色的秘仪教派来说，转世恰恰是它们的标志性理论。②

另一种秘仪是狄俄尼索斯秘仪或巴库斯秘仪（Dionysian or Bacchic Mysteries），它称得上具有雅典全邦性质的宗教仪式。该秘仪同样源于农耕传统，且自然与葡萄及葡萄酒相关，柏拉图在《法礼篇》里非常巧妙地利用了这一秘仪。③ 狄俄尼索斯秘仪的起源、酒神、迷狂和神灵显现等诸多问题都颇具争议，但这些并非我们的探讨重点。④ 人们总是把狄

---

① 此处参伯克特的著作（Walter Burkert, *Greek Religion*[trans John Raffan], Cambridge Mass.: Harvard University Press, 1985, pp. 276-8.）。入教者默默许下誓言，这些誓言极度保密，因此直到现在，我们对其中的运作方式仍然所知。"入教者"（mystes, mustês）来源于动词"关闭"（muô），有时指闭上嘴巴，更通常的意义是闭上眼睛。毕达哥拉斯教徒们发现，默默许下的誓言及其隐秘性往往会引起他人充满敌意的反应。（参 Gerard Naddaf, *The Greek Concept of Nature*, Albany: State University of New York Press, 2005, p. 122）。

② 关于近期的一系列研究成果，参科斯莫波勒斯所编著作（Michael Cosmopoulos, ed., *Greek Mysteries: The Archaeology and Ritual of Ancient Greek Secret Cults*, London/New York: Routledge, 2003）。厄琉息斯秘仪既充满了神秘色彩，又具有末世论性质，它与荷马的观念截然不同。厄琉息斯秘仪在公元前 6 世纪早期成为雅典的城邦宗教，此处参茵伍德（Sourvinou Inwood）文章（Christiane Sourvinou-Inwood, "Aspects of the Eleusinian Cult," in Cosmopoulos ed., *Greek Mysteries*, pp. 25-49）。在数篇对话中，柏拉图都使用了秘仪教派的术语和"心理状态"，只不过在论及来世生活的权益或奖赏时，柏拉图的用法要严格许多。

③ 罗伯逊在一篇文章中，对酒神节农耕祭祀仪式的不同阶段做了极为生动的描述（参 Noel Robertson, "Orphic Mysteries and Dionysiac Ritual," in Cosmopoulos ed., *Greek Mysteries*, pp. 229-33）。

④ 在某些线形文字 B 的残片上，已经出现了"狄俄尼索斯"这个名字。最早提到他的是荷马（参《伊利亚特》6. 128-40)，史诗中的狄俄尼索斯已然是"受迫害"的神明，该形象与后世描写的一致。

俄尼索斯同生死的转换与统一联系起来。狄俄尼索斯庆典流行于整个古希腊世界，而其中最重要的当属酒神节（Dionysia）。① 诗歌竞赛是酒神庆典的重要组成部分。② 在《克里蒂亚篇》（Critias）里，苏格拉底提到了酒神节期间举办的悲剧诗歌竞赛，他把蒂迈欧、克里蒂亚和赫摩克拉底三者比作诗人（《克里蒂亚篇》108b3-7, d3-6）③，在《法礼篇》当中，类似的诗歌竞赛也是苏格拉底的一个重要教育手段。

我们并不知道从何时起，狄俄尼索斯开始与秘仪联系起来，但由前文推知，秘仪意味着个体加入某个神秘教派并能因此享受幸福的来世生活。④ 但在此处我们还会碰到另外一个名字，那就是饱受争议的传奇人物俄耳甫斯，其原型是一位受到神启的歌者、诗人兼音乐家，他的声音能够打动一切生灵，连石头也不例外！⑤

---

① ［译注］古希腊雅典城邦定期为酒神狄俄尼索斯举行的狂欢戏剧节。

② 亚里士多德将悲剧与喜剧的起源和酒神庆典联系起来。

③ 实际上，亚特兰蒂斯的故事／神话／诗歌也发生在类似的宗教节庆背景中，这就确保了其神圣性，进而是真实性。在纪念雅典娜的宗教庆典泛雅典娜节（Great Panathenaia）上，人们会"背诵"亚特兰蒂斯故事，因为这一节日与荷马史诗表演有着很深的渊源（《蒂迈欧篇》21a）。正如秘仪教派认为其神话都是"神启"之言，人们同样认为亚特兰蒂斯故事是在神启之下诞生的。狄俄尼索斯这一形象以及与之相关的节日庆典和诗歌竞赛，在柏拉图的《法礼篇》中也将发挥重要的道德和政治功能。

④ 伯克特认为"从公元前6世纪末开始，狄俄尼索斯（已经）成为秘仪教派的神明，他代表着秘密的宗教仪式，而这些仪式许诺让亡者在来世得享至福"（参 Walter Burkert, *Babylon, Memphis, Persepolis: Eastern Contexts of Greeks Religions*, Cambridge, Mass.: Harvard University Press, 2004, p. 72；另参赫拉克利特著作残篇第15则 DK22B15 以下内容）。

⑤ 品达（Pindar，公元前 518—前 446 年）把俄耳甫斯称为"诗歌之父"（《皮提亚颂歌》*Pythian Odes* 4.4.315）。埃斯库罗斯的戏剧《酒神的伴侣》（*Bassarae*，作于公元前 470/460 年）也提到了俄耳甫斯，其中俄耳甫斯之死与狄俄尼索斯的愤怒有关。希罗多德也将狄俄尼索斯与俄耳甫斯秘仪联系起来（参希罗多德《历史》2.81；另见阿里斯托芬《蛙》145 行以后部分）。伯克特提出了很有说服力的观点：他认为，俄耳甫斯秘仪非常重视仪式和咒语，并说明该秘仪与埃及丧葬传说之间的渊源；此外，他还认为向信徒许诺来世至福的酒神秘仪受到了埃及欧西里斯教（Osiris cult）的影响（Walter Burkurt, *Babylon, Memphis, Persepolis: Eastern Contexts of Greeks Religions*, Cambridge, Mass.: Harvard University Press, 2004, p. 88）。让我们回忆一下欧西里斯（Osiris）的故事：他先是被杀害、埋葬，后来又复活，成了亡者的判官，所有渴望战胜死亡的人都以他为楷模。希罗多德（公元前 490—前 425 年）曾多次指出，欧利西斯就是狄俄尼索斯（《希罗多德历史》［接下页］

酒神秘仪与俄耳甫斯秘仪之间有诸多相似之处（俄耳甫斯与狄俄尼索斯都曾自冥界返还），人们常常把二者混为一谈，由此便有了统称的俄耳甫斯／狄俄尼索斯秘仪（Orphic/Dionysian Mysteries）。① 不过两者之间还是有很多不同之处，这些显著差异足以区分俄耳甫斯秘仪与狄俄尼索斯秘仪。首先，根据狄俄尼索斯秘仪，入教者的生活方式丝毫不会影响其人生命运（厄琉息斯秘仪入教者同样如此），② 但俄耳甫斯教认为，只有通过一生的辛苦劳作才能最终达到"不朽"。③ 其次，尽管两

[续上页] 2.42.2，2.59.2，2.144.2，2.156.5）。然而，酒神秘仪不仅仅受到埃及宗教的影响。正如伯克特（2004，10，103）所言，公元1世纪初，美索不达米亚平原、叙利亚、巴勒斯坦和希腊等地尚未出现死后上天堂的说法，更没有转世的说法，天界之不朽也并非埃及人的原创观点；关于敬神者死后升上神界、永远与神共存的基本教条，最古老的版本出现于公元前1000年甚至更早的《伽泰》（Gathas），此为查拉图斯特拉教的经书，与之时间相近的还有印度的吠陀经（Vedas），后者提到了天上的幸福乐园（Walter Burkurt, *Babylon, Memphis, Persepolis: Eastern Contexts of Greeks Religions*, Cambridge, Mass.: Harvard University Press, 2004, p. 10, 103）。

① 这在很大程度上取决于后来的传统。从历史上讲，狄俄尼索斯这一形象的出现要早于传奇人物俄耳甫斯。并且，狄俄尼索斯秘仪通常与城邦有关，因而与公众的农耕庆典相连，而俄耳甫斯秘仪总是与独特的私人神秘社团或盟会相关。然而，"私密的"狄俄尼索斯秘仪似乎也是伴随公众庆典而出现的。罗伯逊指出，只有当集体无法再维持秘仪教派时，教徒才会转而形成私密的团体（Noel Robertson, "Orphic Mysteries and Dionysiac Ritual," in Cosmopoulos ed., *Greek Mysteries*, pp. 220）。和俄耳甫斯秘仪教派一样，这些教派也是秘不外传的，只能通过个人入教仪式（telete）参与其中；教徒没有固定的圣所，只有一些个体祭祀四处游走步道，他们声称自己掌握了"秘密仪式"（orgia）的传统（参 Walter Burkurt, *Greek Religion*[trans. John Raffan], Cambridge Mass.: Harvard University Press, 1985, p. 291）。在其残篇第14则DK22B14，赫拉克利特（公元前540—前480）对所有的这些秘密教派都持否定态度，他认为，拜火教祭司（magoi）、当选者（bacchoi）、夜行者（nuktopoloi）和"入教者"（mustai）等都是以亵渎神明的方式来举行所有"秘仪"，他预言这些人都会遭到某种诅咒。关于拜火教祭司（magos）一词的含义，参伯克特的相关内容（Walter Burkurt, *Babylon, Memphis, Persepolis: Eastern Contexts of Greeks Religions*, Cambridge, Mass.: Harvard University Press, 2004, pp. 107-9）。

② 对于与远古神话相关的入教仪式，柏拉图本人的态度显得非常模糊。在《斐德若篇》中（244d-e，265b），柏拉图认为，狄俄尼索斯表现出来的"迷狂"，是受到了神灵启示的缘故。他认为，狄俄尼索斯通过神秘仪式和净化而发挥作用，让人们摆脱曾经犯下的罪恶。为了获得自由，人们必须全心投入神的迷狂之中。这些仪式在《法礼篇》中同样发挥了积极作用（790d-791a），它们和有韵律的歌舞相结合，治愈了人们的恐惧，是神话诗性创作中的关键因素。

③ 对于俄耳甫斯教有一个复杂的"神话"，即人类灵魂的本质是人性和神性的混合，不朽的希望是建立在这一"神话"上来说的，不朽之希望也是建立在一种人类灵魂本质是由俗世和神性混合而成的复杂"神话"之中。

教都认同灵魂不朽，具有神性，但俄耳甫斯教强调通过净化（katharsis）来消除原始的罪孽，而不是依靠仪式（orgia）。① 再次，俄耳甫斯教信奉转世轮回说，这是该教区别于其他秘仪的独特之处。此外，俄耳甫斯教派笃信转世再生及轮回之说，而在其他秘仪那里并非如此。柏拉图也在其《克拉底鲁篇》（400c）当中谈到，俄耳甫斯教徒认为肉体（sōma）是灵魂的坟墓（sēma），灵魂是因为犯错受到了惩罚，才被困在肉体这牢笼里，直到惩罚结束方可获得自由。②

与俄耳甫斯教同时出现的还有毕达哥拉斯。毕达哥拉斯及其追随者同俄耳甫斯教派一样，笃信灵魂不朽、转世轮回、素食主义（即因轮回之说而实行饮食限制）、原初禁忌以及净化仪式，信徒相信只要加入该教，灵魂就能得享来世福报。③ 毕达哥拉斯教派和俄耳甫斯教都相信"原

---

① 通过净化、入教仪式以及"俄耳甫斯式生活"，教徒就能够消除身上的罪恶。"俄耳甫斯式生活"的主要原则之一是戒绝肉类。

② 正如柏拉图在《法礼篇》中所说（6.782c），俄耳甫斯教徒是素食者，他们避免食用动物的肉；他们真的相信一个人的灵魂会在另一人的肉体中重生，且动物的灵魂会在另一动物或人的肉体中重生。这种观念建立在自然的亲缘关系之上，后者在毕达哥拉斯教义中也有所体现，但更大程度上还是受到了米利都学派的启发。俄耳甫斯主义似乎也与一种法典宗教或祭礼（a religion or cult of the Book）相关（仪式性教规是其特色），后者对于毕达哥拉斯和其他秘仪教派来说，都是十分陌生的。在《理想国》中（364b-365a；另参《法礼篇》卷十 905d-907a），有些人认为不正义会比正义带来更多好处，诸神有时似乎还会惩罚善者、奖励恶人，柏拉图对此十分不满。然后他又同祭司和预言家争论，因为后者到富人门前求乞，自称拥有神赐能力，他们说只要富人献祭，他们负责念咒，就能消除富人及其祖先的罪恶。通过符咒和法术，他们可以说服神明前来相助。他们还展示俄耳甫斯和诗人穆赛欧斯（Musaeus）撰写的书卷（我认为是神启之卷），来证明自己的说法。令柏拉图懊恼的是，无论个人还是城邦，都被这些人给说服了。不仅如此，这些人还监管着引领人们从来世罪恶中解脱出来的入教仪式（teletai），对于那些拒绝从命的人，等待他们的无疑是冥界中的悲惨命运。

③ 值得注意的是，古希腊人对转世再生论的起源非常陌生。此说也并非埃及宗教的观念。古希腊人很早就相信灵魂不朽和来世"审判"，但他们并不了解转世一说。实际上，当时唯一信奉转世观念的是印度，此说是印度宗教信仰的一部分（参 Charles Kahn, *Pythagoras and the Pythagoreans*, Indianapolis: Hackett, 2001, p. 19）。但是印度的因果报应（karma）和重生并不像俄耳甫斯教和毕达哥拉斯教那样，建立在"原罪"的基础上。至少根据现有理解，印度再生说的起源，是为了对人类痛苦及罪恶原因做出解释。而古希腊关于此世或来世的因果报应说则是缓慢展开而成的。印度的因果报应论与人类的多重转世说相结合。人们此世所受的一切痛苦都缘自此世或前世所犯恶行，而当下所犯恶行会在今后或来世得到惩罚。根据印度的宗教教义，人的（接下页）

罪",而柏拉图完全没有提及这一概念。①

毕达哥拉斯教派和俄耳甫斯教派在许多关键点上都表现出差异。②其中最为重要的一点是,毕达哥拉斯教派让其信徒遵循一套完整的体系,该体系将科学知识(包括天文学、数学和音乐)与道德准则、哲学准则及宗教准则整合起来,意在达成救赎,也就是向神生成。③

毕达哥拉斯教义对柏拉图产生了极为深刻的影响。柏拉图有两篇对话受到了毕达哥拉斯的启发,即《斐多篇》和《蒂迈欧篇》。这两篇对话一方面探讨灵魂的不朽及命数,另一方面则讨论数学在揭示宇宙奥秘方面的作用。④在这两篇对话中,我们面对的都是柏拉图所谓的神话,

---

(续上页)一切痛苦都是自己的恶行所导致,与家人无关,更与原罪毫无关系(此处可参考柏拉图的喻说,见《法礼篇》9. 870c-e)。这些说法自然挑战了自由意志的观念。我认为柏拉图是第一个认识到自由意志的人,自由意志在他的来世神话中起到了基础性作用。与此同时,转世再生说极有可能是随着波斯帝国的征服,而传到了爱奥尼亚(Ionia)。科洛丰人色诺芬尼(公元前 575—前 475 年)与毕达哥拉斯生活在同一时代,他认为后者提出了一种转世再生说(DKB21B7)。毕达哥拉斯有次看到一只狗被殴打,他从狗的哀号声中认出了朋友的灵魂(见下文)。锡罗斯岛的斐瑞居德斯(Pherecydes of Syros)是一位谜一般的"理性"神谱学者(生活于公元前 6 世纪),他在著作中提出了灵魂不朽,并认为灵魂会在不断再生中回归大地。通常认为他是古希腊首次提出此类观点的人,并且影响了毕达哥拉斯。韦斯特谈到,斐瑞居德斯相信灵魂会进入诸多的躯体,但没有证据显示,他也像毕达哥拉斯那样主张转世(Martin West, *Early Greek Philosophy and the Orient*, Oxford: Clarendon Press, 1971, p. 61)。关于斐瑞居德斯与毕达哥拉斯的联系,参里得维克(Christoph Riedweg, Protagoras: *His Life, Teaching, and Influence*, Ithaca: Cornell University Press, 2005)和希布利(H. S. Schibli, *Pherecydes of Syros*, Oxford: Oxford University Press, 1990)的著作。

① 我认为,恩培多克勒从这个意义上来说是毕达哥拉斯的代表。
② 与俄耳甫斯教不同,毕达哥拉斯教并未留下任何"神圣文字",只有代代相承的信徒群体。
③ 伯克特的《古代毕达哥拉斯主义的知识与科学》(*Lore and Science in Ancient Pythagoreanism*),是颇具影响的毕达哥拉斯论著。伯克特在书中认为,毕达哥拉斯仅是宗教导师和秘教传播者,爱奥尼亚的自然哲人影响巨大,但毕氏并不属于这一群。赫拉克利特则把毕达哥拉斯描述成骗子(22B129),但认为他所做的研究(historiê)远远多于其他人。
④ 《斐多篇》,甚至《高尔吉亚》和《美诺篇》中的回忆说,也可以理解为毕达哥拉斯教义的一部分。当然,我们不能因此认为回忆说与俄耳甫斯教义毫无关联。人们普遍认为,柏拉图关于死后冥界生活的更为精彩细致的"神秘"描写,大多延续了毕达哥拉斯的传统(例如《高尔吉亚篇》和《斐多篇》),这些对话中还出现了咒语。但柏拉图从未暗示,反对俄耳甫斯教的毕达哥拉斯教将咒语卖给了不义之人,而他在《理想国》则抨击了某些俄耳甫斯教祭司。

我在后面还会对这一问题继续讨论。① 与此同时，根据毕达哥拉斯同代人科洛丰的色诺芬尼（Xenophanes of Colophon）的记载，我们可以得出如下结论：毕达哥拉斯所说的"灵魂"，确实能够看到并意识到转世前所了解的一切（《色诺芬尼残篇》第 7 则 DKB21B7 及上文注释）。此外，色诺芬尼残篇清楚地表明，至少有部分人的灵魂能够记起过往的生活，并从中吸取教训。② 这就是柏拉图的"回忆说"，该说将在柏拉图的灵魂不朽论及末世论神话中发挥重大作用。③

前苏格拉底哲人

爱奥尼亚城邦米利都（Miletus）曾迎来爱奥尼亚的启蒙时代（Ionian Enlightenment），而来自萨摩斯岛的毕达哥拉斯（公元前 570—前 510 年）正是那个时代的产物。根据目前普遍认可的毕达哥拉斯出生日期和地

---

① 在《斐勒布篇》中（16c），柏拉图表示，毕达哥拉斯是"尊贵"人士中的一位，诸神会把神之奥秘传授给他们。许多人都享有这一地位，包括荷马，当然还有传奇人物俄耳甫斯。

② 希罗多德（《历史》2. 123）表示，这是一种生命的循环，转世可能变成一切形式的生物：陆地生物、海洋生物，以及有翼动物等。作为受到毕达哥拉斯学派启发的人，恩培多克勒甚至更进一步，把植物也纳入了转世的种类。毕达哥拉斯是否像柏拉图那样，相信轮回的灵魂会得到奖赏或惩罚，这一点尚不清楚。尽管恩培多克勒暗示，最好的灵魂会变成杰出的人，甚至可以成为神（B127，146，147），俄耳甫斯教和毕达哥拉斯教并没有明确提到死后会有惩罚的说法。其实可以这么说，对于毕达哥拉斯教徒而言，最高的奖赏就是使分离的自我逃脱转世的循环（这是恩培多克勒的说法），然后加入诸神的生活，更准确地说，就是尽可能地向神靠拢。我们已经看到，这就是农耕时代秘密宗教的共同主题。同样，这也是典型的柏拉图论题。柏拉图曾提出这样一个著名说法："尽力向神靠拢"（*homoiôsis theôi kata to dunaton*）（参《泰阿泰德篇》176b-c；《会饮篇》207e-209e；《蒂迈欧篇》90a-d）。

③ 我认为，底比斯诗人品达是首个明确提出人死后灵魂会升上天界的人。品达表示，如果一个人在此岸和彼岸世界中，能够三次保持其灵魂不行不义之事（最重要的是他要能遵守誓言），那么他就会被送往福佑群岛（Isles of the Blest）；而其他人会经历惨不忍睹的磨难（《奥林匹亚颂之二》（*Second Olympian Ode*）第 56 行及以下部分）。品达不仅认为人死后会升天界，他还相信会有不断的轮回和审判。这似乎是新观点，因为如前所述，俄耳甫斯教和毕达哥拉斯教并没有明确提及死后审判。另外，埃斯库罗斯的《乞援人》（*Suppliants*，作于公元前 470 年）也有提到死后审判。其中，宙斯会对亡者的恶行做出最终判决（230 行及以下部分；另参《欧墨尼得斯》[*Eumenides*]269 行及以下部分）。

点，他可能对米利都学派（Milesian School）三大学者的研究（historia）成果全都了如指掌，这三位包括：泰勒斯（Thales，公元前 624—前 545 年）、阿那克西曼德（Anaximander，公元前 611—前 546 年）及阿那克西米尼（Anaximenes，公元前 590—前 520 年）。赫拉克利特（Heraclitus，公元前 540—前 480 年）认为，毕达哥拉斯是一位通才，他所做的研究无人能出其右（DK22B40，129）。"研究"（*Historia* 或 *Historiê*）一词是爱奥尼亚启蒙时代"公认"的标语，它也正是今天所说的"爱智之学"或"哲学"（philosophy）的起源。"研究"一指自觉的智力活动，一指通过研究诸多（相关）事物达到学习目的，以期成为有智之人。①

通常认为，希腊哲学及科学的最典型特征便是对自然（*phusis*）的"探索"。"自然"一词的基本含义和词源意义是"生长"（growth）。作为一个以"sis"结尾的动名词，它包含了三个层面的含义：发源、过程和结果，即事物从出生到成熟的整个生长过程。换句话说，一旦涉及探寻某物的自然性质，我们就必须考虑到其由始至终的整个发展过程。凭借"自然"一词，米利都学派及其观念的继承者为我们展现出一种崭新的世界观：自然动因取代了神话或超自然的动因。一言以蔽之，哲学出现以后，宇宙便被视为完全自然的存在，不管是人类"行为"（祈祷与献祭），还是这些行为背后预设的超自然力量，都无力左右这个自然的宇宙。哲学对控制宇宙的力量进行了非人格化探讨。它简化了（整个）宇宙，以基本成分或实体本身"可预见的"性质来解释宇宙。也就是说，宇宙的性质和变化情况，取决于构成宇宙的基本实体的本质特征。②

从米利都学派到柏拉图，"自然"与"灵魂"之间的关系令我很感兴趣。准确地说，我想考察所谓的前苏格拉底哲人如何理解灵魂及其与

---

① Gerard Naddaf, "L'Historia comme genre littéraire dans la pensée grecque archaïque," in *Lire les présocratiques*, ed. L. Brisson, Arnaud Macé, and Anne-Laure Therme, Paris: Presses Universitaires de France, 2012, pp. 61-78.

② 对于此概念的详细研究，参拙著（Gerard Naddaf, *The Greek Concept of Nature*, Albany: State University of New York Press, 2005）。

诗歌传统的联系，我将概述他们各自的观点。到目前为止，我们已经探讨了诗歌及宗教当中的各种灵魂和来世观，这批哲人将对这些观念作出补充。所有的这些观念在柏拉图时代都得到了不同程度的传播。柏拉图是第一个全面论述灵魂的人，他对灵魂的考察以批判前人的形式在《法礼篇》中达到了最高水平。

《法礼篇》卷十在反驳无神论的唯物主义者时，柏拉图明确指出，自然是争论的焦点（见上文）。但是，"自然"与这场争辩中的另一关键词"灵魂"密不可分。柏拉图表示，他的"假想"对手认为，灵魂是自然的次要产品，而后者所理解的"自然"即土、气、火、水之类的元素（《法礼篇》10. 888e-889d）。在柏拉图看来，灵魂实际上是运动法则（archē kinēseōs），应该将其等同于原初自然（起码灵魂与原初自然密不可分），而不是像他的对手那样，认为自然由四种"没有灵魂的"元素构成。柏拉图的独特分析，让他以一种近似科学的方式去探究死后灵魂的命运，因为自然、灵魂与神（theos）之间也有某种密切联系——神从本质上说是善的，是承天意而生的。

但是，何以才能得出这番结论？柏拉图曾严厉谴责诗歌，他与诗歌传统又有怎样的联系呢？让我们沿着这个思路继续前行。

米利都学派是古希腊的第一批哲人，他们都是一元论者，他们认为宇宙秩序（kosmos）源于一种单一的物质或自然法则，即作为第一法则（archē）的自然。他们相信宇宙万物都可以简化为一种基本法则。泰勒斯认为这种基本法则是水（hudor），阿那克西曼德认为是"无定"（apeiron，一种无区分的物质），阿那克西米尼则认为是气（aēr）。

亚里士多德在其《物理学》（3. 203b6-15）一书中提到，阿那克西曼德将"无定"描述为不死不灭的（athanaton kai anōethron），包含并掌控万物（periechein hapanta kai panta kubernan），并且，"无定"实际上是"具有神性的"（theion）。泰勒斯则表示，他所谓的第一自然或第一法则——水，与灵魂混合在一起，因而具有生命。他还说，世间万物都充满了神性，我认为他的意思是，水与诸神一样，不但是不死不灭的，而且具有神性，因为从某种程度上说，水包含并掌控着万物（亚里士多德《论灵魂》411a7-8，即DK11A23）。① 阿那克西米尼的论点则更为明晰。他认为，"（宇宙）就像我们的灵魂一样，气将我们的灵魂聚合，并掌控着我们（sugkratei hēmas），而整个宇宙中也充满了气息（pneuma）和气（aēr）（DK13B2）"②。根据西塞罗的记载，阿那克西米尼认为元气便是神。此处要说的很多，我只讲几处重点。荷马式的激情现在也纳入了灵魂当中，因此灵魂就意味着人的全部特征。但是，包括阿那克西米尼在内，米利都学派里没有人提过"个体"灵魂不朽的说法。即便他们真的这样认为，他们所定义的灵魂，在本质上仍是"自然的"。对灵魂的看法到柏拉图那里才发生了改变。在米利都学派那里，神与自然是不可分的，他们从未将神视为崇拜对象，也没有任何意向性（intentionality）的设想，自然是依据其固有属性运转的。不过，由此可见，这些观点将会引发巨大争议，关于该学派自然论中神或理性（nous）的地位。③

现在我们转向前苏格拉底哲人关于灵魂的明确说法。

集诗人与哲人于一身的色诺芬尼是首个宣称荷马与赫西俄德没有说出真知的人。这番话也由此开启了著名的诗与哲之争（DK21B10-16）。

---

① 柏拉图在《法礼篇》卷十论证了灵魂不朽，在论证结尾处，他显然引用了泰勒斯，说出了与后者相同的观点："万物皆有神。"（899b）

② 亚里士多德表示，某些毕达哥拉斯主义者将灵魂等同于空气（《灵魂论》404a17 = DK58B40；另参残篇58B第40则关于宇宙吸入其周围的无限气息的说法）。毕达哥拉斯派的灵感似乎来源于阿那克西米尼，这说明毕达哥拉斯本人可能也持有同样的信念。此论无疑是对自然亲缘关系的明确肯定，因而也是对灵魂转世说的证明。实际上，大宇宙与小宇宙之间的关系历史颇为悠久。

③ 在2010年发表的一篇文章中，我专门对这个概念作了探讨（参Gerard Naddaf, "Spontaneous Generation and Creationism in Pre-Socratic Monism in Light of Aristotle's Analysis in the Physics," *Anais de Filosofia Clássica* 8, 2010, No. 5, pp. 23-40）。阿那克西米尼与毕达哥拉斯生活在同一时代，他或许可能为后者的自然亲缘论和灵魂构成说提供"科学的"解释。我们并不清楚，在前苏格拉底哲学传统中，将灵魂视为"有意识"自我的观念始于何时。但是，赫拉克利特或许是很好的人选。与此同时，我们也很难理解，在米利都学派出现之前，秘仪宗教所谓的渴求不朽的个体自我究竟为何物。这种"自我"常做的一件事，就是与众神宴饮，但除此之外它还有哪些特性，我们不得而知。并且，这种秘仪宗教除了与众神宴饮之外，还包括些什么，我们也很难得知。

我们稍后再来探讨这个话题。现在只需注意一点，色诺芬尼仅有一次提及灵魂，就是他说到毕达哥拉斯从狗叫声中认出了朋友灵魂的那一次（DK21B7）。① 此处尚未言明应如何认识灵魂，但这段叙述似乎已把灵魂和"个体特性"联系在一起。②

正如卡恩（Kahn，1979，107）所言，在现存文献中，第一个认为灵魂具有理性思考能力的，是以弗所的赫拉克利特（Heraclitus of Ephesus，公元前540—前480年）。③ 同样是在赫拉克利特的论述里，灵魂首次具有认知力和物质性，尽管他所谓的灵魂依旧与自然有关。④ 我们会看到，灵魂与自然的分离始于柏拉图。与此同时，如果人们的生活方式不同，具体说来，就是对于自身与宇宙关系的自觉认知程度不同，他们的灵魂就会呈现出不同的物理样态。⑤ 假如人死后果真有来世生活，在赫拉克利特那里，这种转生属于哪个层面的转生，这一点尚不明确。但比较明确的是，赫拉克利特是在个体特性这个层面上使用"灵魂"一词，

---

① 第欧根尼认为，色诺芬尼是首位宣称"灵魂即气息"（hê psuchê pneuma, 9.19）的人。色诺芬尼有个著名的革命性观点，即将神视为理性，但他从未表示神有气息（残篇21B23至27）。

② "个人"思想（noêmata）永恒不变的观念以及内省的观念，早在公元前7世纪抒情诗人萨福那里便已出现（见萨福《残篇》14, 35, 52, 144）。梭伦（Solon，公元前630—前560）是雅典的诗人兼立法者，他通常被视为德尔菲神庙格言"认识你自己"（know thyself）的创作者，他痛斥同时代人邪恶、不正义的想法（noos，例如：《残篇》4.7, 6, 10）。道德责任也逐渐成为那个时代的准则。尽管梭伦所用的是"理性"一词而非"灵魂"，他所谓的"理性"已和苏格拉底的"灵魂"概念相差不远。莱舍尔（Lesher）认为色诺芬尼此处所谓的"灵魂"，仍不是苏格拉底眼中的作为"意识、评价和行动之基"的"灵魂"。然而，就苏格拉底的"灵魂"及荷马的"灵魂"而言，色诺芬尼的"灵魂"显然更接近前者，它还是比较像"意识的基础"，而不是荷马所谓的模糊的意识概念（参 Jame Lesher, *Xenophanes of Colophon*, Toronto: University of Toronto Press, 1992, p.74）。

③ "倘若人们的灵魂不能够理解这种语言，眼睛和耳朵对他们来说也只是差劲的证人"（DK22B107）；22B45也显示，赫拉克利特是在描述个性的时候使用"灵魂"（psuchê）一词。

④ 卡恩（Charles Kahn, *The Art and Thought of Heraclitus*, Cambridge: Cambridge University Press, 1979, pp.238-9）认为灵魂界和元素转换界之间基本上是没有断裂的（例如B36）。卡恩将赫拉克利特的观点称为"宇宙的精神物理学理论"（Ibid., p.249）。我们会看到，赫拉克利特所设想的宇宙运作方式，与柏拉图在《法礼篇》卷十末世神话中的描述非常相似。

⑤ 这与柏拉图《法礼篇》卷十的某些说法有类似之处。

他的一句名言可作为明证:"我寻找我自己"(edizêsamên emeôoton, 22B101),这里他以反身代词指代灵魂,恰恰证明了上述观点。①

身为诗人兼哲人,爱利亚的巴门尼德(Parmenides of Elea,公元前515—前450年)并没有留下关于灵魂的记述,他也从未谈及来世生活。但根据第欧根尼·拉尔修的说法,巴门尼德认为理性和灵魂是同一的(DK28A1 1.218.4)。他的"诗歌"显然指向了灵魂自我反思的体验。另一方面,巴门尼德坚称自己的哲学灵感源于一位女神,他称之为从黑暗走向光明的运动(DK28B1.9-10)。此处的"灵魂"之旅已和柏拉图在《斐德若篇》中描述的灵魂有些许相似之处。

阿克拉加斯的恩培多克勒(Empedocles of Acragas,公元前492—前432年)既是萨满教巫师,也是自然主义者,这种混合身份让他成为古怪的哲人。他和巴门尼德一样,都用六音步诗体写作②,他宣称自己的作品源自一位神祇(theou para muthos, DK31B23.11)③。但是,他同样也展现出爱奥尼亚哲人研究的特色。在这批前苏格拉底哲人里,只有恩培多克勒在著作中多次提到转世说,根据他的描述,人转世后可以变成各种各样的生物,除了变成男人、女人,还有草木、鸟类、鱼类,他声称自己经历过这些所有变化(31B117)。④ 不过,恩培多克勒还认为自己是活在凡人中的神(DK31B112)。准确说来,他是堕入凡间的神灵或灵魂(B115.13)⑤,因为犯下杀戮大罪(B115),他才从原初幸福中跌落。

---

① 赫拉克利特首要关注的总是那些普遍的东西,人人都应当把普遍的东西摆在第一位,而不是私人的、个人的东西。卡恩在最后的分析中说道,救赎就是拥有健全的心智审慎(so-phronein),也就是在整体结构中找到自己的位置,认清自己与"客观"自然的关系,这一点当然与柏拉图的意思不符。

② 这就暗示,恩培多克勒希望他的作品像咒语那样被吟唱出来。

③ 俄耳甫斯教或毕达哥拉斯教的影响真是无所不在,总而言之,恩培多克勒就是一个鲜明的例子!

④ 在B127部分,恩培多克勒提到,转世的最佳形态就是变成狮子和月桂树,这是因为前世活得正义,来世就会得到某种奖赏。

⑤ 关于恩培多克勒之堕落精灵(daimon)及柏拉图《斐德若篇》之堕落灵魂的比较,参格思里的著作(W. K. C. Guthrie, *A History of Greek Philosophy*, Vol. 2: *The Presocratic Tradition from Parmenides to Democritus*, Cambridge: Cambridge University Press, 1965, p. 253)。

这一说法与俄耳甫斯和毕达哥拉斯派的教义相同。①虽然经历了多次转世，"原初"的神灵始终保持"个体特征"，而在恩培多克勒的宇宙体系里，转世轮回的次数也是有限的。人只有严格遵守戒规、净化自身，并努力认识神之本质，才能最终获得救赎，脱离转世之苦，与神重聚。

克拉佐曼纳的阿那克萨哥拉（Anaxagoras of Clazomenae，公元前500—前428年）是首位引入单一运动法则的人，该法则类似于柏拉图在《法礼篇》卷十中描述的"最好灵魂"（aristē psuchē）。有鉴于此，他具有极为重要的意义。阿那克萨哥拉将上述宇宙法则称为理性（nous）或心智（理智），理性不与他物混杂，它引起运动，无所不知，并掌控万物，使万物各归其位、井然有序（DKB12）。阿那克萨哥拉认为理性是万物中的至精至纯者，但这表明他依然将其理解为物质实体（DK59B12. 9-10）。②正如亚里士多德所言，阿那克萨哥拉论述的理性与灵魂的关系并不明晰（《灵魂论》，404b1及405a13）。但可以肯定的是，理性统辖

---

① 恩培多克勒用"以'神精灵'"（daimones, B115. 5）代替了"灵魂"（psuchai）。灵魂（或神灵）及其所栖居的肉体都由四种基本元素构成，各种元素的比例不同。总之，灵魂及其认知能力都来自于一种"物理"过程。事实上，恩培多克勒并未区分有生命物和无生命物。正如他自己所言："一切事物都有智慧（phronêsin）及一定比例的思想（nômatos）"（B110），其中的关键成分便是"血"（B105, 107）。这或许能够解释为什么从古至今，泼洒血液一直是最大的罪恶。另一个原因也和他的理念有关，即有生命物和无生命物之间没有区别（31B102）。万物分享着气息（poniês, B103）、思想和智慧（B110）。人们不愿意猎杀动物，是因为他们常会认为，刚刚捕获的猎物可能是去世的父母或亲人所变。但是，植物里可能也藏着"人类"灵魂，这样一来，连素食者都面临着道德困境。最后，我还想说一点，虽然恩培多克勒通常被奉为四元素说的创始人，但是他认为，四种元素对应着荷马的神明：宙斯、赫拉、埃多纽斯（Aidoneus）和奈斯蒂斯（Nestis）（DK31B6, 96, 98）。这说明，恩培多克勒在摹仿荷马，或者更准确地说，荷马也是通达真理却堕入凡间的神祇。这是柏拉图所必须面对的另一种诗歌解读方式。它包含了新的论证方式，证明荷马拥有神性灵感，且这一次，这种灵感与具有寓言性质的现象相互关联。关于这种现象的起源，参我 2009 年发表的一篇文章（Gerard Naddaf, "Allegory and the Origins of Philosophy," in Logos and Mythos: Philosophical Essays on Greek Literature, ed. W. Wians, Albany: State University of New York Press, 2009, pp. 99-131）。

② 参塞德利著作（David Sedley, Creationism and its Critics in Antiquity, Berkeley and Los Angeles: University of California Press, 2007, p. 12）。

着拥有灵魂的万物(DKB12.6)。^①然而,所有生灵(一切具有灵魂的生灵)的理性程度不尽相同。理性程度最低的生灵只有活动能力,而理性程度最高的生灵还有思考能力。由此他在自然中建立起一种等级,人类处于最顶端的位置。对于阿那克萨哥拉来说,理性是"一切"运动之源,因此它具有双重功能,这与柏拉图在《法礼篇》将灵魂视作运动法则或始基($arch\bar{e}kines\bar{e}os$)颇为相似。柏拉图认为,灵魂以外力的形式作用于无生命之物,以内力或内部官能的形式作用于有生命之物。^②尽管阿那克萨哥拉将理性定义为不朽之物,他并未表示个体灵魂在肉体消亡后会依然存在。^③

阿布德拉的德谟克利特(Democritus of Abdera,公元前460—前360年)是一位原子论者,对他来说,自然由两大本原构成:原子(atoms)与虚空(void)。在原子论者看来,原子在空间内处于永恒运动的状态,而虚空则是原子运动的条件。^④和其他前苏格拉底哲人一样,原子论者也认为灵魂区分了有生命物与无生命物。^⑤与此同时,人之生死与呼吸机制密切相关。只要一息尚存,动物便能活下去;一旦死亡,个体灵魂

---

① 阿那克萨哥拉在残篇第4.2则(DK59B4.2)中认为,一切拥有"灵魂"的生物都是混合物。实际上对于阿那克萨哥拉来说,气(aêr)和灵魂之间是相互关联的。泰奥弗拉斯托斯(Theophrastus)认为:"阿那克萨哥拉说气中包含了万物的种子,它们和水一起落到地上,进而长出植物来。"阿那克萨哥拉认为,气(aêr)和高层空气(aether)中的种子是构成生命的首要成分。因此,他延续了将生命等同于空气这个历史悠久的希腊传统。

② Gerard Naddaf, *The Greek Concept of Nature*, Albany: State University of New York Press, 2005, pp. 149-50.

③ 阿那克萨哥拉的宇宙理性(nous)拥有对过去和未来所有事物的知识,如果人类能够分有这个理性,那么从理论上来说,人类就可以理解宇宙理性的"意志"。

④ 对于原子如何在虚空中移动,原子论者并不十分关心(亚里士多德《形而上学》985b19)。如果原子当下移动了,我们有理由相信,它过去一直就是这样移动的,既然原子当下能够移动,那么就没有理由认为它不是一直保持这个样子。总之,原子论者并没有单独针对运动起因提出假说,与恩培多克勒和阿那克萨哥拉则不同,他们为回应巴门尼德则特别提出假说,安那克萨哥对巴门尼德所做出的回应不同,他们没有假定一种单独存在的运动起因。

⑤ 在原子论者看来,灵魂由球形原子(spherical atoms)构成,这些原子能够穿透整个身体,让全身运动起来,因为运动性是灵魂的本性(亚里士多德《灵魂论》403b30,406b20-22)。正因如此,身体就具有了自动性。

的原子便会消散在宇宙之中。

我还想从另外两方面对德谟克利特的理论作简要评述，这两方面涉及诗歌和意向性（intentionality）。首先，德谟克利特笃信神之形象（eidōla，《德谟克利特残篇》第 78 则，DK68A78），他认为，作为原子集合体的诸神不仅具有生命和智性，他们在人类事务中也起到了作用。更准确地说，德谟克利特相信诸神可以"通过现身和说话来昭示未来"（DK68B166）。① 再者，德谟克利特还笃信诗歌灵感说。他首创了"迷狂"（enthousiasmos）一词，并认为，荷马正是凭借"迷狂"才能创造出一个丰富多彩的诗歌世界（DK58B17，18，21）。此处我们再次领略到荷马的魅力，这说明他在古希腊人心中留下了不可磨灭的深远影响。②

最后，我还要简要谈谈阿波罗尼亚的第欧根尼（Diogenes of Apollonia，公元前 460—前 400 年）。他是公元前 5 世纪末的唯物主义一元论者，其灵感来源于米利都学派。他认为，气（aēr）是万物之源（archē），既是理性的又是神的（DK61B5-7）。因此，气无疑也是人类和动物的灵魂及理性（noēsis）之源。③ 第欧根尼继承了流传已久的一种说法，即气和呼吸是相互关联的。气一旦消失，人和动物便丧失了灵魂和智力（B4）。他还主张，气不仅掌控人的生命，而且统摄万物（B5）。从这个角度看，气主导着宇宙万物的秩序（B5）。第欧根尼认为，世间万物都得到了最妥当的安排，四季轮转，昼夜交替，一切井然有序（B3），这充分符合

---

① 这也说明，古希腊人一直都热衷于对神的研究。

② 我认为，虽然柏拉图从未提及德谟克利特的名字，他却可能认同后者的一个观点，即"自然（phusis）与教化（phusis）相似，教育将人类重塑，并通过重塑创造出第二天性。（B33）"这句话的意思是，教化能够促进灵魂原子的重塑或重构，由此改变或改善身体与灵魂的关系。在这一点上，柏拉图似乎与德谟克里特所见略同，但是，他还认为"神话"是达成这一点的关键所在。与柏拉图不同的是，德谟克里特认为人生的终极目标是欢乐（euthumia，68A1），在欢乐的状态下，灵魂（灵魂原子）便能摆脱情感压力，包括对神和死亡的恐惧（68B189）。这也反映出，大多数古希腊人还是深深地畏惧神明和死亡的。

③ 第欧根尼没有选择作为名词的"理性"（nous），而是选择了作为动词化名词（action noun）的"理解力"（noêsis），而非名词的"理性"（nous），这可能是因为，"noêsis"一词和"phusis"（自然）一样，体现了它拥有一种与其因果作用相关的动态价值，这是其优势所在。

"元气为善说"（B5）。事实上，气在这里变成了无所不在、无所不知，甚至无所不能的神明，此种说法在古希腊并不多见。由此说来，第欧根尼是从目的论角度看待宇宙秩序及运转。然而，他的假说中缺乏一个终极因（final cause），而人类通过终极因才能认识到善。虽然宇宙秩序依靠理性与神之法则建立，但这并不代表，该秩序当中包含了决定人类命运的神性意图（divine intention）。这或许可以解释，为什么第欧根尼和其他前苏格拉底哲人那里没有"神爱众人"（the gods care for us）的说法，而此说法则是柏拉图目的论的基本原则。①

现在让我们转向柏拉图的灵魂观，此观涉及来世和诗歌传统。可以说，柏拉图的灵魂观在其一生中不断发展，变动相当之大。

我们从《申辩篇》开始。

《申辩篇》

从《申辩篇》开始考察柏拉图灵魂观的演变，可谓最佳选择，因为在这篇对话中，柏拉图似乎仍在复述苏格拉底对死亡和来世的看法。苏格拉底的名训——"关注灵魂"（tês psuchê epimeleisthai）便是在《申辩篇》中首次出现（29d-30b）。苏格拉底提出这个劝诫，是对彼时价值观的全面反拨。当时，金钱、声望和荣誉被视为最重要的价值标准或卓越成就（aretai），大众认为人生在世便要追求这些东西（29d-e），在这样的社会环境里，苏格拉底却认为，真正需要重视的是人的灵魂，他把灵魂解读为"真正的自我"。

苏格拉底对"灵魂"一词的理解，与普通希腊民众截然不同。如前所述，普通大众习惯于用通俗的荷马观念来理解"灵魂"，即视之为"无

---

① 然而，有些讽刺的是，第欧根尼认为，他的观点可在荷马对宙斯的描述中找到呼应。这就是说，如果我们用正确的方式，即用喻说的方式来解读荷马（interpret Homer allegorically），荷马眼中的宙斯便充满着智慧和神性，这意味着宙斯其实就是气（DK61A8）。在最后的分析中，荷马对宇宙形成了正确的理解。我强调这一点，是为了再次表明，就连前苏格拉底哲人中的领军人物也同样深受荷马的影响。

气息的鬼魂"(ghost-soul)或"有气息的灵魂"(breath-soul),这两类灵魂离开肉体便毫无意义。从《申辩篇》来看,古希腊人大多没有将灵魂与思想、情感或记忆联系起来。大多数人并没有这样的认识,即存在一个"有意识的自我"与肉体相对立。情况既是如此,我们自然会有这样的疑问:对于"流行的"秘仪教派的信徒,死后的"不朽"具体是怎样一种状态?此外我们还可以看出,虽然在形形色色的宗教和哲学派别中都有"灵魂不朽"的说法,但认同这种观点的毕竟只有少数个人或群体。

还是回到《申辩篇》中的苏格拉底。关于关注自身的劝诫,苏格拉底还有一句名言,就是刻在德尔菲神庙上的那句话:"认识你自己!"(gnōthi sauton)。为了认识自己,人们须得进行某种意义上的自我审视(self-examination)。这也印证了苏格拉底另一个著名论断:"未经审视的人生是不值得过的。"(ho de anexetastos bios ou biôtos anthrôpôi,《申辩篇》38a,29e)。苏格拉底将审视自我和审视他人视为自己的神圣使命。因此,他把哲学视为一种"普遍的探究"(common research)。苏格拉底喜欢用逻辑辩驳(elenchus)的方式进行探究,即诘问或质询的方式。①当然,苏格拉底使用这种方式,并不是为了推出正确的结论,而是为了让对话者意识到他们对于知识的狂妄态度。意识到这一点,对话者或许就能明辨真理,认识到自我审视或"自我反省"(introspection)的必要性,他会提高自我意识,开始关注自身(《申辩篇》29d-e)。②

至于苏格拉底是何时得出真知源自内省这一结论,我们尚不清楚。虽然苏格拉底常说自己并没有智慧,他却坚信自己追求智慧的使命,宁愿面对死亡和危险,也不愿放弃自己的使命。死亡之于彼时的世界,是最大的不幸,至少在《申辩篇》篇中便是如此(29a)。然而,苏格拉底却说,惧怕死亡就是假装聪明,因为只有神才知道死亡是否是最大的幸

---

① 关于苏格拉底辩论方式的精彩讨论,参里弗著作(C. D. C. Reeve, *Socrates in the Apology*, Indianapolis: Hackett, 1989, p. 37ff)。

② 苏格拉底在《申辩篇》中多次谈到,他"能够意识到",即自己知道自己的无知(例如 22c9 emautôi sunêidê ouden epistamenôi;另见 21b4)。

福（29a）。① 被判死刑后，苏格拉底表示，他有充分的理由相信死亡是件好事，原因之一是，他时常感受到的"神之指示"（daimonion）并没有阻拦他去做这件他认为正确的事（40b）。

关于死亡，苏格拉底提出了两种可能的情况（《申辩篇》40c-41c）。第一种情况，死亡就像一场永恒的无梦之眠，苏格拉底说，就像他母亲常说的，睡去之后，人在世上便无牵无挂。这一信念的前提条件是，苏格拉底坚信自己一直奉献于诸神和众人，他的人生是正义而高贵的人生。② 第二种情况与冥界生活有关。苏格拉底对此想象了一番：他认为自己会遇见"真正"的判官，过上理想的来世生活，即继续他生前在人间的使命，继续用哲学的方式审视他人，但此后他面对的就是伟大英雄和前辈诗人。考察此论与荷马思想的关联性，会是非常有趣的话题。但需要注意的是，这里冥界的灵魂已经指向"激情"和"灵魂"的混合体。他们不仅具有自我意识，而且作为准具象化的灵魂具有近似肉体的（quasi-embodied）样态。

《高尔吉亚篇》

柏拉图的《高尔吉亚篇》并未论及灵魂不朽，但其中有一个关于死后灵魂命运的"神话故事"。可以说，这是柏拉图在写作中第一次尝试末世论神话。该神话始于523a，终于526d。

神话开始之前，苏格拉底就谈到，"最大的坏事莫过于抵达冥界之时，灵魂之中充满罪恶"（《高尔吉亚篇》522e）。在荷马描写的冥界中，灵魂的状态根本无关紧要，早期的秘仪教派对此也毫不关心。古希腊文化对灵魂状态的关注要晚于其他文化。事实上，从神话一开头（《高尔吉亚篇》523a-b），柏拉图就把许多非荷马的观点都冠名为荷马之见，例

---

① 柏拉图后来强调，论说（logoi）无法展现死后发生的事，只有神话（muthoi）才可以。
② 据我所知，在苏格拉底以前，从未有过"死亡为无梦之眠"的说法，因此这可谓是苏氏的创见，但是，我们能从一些前苏格拉底哲人那里，看到此说法的萌芽，比如赫拉克利特、阿那克萨哥拉和德谟克利特。

如，生前如果不敬神，死后就要堕入塔耳塔洛斯（Tartarus），遭受惩罚的报应。① 这里，柏拉图似乎是想借用荷马的圣名，来增加自己观点的可信度（另参见525d-e）。苏格拉底对卡里克利斯（Callicles）说，他所听说到的都是真实的（alēthē，523a，另参见524b）；此外，基于以上说法，他认为死亡不过是灵魂与肉体的分离（tês psuchês kai tou sômatos，524b）。苏格拉底宣称，冥界的判官们只会依据道德标准来审判每一个灵魂，他们并不知道这个灵魂是什么身份（ouk eidōs hotou estin，524e3）。一个人生前是国王也好，农民也罢，都不会有丝毫影响。国王一旦脱掉王袍，他的所作所为将无处隐藏！

根据柏拉图此处的恶有恶报说，适当的惩罚可以让人变得更好。这种惩罚起码对旁观者有好处，他们看到恶人受罚，就会产生畏惧之心，从而规范自身行为；此外，受罚者也会从中得到有益教训（525b）。这里不仅暗含了自由意志（free will）的观念，同时也告诉我们，灵魂会保留前世记忆。那些能从惩罚中获益的人，都是愿意悔改的人。对于无可救药的恶人，有些不仅要永远受苦，遭到最恐怖的惩罚，而且其受罚过程还会暴露在众人面前，刚进入冥界的恶人灵魂就能看到这一幕，就会知道自己今后面临着怎样的命运（525c）。② 如果苏格拉底在《申辩篇》中对转世也如此确信的话，那么，他在《高尔吉亚篇》中关于自我（灵

---

① 柏拉图这里可能指向了坦塔洛斯、西绪福斯和提提俄斯三人的命运，他们因为冒犯了神之尊严，而在冥界里受到惩罚，以儆效尤。

② 安纳斯认为这则神话"类似基督教神话，（因为它也）是最终审判，一劳永逸地决定了每个人的命运"（Julia Annas, "Plato's Myths of Judgment," *Phronesis* 27, 1982, pp. 119-33），对此观点，我并不认同。桑德斯（Trevor Saunders, *Plato's Penal Code*, Oxford: Clarendon Press, 1991, p. 197）和埃德蒙兹三世（Radcliffe G. Edmonds III, "Myth and Elenchos in Plato's *Gorgias*," in *Plato and Myth*, ed. Collobert, Destree, and Gonzales, Leiden: Brill, Edmonds III, 2012, 179n37）也同意安纳斯的说法。最终的主张便是：《高尔吉亚篇》中完全没有提到转世说。在我看来，柏拉图的描述恰恰相反。受篇幅限制，这里我就不讨论这则神话出现的政治语境。关于这一点，可以参塞德利一文的相关内容（David Sedle, "Myth, Punishment and Politics in the Gorgias," in *Plato's Myths*, ed. Catalin Parentie, Cambridge: Cambridge University Press, 2009, pp. 51-76）。

肉）永恒分离的说法则显得乐观许多。①

如果说《高尔吉亚篇》是柏拉图在写作中首次尝试末世论神话，那么，《斐多篇》便是他的第二次尝试。《斐多篇》关于灵魂不朽的若干论点，将成为柏拉图后续末世论神话的显著特征。实际上，这些论点还在西方哲学的相关领域开了先河。柏拉图用论说（logoi）来吸引灵魂当中的"理性"部分，而神话则是用来吸引"情感"部分。

《斐多篇》

作为一部戏剧，《斐多篇》讲述了苏格拉底生命的最后时刻及其死亡。该篇的讲述者是苏格拉底的学生斐多，苏格拉底赴死之时，他也在现场。斐多向一群毕达哥拉斯信徒讲述了苏氏的临终故事，他将毕达哥拉斯学派的转世轮回、避免玷污身体等观念糅合进苏格拉底本人关于灵魂不朽的论述当中。②

《斐多篇》中，苏格拉底首次提出，哲学的首要主题就是死亡和临终生活。死亡就是灵魂从肉体中分离出来，而肉体正是哲人的灵魂所鄙视的东西（65d）。③灵魂的终极目标在于寻求知识和真理，当灵魂不受肉体感官妨碍时，才能最大限度地发挥理性（65c，80c，82c）。只有借助"纯粹的思想"，灵魂才能够捕捉到其本质的对象，即纯粹的真实本身，如正义本身、美本身、善本身（65d-66a）。所以在此世，灵魂就无法实现终极目标，即获得纯粹的知识。但是，如果我们竭尽所能净化自

---

① 柏拉图煞费苦心地解释了灵魂与身体之间的区别。他非常清楚，他所描述的脱离肉体的灵魂是要去往冥界的。但是，他描述的灵魂在冥界里还是有视力、听力等官能，这就说明，这些灵魂仍是近似肉体的灵魂，但是对灵魂在冥界中仍然能够看到和听到的描述显示出，这是一种可以具形化的灵魂。

② 柏拉图明确指出，毕达哥拉斯学派和俄耳甫斯学派是其灵感所在。在《斐多篇》的69c-d部分，他表示，那些创立入教仪式（teletai）的人，包括"当选者"（bacchoi），他们追求哲学的方式都是正确的。柏拉图在《理想国》中对待俄耳甫斯学派的态度，与此处则截然不同。

③ 根据柏拉图的描述，灵魂被囚禁在肉体中，就像被关在笼子里（82e），并且这是它自身寻求的（autê kath' autên, 65d1）。死亡就是最终将灵魂与肉体分离，使灵魂成为灵魂自身（authên kath' authên），肉体成肉体自身（authên kath' authên）（64c）。

身灵魂，使之免受肉体玷污，当神使我们的灵魂获得自由时，我们便能获得完满的启示（67c）。由此看来，哲人如果惧怕死亡，难免让人觉得可笑。

在《斐多篇》中，柏拉图认为真正的自我只是理性或理智。索拉布吉（Sorabji）的说法不无道理："这会带来困扰，真正的自我是否完全属于个体？我们每一个人的理性、理智都是完全不同的吗？"① 在《阿尔喀比亚德篇》中（130d），柏拉图似乎意识到了真正的自我与个体之间的区别。根据此篇，认识自己便是认识作为特殊自我的灵魂，《斐多篇》115c 处也有相似的观点（另参见《理想国》卷九 589a-d）。不过这里还有另一重要之处：柏拉图在此阶段尚未解决如何协调身体与灵魂的问题，身体和灵魂仍然是相互独立的实体。只有在《斐德若篇》中，他才找到了最终的解决方案，将灵魂视为一切肉体和心灵运动的原则。②

如前所述，《斐多篇》是西方哲学史上首篇论及灵魂不朽的作品。其中观点成为柏拉图所有末世论神话的前提，它们也成为柏拉图理论的一个标志。

苏格拉底在《斐多篇》中提出了灵魂不朽的四大论证：循环论证（cyclical processes，69e-72e）、回忆论证（recollection，72e-80d）、相似论证（affinity，80d-84b）以及相反论证（opposites，102a-107b）。这些论证并不是我的探讨重点，但在讨论末世论神话之前，有必要对它们做一番简要评价。这四大论证互为补充，柏拉图自己似乎也非常清楚，任何一个论证都无法单独成立（例如，77c，84c-d 部分）。

柏拉图著名的理式概念首次出现在 65d 部分，也就是在灵魂不朽的论证之前。柏拉图从未论证永恒理式，而是视之为理所当然的存在

---

① Richard Sorabji, "Some Recent Interpretations," in *Ancient Philosophy of Self,* ed. P. Remes and J. Sihvola, New York: Springer, 2008, p. 17.

② 在《斐多篇》中，柏拉图似乎认为灵魂拥有理式（106d），但很难理解它在理式世界当中的作用，或者更重要的，在感性世界中的作用。此处论点是，使得肉体存活的不是生命，而是灵魂，这就好比使物体发热的不是热，而是火。

（65d），而另一著名概念"回忆"（*anamnêsis*，72e）则依赖于永恒理式。由此，灵魂不朽的观念也依赖于永恒理式，因为在较早的《美诺篇》（81c-d）中，灵魂不朽的基础是回忆（72e-73a；灵魂与理式具有相同的特征，66a，80b）。①《斐多篇》提出了新观点：在此世，我们可以通过物质现象获得理式的知识，但物质现象仅仅与理式相似，它们永远达不到完满。但当我们的头脑认识了某种理式，比如美的理式，我们就会知道，美丽的玫瑰花只是美之理式的不完美副本；我们不能说"X 是 Y 的一个不完美副本"，除非我们对 Y 有先验认识（74d-e）。总而言之，知识潜藏在人的肉身之中。我们应当注意到，《斐多篇》认为灵魂极为宝贵，这与苏格拉底在《申辩篇》中的说法不同。《申辩篇》认为我们应当观照自己的灵魂，因为它是知识之源，而《斐多篇》号召我们关照灵魂，是因为它属于永恒理式的世界。

关于灵魂不朽的论证结束之后（107b），苏格拉底表示，我们不仅在此世要关注灵魂，而且生生世世都要关注灵魂（107c）。随之，他便开始讲述末世论神话。②当灵魂来到冥界之时，"除却接受的教育和教养它一无所有"（107d），其后它要承受相应的命运。再后，苏格拉底便开始对冥界展开一番生动描述。无疑，柏拉图此处的描述受到了传统观念的极大影响，其中包括毕达哥拉斯和俄耳甫斯秘仪，但是柏拉图对材料进行了重组，使之符合对话中充满戏剧性的曲折情境。此处我想再强

---

① 尽管《美诺篇》没有明确提到理式，但《美诺篇》和《斐多篇》中的回忆说都依赖于理式。所有理式共生共灭，灵魂不朽这个观念也随之而动。《美诺篇》和《斐多篇》都强调生前的知识。

② "神话"（muthos）一词用于 110b1 和 114d8 部分。我认为在 108d8 部分，柏拉图用的"逻各斯"（logos）一词等同于"神话"（muthos）的意义。在《斐多篇》80d-82b 部分，柏拉图对冥界情况的描写更加简洁，他还叙述了不道德灵魂在冥界中将会有何遭遇。此处，最糟和最佳的灵魂会转世成与其前世生活相匹配的动物（81e-82a）。这一说法或许不可当真，因为如果哲学家也属于这一类，他们就不可能一劳永逸地加入（获得至福的）那些人，从此住在"美到无法形容的居所"。哲学家可能也会加入这一行列，而不是一次性加入那些"生活在其美妙难以形容之处"的人（《斐多篇》114e）。但从另一方面来说，这种说法或许能够解释，毕达哥拉斯教和俄耳甫斯教所谓的转世如何实现。

调一下，对于柏拉图来说，能够描述来世生活的只有神话，理性论说则不能实现这一功能。每位亡者都由一名守护精灵带领，前往冥界的审判之处（108a, 113d），自然有很多人都不愿前去（108a-b）。和《高尔吉亚篇》中的神话一样，这群灵魂主要包括三类人：无药可救的人、愿意悔改的人、哲人。其中一些愿意悔改的，在受到惩罚后立即洗清了自己的罪孽。但是，愿意悔改的人当中，还有特殊的一类人，包括那些犯下大罪（例如狂怒之下殴打父母的人）但随后便感到懊悔的人。这类人须在冥界向受害者乞求原谅，在获得原谅前不得离开冥界（114a-b）。由此我们可以想象，徘徊在冥界的奥德修斯如果想要离开那里，就必须真心求得埃阿斯的原谅。再者，来到冥界的还有那些罪大恶极、无可挽救之人，比如恶意害人的谋杀犯。他们被抛入冥界深渊塔耳塔洛斯，永世不得解放（113e）。不过，生前极为敬神的人则可以返回地面，重获新生（《斐多篇》114e）。最后，还有生前过着哲思生活的人。他们的灵魂非常纯净，此后便生活在一个妙不可言的地方，并且免受肉身之累（《斐多篇》114e）。转世再生是柏拉图末世论的核心所在，似乎只有愿意悔改之人才能转世为人或动物，转世成什么样取决于他们前世过着什么样的生活（参82a-b）。因此，如果某人前世活得像头蠢驴，那么他转世后就会变成一头驴。对于来世生活，人们无法凭自由意志来选择。

在这篇末世论神话的结尾（114d8），苏格拉底表示，不会有理智之人（*noun echonti andri*, d2）把他所描述的冥界当真，因为这是无法证实的。但他也说了，这个故事其实有理可循，冒险把它当真也是值得的，因为证据很明显（*painetai ousa*, d4），灵魂本身是不朽的（*athanaton*, d4）。并且，柏拉图还认为，应该不断向自己复述这个故事（神话与逻各斯），仿佛它是一种咒语（*epaidein*, d7）。为了产生魔力，咒语通常是要唱出来的！

《理想国》

《理想国》中，柏拉图重点关注的仍是"人"的灵魂。这里他所描述的灵魂与我们在《斐多篇》中见到的完全不同。《斐多篇》中的灵魂非常单一，而《理想国》中的灵魂是复合物，准确来说由三部分构成。柏拉图简要论述了一个观点：个体灵魂与城邦（en têi polei，435e3）一样，都是由三部分组成（tritta genê，435b5 或 eidē，435e2），具有相同的特性（ēthē，435e2）。个体灵魂包括欲望部分（the appetitive part）、激情部分（the spirited part）及理性部分（the rational part），对应到城邦上，则是商人（或生产阶层）、卫士（或军队阶层）及决策者（或统治阶层）（440e-441a）。《理想国》的第一主题是正义（justice），正义与灵魂密不可分，如果灵魂三部分按照自然（phusis）的指示各司其职，正义便由此诞生（441d，443d）。① 当灵魂三部分干涉各自的职能，违背自然的规定而行事时，它们便会导致不正义（432d，434c，444b）。

直到《理想国》末尾（608d），柏拉图才谈及灵魂不朽的观点，这些观点依然是紧跟在一则末世论神话之后（始于 614a）。其中一点可称为论特定的恶（608d-610e）。柏拉图认为，每样事物自然都伴有一种特定的恶，例如，木头会腐烂，金属会生锈。但如果某物的特定之恶不能摧毁该物，它便是不朽之物。灵魂也有特定之恶，即不正义，虽然不正义会腐蚀灵魂，它却不能摧毁灵魂，因此，灵魂必定是不朽的。

柏拉图此前认为灵魂是复合物，但在这里他会碰到一个问题：复合物怎么能是不朽的呢（611b）？他为此说道：只有与神相似的理性部分才是不朽的（611e-612a），这就解决了问题。但得出这个结论并不容易。理性是如何构成具有鲜明个性的"真正自我"，并与其他自我区别开来呢？

柏拉图认为，灵魂不朽只能够通过逻辑推理（logismōi，611c4）得出。在这个论证之后，他转而以故事的形式（apologos，614b2；muthos，621b8），对正义灵魂与非正义灵魂的死后遭遇进行描述。这就是著名的

---

① 有趣的是，柏拉图在《理想国》441e 部分表示，音乐和诗歌的混合对平衡理性和激情部分具有非常重要的作用。

厄尔神话（《理想国》10. 614a-621d）。这篇神话以厄尔的名字命名，是关于他死于战场，而后复活，并在阳间讲述其冥界见闻的故事（614b）。其中关于冥界的描述可谓细致入微，仿佛把冥界展现在读者眼前，这种生动描写正是神话的一大主要特征。

此处，我们再次看到了冥界中的判官。柏拉图依然区分了可拯救与不可拯救的罪人（不可拯救者依然多为僭主），而哲人则再一次得到了最高的善报。

这则神话也强调了"自由意志"的观念。所有灵魂都有权选择来生是享福还是受苦，并且，每个人都可以自主选择其守护之灵（guardian spirit，617d）。① 实际上，灵魂可在众多不同选项之中，按照个人意愿自由挑选来生想过的生活，而且在转生之前，他们可以预先看到选择的结果，再决定是否选择。三位命运女神或其中任意一者，从不行催促之事，而总是敬告人们在行动之前要将利弊仔细衡量一番。我们的选择最终将决定我们来世幸福与否。哲人接受训练就是为了做出最佳选择，他们习惯于做出明智选择，因此，他们在来世也会获得最多的幸福。但是这里并没有提到，哲人选择过一次之后，是否就能永远逃离轮回的循环。这里也没说灵魂绝非复合物。有些灵魂即使生前活在有序的政制当中，并养成行善积德的习惯，也不能保证他们为来世做出恰当选择。柏拉图表示，之所以会发生这种情况，是因为这些灵魂没有经历过苦难的磨炼（619c-d）。

这里也再次提到了轮回，根据选择的高低贵贱，转世后会变成不同的动物（620a-c）。有些人的选择受到了前世性格的影响（620a）。所有灵魂重生前，都必须饮忘川之水（fountain of Forgetfulness）。不过也有些没头脑的人，经常喝得太多（621a）。② 而厄尔却被禁止饮用。

这则神话的读者只是少数人，它不是为大众所写。如果这则神话

---

① 我们灵魂的道德状态决定了我们的选择。但这似乎与柏拉图下文所说不相一致，因为他随后认为，习惯并不能保证人们为来世做出正确选择。

② 柏拉图说，在每两次转世之间，灵魂都必须待在冥界一千年。

像卷三中著名的金属等级神话（415a-d）那样，为理想城邦（Callipolis）的全体公民所知，那他们可能就会明白其所司职能背后的道理。而此前在冥界中，他们可以自由选择，却决定维持前世身份。此外，厄尔神话昭明了这一点，人人都应当追求哲人生活，而在整个《理想国》的语境下，这种追求却被严厉禁止。

《斐德若篇》

《斐德若篇》中，灵魂不朽的论证（245e-246a）之后，再次出现了末世论神话（246a-249d）。但此次论证（*apodexis*，245c5）与此前的论证有本质上的不同。它还异常简洁，这在柏拉图论证中实属少见。此前的论证都关注人的灵魂，而这里的论证则把灵魂视为一切运动的根源和本原（*archē kinēseōs*）。① 整个论证大致如下：本原是不可生成之物，因为本源不可能从虚无中产生，否则它也无法成为本源。本原还是不可毁灭的，因为如果它被毁灭，它便不能产生别的事物，包括它自身。因此，将灵魂定义为运动的本原，一方面说明灵魂能使自己运动，也能使它物运动，另一方面说明灵魂是不朽的，因为这种运动一旦停止，所有的运动都会停止。这里的运动指的是广义的运动，它既包括所有的物质运动，也包括所有的心灵运动（245e）。

随后，柏拉图转向了灵魂（这里具体指人类灵魂）的结构或理式（idea，246a4），也就是灵魂所呈现的样子。柏拉图表示，只有神才能够真正描述出或再现出灵魂的样貌，而他只能展现人的理解，且这种理解只能借由神话形式表达（253c8）。此处我们再次领略到柏拉图丰富的想象力。灵魂被比作一队生有双翼的飞马及驾车人（246a-b）。神所用的马

---

① 柏拉图此处的说法近似于米利都学派所理解的灵魂，起码与后者隐含的灵魂观相近。此处的论证与首位哲学家所理解的灵魂的暗含意思相近。米利都学派强调，整个物理宇宙都处于运动当中，或者说，整个物理宇宙是有生命的，因为它充满着灵魂，且正如阿那克西米尼所言，这当中还包括人类灵魂。我们将会看到，此论在柏拉图《法礼篇》卷十中表述得更加明确。

匹都是好马，品种优良；而人所用的两匹马是杂种马，且一匹驯服，一匹顽劣，使驾车人的任务变得非常困难。这里也暗示了一点：灵魂是复合物，就像《理想国》中三分的灵魂。

羽翼象征着神圣之物，当其处于完美状态之下，即受到美、智、善的滋养时，就可以把灵魂送到天界外缘，让他们瞭望天界之外的景象。① 此处，柏拉图首次把焦点转向了天界，而非冥界。在这里，只有通过灵魂的向导，即理性（nous），我们才能看见一切真正知识的对象（247c）。神的灵魂也靠理性来滋养。而人的灵魂受劣马所扰，须历尽辛苦才能领会上述的真实，且每人的理解程度各不相同。

转世轮回一方面直接取决于人类灵魂所见真理的数量，另一方面（248c）则与灵魂的遗忘程度及偶发事件（*tini suntuchia*，248c7）中所犯之错有关。一共有九种转世再生的类型或者说不同生活方式，它们每一万年变换一次，并按照一千年的长度进行分段。不出所料，见到真理最多的灵魂依然是哲人的灵魂。

依我所见，尽管僭主处于最底层，这里并没有说他们会被判永久在冥界受罚（249a）。事实上，每一万年，所有灵魂会再次来到天界（248e）。哲人虽然比他人更多地沉思天界之事，他们也不得不进入这样的循环。《斐德若篇》中没有提及来世中的判官，却区分了善报与恶报。根据前世生活方式的不同，灵魂可能进入天界或冥界。柏拉图在此明确提出，正义之人得到的奖赏便是升上天界。此外，这里又一次提到了转生，但仅限于从未见过真理的灵魂（249b）。另一方面，只有经历回忆真实的过程，才能获得最好的生活（249c）。

正如柏拉图的其他末世论神话，此处关于轮回始于何处，仍是语焉不详。宇宙似乎并没有时间上的起点，转世历来就存在，今后也将一直存在。而在下文讨论的《蒂迈欧篇》中，柏拉图为我们提供了轮回的时

---

① 柏拉图宣称，尘世诗人从未歌颂过（*humnêse*）天上的世界，或者说，他们将来歌颂（*humnêsei*）也不能够做得很好（《斐德若篇》247c）。这里，我只是想再度强调诗人、歌颂及歌颂超凡之事的重要性。

间起点。

《蒂迈欧篇》

《蒂迈欧篇》是柏拉图的创世故事，是关于宇宙、人类和社会起源的叙述或者"神话"。因此它也符合长久以来的创世神话或"神启诗歌"传统。此处柏拉图延续了一种"论述自然"（peri phuseōs）的传统。作为"自然哲人"，前苏格拉底哲人也是这一传统的发扬者，更早"论述自然"的还有诗人，比如赫西俄德。通过"论述自然"，人们意在解释现存的世界秩序如何从原初混沌中产生并发展，但这一传统随着时间推移已逐渐沉寂（Naddaf 2005）。

柏拉图多次将其创世故事称为"可能的神话"（eikōs muthos）。也就是说，这类故事仅仅是虚构的，最多只是"可能的"，因为柏拉图像诗人一样，使用了非真非假的言说（discourse），连他自己都无法证实这些言说的指涉（reference）。柏拉图自然不可能见证人类的起源，也不可能亲眼看见宇宙的起源。在他看来，这样的言说只能同神话相联系。这就解释了为什么柏拉图要像诗人那样，向神（或缪斯女神）呼喊，以求得言说或吟唱的灵感（《蒂迈欧篇》27c-d）。

从诸多方面来说，《蒂迈欧篇》都是首篇遵循"论述自然"传统的"创世论"（creationist）叙述。在柏拉图之前，占主导地位的是进化论思想。而创世论故事中最需要的，是一位创造万物的神，也就是柏拉图意义上的造物主（demiurge），这位神在宇宙形成之前就必须存在，并且超然于物质之外。这位造物主创造世界依靠的是自己的技艺（technē），因此世间万物都必然是神意的结果。①

这里再次把话题引向灵魂。在《蒂迈欧篇》当中，柏拉图并未论证

---

① 塞德利成功地将阿那克萨哥拉塑造成"创造性宇宙理性"的首个捍卫者（参塞德利著作第一章。David Sedley, *Creationism and its Critics in Antiquity*, Berkeley and Los Angeles: University of California Press, 2007, pp. 8-9）。更确切地说，阿那克萨哥拉认为，最初的时候既有精神也有物质，并且精神能够控制物质。精神控制物质以后，便有了我们现在所看到和理解的秩序井然（接下页）

灵魂之不朽，这是为了与他所用的"神话"体裁保持一致。① 然而，具有讽刺意义的是，恰恰在《蒂迈欧篇》中，柏拉图关于灵魂的讲述是最为清晰明了的，并且他还解决了精神与物质之间不可调和的二元对立问题。② 这是通过如下步骤达成的：首先，柏拉图断言，作为运动法则的灵魂与身体运动是紧密联系在一起的；其次，灵魂离开肉体便无法存在，而理性离开灵魂也无法存在，目标指向自我运动的世界灵魂（world soul）观照着理式，因此处在永久的有序运动当中；最后，世界灵魂和个体灵魂都由三种要素（存在、同一、差异）混合而成，这三种成分在感性世界与理性世界之间起着连接作用。这就解释了灵魂如何认识两大世界的对象。

在《蒂迈欧篇》中，柏拉图告诉我们，是造物主创造了灵魂，这些灵魂包括数目多如繁星的个体灵魂（41d-e）。③ 造物主创造出灵魂以后，把一部分播撒到人间，一部分播撒到月球，还有一部分播撒到其他的"时间工具"（instruments of time）上（42d）。

在低于造物主的诸神出现以前，人类灵魂之间似乎并无区别。这便是轮回的起点了。我认为，只有当这些"人类"灵魂占据了"人类"躯体，他们的"个人"特征才会开始发展。柏拉图在《蒂迈欧篇》中告诉

（续上页）的宇宙。我在2005年出版的一本书里，也对阿那克萨哥拉有类似的看法（参 Gerard Naddaf, *The Greek Concept of Nature*, Albany: State University of New York Press, 2005, pp. 148-51）。但是，通观整个《蒂迈欧篇》，柏拉图不仅说得更为明确，描述更为细致，他还首次把强调了造物主/理性的意向性（intentionality）。

① 然而，布瑞森和梅耶斯坦恩非常正确地指出，柏拉图在《蒂迈欧篇》中有方法上的首创，他的这种方法为后世一切所谓的"科学"研究所采纳，即列举原理及推理原则（Luc Brisson and Walter Meyerstein, *Inventer l'univers: Le problèm de la connaissance et les modelès cosmologiques*, Paris: Les Belles Lettres, 1991, pp. 10-11）。

② 我们应当注意，这种二元论是正确的道德行为和宇宙秩序的主要障碍。在此之前，品质上较低劣的物质始终抗拒神性理智，由此也把善排斥在外。

③ 从古至今，此论无疑都是饱受争议的话题。事实上，在此前对话中，柏拉图认为灵魂是不生成的，包括后来的《法礼篇》也是如此。关于这一矛盾最普遍的解决办法是，应认为柏拉图期望人们从象征意义上理解《蒂迈欧篇》，而不是从字面意义上理解。与此同时，宇宙中也有人类灵魂，因为它们都包含在"生物"（zôon）的永恒理式当中，这种理式是最佳模式，造物主依照它来创造我们的宇宙。永恒理式囊括了一切有理性的生物，这些理性生物对应了人类世界的可见生物（《蒂迈欧篇》30d-31a）。

我们，当造物主把灵魂创造出来，他会立即向他们展示宇宙的本质和命运的法则（nomous tous eimarmenous，《蒂迈欧篇》41e；亦可参《法礼篇》904c，及《斐德若篇》249a 以下），即品格将决定灵魂在将来转世时是升级还是降级，而品格的优劣完全取决于人们如何应对躯体所带来的困扰（42a-b，44a-b）。但是，作为理性动物，人类还有自由意志（42a）。柏拉图非常明确地指出，一切恶都是人自己引起的，神无须为此负责。

柏拉图在这里根本没有提到"原罪"，但他所熟知的俄耳甫斯教和毕达哥拉斯教，却都有关于"原罪"的神话。由于人类灵魂不可毁灭，转世也将永远持续下去。就转世这一点，柏拉图提出了充分的理由，虽然这与他之前的说法不大一致，即不同动物代表不同类型的人（《蒂迈欧篇》91e-92c）。此处论及转世时，柏拉图首次提到了女性，但他的说法却十分古怪：他声称，一个男人如果在此世生活堕落，他所受到的惩罚就是来世变成女人。①

柏拉图（或蒂迈欧）先讲宇宙的形成，再讲人类的物理构成，接着，他开始阐述教育的普遍法则（44a-b，86b-90d），而教育是人类获得救赎的必要条件。他在最后的分析中指出，人类必须维持灵魂运动与身体运动之间的完美平衡，以及灵魂内各部分之间的完美平衡，而在灵魂内部，理智具有卓越的地位（87c-90d）。天体（celestial bodies）为人类幸福提供了模式，如果理智能够凝视天体运动，就能实现上述的两种平衡（89d-90d）。当然，为了实现这些平衡，人们需要一个相应的社会政治模式。总的说来，柏拉图在《蒂迈欧篇》里已经构想出一个模式，这就是亚特兰蒂斯故事（Atlantis story）里早期雅典人所处的那个社会。

事实上，《蒂迈欧篇》旨在说明为什么这些雅典人行事如此恰如其分，令人钦佩（17b-19c，26c-d），即合格的城邦公民应该如此行事。但是，想要了解这一点，就必须先了解人的本质。由于宇宙本质决定了人的本质，为了了解后者，显然得从宇宙的起源开始说起。因此，每个

---

① 这会让人觉得，正如赫西俄德所说（635 行以后部分），地球上最早的人类都是男性。

"论述自然"的故事,都是这样开头的。有鉴于此,《蒂迈欧篇》的真正目的在于讨论伦理与政治,而非自然(物理)。在柏拉图看来,认识了人的本质,便能认识"生命的意义",由此他的故事与早期宇宙起源神话有着奇妙的相似之处。

《法礼篇》

在《蒂迈欧篇》中,宇宙源自理性(nous)和必然(anankē)的结合。造物主为理性赋形,却不是全能的,它也必须借助预先存在的材料,即用必然之物来创造宇宙。造物主期望把宇宙变成永恒不变的完美理念模型,但实现这一想法必然会遇到障碍。然而,造物主能够运用智慧的劝解(hupo peithous emphronos)来降服必然,将大多数事物引向趋近完美的状态(epi to beltiston agein,《蒂迈欧篇》48a)。《法礼篇》的立法者与《蒂迈欧篇》的造物主一样,也必须处理预先存在的材料,但前者所面对的是号称最难掌控的人类灵魂。① 此外,柏拉图还表示,在自己所生活的世界里,人类事务似乎都要受到运气(tuchē)的支配(709b)。但他随即又指出,经再三考虑可知,神、或然性和时机(kairos)这三大因素决定着人类事务,而技艺则是时机的辅助因素。②

在《法礼篇》中,我们看到了柏拉图关于次好城邦的构想,这个城邦被称为迈格尼锡亚(Magnesia)。哲人王不再是切实的选择,因为此时柏拉图认为,绝对权力会让人走向腐败(712a,875b-c)。哲人王应当被

---

① 我知道,对于这个比喻,只能说这么多。例如,从某种程度上说,柏拉图挑选了他将要面对的"灵魂"或未来城邦公民,但他们仍然不是"神之子"(《法礼篇》853c)。然而,他在858b部分(亦可参965b部分)则直接提到了这一类比。关于此点的有益探讨,参莫罗的论文(Glenn R. Morrow, "The Demiurge in Politics: The Timaeus and the Laws," *Proceedings and Addresses of the American Philosophical Association* 27, 1953, pp. 5-23)。

② 以柏拉图之见,立法的技艺(technē)不仅以神圣理性(nous)作为基础,它还是或然性与必然性、尝试与错误以及社会、环境和技术等多种因素共同作用的结果。正如《法礼篇》卷三开篇雅典人所言,探究的目的在于发现人类事务变化的原因(676c)。关于这一点的精彩讨论,参奈廷格尔的文章(Andrea Nightingale, "Historiography and Cosmology in Plato Laws," *Ancient Philosophy* 19, 1999, pp. 299-325)。

法治所取代，而柏拉图视法律为客观的永恒真理。他认为最适合实行法治的是混合政体，即民主政体和君主政体的结合。人们通常认为柏拉图的次好城邦具有"神权政体的"（theocratic）特质，但他本人并未使用这一术语。当然，《法礼篇》以"theos"（神）一词开篇，这说明神是柏拉图立法之根基。开篇之论表明，律法理应源自神祇，而非人类。在卷十某些强硬"观点"出现之前，上述理念始终未受质疑。① 柏拉图接下来就必须阐明，诸神的存在是理所应当的，且他们关心人类、品质不受腐蚀。事实上，整篇对话把神塑造成了律法的担保人，而律法则是新城邦的根基。《法礼篇》的立法者（柏拉图/雅典人）也假设自己是受到了"神灵的启示"，在某个时刻，他甚至觉得自己像诗人那样获得了神赐的灵感（《法礼篇》818a，769d-e，632c）！但是，与受到神启的立法者和诗人不同，雅典人始终认为自己是凭借理性在立法。不出意料，到了后面，神（theos）和理性（nous）两个词甚至可以相互替换（713a），由此柏拉图将"神权政体"（theocracy）和"理性政体"（nouscracy）等同起来。②

柏拉图非常清楚自己在立法方面的创新观点。他表示自己是第一个将劝说（persuasion）和强权（force）结合起来的人（722b-c）。要实现这一理念，立法者必须在一般的法律法规之前加上一个序言（prooimion）。对柏拉图来说，序言首先是劝诫（exhortation，720a）。柏拉图利用文字游戏，将劝诫（paramuthia 或 paramuthion）比作"法律之前的神话"（ho pro tou nomou muthos，《法礼篇》927c7-8）。正如布里森所言，《法礼篇》中有14处可以佐证该比喻，其中包括卷十中关于神之存在与神的旨意的序言（887d2 及 903b1）。③

---

① 对柏拉图来说，人信神乃是自明之理。事实上，柏拉图似乎认为，人不可能拥有道德上的善却不信神。

② 这一点同样来自 713-714a 部分的克罗诺斯神话（myth of Cronos）。

③ 参布瑞森一书第120到121页及附录四（Luc Brisson, *Plato the Myth Maker*, trans., ed., and with an introduction by Gerard Naddaf, Chicago: University of Chicago Press, 1999, pp. 120-1 and Appendix IV）；摩根也引用了布瑞森的观点，可参其著作（Kathyrn Morgan, *Myth and Philosophy*, Cambridge: Cambridge University Press, 2000, p. 165）。

神启灵感下所订立的法律包含永恒的客观真理，《法礼篇》前九卷里不曾说过这样的神启之法会遭到任何强烈反对。雅典人强调，没有人会故意在言行上亵渎神圣，除非是以下情况：其一，他们不相信神的存在；其二，他们认为神虽然存在但不关心人类；其三，他们认为神已被腐化（885b）。① 实际上在不同群体当中，都有信奉以上三点异说的人。② 柏拉图认为，只有提出论据充分的证明（apodexis，887a，893b；epidexis 892c，899d），才能让这些反对者信服，而他的论说（logoi，887a）必须为所有人接受。柏拉图非常清楚，这些年轻的（neoi）反对者无法接受造物主、永恒理式或回忆说之类的观点。此外，在他的描述中，反对者们天生记忆力强且头脑敏锐（mnêmai te ischurai kai mathêsis oxeiai parôsi，908c3），这两点都是他心目中未来的仁善统治者的最重要品质（参《法礼篇》709e-710a，710c，以及《理想国》487a）。为了强调其理论的根本重要性，柏拉图表示，他对三种渎神行径的反驳将构成整个立法体系中最优秀、最出色的序言。

开始论证之前，柏拉图带着一丝怒气和失望说道，这些年轻人从蹒跚学步时就开始听母亲和保姆讲述神话故事，如果他们当时就接受神话的训诫（ou peithoumenoi tois muthois，887d1），他现在也无须再费口舌。他接着说，大人给小孩讲神话故事，就像在念半是娱乐、半是严肃的咒语（epôidais，d4）一样。人们往往在向神献祭、进行祷告时才念咒，且会以扮演（opsis，887d6）的形式呈现咒语。③ 这显然是不对的。从对话中可知，这并非因为他们无法控制自己的欲望（886a-b），而是因为他们被一种"新式"理论，或干脆说"令人惊讶的理论"（thaumaston logon，

---

① 在《理想国》356d-e 部分，针对那些宣称不正义比正义更有好处的人，柏拉图同样援引了这三种不敬神的方式。

② 对柏拉图来说，第三种渎神异说从某种程度上看，比其他两种更为可鄙。他在716d-717a 部分提到了这一点，当然，在 905d-907a 部分，他再度提出。

③ 在宗教仪式中吟唱咒语，是一种仪式性惯例，咒语将吟唱者与神秘力量连接起来。传播神话时对灵魂所产生的作用，同样与魔咒（kêlêsis）及咒语（epôidê，《法礼篇》659e，《斐多篇》77e-78a 和 114d，《欧绪德谟篇》Euthydemus 289e）有关。

886d9）带入了歧途。这种理论认为，现有的世界秩序是偶然从四种无生命的 tuchei（apsucha）基本元素或法则中诞生，这四种元素分别为土、气、水、火（889b）。这便是他的反对者所理解的自然（phusis 891c）。① 由该理论出发，产生了两个推论：其一，理性（nous）和技艺（technē）乃后期发展而成；其二，诸神和法律乃是人类约定俗成之物（889c-890a）。

神的存在与神的旨意乃是城邦及其法律的真正保障，为了证明这一点，柏拉图求助于两大理论，一为宇宙论，二为自然神学／目的论。实际上，他是第一个使用这两大理论的人。柏拉图从宇宙论角度证明，psuchē 灵魂先于四大元素产生，而反对者则认为先有四大元素、后有灵魂的出现 psuchē。柏拉图所理解的自然是生成的首要来源（唯物主义者也认同此观，892c），对他来说，与自然联系更为紧密的是灵魂，而非无灵魂的（apsucha）的四种元素。如《斐德若篇》所说，灵魂是使自身运动的运动，只有这样的运动才能成为生成的首要来源，因为从存在时间和重要程度两方面考虑，它都先于各种经由身体传输的运动。

因此，如果宇宙真是被创造出来的（柏拉图的前人们都认同这一点），那么依柏拉图之见，没有运动法则的原初或第一推动，现有的世界秩序也不可能从原初状态中诞生。这个运动法则等同于自然法则，而它的停止则意味着宇宙的终止（《法礼篇》895a5-b1）。② 简而言之，如果没有灵魂，万物将会永远停留在毫无生气的原始状态中。探讨完灵魂的驱动功能后，柏拉图便转向其认知功能（即灵魂作为思想、深虑和意志的中心）。正如灵魂的驱动功能先于身体属性（例如感知冷热干湿），灵魂的认知功能同样先于这些属性。

然而第一个论证并不充分，因为柏拉图心中有一个"神"的至高理想形象，但灵魂并不符合这一形象。灵魂是中性的，在不同情况下，它

---

① 我认为这一理论不属于任何个人，而是彼时传播的不同理论相互融合的结果。
② 柏拉图也将灵魂与生命联系在一起。也就是说，他认为，如果一个物体能使自己运动，它就是活的（zēn）；如果它是活的，它就有灵魂（895c）。这与当时流行已久的米利都学派灵魂观有关。

可能倾向善，也可能倾向恶。由于神的本质是善，柏拉图必须认定一个可以确保灵魂永恒向善的原则。他认为这个法则便是理性。理性在自然界的可见运动中创立并维持和谐（897b-898b；《法礼篇》12.966e），并在这种和谐当中展现自身。

不过，上述论点有待证明，而这种证明恰是自然目的论的宗旨所在。对于柏拉图来说，这种证明关键在于一点：自然目的论应当能够证明，天体运动与理性运动在本质上是一致的，也就是说，两种运动在本质上都是循环、统一、恒定的（898a-b；此明喻摘自前文893d部分关于运动的分类）。但是该如何证明这一点？柏拉图认为，只要观察天体就可以证明天体运动与理性运动的同一性，由此还可以证明，观照整个宇宙的正是与神同一的灵魂（*ariste psuchē*）（897c，898c）。①

实际上，柏拉图的自然目的论取决于他所谓的"新天文学"，他认为这一科学"高贵，真实，有益于社会，并且完全被神所接受"（《法礼篇》821a-b；及966e-977c）。② 然而，他的证明远比这复杂得多。通过观测天体（即观测天文学，observational astronomy）可知，天体运动并非规律的，而是随意的。但另一方面，数理天文学（mathematical astronomy）却显示，天体绕圆周运行，这也就是说，天体运动是符合理性的。在《法礼篇》卷七821e部分，柏拉图断言，新天文学最近才解决了天体运动不规律的悖论。③

---

① 柏拉图在此暗示，这里因此存在着一种本体论法则的等级，即一种自然（phuseis）的等级：理性、灵魂和物质（hulê）。对物质主义者来说，理性和灵魂都是他们所谓的"自然"的后来产物。神和法律当然也是！它们都被视为人类的发明。

② 柏拉图在此篇中暗示，通过天体规律而统一的运动，与神同一的灵魂（ariste psuchê）赋予我们发明数字的能力，这种能力进而促使人类产生时间观念，引导人类走上探究宇宙本质及哲学天赋的道路。类似的观点他在《蒂迈欧篇》中则明确提出。

③ 柏拉图甚至这样认为：每个人应该从年轻时就开始学习天文学，起码要有一定程度的掌握，但更重要的是，如果不懂得这种科学，人就不可能在社会上幸福地生活（992a）。在即将出版的《宇宙论模式和自然论传统》（"Cosmological Models and the *Peri Phuseos* Tradition"）一文中，我结合语境对此问题作出了探讨。此文将发表于坎比亚诺（Giuseppe Cambiano）和里安那瑞（Alexandra Lianeri）所编的《爱丁堡希腊罗马哲学批判史》（*The Edinburgh Critical History of Greek and Roman Philosophy*）一书。

柏拉图先认同了泰勒斯的说法，即"万物皆有神"（*theôn einai plêrê panta*，899b8），然后，他把目光转向了声称诸神不关心人类的反对者。他一开始就表示，说服这些异教徒只需要温和的劝诫（*paramuthêteon*，899d5），但他接着就使用广受认可的论说（*logoi*：899d，900b5，900b7，903a10）来证明（*endeixasthai*：900c7）神的存在及其神圣性（*logoiendeixasthai*）。这些观点全都得到了上述宇宙论及目的论的论证。

简而言之，柏拉图的观点如下：根据自然目的论，诸神关心的都是重大问题。但是，他们会关注人类事务这样的次要问题吗？柏拉图认为，诸神本质上是善的、道德高尚的，因此他们将节制、勇敢和理智这些美德注入人性中，恶则违背了神之本质。如果一个人接受了某项特殊任务，他会集中精力处理其中的大事，而忽略细节上的小事；要么他觉得这些小事对他的任务来说无关紧要，要么他纯粹只是懒惰，原因不外乎这两个。柏拉图说，神知道、听到也看到一切事物，这点是毋庸置疑的（901d）。因此，倘若诸神忽略了宇宙中的一些小事，那是因为他们没有发觉这些事需要他们来操心，或者他们不知道这些事。但这是不可能的，因为诸神知道、听到也看到一切事物。此外，身怀技艺的人都知道，自己做事的时候绝不会忽视细节。比如说，石匠肯定知道，大石块离不开小石头的支撑（902e）。既然神具有最高智慧，并且有意愿、有能力来管理整个宇宙，我们便可以得出如下结论，神会照看好一切大事和小事。①

《法礼篇》卷十中的末世论神话

此前，柏拉图一直用论说（*logoi*，903a10）来表明自己的观点。他觉得还要借助一些比较有魔力的神话（*epoidôn ge mên prosdeisthai moi*

---

① 我们当然可以反对柏拉图的诸多假设，但严格说来，本文并非对其论点的批判性分析。有一点非常重要，柏拉图认为"每个人"都相信诸神无所不见、无所不闻、无所不晓，这是因为他坚信人们已经推翻了无神论。

dokei muthôn eti tinôn，903b1-2）来劝说持反对意见的年轻人（*neanian*，903b4）。

《法礼篇》卷十当中的末世论神话，正是柏拉图所使用的"魔力"，该神话基于以下主题："宇宙监管者"（*tôi tou pantos epimeloumenô*，903b4-5）如何安排万事万物，使整个宇宙维持生机，达到卓越。宇宙里的一切，无论多么微小，都发挥着积极或消极的作用，宇宙监管者指派下层统治者去管理世间的每一件事务。教导者应该提醒年轻人，他虽然只是一粒微尘，却和所有造物一样，对整体之善有所贡献，即为保障全宇宙的福祉做出了贡献。但与此同时，他还应该知道，自己和宇宙同源而生（*tês koinês geneseôs*, d2-3）。柏拉图这里再次使用了工匠的例子。工匠根据最理想的目标（*telos*）来安排各种材料，而年轻人就像其中的一种，与其他材料服务于同一目标。①

柏拉图随后提到了转世再生的作用（903d4-5）。人的灵魂就其定义来说是不朽的，它在不同的人世会与不同的躯体结合，因此它必须不断适应各种各样的变化，有些变化是自发的，还有一些则是由于其他灵魂的运动而产生（903d4-5）。② 但柏拉图在这里强调，神圣的造物主做事（*demiurge*），就像棋手下西洋跳棋或国际跳棋（*tôi peteutêi*，903 d6-7）那样③，棋手会根据棋子自身的作用来安排棋位，造物主则会根据人自身的命运（*moiras*）来安置灵魂，把不断进步的灵魂安排到有利的位置，把不断堕落的灵魂安排到糟糕的位置。一切运作竟如此机械化！

接下来的这个段落（903e2-904a4）颇具争议，它似乎解释了宇宙的

---

① 此处（30c-31a）很容易就让人联想到《蒂迈欧篇》，其中人类也包含在生物的理式当中（见上文）。柏拉图此处的宇宙不同于《圣经》当中的宇宙，后者描述的宇宙以人类为中心，上帝是为人类而创造宇宙的。

② 运动可分为两种，即使自身运动及使它物运动，在《法礼篇》894b-c，柏拉图将这种区分应用于身体。这种区分同样适用于所有灵魂。此外，灵魂作为驱动自身之物，还能够适应所有主动和被动的运动过程（896e-897c）。

③ 关于国际跳棋手的比喻，参endeavor廷格尔文章（Andrea Nightingale,"Historiography and Cosmology in Plato *Laws*," *Ancient Philosophy* 19, 1999, pp. 320）。

运作方式。有些人把此段视为柏拉图对赫拉克利特的阐释和批判，我认为不无道理；此外，这一段还指向了柏拉图自己的物质转化观，且其中见解与《蒂迈欧篇》的说法相似。《蒂迈欧篇》中，柏拉图自称是第一个阐明四大元素起源的人（48b），在他看来，四大元素由等腰三角形和不等边三角形这两种基本三角形构成（53a-64a）。[①]

下面一段（904a6-c3）讲述了灵魂首次成形之际，宇宙之王（*ho basileus*, a6）所看到的景象。《蒂迈欧篇》中，灵魂和物质都是不可摧毁的。物质消亡时，构成人体的元素在消亡后会四散开来，回到其在宇宙中原本的位置。这里起作用的是一种自然法则。只有当灵魂转世之后，其行动才与美德或邪恶相关。这便是宇宙之王预先看到，或者说预先理解到的。由《蒂迈欧篇》可知，在灵魂首次转世之前，造物之主便向其展示了命运的法则。而在《法礼篇》，宇宙之王或造物主预先制定，或者应该说，它不得不预先制定出一个计划，以确保美德在宇宙中总是立于不败之地（904a-b）。但是，宇宙之王不仅要让人类为自己的行动负责，还要确保人类灵魂变化的原因（*aitia*）及其死后的行进方向完全包含在灵魂自身中（*tais boulêsesin hekastôn hêmon tas aitias*，904c1-2）。造物主或宇宙之王只需保证灵魂的最终归属能使美德在宇宙中立于不败之地。[②] 所有这一切都将在命运规定和法则的主导下发生（*kata tên tês eimarmenês taxin kai nomon*，904b7-8）。[③]

人死之后，根据生前的生活方式，灵魂会机械般地移动到物理空间（*physical space, chôra*，904c9）内的特定位置（*topoi*，904b9，d2，d8，e1，905b1，c2）。如果灵魂生前品格变化不大，它就会在空间里做水平

[①] 有关柏拉图对物质变化的精彩描述，参弗拉斯托斯《柏拉图的宇宙》一书第三章（Gregory Vlastos, *Plato's Universe*, Seattle: University of Washington Press, 1975, Chapter 3）。

[②] 舒尔（Schuhl, 1947, 105-8）的说法非常贴切：按柏拉图的理解，宇宙监管者所做的工作仅仅是为灵魂"称重"。

[③] 柏拉图在 904c 部分总结了他关于这则神话的三大立场：第一，一切拥有灵魂的东西都会变化；第二，（人类灵魂中）引起变化的原因取决于人类的选择；第三，在变化中，灵魂的运动遵循（死后）命运的法则和律令。

运动（*to tês choras epipedon*，904c9）。如果灵魂生前作恶多端，它就会堕入冥府深处，即宇宙的低处（*topoi*）（904d）。反之，倘若灵魂生前过着具有神圣美德的日子，它就会走上神圣道路，通向宇宙的高处，即至高之地（*topos* 904d8；参 904b）。因此，灵魂的归处是与其生前品行相对应的物理空间（904e6-905a1）。从某种意义上说，惩罚和命运都是自然而然的（904e7）。

尽管柏拉图最后严词谴责，说亵渎神明的年轻人肯定逃不过厄运，他所描述的对于灵魂前世不虔敬、不正义行为的"神圣"惩罚，却一点都不可怕。此处柏拉图没有提及来世的可怕惩罚，没有提及永恒诅咒或永恒福祉，甚至第一次没有提到灵魂转世，也没有提到灵魂回忆，更未谈起理式世界。正如一些学者所论，这则末世论神话的语言，更像"科学"语言，而非"神话"语言。此处柏拉图对灵魂死后生活的描述，截然不同于他在其他末世论神话中的描述，在我们所讨论的同类神话里，《法礼篇》的末世论神话可谓是巅峰之作。

结 论

柏拉图的末世论神话反复涉及自由意志的重要性，若遵循自由意志，则人类生前死后的终极命运以及善恶报应都必须包含于自身，即包含于灵魂之中。然而，在柏拉图的理想社会中，我们很难了解人类究竟是何种程度上的自由道德主体，其实应该说，我们不知道柏拉图要人类成为何种程度上的自由道德主体。总之，我想对《法礼篇》作简短评述，以此结束本文。

柏拉图认为，立法应当考虑一个目的（*telos*），即美德（*aretē*）（《法礼篇》630a-b，631a，643e，963a）。因此，教育（*paideia*）必须是始于幼年的美德训练，旨在培养完善的公民（*erastēn politēn*，643e）。美德会把快乐和痛苦等情感引到正确的方向上（653d）。柏拉图宣称，当人们研究立法问题的时候，他们研究的基本上就是快乐和痛苦如何影响社会和个人品格（636d）。人类具有非理性的倾向，使之不计代价地寻求快乐，逃避痛苦（875b）。但是柏拉图说，神赐予人诸多天赋能力，帮助他们控制非理性因素。其中最重要的一项能力，或者说看上去最重要的，便是理性（714a，及654a）。法律是理性的统治（714a）。然而，公民可以在多大程度上将批判理性运用于"自由意志"所主导的领域，这一点尚不明晰。

在《法礼篇》里，柏拉图首先是灵魂（*psuchagogia*）的领导者，同时也是一个具有全面说服力的庞大立法体系的领导者。正如莫罗（Morrow）所言，这个体系是"精神教育艺术"领域所能达到的"最高成就"。① 《理想国》中，柏拉图批评了诗人的欺骗性技艺（*technē*），而在《法礼篇》，他却把"诗意的欺骗"视为强有力的工具，用来说服迈格尼锡亚公民遵从同一范式。讲完腓尼基神话中播种龙牙的故事，雅典人说道："这则神话告诉立法者，他能劝说年轻人的灵魂接受任何东西，只要他肯尝试。"（《法礼篇》663e）② 接下来他又说道："立法者必须想尽一切可能的办法，通过诗歌（*ôidais*）、故事（*muthois*）和论说（*logois*），确保整个城邦维持绝对恒久的一致。"（664a）

柏拉图的迈格尼锡亚立法者与传统诗人的共同点在于，他意识到立法必须是一个具有全面劝服力的庞大体系。柏拉图认为，迈格尼锡亚的法律③也必须运用到音乐上，这种音乐与法律一样，绝对不能改变，它

---

① 参莫罗的著作（Glenn R. Morrow, *Plato's Cretan City*, Princeton: Princeton University Press, 1960, p. 242）。《斐多篇》写于《理想国》之后，其中（261a, 271c），柏拉图发明了"灵魂的引导术"（psychagogia）一词，用以描绘修辞术。如果修辞术得到恰当使用，它可以变成卓越的艺术。在《法礼篇》当中（909b2 and 和 909b3），雅典人使用了动词"灵魂引导教育心灵"（psychagogein），这是柏拉图表述类似含义时用过的唯一一个动词——这是该动词唯一一次使用在类似语义之下。努斯鲍姆（Nussbaum，1986，227）指出，《斐德若篇》"或许是柏拉图思考哲理诗的第一个案例"。可以确定的是，在柏拉图那里，诗歌呈现出崭新的、具有自觉性的意义。

② 这则神话与另外一则所谓的"腓尼基神话"，即《理想国》当中的金属等级神话有诸多相似之处。在这两则神话里，哲学家或立法者都要依靠"高贵的"谎言，确保美德战胜邪恶。

③ 迈格尼锡亚的法律都是"成文"法，一则便于公民记诵，一则确保法律不被临时篡改（见《法礼篇》772c, 789a-c；另参纳达夫文章第342页之后的部分，Gerard Naddaf, "Literacy and Poetic Performance in Plato's *Laws*," *Ancient Philosophy* 20, 2000, No. 4, p. 342 ff）。

要求人们以竖琴伴奏，一边歌唱一边舞蹈（812a-e）。并且，柏拉图在《法礼篇》中几次强调，所有音乐（mousikê），包括他自己的在内，都是摹仿和再现的（例如《法礼篇》668a6，b10，669c，802c-d，803a-b，854b）。换言之，他认为必须对法律进行诗化处理，使之与音乐相仿，这种"表演"形式不禁让人想起"戏剧诗歌"。①

这就解释了，在拒绝四处游历的那群外邦悲剧家进入城邦时，雅典人为什么要迈格尼锡亚公民说那番话，说他们自己便是最伟大的悲剧家（tragōidai）、最伟大的诗人（poiētai）及最伟大的表演者，说他们的法律便是最好的悲剧（tragōidian tēn alēthestatēn，817b）。假如人类生活以神的生活为范本，倘若我们的生活必然要以神为蓝本，那么与神沟通、摹仿神的最佳方式是什么呢？是通过神自身的授意，即通过歌舞歌唱和表演《法礼篇》中的悲剧诗歌，从而最终通向人世的美德和幸福的方法，还是通过神自身的神性规划——通过唱跳《法礼篇》当中的戏剧化的诗意悲剧——这一达成俗世美德和幸福的终极之路呢？②

上述一切似乎都不是执行自由意志的结果。柏拉图的《法礼篇》抵制任何形式的无神论。年轻人只能参与到集体表演中，以歌唱和舞蹈来赞颂天体，然后，等候命运之轮引他驶向注定的归宿。

参考文献

Annas, Julia. 1982. "Plato's Myths of Judgment," *Phronesis* 27, pp. 119-33.

Brisson, Luc. 1999. *Plato the Myth Maker,* trans. , ed. , and with an introduction by Gerard Naddaf, Chicago: University of Chicago Press.

Brisson, Luc, and Walter Meyerstein. 1991. *Inventer l'univers: Le problèm de la connaissance et les modelès cosmologiques,* Paris: Les Belles Lettres.

Burkert, Walter. 1985. *Greek Religion*, trans. John Raffan, Cambridge Mass. : Harvard University Press.

---

① 正如柏拉图在《法礼篇》中（644b）所言，典型的有教养之人，"是能歌善舞之人"。

② 在 2000 年发表的文章中，我对此作出了更详细的探讨（参 Gerard Naddaf, "Literacy and Poetic Performance in Plato's *Laws*," *Ancient Philosophy* 20, 2000, No. 4, pp. 339-50）。

Burkert, Walter. 2004. *Babylon, Memphis, Persepolis: Eastern Contexts of Greeks Religions*, Cambridge, Mass. : Harvard University Press.

Burkert, Walter. 1992. *Lore and Science in Ancient Pythagoreanism*, trans. E. L. Minar, Cambridge, Mass. : Harvard University Press.

Calame-Giaule, Genevieve. 1970. "Pour une étude ethnolinguistique des littérateurs orales africaines," *Langages* 19, pp. 22-45.

Chantraine, Pierre. 1968-80. *Dictionnaire étymologique de la langue grecque*, Paris: Klincksieck.

Cornford, F. M. 1932. *Before and After Socrates*, Cambridge: Cambridge University Press.

Cosmopoulos, Michael, (ed.), 2003. *Greek Mysteries: The Archaeology and Ritual of Ancient Greek Secret Cults,* London/New York: Routledge.

Edmonds, Radcliffe G. , III. 2012. "Myth and Elenchos in Plato's *Gorgias*," in Collobert, Destree, and Gonzales (ed.), *Plato and Myth,* Leiden: Brill, pp. 171-90.

Frankfort, Henri, John Wilson and Thorkild Jacobsen. 1946. *Before Philosophy: The Intellectual Adventure of Ancient Man*, Chicago: University of Chicago Press.

Guthrie, W. K. C. 1965. *A History of Greek Philosophy,* vol. 2: *The Presocratic Tradition from Parmenides to Democritus,* Cambridge: Cambridge University Press.

Halliwell, Steven. 1986. *Aristotle's* Poetics, Chicago: University of Chicago Press.

Johansen, Thomas K. 2004. *Plato's Natural Philosophy: A Study of the* Timaeus-Critias, Cambridge: Cambridge University Press.

Jouanna, Jacques. 1992. "Le soufflé, la vie et le froid: remarques sur la famille de *psuchô* d'Homere à Hippocrate,"*Revue des Etudes Grecques* 100, pp. 203-24.

Lesher, James. 1992. *Xenophanes of Colophon*, Toronto: University of Toronto Press.

Jeramiah, Edward. 2012. *The Emergence of Reflexivity in Greek Language and Thought,* Leiden: Brill.

Kahn, Charles. 1979. *The Art and Thought of Heraclitus*, Cambridge: Cambridge University Press.

Kahn, Charles. 2001. *Pythagoras and the Pythagoreans*, Indianapolis: Hackett.

Morgan, Kathyrn. 2000. *Myth and Philosophy*, Cambridge: Cambridge University Press.

Morrow, Glenn R. 1960. *Plato's Cretan City*, Princeton: Princeton University Press.

Morrow, Glenn R. 1953. "The Demiurge in Politics: The *Timaeus* and the

Laws," *Proceedings and Addresses of the American Philosophical Association* 27, pp. 5-23.

Naddaf, Gerard. 2000. "Literacy and Poetic Performance in Plato's *Laws*," *Ancient Philosophy* 20, No. 4, pp. 339-50.

Naddaf, Gerard. 2005. *The Greek Concept of Nature*, Albany: State University of New York Press.

Naddaf, Gerard. 2007 "The Role of the Poet in Plato's Ideal Cities of Callipolis and Magnesia," *Kriterion* 46, No. 116, pp. 329-49.

Naddaf, Gerard. 2009. "Algunas reflexiones sobre la noción griega temprana de inspiración poética," in Miguel Giusti (ed.), *Mythosy Logos Revista de Filosofía*, in *ARETÈ* 21, No. 2, pp. 51-86.

Naddaf, Gerard. 2009. "Allegory and the Origins of Philosophy," in W. Wians (ed.), *Logos and Mythos: Philosophical Essays on Greek Literature*, Albany: State University of New York Press, pp. 99-131.

Naddaf, Gerard. 2010. "Spontaneous Generation and Creationism in Pre-Socratic Monism in Light of Aristotle's Analysis in the *Physics*," *Anais de Filosofia Clássica* 8, No. 5, pp. 23-40.

Naddaf, Gerard. 2012. "L'Historia comme genre littéraire dans la pensée grecque archaïque," L. Brisson, Arnaud Macé, and Anne-Laure Therme (ed.), *Lire les présocratiques*, Paris: Presses Universitaires de France, pp. 61-78.

Nightingale, Andrea. 1999. "Historiography and Cosmology in Plato Laws,"*Ancient Philosophy* 19, pp. 299-325.

Nussbaum, Martha. 1986. *The Fragility of Goodness*, Cambridge: Cambridge University Press.

Onians, R. B. 1951. *The Origins of European Thought*, Cambridge: Cambridge University Press.

Reeve, C. D. C. 1989. *Socrates in the Apology,* Indianapolis: Hackett.

Riedweg, Christoph. 2005. *Protagoras: His Life, Teaching, and Influence,* Ithaca: Cornell University Press.

Rudhart, Jean. 1996. "Le preambule de la theogonie," in Fabienne Blaise, Pierre Judet de la Combe, and Philippe Rousseau (ed.), *Le Métier du mythe: lectures d'Hésiode,* Lille: Septentrion Presses Universitaires, 25-39.

Robertson, Noel. 2003. "Orphic Mysteries and Dionysiac Ritual," in Cosmopoulos, *Greek Mysteries,* pp. 229-33.

Saunders, Trevor. 1991. *Plato's Penal Code*, Oxford: Clarendon Press.

Schibli, H. S. 1990. *Pherecydes of Syros*, Oxford: Oxford University Press.

Sedley, David. 2007. *Creationism and its Critics in Antiquity*, Berkeley and Los Angeles: University of California Press.

Sedley, David. 2009. "Myth, Punishment and Politics in the *Gorgias*," in Catalin Parentie (ed.), *Plato's Myths,* Cambridge: Cambridge University Press, pp. 51-76.

Schuhl, P. -M. 1947. *La fabulation platonicienne*, Paris: Vrin.

Sorabji, Richard. 2006. *Self: Ancient and Modern Insights about Individuality, Life and Death,* Chicago: Chicago University Press.

Sorabji, Richard. 2008. "Some Recent Interpretations," in P. Remes and J. Sihvola (ed.), *Ancient Philosophy of Self,* New York: Springer, pp. 13-34.

Sourvinou-Inwood, Christiane. 2003. "Aspects of the Eleusinian Cult," in Cosmopoulos, *Greek Mysteries,* pp. 25-49.

Vlastos, Gregory. 1975. *Plato's Universe,* Seattle: University of Washington Press.

West, Martin. 1971. *Early Greek Philosophy and the Orient*, Oxford: Clarendon Press.

West, Martin. 2007. *Indo-European Poetry and Myth,* Oxford: Oxford University Press.

下 编

对话中的诗学

缪斯的歌者

——《伊翁篇》之"磁石喻"释读

王双洪 撰

> 如果言说者乃缪斯而非诗人,那么,即便诗人说话时,他还是沉默的。
>
> ——罗森(Stanley Rosen)

《伊翁篇》是柏拉图最短的对话篇之一,中译文不过万字左右。但我们并不能因其篇幅短小而忽略它。布鲁姆(Alan Bloom)曾经说,"如果不理解这些小作品,是无法真正理解那些巨作的,因为后者是对前者所阐述问题的详细回答,只有在这些问题的基础上,后者的回答才有意义"①。虽然柏拉图思考的问题在各篇对话中互有交叉,但每一篇对话都有自己独一无二之处。《伊翁篇》的重心无疑是"诗"。也正因此,以现代学科体系划分的国内学界,中文专业似乎比哲学专业的读者更加关注这篇对话。其实,我们如若带着如文艺学、美学、伦理学等现代学科的眼镜来观照柏拉图的对话,必然会失之偏颇。柏拉图对话蕴含的问题,绝不能用现代学科划分分而治之,而是应该置入柏拉图的问题阈作

---

① 布鲁姆:《民主社会的政治哲学家——苏格拉底的观点》,严蓓雯译,见《巨人与侏儒》(北京:华夏出版社,2003年),第62页。

整体思考。从这个角度而言，《伊翁篇》谈诗重在诗对民众教化的影响，与柏拉图关于城邦、哲人、美德的思考互有关联。

"磁石喻"是《伊翁篇》中辞采最为华丽的一段。磁石不仅可以吸引铁环，而且可以使之具有磁力，同样可以吸引其他铁环，如此，从磁石开始，可以形成一个长长的环链。同样道理，缪斯赋予诗人灵感，诗人被缪斯凭附作出优美诗句的同时，也在传递神的力量，形成了神—诗人—诵诗人—观众的灵感之链。神通过灵感的凭附和传递，吸引人的心灵到他所意愿的地方，宛若磁石的吸引力作用于这些铁环。

一

关于"磁石喻"的描写，不仅对于《伊翁篇》整篇对话而言，即便是在柏拉图的对话整体中，也是极为独特的。苏格拉底运用了"非苏格拉底"的言说方式。首先，他的这段言说不着"苏格拉底问答法"（Socraticelenchus）的痕迹。柏拉图早期对话以"苏格拉底问答法"的论证方式为显著特点，苏格拉底在和对话者交谈与论辩的过程中，总是从对话者所持观点的前提出发，推导出其观点的对立面，从而使其主张自相矛盾，不能成立。[①] 而关于灵感的段落，伊翁没有提出任何主张，是苏格拉底的独角戏，整段都是苏格拉底一个人洋洋洒洒的说辞。其次，苏格拉底似乎忘记了伊翁的存在，不像在对话，倒像在诵（作）诗。他讲究文辞，文采斐然，就像他自己说过的，吸引得对话者忘记了交谈和提问[②]，这样的言说方式，俨然是对诵诗人的戏仿。

磁石环链的比喻，并非专门针对诵诗人，而是从缪斯对诗人的作用开始，之后才谈及诗人与诵诗人之间以及诵诗人与观众之间的关系。这

---

① 参阅 Richard Robinson, *Plato's Earlier Dialectic*, Cornell University Press, 1941, p. 6.

② 苏格拉底自称并不擅长发表长篇大论，并且无法在鸿篇巨制的演说中跟上演讲者的思路，把握问题，他更愿意采用尽可能简短的交谈方式（《普罗塔戈拉篇》334d-336d）。在柏拉图所有的对话中，只有《伊翁篇》中的苏格拉底采用这种方式言说，《斐德若篇》中的作赋属于（接下页）

也说明，对话的重心并不在诵诗人本身，而在于神的灵感或者说诗的传递过程。之所以选择伊翁做对话者，是因为诵诗人在诗影响民众的过程中占据了关键的一环。

苏格拉底从创作史诗的诗人开始讲起，以吸引伊翁，因为他最为关注并且唯一关注的就是创作史诗的荷马。苏格拉底用 ἔνϑεοι ὄντες 和 κατεχόμενοι 两个词来形容史诗作者们的灵感状态，ἔνϑους 由介词 ἐν 和名词 ϑους 构成，原意是"处于诸神当中"——诗人飞升到缪斯的溪谷和花园中，与神共在，即我们所说的从神那里获得灵感；κατεχόμενοι 来自 κατέχω，是个复合词，由介词 κατά 和动词 ἔχω 构成，指的是下到某个地方去占有、布满，神占据了诗人，气息充满了诗人的世界，意义接近我们所说的附体，即对话中的"被神凭附"。两个词一上一下，表现了神与史诗作者之间的关系。但这并非苏格拉底真正意图的全部。他用一句"好的抒情诗人也同样如此"，将话题从史诗作家转移到抒情诗人，并且将抒情诗人比作科里班特和酒神信徒，进而话题自然而然、不露声色地从抒情诗人过渡到作为整体的诗人。到这里，苏格拉底的意图露出端倪。

科里班特是佛里吉亚（Phrygian）女神西布莉（Cybele）祭仪的参加者，他们伴随着鼓的节奏与笛子的音乐狂舞，进入无我的"虚境"，心志脱离常态①；酒神狂女则是受酒神狄俄尼索斯激发的女人，她们身着羊皮裙，头戴常青藤花冠，手执酒神杖，在山间游荡，狂呼乱舞，弃绝一切规则和伦常，迷乱而疯狂②。苏格拉底将抒情诗人比作科里班特与酒神狂女，强调的是他们的共通之处——脱离常态的疯狂。苏格拉底由抒情诗人的状态推及全部诗人，并且进一步提出，神对诗人与占卜者、预言

（续上页）文体要求，《会饮篇》中的大段讲辞也属于会饮约定的规则，《申辩篇》虽然通篇都是苏格拉底的演说，但《申辩篇》中，苏格拉底是在公共场合面对全体城邦民众发表演说，而非针对特定的几个对话者。苏格拉底主动大段言说且文辞优美的情形并不多见。

① 参阅 Linforth, "Corybantic Ritein Plato", 见 *Classical Philology* 13, 1946, pp. 121-62。

② 参阅欧里庇得斯《酒神的伴侣》，罗念生译，见《罗念生全集》第 3 卷（上海：上海人民出版社，2004 年），第 353-408 页。

家一视同仁，将他们作为自己的仆从。《斐德若》中区分了预言、秘仪、诗性、爱欲四种疯狂，而《伊翁》中却将前三者混而不分。苏格拉底强调共通之处想要说明什么？——诗人作诗，超乎理智掌控之外，身陷迷狂。描绘诗人灵感的过程中，他三次重复，诗人获得灵感、失去理智、脱离常态才能作诗（534a，534b4-6，534d）。苏格拉底将诗人创作归于神赋灵感的同时，排除了他们任何主动、理性创作的可能。

诗人凭借缪斯赋予的力量作诗，这种说法在古希腊久已有之，并非到了柏拉图的时代才出现。早在柏拉图之前的古希腊诗歌传统中，诗人吁请缪斯到来，祈求、呼唤神的帮助，已经成为约定俗成、程式化的表达方式。在西方文学伟大的发端处荷马那里，史诗《伊利亚特》《奥德赛》均以呼唤、请求缪斯开口歌唱开篇，诗人请记忆女神的女儿们唱出阿喀琉斯之怒和奥德修斯的返乡，仿佛歌唱者不是诗人荷马而是女神缪斯；诗人描述希腊人的军队时，吁求缪斯——

> 居住在奥林波斯山上的文艺女神啊，你们是天神，当时在场，知道一切，我们则是传闻，不知道；请告诉我们……（《伊利亚特》2.486）。

缪斯赐给费埃克斯歌人得谟多科斯歌唱的能力，教会他歌唱（《奥德赛》8.62-64，498）；而另外一位在奥德修斯家中歌唱的歌人费弥奥斯，则称"自学歌吟技能"，但是，神明把各种歌曲灌输进他的心田（《奥德赛》22.347-348）。在荷马史诗中，缪斯作为事实的知情者，帮助诗人歌唱。赫西俄德的《工作与时日》以及《神谱》同样以吁请诗人开篇，她们知晓"现在、将来以及过去"，把神圣的声音吹进诗人的心扉（《神谱》1-51）。赫西俄德之后的"希腊抒情诗时代"（the Lyric Age of Greece），诗人依然担当缪斯的仆人、信使，为缪斯钟爱，甚至作为缪斯的人世之子，从缪斯或其他神明那里获得灵感。诗乃神赐的礼物，但是诗人们同时认为，因为自己拥有才艺和能力，神才赐予他们诗句，他们并不认为自己处于完全被动的迷狂状态，诗人们深谙自身的价值。[①]

表面上看，苏格拉底对灵感的描述似乎与柏拉图之前的传统观念并无二致，但事实上，柏拉图却用看似传统的语汇改塑了已有的表达，或者说，他将自己对诗人的评价置入了传统观念之中。同样作为缪斯的仆从，在柏拉图之前的诗学传统中，不管是荷马史诗开篇处呼唤缪斯之歌唱，还是史诗中歌手们抚琴而歌，抑或赫西俄德对赫利孔山上缪斯的歌颂与呼唤，皆是诗人在神的帮助下作诗，虽然过程带有神秘色彩，但诗人神志清醒，从未失去理智，陷入迷狂。神以其全知全能保证了诗的真实性、神圣性，诗人分享并传递神的知识和智慧；而《伊翁篇》中苏格拉底描述的诗人，作出动人的诗句必须陷入被动的迷狂之中，除了作为神力凭附、传导的工具之外，似乎再无他用。[②] 诗人得到灵感就要失去理智，被动地传递神的言辞，只是充当神的代言人而已。由此可见，灵感是否可以与知识及技艺共存，诗人清醒与否，诗篇创作中是否有诗人的主动作用，乃是柏拉图有别于传统之处。

关于诗人及其灵感，在柏拉图的时代果真出现了异于传统的说法吗？可能并非如此，因为除了柏拉图之外，再无其他诗人对诗的灵感做出类似描述。柏拉图对传统的化用和改写，也许是有意为之。《伊翁篇》中关于灵感的说辞，与《会饮篇》中第俄提玛的讲辞以及《王制》（又译为《理想国》《国家篇》）中的厄尔神话同样，乃柏拉图本人的 $μῦθος$（神话、故事，一种讲述方式，与 $λόγος$ 相对），借之表达自己某种并不直接言明的观念。为何在柏拉图那里，神赋予诗人灵感的同时却要剥夺他们的理智？为什么诗人不能同时拥有灵感、知识与技艺？这恐怕与诗在雅

[①] 参阅 E. N. Tigerstedt,《诗性迷狂：德谟克利特和柏拉图之前古希腊文学中的诗的灵感》（"Furor Poeticus: Poetic Inspiration in Greek Literature before Democritus and Plato"），见 *Journal of the History of Ideas*, Vol. 31, No. 2（Apr. -Jun., 1970）。

[②] 不同诗人在诗篇中均赞美过诗人是"缪斯的仆从"，但柏拉图与其他诗人用词不同。传统的表达是 $Μουσῶν\ θεράπων$，参阅赫西俄德《神谱》100；阿里斯托芬《鸟》909, 913；柏拉图将 $θεράπων$ 一词置换为 $ὑπηρέταις$（534c），这两个词虽然均有仆从的意思，但是，在古希腊文中，$ὑπηρέταις$ 与 $θεράπων$ 相比，突出了被动和依赖，却并不具备 $θεράπων$ 的"自由人"这层主动含义。

典生活中的作用和位置有关，诗承载了希腊人的文化传统，荷马史诗一度是民众信仰的来源，在古希腊的教育中扮演着举足轻重的角色。荷马也因此素有"希腊的教育者"之名。而柏拉图在许多对话中对诗人的微词，揶揄，甚至不留情面的指责，都与诗人"教育者"的声名和角色有关。

> 我们听到有些人说，这些诗人知道一切技艺，知道一切与善恶有关的人事，还知道神事。（《王制》598e）

> 他们是诗人这一事实使他们认为自己对其他所有行当都具有完善的理解，而对这些行当他们实际上是无知的。（《申辩篇》22c）

苏格拉底在《伊翁篇》中这段有关灵感的讲辞中，诗人迷狂中并无理性，所有美好的言辞和智慧，皆归于诸神，诗人只是被动的传导者。但是，如果诗人自己并不拥有知识和智慧，我们如何能够"按照诗人的教导来安排我们的全部生活"（《王制》607a）？苏格拉底给诗人的灵感和迷狂笼罩上神性光环的同时，其城邦教育者的形象却随之打了折扣。换个角度讲，柏拉图借诗人的灵感与迷狂，质疑了诗人在城邦中的地位及作用。

有学者提出，"（柏拉图）关注的是教育的内容，而非形式，诗人因为其教授的或未能教授的东西而遭到责难，并不是因为其教育的方式"①。这种说法似乎言之有理，因为"教育已经被证明是一个吸引的过程"，引导人接受正确的原则。对于天性难以接受"严肃庄重"之理的灵魂，"采用'娱乐'和'唱歌'作为吸引手段"（《法义》[又译为《法律篇》《法礼篇》《法篇》]659d）。苏格拉底描述磁石与铁环之间的作用时用的是 ἄγειν 一词，其中也可见他遣词的深意：ἄγειν 除了有"吸引"之意外，还有"引领、教育"的意思。的确，教育是一种吸引，而这正

---

① John G. Warry, *Greek Aesthetic Theoty*, London，1962，p. 59，转引自 Morriss Henry Partee, *Inspirationin the Aesthetics of Plato*，见 *The Journal of Aesthetics and Art Criticism,* Fall 1971，p. 92。

是诗的魅力，但是，我们似乎很难将诗人说什么和怎样说截然分开，同样是吸引，可以来自缪斯，也可以来自塞壬，可以陶冶灵魂，使之转向对真正美好生活的沉思（《王制》376e-377c）；同样，也可以诱惑灵魂，"培养、强化灵魂中低劣的部分，毁坏理性"（《王制》605b）。也许正是诗对灵魂的吸引，柏拉图才将诗人视为最强的对手。

如果说柏拉图对诗人的批评有所保留的话，那保留的部分并非教育的方式，而是可以将灵魂导向正确方向的某些诗人。因为，即便诗人仅仅是神的代言人，他传递的依然是神性的言说。可是，我们似乎永远无法直接达致神言，能够把握的只是人对神的言说。民众无法直接领受神的智慧，我们与神之间，需要传译者（ἑρμηνῆς）。ἑρμηνῆς兼有"传递"和"解释"之意，显然，苏格拉底磁石环链中的诗人只能被动传递神意。言说者乃缪斯，诗人保持沉默。

问题是，谁胜任做传译者？诵诗人伊翁吗？

二

伊翁承认，诵诗人是传译者的传译者，也是神力自上而下传递过程中的一环。苏格拉底检审了磁石喻中的诵诗人。如果关于诗人灵感的解释包含着苏格拉底的推测和修辞，那么有关诵诗人的部分，则是伊翁的现身说法，也许最直接也最有说服力。

伊翁认为，他诵读荷马史诗时会为故事情节所动，哀怜处泪流满面，恐怖处毛骨悚然。苏格拉底将沉浸在作品中的伊翁与节日气氛剪接在一起，他问伊翁：一位穿着华丽的诵诗人面对友善的听众，或忧或惧，是不是神志不清醒呢？伊翁坦白承认这样的人并不清醒，但是告诉苏格拉底，诵诗时，他自己会从台上向下张望，密切关注观众的神情，根据他们的反应计算自己的得失和收入。如果表演赚取了观众的眼泪，他就会因为充实的钱袋而心中窃喜；如果观众笑了，他的收入则遭受损失。观众们的情绪被一位外表痛哭流涕而心中暗自欢喜的表演者掌控，为之感动,随之哭泣或震惊。

倘若城邦上演的是一幕喜剧,观众笑的时候伊翁同样会笑;若城邦上演悲剧,则伊翁的情感与观众恰恰相反。苏格拉底的举例与伊翁的回答提及的俱是史诗中的悲剧性段落,或许暗示了苏格拉底那句话,"城邦乃真正的悲剧"①。城邦的立法者扮演着悲剧诗人的角色,整个城邦就是对最美好最高贵生活的模仿,在此意义上,悲剧也是对美好高贵生活之模仿(《法义》817b-c)。②亚里士多德与柏拉图在诗学问题上存在诸多不同主张,但关于悲剧所表现的题材,观点却极为相似,即悲剧模仿更美好高贵的生活(《诗学》1448a)。《伊翁篇》并未模仿美好高贵,但却是最美好事物——神赋灵感的传递。在柏拉图那里,至美至高永远属于神灵。伊翁诵诗时,神灵天籁似乎通过他向下传递,但是关于他清醒与否,是否获得灵感的说法存在矛盾。作为沉迷于史诗者,灵感的传递者,他陷入迷狂之境,"身临伊塔卡或特洛伊";但作为站在台上偷偷向下察言观色的表演者,他计算着个人的收益,显然又极度清醒。一个人怎么可能同时处于两种不同的情境之中呢?

如此明显的矛盾在对话中出现,要么柏拉图并未意识到(这无疑成了对话的缺陷);要么是柏拉图有意为之。矛盾处隐含着问题的关键。柏拉图是否有意暗示,诵诗人的表演夹杂了伪饰和欺骗?抑或要描述诵诗人游离于清醒与不清醒,神灵凭附与未凭附之间的特殊体验?诵诗人是诗人与观众之间的媒介,如果将之与当今的表演艺术作比,问题似乎更容易理解(但未必正确)。舞台表演与观众一定要有交流与沟通,表演者作为艺术作品与观众之间的媒介,如果对观众的反应不敏感,完美地传达艺术感染力简直不可能。"观众的存在往往能够激发表演者的热情",使之越发投入到表演之中,从而对所表演的艺术作品达到"最为

---

① Allan Bloom, "An Interpretation of Plato's *Ion*," Thomas L. Pangle (ed.), *The Root of Political Philosopht: Ten Forgotten Socratic Dialogues*, Cornell University Press, 1991, p. 384.

② 参阅 Leo Strauss, *The Argument and the Action of Plato's* Law, The University of Chicago Press, 1975, p. 112。

深刻最为准确的阐释"。① 如此理解伊翁的诵诗无疑忽视了时间的巨壑，在我们的时代，无法找到一个可以与伊翁的诵诗完全对应的职业。伊翁情感充沛地诵读荷马史诗，像位话剧表演者；但考虑到伊翁和苏格拉底都提到的诗歌解释，他又接近文学评论者。将诵诗完全等同于表演，无疑忽略了至关重要的一方面——解释，伊翁在解释与表演之间偏重后者，这也正是苏格拉底早在对话开始就已提出并语带讥讽之处。所以，出现在诵诗人身上的矛盾，远非什么表演者特殊的"审美体验"，而是借此将注意力集中到诵诗的表演性上。

对于柏拉图的时代而言，如果说诗是民族的"集体记忆"，那么集体记忆渗入生活共同体成员的个体记忆、形成传统和风习、对城邦生活产生影响，则主要依靠诗歌的口耳相传。② 欣赏《伊利亚特》不是安坐于"扶手椅中的静静阅读，而是观看伊翁们眼含热泪的表演赫克托尔与安德洛马克如何执手相看泪眼的告别"③，不是个人的思考，而是公共事件——城邦祭神的节日与庆典、诵诗比赛、好友会饮等诸如此类的活动，是诗在民众中传播的诸多途径。

伊翁所关注的并非荷马史诗意义的传达，而是如何感染观众的情绪，吸引他们。因为评判其诵诗好坏、决定其收入多少的是观众。没有人抢夺伊翁的金冠华服，他就没有理由在台上惊惧不已——苏格拉底借此语含讥诮地暗示，伊翁最为关心的不外收入而已；伊翁自己的言辞同样表明，他在台上之所以关注观众的表情，也是因为他们能够决定自己为之喜为之忧的演出收入。观众左右伊翁怎样诵诗、诵什么诗。这正是雅典陌生人所说的，取代了"音乐贤人政体"的"剧场政体"（《法义》

---

① Kenneth Dorter, "The Ion: Plato's Characterization of Art,"见 *JAAC*, 1973 年秋季号，第 72—73 页。

② Eric A. Havelock, *Preface to Plato*, The Belikenap Press of Harvard University Press, 1998, p. 146。

③ G. R. F. Ferrari, "Plato and Poetry,"见 *The Cambridge History of Literary Criticism,* Kennedy 编, Cambridge University Press, 1989, p. 93。

701a)——观众的唏嘘、呼叫或掌声成为评判音乐的标准。史诗经过诵诗人伊翁之口,便沾染了"剧场"和"表演"的特点。人们对诗的评价,往往混淆了其表演性和思想性,并且不了解前者如何削弱乃至破坏了后者。"诗的表演性远非强化了诗的声音,而是妨碍了诗对我们的言说。"①由于剧场表演的标准是向下的,凡是旨在取悦观众的表演,其内容无不由观众的趣味决定。

诗作为古希腊民众接受习传和教养的主要方式,它的"剧场性"和表演性也构成了古典民主教育的特点,这也正是柏拉图为什么在论及诗时总是关注诗的表演及其对观众(民众)的影响。诗及诗人的表演性、"剧场性"是柏拉图批评诗主要原因之一。就像柏拉图在《王制》中指出的:

> 饲养野兽的人……了解野兽的习性和要求……他了解如何可以同它接近,何时何物能使它变得最为可怕或最为温顺,各种情况下它惯常发出几种什么叫声,什么声音能使它温驯,什么声音能使它发野。……至于这些意见和要求的真实,其中什么是美的什么是丑的,什么是善的什么是恶的,什么是正义的什么是不正义的,他都全然无知。他只知道按猛兽的意见使用这些名词,猛兽所喜欢的,他就称之为善,猛兽所不喜欢的,他就称之为恶。……有人认为无论在绘画、音乐,还是甚至在政治上,他的智慧就是懂得辨别五光十色的人群集会时所表现出来的喜怒情绪,那么你觉得他和上述饲养野兽的那种人又有什么区别呢?如果一个人和这种群众搞在一起,把自己的诗或其他什么艺术作品或为城邦所做的事情放在他们的面前来听取他们的批评,没有必要地承认群众对他的权威……这就会使他创作出(做出)他们所喜欢的东西(事情)来。但是,你可曾听说过有哪一条他拿来证明群众所喜欢的这些东西真是善和美

---

① G. R. F. Ferrari, "Plato and Poetry", 前揭, 第93—94页。

的理由不是完全荒谬的？(《王制》493b-e)

如果说民主城邦是个观念的剧场，那么决定上演什么的，并非真理和权威，而是民众斑驳芜杂的意见。民众掌声造就的表演者是意见的领袖，他表达着宗教、艺术的时尚。柏拉图对"观念剧场"的批评还有一位现代的遥相呼应者——尼采，他所描述的"市场中的优伶"身上隐约可见诵诗人、表演者的魅影。

> 群众与荣誉围绕优伶而旋转：世界如是进行着……
> 明天他（优伶）将有一个新的信仰，后天一个更新的信仰。他像群众一样，知觉很敏锐，性情不很稳定。
> 颠倒是非，——这是他所谓证明。使人昏眩，——这是他所谓说服……他只相信在世间闹得很响的神。①

人类历史按时间可以分出古典和现代，而不同时代的问题却可以是共通的。

尼采的优伶与柏拉图笔下观念市场（剧场）中的表演者，绝非巧合，而是因为现代社会中的某些问题早以某种形式显露过征兆。回到古典哲人那里，或许他们对城邦的诊断警醒我们，我们的文化肌体是否也有同样的病症。

表演者只提供民众喜欢的，却不提供他们需要的。民众对表演者的造就与表演者对民众的俯就，表明生活共同体的文化处于衰退的过程。我们需要幸福的生活，却未必懂得，什么是幸福、什么是幸福所必需的善和正义、如何能获得幸福。所以，我们需要教育，需要来自高于我们

---

① 尼采：《市场之蝇》，见《查拉图斯特拉如是说》第一部（尹溟译，北京：文化艺术出版社，2003年），第51页。

的诗人①的声音，如此，灵魂才能在意见的泥淖中举目向上。

苏格拉底刚刚与伊翁开始对话之时，曾经表达了自己对诵诗人的"艳羡"，提出只熟悉诗人诗句而不懂得诗人思想的诵诗人称不上好诵诗人。诵诗包含解释和表演两个维度。苏格拉底与伊翁各有偏重，前者强调解释，后者强调表演。但是，到此为止，伊翁舞台上的表现告诉我们，在他那里，没有解释，只有表演。

伊翁诵诗时并未处于苏格拉底所说的神灵凭附后的迷狂状态，他清醒地观察着观众的表情，计算着表演所得的金币。他的力量源头不是最初的磁石——缪斯，也不是处于他之上的那个铁环——缪斯激发的诗人，而是舞台下的观众。从缪斯向下传递的力量，在诵诗人这里脱节了。

对于诵诗人伊翁而言，重要的不是神借荷马说了什么，而是他自己对于荷马说了些什么，这要根据观众的喜好而变换。诗人是沉默的，诵诗人又不能胜任解释缪斯花园里采撷来的诗句。观众无法直接领受神言，他们通往神言的道路在伊翁这里也已经被隔断。但是，脱节的诵诗人与观众之间仍然存在一种吸引，他们同样"感染观众"。

如果说观念剧场中的民众是海上漫无边际漂泊的船只，倘若没有人告诉他们，打动心灵的美妙歌声来自缪斯还是塞壬，或许人们永远无法找到灵魂的故乡。

三

伊翁诵诗是场表演，他关注并迎合舞台之下的观众。诗在伊翁这里，与灵魂的提升、与正义和高贵没有任何干系。民众的喜好与认同决定一切。伊翁诵诗的表演性，对于身处大众文化语境、民众教育作为产

---

① "诗人"也可以用哲人或者神来替换，笔者在此的表达，关键词在于"高"，能教育和引导我们的应该是高于我们的东西。

业经营的现代人不难理解。他坦言了自己诵诗时的情感状态——远非神志不清、陷入迷狂，而是悉心观察着观众的表情，清醒地计算着表演收入。从缪斯开始的磁石链条在诵诗人这里戛然而止。

铁环之间相互吸引的力量来自赫拉克勒斯石，观众是最后一环（535e7-535e10）。诵诗人和演员是中间环，最初的一环是诗人。神—诗人—诵诗人—观众，构成一个垂直的链条，如果说神意味着最高的存在，那么，这个磁石环链就是一个从上至下、等而下之的生存品次的排列。① 磁石环链的方向不仅是垂直的，同样也有水平方向②，"舞者、合唱队员和伴奏乐师"斜挂在被缪斯吸引的铁环旁侧，《王制》中也有类似的表达，将"诗人和一大群助手——朗诵者、演员、合唱队、舞蹈队"归属为一类，称之为"搞音乐的"（373b）。看来，苏格拉底关注的并非磁石链条中哪个特定环节，而是诗歌传播的整个过程，之所以选择诵诗人伊翁而非某位诗人或某个观众作为对话者，是因为诵诗人能够串联起诗歌传递过程中从上至下的每个环节。苏格拉底的问题指向广义的诗，指向一切同缪斯相关，打动观众灵魂，对城邦的教育产生或大或小影响之人。

神通过链条中的环节，"吸引人们的心灵到他所意愿的地方"。不同的诗人被不同的缪斯凭附，诗人之下的环节从不同诗人处获得力量，吸引伊翁的是荷马。但值得注意的是，伊翁听了第一段磁石比喻后告诉苏格拉底，"你的话打动了我的心灵"，我们相信伊翁所言是由衷的，因为，如果不是苏格拉底转而采用提问的方式请教伊翁，伊翁会不假思索地顺着苏格拉底的思路，认为自己是"传译者的传译者"，意识不到诵诗人全然不同于灵感附体的诗人（535a-535e）。苏格拉底已经不露声色、轻而易举地将自己——哲人——置身于环链当中了，他也可以吸引伊翁的灵魂到他所意愿的地方。苏格拉底在环链中处身何处？诗人吗？抑或

---

① 参阅 Paul Friedlander, *Plato II: The Dialogues, First Period*, Hans Meyerhoff 译，Routledge & Kegan Paul，1964，p. 132。

② Penelope Murray, *Platoon Poetry*, Cambridge University Press, 1996, p. 124，536a5-7 注。

诵诗人？当然都不是，但他又能够作诗（参见《斐多篇》60e-61c），也能够成为他本人所描述的熟谙诗人思想的诵诗人。一个人在城邦中的身位有多种可能，他应该选择所有可能性中最为高贵者。伊翁作为中间一环，处于诗人之下，他诵读诗人的作品，可能是诗人的观众；处于观众之上，他背诵史诗，"解释"诗句，可能是观众的诗人。他可以关注收益，只知背诵，也可以解释诗句，化育民众（虽然事实上他做不到）。这篇对话虽然以诵诗人伊翁的名字命名，但苏格拉底探讨问题的目的并不仅仅在诵诗人，而是从伊翁引申出对诗人和诗在城邦中可能位置和作用的思考。

根据磁石环链比喻，诗或许是属神的，或许是属人的。"神并不光顾所有的诗人"；"灵感可以来自神灵，也可以来自市场中的哲人"，就像除了荷马之外，伊翁的心灵也可以被苏格拉底打动；灵感的到来无法预知，你不能够"期待变得迷狂"，并且，"并非所有的迷狂都得自神灵"，并非所有诗人都是迷狂的，诗人们也并非在所有时候都迷狂，苏格拉底特意强调，好诗人的好诗才来自缪斯。廷尼科斯毕生只写过一首值得传颂的诗歌，说明的便是这个道理。[1] 因此，在灵魂的九个品次中（参见《斐德若篇》248d-e），诗人可能处于最为高贵的顶端，与爱智慧与爱美者同属一类，因为，如果说"哲人的生活追求美丽的真（beautiful truth），诗人的生活则追求真正的美（truthful beauty）"[2]，在最为高贵的生活中，二者合而为一，或者说是不分彼此。但是，诗人也可以处于第六品，作为从事模仿者，处于预言家、秘仪祭司与工匠、农人两类人中间，他们的诗可能成为"高贵的谎言"，教育城邦民众（《王制》414b-c）。

磁石环链的比喻并不像苏格拉底表面所言那样简单，它并非一个封

---

[1] Silke-Maria Weinech, "Talkingabout Homer: Poetic Madness, Philosophy, and the Birth of Criticismin *Plato's Ion*," *Arethusa 31*, 1998, p. 29.

[2] Morriss Henry Partee, "Inspiration in the Aesthetics of Plato," *The Journal of Aesthetics and Art Criticism*, Fall 1971, p. 90.

闭、稳定的链条,而是敞开的、变动的。诗达致民众的方式不仅一种。埃斯库罗斯、索福克勒斯、欧里庇得斯等悲剧诗人将史诗或神话中的某些故事改写为悲剧,以诗的方式解释、延续和改塑着传统,同时也是诗歌化育民众的最为传统的方式。除此之外,"在苏格拉底的时代,不作诗而从事诗歌解释的人日益增多"①,意味着新的教育方式的出现。在这个新的教育群体中,有两个截然对立的阵营,即哲人和智术师,苏格拉底和智术师普罗塔戈拉解释诗人西蒙尼德的诗歌,就曾经展开一场竞争(《普罗塔戈拉篇》339a-347b),虽然普罗塔戈拉"赢得了赞扬和阵阵掌声"(《普罗塔戈拉篇》339d),最终还是苏格拉底占了上风。从某种意义上讲,这更像一场谁更胜任解释诗歌的竞争。智术师虽然重视诗教,但他们将诗作为修辞和论证工具,求胜而不求真,智术师看重的是认同和掌声,他们实施教育的原则是,人们想学什么,他们就可以提供什么(《普罗塔戈拉篇》318e)。综上所述,哲人、诗人和智术师皆可以成为诗与民众之中介,而伊翁与谁更为相似,决定了他的城邦中的作用和位置。伊翁游走于各个城邦,观众的掌声为他赢得声名,他如何诵诗,取决于观众的反应。无疑,他的形象更接近智术师——在灵魂的九品中,除僭主之外,位置最低的即智术师。

但伊翁毕竟并非智术师。他的灵魂之所以匍匐在低处,或许是因为缺乏对自己身份、职业、能力的反省与思考,他并不懂得,诗除了作为安身立命之技艺之外,更为重要的是,影响和教化城邦。伊翁这样一位诵诗人若受到雅典民众欢迎,获得成功,说明雅典人对诗、对世界的态度出了问题,或者说是城邦的教育存在问题,并且两个问题互为因果。苏格拉底之所以提出一个开放的环链比喻,也许正是为了提示伊翁,灵魂的高度存在其他可能:诵诗人可能获得神赋灵感、陷入迷狂、传递神言、与热爱音乐者共处灵魂最高品次;或者解释诗人的诗句、接近诗

---

① Silke-Maria Weinech, "Talkingabout Homer: Poetic Madness, Philosophy, and the Birth of Criticismin *Plato's Ion*," 前揭,第 32 页。

人、与之共处灵魂第六品的位置。就某种意义而言，哲人就是要探察灵魂的高度和可能。因此，苏格拉底提醒伊翁所缺失的向上的一极——诗需要属人与属神、技艺与智慧之间的张力。

　　上与下的张力贯穿在苏格拉底描述的整个磁石环链中，诗人生有羽翼，向上飞升，在缪斯的花园和溪谷中采撷美好的诗句，向下传递；诵诗人（苏格拉底所说的应然的诵诗人）则处于上与下的张力之间，走的不能只是一条单一向下维度的路。这种上上下下与《王制》中的哲人有类似之处，但更多的是差异。哲人从洞穴中上升到洞外，得见阳光下的真实，然后返回洞中，告诉洞穴中的人们，他们经年累月在洞壁上见到的不过是虚幻的影子而已。同样是上与下之间的教育，哲人下降到洞穴，将真实告知洞穴中意见的囚徒，却成为洞穴中的异类，招致哂笑；诗人神赋灵感的向下传递，却可以吸引并同化诵诗人和观众，使之与自己处于同一种力量形成的链条当中。诗和哲学同样表现整全，但诗比哲学更贴近城邦——就像神言不能直接达致听众一样，哲学也不能直接作用于城邦，除非成为"诗"或者成为"王"。

《普罗塔戈拉篇》中的史诗与喜剧

凯斯里·摩根 撰 / 张睿靖 译 / 黄薇薇 校

过去二十年来，对柏拉图与诗之关系的研究有了长足进展，其中一些成就乃拜各位与会人士所赐。今天，我想以柏拉图的《普罗塔戈拉篇》（*Protagoras*）为例，就柏氏与诗的关系进行具体探讨。《普罗塔戈拉篇》中出现了各种形式的诗，其中有很长一段对话用于分析西蒙尼德的一首抒情诗。此外，智术师普罗塔戈拉对于诗在彼时希腊文化中的作用有着十分清晰的认识。他这样说道："一个人的教育最重要的部分就是知晓诗歌。这就意味着能用理智评论一首诗歌中好的方面和不好的方面，知道如何区别好坏，当有人提问时，能说出理由来。"（338e-339a）[1] 教育这方面内容与有文化的精英们的习惯紧密相关，不管他们是在雅典还是在别的城邦受的教育，知识分子的标志就是引经据典。[2] 苏格拉底和普罗塔戈拉就美德（arete）的本质争论了一番，普罗塔戈拉假装智慧（sophia），他俩的讨论将知识分子玩的身份游戏推向了一个新的高度。我们读完《普罗塔戈拉篇》就会发现，苏格拉底可能不得不同意普罗塔

---

[1] ［译注］中译文请参考王晓朝译《柏拉图全集》第 1 卷（北京：人民出版社，2002 年），第 462 页。以下《普罗塔戈拉篇》的引文均出自这个译本，根据本文作者的意图稍有改动，仅标识行号而不再加注中译本页码。

[2] 参 Halliwell（2000:96-8）（关于"话语"*rhemata* 以及"对话技巧"conversational finesse 的相关内容）。

戈拉发言的第二部分内容（即我们得知道诗人说的哪些对，哪些不对，知道如何区分它们，以及被问到的时候能够给出理由），但他不会同意第一部分。苏格拉底并没有把知晓诗歌放在第一位，也并不认为那就是教育最重要的部分。固然，我们会在后文见到，苏格拉底在诗歌方面极有天赋，但他对诗歌内容的判定则来自于他在伦理和政治方面的研究。委婉讲来，诗人不是智慧的可靠来源。

　　解读诗与《普罗塔戈拉篇》的关系有多种途径，其中之一便是审视对话的参与者如何论说诗的地位及对诗的理解，但我的目的略有不同。我无意于论述文化的功能，而是关注作为叙述者的苏格拉底和作为作者的柏拉图与他们继承而来的诗之间的关系。广义来讲，我理解的这种关系是一种互文关系，尽管我要说，苏格拉底是叙述者和剧中人，柏拉图是作者，因而诗对他们产生的作用完全不同。在这方面，我对本篇对话的复杂程度感到满意。苏格拉底把这篇对话讲给一个身份不明的熟人。我今天关注的第一个互文对象——两者的联系如此明显，堪称典故——便是苏格拉底引用《奥德赛》卷十一，即奥德修斯的冥府之旅来描述他到达卡里亚府第的情景。但我要说的是，正如有些人论证的那样，这则典故产生的共鸣远远超出了苏格拉底在其直接听众面前的表现。倘若我们着眼于《奥德赛》卷十一的广义语境，就会发现《普罗塔戈拉篇》中也用到了《奥德赛》的一些主题，这些主题不仅出现在开场，也出现在其他地方。这些对应之处是在柏氏作为作者这个层面上起作用的。它们既非引文，也非典故，而是取决于读者把来源文本应用于更广泛的叙述轨道。它们引发了更深层次讨论柏氏对话总体特征的问题。这些问题又因一套不同的互文文本，即喜剧而变得复杂——主要是公认的与欧波利斯（Eupolis）的喜剧《阿谀者》（*Flatterers*）之间的关联（我后面还会提到其他戏剧）。此处，我的议题部分在于明确我们不必急于宣布哪种可能的互文文本居于首位，但更重要的是确定互文作用的意义，这种意义超越了对"柏拉图的"悲剧、喜剧或史诗可能的样子进行考据式的批评。

让我们从广受认可之处开始。在《普罗塔戈拉篇》314处，苏格拉底和年轻的希波克拉底（Hippocrates）来到卡里亚家，普罗塔戈拉和其他智术师也在那里。进大门费了一点工夫，之后，苏格拉斯进入大厅，看见普罗塔戈拉在那里，身后跟着他的学生和崇拜者。于是，他便引用了荷马，"像荷马所说的那样，'然后我认出'埃利斯（Elis）的希庇阿斯（Hippias），他正在与人谈论科学和天文"。苏格拉底说："之后，我也看到了坦塔罗斯（Tantalus）。"这里点明了出处，苏格拉底说出了此话的来源。这无疑就是荷马《奥德赛》卷十一的情景。奥德修斯前往亡者之地，要找出返回家乡伊塔卡的细节。他看到各位英雄的灵魂，并与之交谈，其中包括阿伽门农和阿喀琉斯。之后，他看到弥诺斯（Minos）坐在那里，手持黄金权杖，对亡者做出裁决。弥诺斯周围全是等待审判的人，有坐着的也有站着的。然后，奥德修斯便认出了奥里昂（Orion），以及提梯奥斯（Tityos），由于这两人曾试图奸污勒托（Leto），因而正受着永世的惩罚。"之后我还看见了坦塔罗斯，因为科斯（Keos）的普罗狄科斯（Prodicus）去了城里。"赫拉克勒斯（Heracles）是这组英雄的最后一位，奥德修斯以他结束了整个谈话。

我们必须注意的第一件事是，苏格拉底在惜墨如金的叙述中引用荷马所产生的效果。对话伊始，苏格拉底便说，其不明身份的谈话对象是荷马的崇拜者；而他首次提及荷马就在引用荷马，说一个年轻人最有魅力的年纪，便是刚开始长胡子的时候。于是，为了便于谈话对象理解，苏格拉底在叙述中多少会修改他与普罗塔戈拉对话之内容，也难怪他开始描述卡里亚府第的庭院时会明确地引用荷马——这确保他能吸引听众。此处，我们也确实见识到，引用诗歌可以彰显文化精英的身份：这段对话以调侃有魅力的男性朋友开始，以荷马的套语结束，后文还会出现意义更为深远的典故。

后文点到《奥德赛》时是何语气？哈里韦尔称其为"戏仿片段"（parodic clips）——这是一种恰如其分的称谓，丰富了略带讽刺意味的情景。① 然而我们应当把这种幽默推至多远？显然，苏格拉底将自己设置为奥德修斯，去探究新奇领域，去观察奇异和可怖的场景。但我们又该把普罗塔戈拉、希庇阿斯和普罗狄科斯跟哪些神话人物联系起来？普罗狄科斯（在某种程度上来说）就像是坦塔罗斯。"在他之后我认出"这句引文中的"他"便是普罗塔戈拉，但谁又被认出来了？这句话在《奥德赛》中用了两次：一次用在赫拉克勒斯身上；一次用在奥里昂身上。赛维克（Heda Segvic）把希庇阿斯视为赫拉克勒斯，并断定这个英雄对于想要拥有渊博知识（此处意为希庇阿斯意欲成为荷马式的百科全书人物）的希庇阿斯来说，是个十分恰当又具有讽刺意味的替身。赛维克进而总结道，引经据典是苏格拉底嘲讽智术师名人标志的独特方式。② 卡普拉（Andrea Capra）并未推进希庇阿斯与赫拉克勒斯之间的关联，但她利用这句引文把普罗塔戈拉与科林斯王西绪福斯等同起来。在她看来，柏拉图将智术师及其学生描绘成了居住在荷马冥府中的无知幽灵。此外，西绪福斯和坦塔罗斯都因为敌视神明而受到惩戒，这一点众人皆知。而我们碰巧得知，普罗狄科斯和普罗塔戈拉都受到过不敬神的指控。柏氏将他们与那些声名狼藉的罪人联系在一起，无疑是有意提示这一不光彩的背景。③ 德尼尔（Nicholas Denyer）在其注解中也将普罗塔戈拉喻为西绪福斯。"普罗塔戈拉及其听众不断重复的动作无疑与西绪福斯反复受到的惩罚形成对比。"④ 同样地，他认为围绕在希庇阿斯身边的发问者也"无疑与围绕在赫拉克勒斯周围的人形成了对比：'亡故者的阴魂在他周围嚎叫，就像是惊飞的鸟群'"⑤。

  这些解释招数是否可信，取决于我们批判性的预设，以及我们在阅读《普罗塔戈拉篇》时把荷马的语境植入对话的灵活性。如果我们不相

---

① Halliwell（2000:97）.
② Segvic（2006: 256）.
③ Capra（2005:275）. Cf. Willink（1983）.
④ Denyer（2008: 82）.
⑤ Ibid.

信指控普罗塔戈拉不敬神明的种种证辞，那就不太会认同卡普拉对这个场景的解读。至于希庇阿斯，我们则可以问，希庇阿斯荷马式的博学有多大可能性会把他与赫拉克勒斯关联在一起，而一位古代听众又有多大可能性（无论是苏格拉底抑或柏拉图的听众）会把希庇阿斯的发问者与赫拉克勒斯周围的阴魂关联起来。赛维克认为此处是在讽刺名人，我认为这种看法是对的，但至于我们能否从这些名字的明确序列中（毕竟在荷马那里，西绪福斯和赫拉克勒斯出现在坦塔罗斯之后，而不是之前）得出什么结论，我则不那么肯定。实际上我想知道，《奥德赛》冥府之旅（nekyia）的其余部分是否也在发挥作用。比如我们因而可以发现，在奥德修斯的讲述中，有关弥诺斯的情景发挥了怎样重要的意义："这时我看见弥诺斯，宙斯的高贵的儿子，他手握黄金权杖，正在给亡灵们宣判，他端坐，亡灵们在他周围等待他判决，或坐或站，在哈得斯的门庭宽阔的府第。"① 希庇阿斯也是坐着的，他的听众也围坐在他身边的长椅上。他们问希庇阿斯问题，希庇阿斯对每个问题都详细解答。如果我说得没错，希庇阿斯制定关于自然和天文学的法则，这一点应当令我们想起米诺斯为亡者制定法则，那么我们可能就要放弃卡普拉的观点，她意图把智术师等同于那些犯下滔天罪行，在冥界接受永世惩罚的罪人。事实上，卡普拉对于此处的理解，并不是为了突出苏格拉底在《普罗塔戈拉篇》中的叙述对其直接听众产生的效果，因为任何不敬神的指控都发生在《普罗塔戈拉篇》的戏剧时间之后，而对于卡普拉来说，这种对比之所以有力，是因为柏拉图是在对自己的听众，而非对自己的剧中人物说话。然而，我们仍然可以认为这里的确影射了名人文化，而且这也符合苏格拉底在对话开场便向其朋友承认他崇拜（或许是含有讽刺意味的）普罗塔戈拉的说法。

那么苏格拉底就是在玩标准的知识分子游戏。在《普罗塔戈拉篇》

---

① [译注] 中译本参《奥德赛》（王焕生译，北京：人民文学出版社，2003 年），565—570 行。

中，他如法炮制了三次，并且在柏氏的其他对话中也有过此等做法。但这并不意味着我们就得认为，他这全是无聊之举，以及这一做法没有别的更深的含义。此处不妨将《美诺篇》(99e-100a) 与之相比，这是另一篇讨论美德，以及美德在我们中是天生的还是通过教育得来的对话。在一段冗长而又有问题的讨论之后，苏格拉底总结道，一个人的美德——当它出现时——是神明的恩赐而无须加以理解，除非他是政治家，能把别人也造就为政治家（即前者能够向别人传授美德）。这样一个人在活人中就像荷马所说的死人中的特瑞西阿斯（Teiresias）：在冥界中，只有特瑞西阿斯还保留着智慧，其他人则只是飘忽的魂影罢了。如此一来，这个带着对此世理解的政治家，就会在美德方面成为仅随阴灵之后的真实存在。① 此处参考的便是《奥德赛》卷十的内容，当时神女基尔克（Circe）指导奥德修斯如何前往亡者之地，她说冥后珀尔塞福涅（Persephone）准许特瑞西阿斯死后也能保有智慧，而其他亡者只是飘忽的魂影（卷十第 492—495 行）。这里将博学的治邦者比作特瑞西阿斯，也就准许我们将卡里亚府中的智术师及其听众解读为魂影。普罗塔戈拉大肆宣扬自己通晓美德，能将其传授于人，能教学生照料好自己和城邦的事务，尤其能够使他们在事关城邦事务的言行方面成为最强大（或最有能力）的人（319a）。因此，他宣称自己正是《美诺篇》所讨论的那种人，而苏格拉底则会在挑战智术师时，尽力论证如何将公民的美德传递下去这个问题。苏格拉底要求他首先就如何协调美德的可传授性与雅典的政治实践这一问题做出解释，因为雅典的政治实践似乎并不承认政治专家；其后，苏格拉底又要求他回答，为何身为专家的父亲却似乎无法将自己的美德传给儿子（319b-e）。从《普罗塔戈拉篇》转向《美诺篇》，我们可能会倾向于将普罗塔戈拉视为特瑞西阿斯：毕竟特瑞西阿斯是奥德修斯前往世界尽头所追寻的目标，这就正如普罗塔戈拉是人们前往卡里亚府第所追寻的人物一样。据说这两个人都能回答前来求教之人的所有问

———
① Cf. Klar.

题。这里或许应当提及泰尔（Hakan Tell）的评论，即特瑞西阿斯这位先知在公元前5世纪后期的悲剧中，是个为各种贪财和腐败所困之人。他说："如同智术师一样，先知也被描述为追求智慧之人，他们急于向任何有意出价之人出卖自己的智慧。他们的这种贪婪受到了严厉地批判。悲剧中对底比斯先知特瑞西阿斯的刻画正是这种发展变化的体现。"①在那种情况下，普罗塔戈拉与特瑞西阿斯之间潜在的相似性就更加匹配了：那位死人中的荷马先知典范与当时的经典问题重叠在了一起，即出卖知识。

我们知道，苏格拉底想要听众依照荷马的冥府之旅来进行思考；我们也知道，对于苏格拉底和柏拉图来说，凡刻画知识分子专家的语境，都能与荷马笔下博学的特瑞西阿斯在众魂影中的形象产生共鸣。鉴于当时有批评先知唯利是图的说法，这就可能形成一种极有吸引力的关联。那么无论其他人认同与否，我都倾向于以如下方式重建苏格拉底的引用策略：他是在迎合喜爱并欣赏荷马的听众。他提及荷马，既是因为有文化的人都会这么做，也是因为这样做适合他的听众。苏格拉底想要将卡里亚府中的智术师刻画为名流，与那些著名的亡灵一般：弥诺斯、赫拉克勒斯、坦塔罗斯和特瑞西阿斯。然而，考虑到整篇对话的喜剧基调（稍后我还会对此进行讨论），以及特瑞西阿斯这个人物自出现在古代史诗之后又有了较大的发展变化，这样的比较就呈现出一种戏仿意味。苏格拉底的引经据典也反映出这样一种担忧：在柏拉图笔下，苏格拉底本人也被刻画为具有知识分子专家特征的人。这正是对话刻画的苏格拉底的策略与作者柏拉图的策略重合的地方。柏拉图对魂影及贯穿其文集的各种意象的展示，证实了他在持续关注知识与无知之间的对比。

那么，对这部分材料进行进一步解读是否得当？我并不是这样做的第一人。赛维克表示，以荷马之言开篇，将苏格拉底与普罗塔戈拉之间

---

① Tell（2011: 56 ff）.

的会面完全变成了一次荷马式相遇。赛维克认为，荷马对于整篇对话来说，是一个具有象征意义的基体，所有与荷马相关的引用都把荷马带入到语境当中。鉴于开篇对荷马的参考（一个年轻人最有魅力的年纪，便是他刚开始长胡子的时候）与《奥德赛》卷十中出现的赫耳墨斯相应，而赫耳墨斯还会赐予奥德修斯一棵用来对抗神女基尔克妖术的药草，赛维克因而总结道，此处的引文变出了一个神性世界，其中既有施法使人受到蛊惑的神，也有护佑人的神。希波克拉底就需要这种庇佑，使其免受普罗塔戈拉的魔性诱惑，那么苏格拉底就被摆在了这个十分恰当的位置上，去帮助他抵抗诱惑。这种解读使开篇的引文成为理解为何将荷马的典故植入对话的关键，而且也给叙述增添了一丝情欲色彩。我并非不同意赛维克的基本观点，只是不太认同增色这一点，而且我也不认为，我们可以构建出一种将荷马的原典与《普罗塔戈拉篇》的主题进行无缝对接的解读方法。

《普罗塔戈拉篇》的叙述内线始于一名冲动且兴奋的年轻人在晨曦时分敲响了苏格拉底的家门。在《奥德赛》卷十一，奥德修斯亦是在同样时段叫醒了他的同伴。其中一个名叫埃尔佩诺尔（Elpenor，此人作战并非十分骁勇，头脑亦不够灵捷）的人——他在屋顶上睡觉，下来时忘记使用梯子，因此跌落地面，扭伤了脖子，乃是走了"捷径"之故（这个笑话后来在阿里斯托芬那里也会出现）——因此成了奥德修斯在亡者之地遇见的第一个人。之后，愚蠢的年轻人遇到灾祸便成为这两部作品共有的一个主题，不过希波克拉底有苏格拉底的保护，还是幸运的。而另一个共同的主题，即父子关系问题则更有意义。当奥德修斯与亡者之地的魂灵交谈时，儿子继承父亲美德的问题就成了首要话题。阿伽门农向奥德修斯打听其儿子俄瑞斯忒斯的消息，奥德修斯没帮上忙。当奥德修斯和阿喀琉斯交谈时，重点仍在父子关系上，而这一次奥德修斯帮上了忙。他将阿喀琉斯之子涅俄普托勒摩斯（Neoptolemus）的所有情况和其在特洛伊的功绩都告诉给了阿喀琉斯。涅俄普托勒摩斯在商榷战事时，总是第一个发言，并且极为勇敢。既然阿伽门农、阿喀琉斯和奥德修斯都去了特洛伊打仗，不在家，无法亲自教子，那如果我们透过《普罗塔戈拉篇》去看待这个问题，以及为何卓越的父亲却有不成器的儿子的问题，我们就会明白，有成就的儿子无疑是《奥德赛》最突出的问题。这些英雄大概都希望，即便没能得到父亲的亲自教导，儿子也能够体现出其继承的美德。

这些交谈都发生在奥德修斯见到弥诺斯，或那些罪大恶极的罪人之前，但这些交谈确实奠定了一种基调。这部分冥府之旅之前还有段插曲，此插曲也为后文奠定了一种基调。奥德修斯讲完亡者之地的第一部分就停了下来。阿尔基诺奥斯王说，奥德修斯并非盗贼和骗子，这类人黑色的土地孕育无数，编造谁也无法亲历的虚假故事。但是他（奥德修斯）却言辞美妙，心智聪颖，像一位歌手，以高超的本领讲述了他的故事（《奥德赛》卷十一第363行以下）。一个四处游荡的盗贼、编故事的骗子，这无疑是《普罗塔戈拉篇》争论的焦点，这篇对话中四处游荡的智术师编造了很多可疑的真相。我刚刚提到的这些潜在共鸣绝非戏仿，也非明确用典。只有荷马的引文才是明确的标记。我无意论证，《奥德赛》中的行动能够与《普罗塔戈拉》中的行为简单地一一对应（这一点我与赛维克和卡普拉不同）。问题不在于具体的叙述是否按照具体的顺序进行，而在于某种共鸣对那些想要寻找它们的人来说触手可及：愚蠢兴奋的年轻人在黑暗中上蹿下跳，给自己惹上麻烦；父与子；四处游荡和可能在编故事的骗子。对话中对荷马的几次明确展示只是冰山一角。把发生在卡里亚府中的事情称为一次荷马式相遇，这并非不当。

可我们一旦这么说了，又觉得不满。这种不满仅来自于我之前顺带提及的事：事实上，荷马的再现大体是喜剧性的。普罗塔戈拉就像是坦塔罗斯，这听来十分有趣。在拙文第二部分，我将审视《普罗塔戈拉篇》中的喜剧成分，研究它们如何与荷马的框架相符。长期以来，人们一直认为，《普罗塔戈拉篇》与欧波利斯的《阿谀者》有关。后者于公元前421年在城市酒神节（City Dionysia）上打败了阿里斯托芬的《和平》

（Peace），获得了头奖。① 关于《阿谀者》，我们所知多少？鉴于其只留有残篇，恐怕我们不能如愿。卡里亚的父亲希波尼库斯（Hipponicus），雅典富人之一，当时刚过世（可能死于公元前424年的德利乌姆战役），卡里亚继承了他的财产（这一点我们从阿忒那乌斯那里得知）。不少资料令我们怀疑，卡里亚挥霍着他继承的遗产，大量的钱财花了在智术师和奢靡生活上。斯托雷（Ian Storey）的重构令该剧成了一出社会喜剧。他在以下几个方面启发了我的思考：该剧很可能将卡里亚刻画成了一个愚蠢的年轻人，钱财多于见识。此剧的歌队由阿谀者组成，他们为了到主人家蹭吃蹭喝，想方设法混进宴席。很多残篇都谈及准备了晚宴和宴饮。普罗塔戈拉无疑是这部剧的一个角色。残篇157K-A指出，"在里面有特尔斯人普罗塔戈拉，这个骗子吃着地上的食物，却编造出关于苍穹之上天体的各种故事"。同样，残篇158指出，普罗塔戈拉劝他（即卡里亚）饮酒，如此一来，天狼星升起之前便能喝得酩酊大醉。其中一个残篇提到阿尔喀比亚德，说他娶了卡里亚的妹妹，那么阿尔喀比亚德也可能出现在此剧中。苏格拉底又如何？剧本也提到过，且有资料确实显示，欧波利斯对苏格拉底进行了攻击，这并非不可能。关注于吃吃喝喝似乎是这部剧的一个鲜明特征。重构此剧的一个主要问题在于，《阿谀者》的歌队是否全由智术师及其追随者组成，倘若如此，那么这部剧便与阿里斯托芬的《云》（Clouds）类似，成了一部关于知识分子的喜剧。要得出肯定的结论不太可能。但是斯托雷与卡瑞（Christopher Carey）都得出以下结论：智术师并非此剧讽刺的焦点，他们仅仅是那些利用倒霉的卡里亚的人中的一员罢了。② 同样，我们也很难说明这部剧是如何结尾的。或许卡里亚因为奢靡而身败名裂（斯托雷言），又或许发现那些阿谀者是骗子而下了逐客令（卡瑞言）。

《阿谀者》和《普罗塔戈拉篇》都设置在卡里亚府第，都塑造了普

---

① Nightingale（1995: 186）.
② Carey（2002）; Storey（2003:192）.

罗塔戈拉、卡里亚和阿尔喀比亚德三个人物。《阿谀者》一剧诞生于公元前421年，这与另一篇对话可能发生的时间吻合——这篇对话便是斐勒克拉忒斯（Pherecrates）的喜剧《野蛮人》（Savages），它上演于此后一年，即我们所知的公元前420年。《普罗塔戈拉篇》的戏剧时间是个很大的问题。我不准备对其进行详细考察。简而言之，问题在于，除了公元前419年这个时间点，我们还必须意识到公元前5世纪30年代晚期这个时间段。因为苏格拉底提到，伯里克利（Pericles）的两个儿子那天也在卡里亚家，而他们俩都死于公元前429年的那场瘟疫。可以说，出于某种原因，柏拉图认为，让伯里克利的两个儿子出现在听众中很重要。不过他也注意协调与公元前5世纪20年代晚期的喜剧之间的关系。我们或许可以揣测一下伯里克利的两个儿子出现的原因。在319e-320b部分，苏格拉底以他们为例，证明政治美德不可传授。他讲道，伯里克利给他们请老师，传授他们可以教授的科目，但是"他既不会亲自指导两个儿子，也不会请别人教授他本人特有的智慧"（泰勒译本）。普罗塔戈拉做了一次出色的演说，在结尾处，他这样说道，现在去寻这两人的错误还不是时候，因为他们还都年轻，身上还有希望。那么伯里克利两个儿子出现在对话中的原因似乎在于，若要证明当时最伟大的治邦者伯里克利无法令任何人比他更具有公民美德，他的两个儿子就是最好的说明。当然，此处对历史的讽刺无疑是沉重的，因为不仅是伯利克里的儿子，就连他本人，也都死于我所提及的这篇喜剧发生之前几年的那场瘟疫当中。

　　阿忒那乌斯（11. 506-507）在《阿谀者》与《普罗塔戈拉篇》之间做了明确的比较："柏拉图的《普罗塔戈拉篇》是一篇美妙的对话，除了贬低许多诗人和智者，相对于欧波利斯的《阿谀者》，它将卡里亚的生活更为详实地展现出来。"关于两部作品的大致关系，我们就讨论到这里。《普罗塔戈拉篇》又有哪些细节使我们想起了喜剧的总体特征以及《阿谀者》的特别之处呢？除了背景和各式人物的巧合，我们还可以提出以下两点：(1) 卡里亚家门口的场景。此处苏格拉底推测说，那个看门人（阉人）一定是听到了苏格拉底与希波克拉底在大门口的谈话。他说，或许这个奴隶看到大批智术师的出现，因而对所有的来访者都感到厌烦。因此当他们敲门时，看门人打开门便说道："智术师们！他（主人）很忙！"然后就嘭的一声关上了大门，把他们挡在了门外。苏格拉底花了好大一番功夫向他说明他们不是智术师，才让他开门放他们进去。看门人最终开了大门，却并不情愿。这个处处挑衅又不友好的看门人很可能是喜剧的一个固定角色。我们可能会想起阿里斯托芬《蛙》（*Frogs*）中的看门人（这个人看守的是进入冥界的大门）。宏观来看，很多喜剧都会在大门处设置障碍，令人难以进入。① 《阿谀者》的残篇谈及普罗塔戈拉在屋内，因而有时就说《阿谀者》中也有个看门人。②
(2) 对普罗塔戈拉周围的人的描述有时被视作对喜剧歌队的回应。想想苏格拉底是如此描述这位智术师周边之人的，"歌队当中亦有一些当地人，我很高兴地望着这群人，发现他们小心谨慎地留意不让自己挡在普罗塔戈拉的前面。当普罗塔戈拉和其左右众人转身的时候，后面的听众马上分开，让出路来，秩序井然，每一次都像是在画一个圆圈，重新在后面各就其位。这真是美妙至极！"（315b）有时，苏格拉底在此处的描述就常被用来重构《阿谀者》的智术师歌队。③ 但正如斯托雷所讲，建立一支由普罗塔戈拉的崇拜者和即将成为智术师之人组成的歌队，可能正是柏氏的主意。④ 然而，不管在什么情况下，阅读《普罗塔戈拉篇》而又熟知《阿谀者》的读者都会把对话中的歌队转换成某种喜剧歌队。《普罗塔戈拉篇》与喜剧的关联可能不止一处。例如，多拉狄（Dorati）就认为，《普罗塔戈拉篇》提到希庇阿斯谈论有关空气的事（*ta meteora*），这会令读者想到喜剧对智术师角色的模式化处理。《阿谀者》

---

① Dorati（1995: 90）.
② Dorati（1995: 88）；Storey（2003: 184）.
③ Cf. Dorati（1995: 88）.
④ Storey（2003: 192）.

中的普罗塔戈拉和《云》中的苏格拉底据说都对有关空气的事感兴趣。①尽管希庇阿斯的天文学演说在我看来并没有一丝不妥，但多拉狄的说法也并非难以置信。

不过现在我想回到父子关系这个主题，以便重新回到《普罗塔戈拉篇》的主题，并回到柏氏与史诗和喜剧的关系这些更为宏大的问题上来。我之前说过，欧波利斯的《阿谀者》似乎把重点放在了区别卡里亚的挥霍与其父希波尼库斯的节俭上。这种对比几乎众所周知，并且《普罗塔戈拉篇》必然是其具有言外之意的一种补充。卡里亚将其继承的财产花在了智术师身上，这是一种对知识的暴饮暴食，它对应了苏格拉底与希波克拉底在对话开篇的讨论——该讨论以警醒世人为特征。当时，苏氏表示，智术师是供应灵魂食粮的商人，就像那些给身体销售粮食的人一样（313c）。其中的道理无疑是，我们需要留意自己吃的东西，尤其是灵魂食粮。《阿谀者》虽然没有涉及灵魂的食粮，但也花了篇幅谈论为宴会准备的食物和酒水。因此，在讨论生理和知识上的贪婪和餍足方面，《阿谀者》和《普罗塔戈拉篇》采取了相似的方法。《普罗塔戈拉篇》并没有赘述挥霍的卡里亚与其父之间的对比。然而，正如我已经提过的那样，父亲没能将自己的美德传给儿子，这个问题是《普罗塔戈拉篇》第一部分非常重要的问题，它构成了第二部分苏格拉底对普罗塔戈拉的挑战，并且是对智术师自身演说的总结。很可能这正是伯里克利之子出现在对话中，因而使对话呈现出一种时间错乱的原因。这个问题是个老话题（topos），在公元前5世纪晚期广受关注。而且，父子冲突在很多现存喜剧中都具有一定的作用。②这在《阿谀者》中得到反应，并且在欧波利斯的另一部剧作《村社》（Demes）中表现得十分明显。《村社》这部喜剧将昔日四位杰出的政治家从冥界拉了回来，以便拯救当下的雅典，其中一人便是伯里克利。现存的三个残篇都聚焦于父子问题。

---

① Dorati（1995: 7-8）.
② Strauss（1993）.

其中两个残篇可能出自于伯里克利之口，另外一篇可能是对伯利克里说的话。第一个残篇中（110 K. -A.），在他与阿斯帕西娅（Aspasia）的私生子发言之后，伯里克利问了一个问题。最近，有人在疏解此剧时，将伯利克里问的问题与我之前提到的《奥德赛》的相关段落，即阿喀琉斯向奥德修斯询问其子涅俄普托勒摩斯的情节做了个比较。[①] 第二个残篇（111K. -A.）评论动物如何像自己的父亲那样哺育子女；第三个残篇112 K. -A.）谈及希波克拉底的孩子们（伯里克利的侄子），说他们"腼腆"，没有一点其父之风。

《普罗塔戈拉篇》与欧波利斯的喜剧明显关注着同一个问题：青年一代潜在的缺点。正如内尔斯（Debra Nails）指出的那样，倘若《普罗塔戈拉篇》中的希波克拉底就是伯里克利的侄子，那么《普罗塔戈拉篇》与欧波利斯喜剧之间的关联就会更为密切。[②] 这就能够解释为何苏格拉底将希波克拉底介绍给普罗塔戈拉时说他来自"一个伟大并且富有的家庭"（316b），而公元前433年左右这样一个戏剧时间对希波克拉底来说正好适合。如果希波克拉底是伯里克利家族的一员，那就很容易理解他追随普罗塔戈拉学习的兴趣了。虽然很多雅典的精英都有如此兴趣，但这也能与《普罗塔戈拉篇》对伯里克利之子的强调衔接上。年轻的希波克拉底野心勃勃，渴望在公共事务中获得成功。然而，公元前4世纪的读者在熟知《村社》的情况下阅读《普罗塔戈拉篇》，也会把自己对问题小孩的看法带入进去。此外，至少通过某些重构，《村社》成了一部讲述冥界之旅的悲剧，而苏格拉底下到卡里亚府第确实与此产生了共鸣。

另外，卡瑞的评论也值得一提，他认为《阿谀者》的情节与《奥德赛》相去不远。阿谀者们被描写为有计划地蚕食主人卡里亚的财产。卡瑞说道："就像《奥德赛》中的求婚人，他们长期住在奥德修斯府中，浪费他的钱财。尽管求婚人争夺的是对房屋主人的关心，而非争着娶主

---

① Telò（2007: xx）.
② Nails（2002: 69-70）.

人之妻，从而令情节发生了转变，但《阿谀者》与《奥德赛》的相似性绝非偶然。"① 我认为，《普罗塔戈拉篇》主要关联的互文对象是《奥德赛》和《阿谀者》，而《阿谀者》反过来又带有一丝《奥德赛》的味道。这一点十分重要。我真怀疑，柏拉图受到喜剧互文文本的吸引，是因为喜剧提供了一种动态模式，展示了一种戏剧体裁如何吸收前人和竞争对手的精华。

我们的结论是什么？我认为我们有充分的理由相信，《普罗塔戈拉篇》中有很多因素蓄意（请允许我使用如此老派的字眼）把我们引向《奥德赛》。这些因素既有戏仿的片段，也有对《奥德赛》卷十一冥府之旅情节的持续回应。同样，对话中的不少喜剧因素最好参考欧波利斯的喜剧，主要是《阿谀者》，可能《村社》也需要。我们是否可以把史诗和喜剧都算进来？我们是否一定要为这些互文关系指定一种主要的体裁？比如多拉狄就这样做了。他在分析《普罗塔戈拉篇》与《阿谀者》的关系时，就在脚注中承认《普罗塔戈拉篇》对《奥德赛》的引用，并且声称这一引用——倘若不是纯粹的文字游戏——可能并没有特意将苏格拉底的入场与奥德修斯的下降关联起来，二者的关系还不如《普罗塔戈拉篇》与下降（katabasis）的一般情况，即这一得到充分验证的喜剧主题的关系那样。② 这种解读方式的有趣之处在于，为了抬高另外一种

---

① Carey（2000: 464）.

② Dorati（1995: 90）讨论到，威尔灵科（C. W. Willink）曾在《普罗狄科斯、气象智术师和坦塔罗斯的原型》（"Prodikos, 'Meteorosophists' and the 'Tantalos' Paradigm," *Class. Quart.* 33, 1983）一文中这样说道："然而此处引文的目的——倘若不是纯粹的文字游戏——可能并不是特意将苏格拉底的进入与奥德修斯的下降关联起来，将普罗狄科斯与坦塔罗斯联系起来（根据引用之处，我们可以很容易地识别出奥德修斯的极为超群的下降之旅），不如《普罗塔戈拉篇》与'下降'的一般情况，即这一得到充分验证的喜剧主题的关系那样。倘若我们能够解读到那些对话主题得到进一步发展却亡佚的喜剧文本，那么本段对话的柏拉图式意味恐怕会变得更加明晰。"原注为意大利文：Dorati 1995: 90（"Lo scopo tuttavia di questa citazione - se non si tratta di un puro gioco verbale -potrebbe essere quello di mettere in relazione tale ingresso non tanto con la discesa di Odisseo in particolare, per far coincidere ad esempio Prodico con Tantalo, come sostiene C. W. Willink, "Prodikos, 'Meteorosophists' and the 'Tantalos' Paradigm", *Class. Quart.* 33, 1983, passim o Cerbero con il portiere,（接下页）

互文关系，有意压低了另一种可能的互文关系。此处即是抬高喜剧而贬低史诗。现在我们有了一定的理由相信，欧波利斯的喜剧本身拥有高于《奥德赛》的优势，而这极易使我们认为《普罗塔戈拉篇》与《奥德赛》之间的关联，其基调是喜剧性的。不过我在这里要敦促大家抵制这种想法。

让我们退回几步。拙文第一部分谈及对《奥德赛》的明确引用时，我说过，这些引用是苏格拉底叙述中的标志性策略。苏氏三次引用荷马，其中两次用在叙述框架之下，一次用在叙述当中，说他请求普罗狄科斯帮他对抗普罗塔戈拉对西蒙尼德的解读，还把他俩比作《伊利亚特》中拦住阿喀琉斯的河神（340a）。我认为，这是有文化的精英人士玩的引经据典的游戏。虽然我们不能排除以下可能性，即那位苏格拉底式的叙述者如此构思其故事，是为了挖掘特瑞西阿斯的言外之意和魂影的知识，但就苏格拉底而言，如此引用足够了。我们不应忘记，对其无名友人而言，苏格拉底的叙述是在创造一个原文本（proto-text）；对于我们这些离得更远的读者（柏氏的读者）而言，苏格拉底明确的引用可能是个信号，提醒我们不要对那样的文字游戏展开讨论。同样，我们也无须怀疑，卡里亚家门口看门人这个场景确实具有明显的喜剧腔调，这是在模仿苏格拉底式的叙述者。《普罗塔戈拉篇》中的人物完美地展示了自己利用熟知的当代喜剧来表达观点的能力：327c-d 就见证了普罗塔戈拉对斐勒克拉忒斯《野蛮人》的明确引用。在那里，普罗塔戈拉声称，在法治社会中长大的最恶之人，与那些生长在城外之人相比，也当属正义之士。而那些城外之人就好比斐勒克拉忒斯在勒奈亚节上演（如前文所述，即公元前 420 年）的野蛮人一样。然而，对《阿谀者》（可能还包括《村社》）的调侃，以及因关注政治家孩子的教育问题产生的

（续上页）come ipotizza Klär, art. cit. p. 256, quanto [attraverso il riferimento, facilmente riconoscibile, alla catabasi per antonomasia, quella di Odisseo] , con la situazione in senso generale della catabasi, che è tema comico ampiamente sfruttato. Se potessimo leggere anche le commedie perdute in cui tale tema era sviluppato forse il senso del passo platonico sarebbe piu chiaro. " ）

影响，这些问题都在柏氏作为作者的层面上存在（倘若诸位愿意相信我的话）。

　　这一切是什么意思？多拉狄通过喜剧的视角分析认为，出于对智术师同样的厌恶，柏拉图与喜剧家在此结成了联盟。与《阿谀者》的互文关系是柏氏对智术师教育进行批判的一部分。卡普拉（Andrea Capra）从荷马的视角分析这个主题，发现了引用荷马的双重目的：在一些地方，柏拉图利用荷马来表达对神话的敌视，例如他把普罗狄科斯比作坦塔罗斯；在另外一些地方，柏拉图则聪明地利用典故来教诲，例如，在对话中间部分，希庇阿斯的调停之言就模仿了《伊利亚特》中涅斯托尔的发言，而我们自别处得知，涅斯托尔是希庇阿斯最喜爱的人物之一。这种策略在作者层面上重复了多次，我们在对话中的人物身上也看到了同样的策略，即苏格拉底利用荷马来展示其文化素养，正如柏拉图利用希庇阿斯，而希庇阿斯又利用荷马来展示他对文学的多重兴趣。按照哈里韦尔的意见，我们可能会把这称为"根深蒂固的文化实践"的一种复杂表现。[1] 毫无疑问，我所谈论的这些互文关系，可以说是损害并嘲弄了出现在这些对话中的智术师。鉴于智术师们偏爱使用《荷马史诗》和其他文献中的神话人物来作为其道德和知识的原型，那么讽刺性地重新部署这些诗的材料，其效果就会尤为突出。我们在对话中确实能够见到这样的例子：这体现在进一步调侃"深思熟虑"（prometheia）这个词上——叙述中多次提到这一点，也体现在调侃普罗米修斯这个人物上，普罗米修斯出现在普罗塔戈拉精彩的演说中，在对话末尾又再次出现（361c-d），当时苏格拉底重提普罗塔戈拉的表现，思考普罗塔戈拉究竟像普罗米修斯，还是像他那具有后见之明的兄弟厄庇米修斯（Epimetheus）。[2]

　　但是，我所讨论的这种关联也超出了引用游戏的范围，而不仅是因

---

[1] Halliwell（2000: 100）; cf. Morgan（2000: 89-97）.

[2] Morgan（2000: 147-53）.

为它不只是一个引用问题。在喜剧和史诗当中，我们处理的是宽泛的叙事轨迹，因而问题必然来自于从体裁的角度审视《普罗塔戈拉篇》中发生的事情——此处我须得承认奈廷格尔（Andrea Nightingale）在此领域所做工作的重要性。[①] 我本人也进入了本次会议其他论文的研究领域。我对体裁问题的回答始于一种老生常谈，即这些对话是哲学戏剧。即便对于拥有精心制作的叙述框架的对话来说，也是如此。这篇柏氏对话同悲剧和喜剧一样，不仅从先前的各种体裁中获益极大，而且也将这些体裁囊括其中。合唱抒情诗、史诗、喜剧和悲剧都留下了印记，这既因为它们得到了引用，也因为柏氏对话在一定程度上使它们变得过时。学者经常指出，柏氏对话具有亦庄亦谐的腔调[②]，这是一个重要的洞见。正如《法礼篇》中，柏拉图笔下的雅典异乡人赋予了悲剧新的定义，说他的理想城邦便是最好的悲剧。因此，《法礼篇》便结合了悲剧、喜剧和史诗的元素。至于《普罗塔戈拉篇》，我们可以说，悲剧源于对历史的讽刺。阿尔喀比亚德、伯里克利及其合法儿子，以及苏格拉底本人，在柏氏创作这篇对话时都已经死去。我已经详细讨论过喜剧与讽刺元素，因此此处不再对它们进行总结。此外，知识分子之间的争斗和探究有种荷马的味道。当然，对这些体裁的运用都不同于传统形式，因为这些体裁体现了一种价值体系，这一体系不利于柏拉图笔下的苏格拉底及雅典异乡人所认为的适合于此世生活的伦理法则。凡人的生活并不值得认真对待，并且我们从《斐德若篇》得知，即使是柏氏之作，也不值得认真对待。当然，智术师把自己看得过重，这就可以解释苏格拉底为何会随着剧情的发展，做出一些更为蛮横的举动。

我们同时在史诗和喜剧的视角下解读了《普罗塔戈拉篇》，而且我们面对的挑战是要同时应付多种体裁的视角。只有这样做，我们才能够理解柏拉图是如何依照哲学的形象，来改写这些体裁。苏格拉底与智术

---

① Nightingale（1995）.
② 奈廷格尔以一种巴赫金式的视角来看待这一问题。

师之间的相互作用既严肃又好玩，而且还具有英雄气概。当我们竭力准确地解释一段荷马引文或一次喜剧结构的类比如何搞笑抑或如何严肃的时候，我们如此解读一篇对话的行为本身就是一次哲学锻炼。当苏格拉底走进卡里亚府第时，他又在经历怎样一种"下降"？一旦知晓了这个问题的答案，我们就能更深刻地理解柏拉图与诗的关系，理解柏拉图与其自身作为诗人、制作者的关联。

参考文献

Carey, C. 2000. "Old Comedy and the Sophists," In D. Harvey and J. Wilkins（eds.）*The Rivals of Aristophanes. Studies in Athenian Old Comedy*: xx-xx. Swansea: The Classical Press of Wales, pp. 419-36.

Capra, A. 2005. "Protagoras, Achilles:Homeric Allusionasa Satirical Weapon（Pl. *Prt.* 340a），" *CPh* 100, pp. 274-7.

Dorati, M. 1995. "Platoneed Eupoli（*Protagora* 314c-316c），" *QUCC* 50:87-103.

Halliwell, S. 2000. "The Subjection of Muthos to Logos: Plato's Citations of the Poets," *CQ* 50, pp. 94-112.

Lavery, J. 2007. "Plato's *Protagoras* and the Frontier of Genre Research: A Reconnaissance Report from the Field," *Poetics Today* 28, pp. 191-246.

Morgan, K. A. 2000. *Myth and Philosophy from the Presocratics to Plato*, Cambridge: Cambridge University Press.

Nails, D. 2002. *The People of Plato*, Indianapolis: Hackett.

Nightingale, A. 1995. *Genresin Dialogue, Plato and the Construct of Philosophy*. Cambridge: Cambridge University Press.

Ruffell, I. 2000. "The World Turned Upside Down:Utopia and Utopianism in the Fragments of Old Comedy," In D. Harvey and J. Wilkins（eds.）, *The Rivals of Aristophanes, Studies in Athenian Old Comedy*, Swansea:The Classical Press of Wales, pp. 473-506.

Segvic, H. 2006. "Homer in Plato's *Protagoras*," *CPh* 101, pp. 247-62.

Storey, I. 2003. *Eupolis. Poet of Old Comedy*, Oxford:Oxford University Press.

Strauss, B. S. 1993. *Fathers and Sonsin Athens*, Princeton:Princeton University Press.

Telò, M. 2007. *Eupolidis Demi*, Florence: Felicele Monnier.

Tell, H. 2011. *Plato's Counterfeit Sophists*, Cambridge, MA: Center for Hellenic Studies, Harvard University.

Willink, C. W. 1983. "Prodikos, 'Meteorosophists' and the 'Tantalos' Paradigm," *CQ* 33, pp. 25-33.

寓言叙述与权威
——柏拉图《会饮篇》的批判诗学

瑞克·本尼特兹　玛格丽特·约翰逊 撰 / 胡继华 译

引　言

　　本文将集中探讨柏拉图《会饮篇》中两则寓言：一则寓言出自谐剧诗人阿里斯托芬之口（182c-192e），另一则寓言则由苏格拉底转述，苏格拉底又事先得自曼提尼亚女祭司第俄提玛的教谕（《会饮篇》202e-204c）。笔者将两则寓言故事置于《会饮篇》的明晰脉络之中，将它们作为普遍的论述实践来探讨：征用诗歌、神话、文学隐喻、文化暗示去强化某种视点以权威色彩。我们首先指出，《会饮篇》如此呈现对权威的诉求，言之有据且不容争议，但是确实值得质疑。随后我们论证，尽管《会饮篇》宣称第俄提玛享有权威，但也可以说两则寓言同样享有权威。因此，柏拉图显然期望他的听众去质疑和讯问（suspicion and interrogation）一切形式诗文，同样也可能期望《会饮篇》的读者也以同样的方式去质疑和讯问两则寓言。我们断言，这种立场的结果，就将从根本上改变阅读《会饮篇》以及全部柏拉图对话的方式。人们通常毫不含糊地将第俄提玛的声音等同于苏格拉底的声音，又毫不含糊地把苏格拉底的声音等同于柏拉图的声音。对于这种简单的等同，我们发起争辩的探讨，但同时认为：鉴于《会饮篇》提出的诗学批评模式，我们即便接受这些观点，也万万不能简单地将第俄提玛、苏格拉底和柏拉图的声音当作权威接受下来。就读者而论，任何一种声音也只不过为我们提供了第俄提玛、苏格拉底、柏拉图的观点而已。一切权威都必然源于自律的理性，而自律的理性又源自对前人所持之论（what is said）的阐释与推究。

一、关于柏拉图"诗学"的范围与核心的导论

笔者一上来就论述柏拉图诗学的范围与核心，理由有二。第一，所谓"诗学"的界限在柏拉图那里远比人们所想象的广大得多，因而对我们而言，重要的是将各种掌故、对话和其他文学再现形式都包含在柏拉图的诗学之内。第二，对柏拉图对话之诗性特征的探讨，大多基于较之人们所期待的诗歌哲学更为狭窄的概念，因此对我们而言同样重要的是，首先宣称（形式正确的）权威乃是柏拉图"批判诗学"之鹄的。合而观之，基于这两点考虑，我们认为，柏拉图诗学的旨趣更接近于当今的"解释学"，而更疏离于文学批评和文学哲学。如果这一点靠得住的话，那么，这就势必影响到我们描述早期诗学史的方式，以及后世作家合乎这部历史的程度。

界定柏拉图的诗学是一项艰巨的任务。在亚里士多德那里，我们可以转而求助于一部特殊的著作（他的《诗学》），他在其中非常清楚认为诗学之主题乃是特殊的诗（ποιητικῆς αὐτῆς，1447a8），随后便集中探讨韵文构思的特殊形式，并允诺依据媒介、对象以及方式将这种特殊的构思同其他艺术摹仿形式区别开来（1447a13-18，1447b9-13）。亚里士多德并没有画出精确界限①，但他思想取向脉络分明，集中探讨包括情节结

---

① "仅有音韵难为诗"（Poetics 1447b14-9），亚里士多德的这个论点就隐含着不准确性。同时不准确性还可能隐藏在别处，比如他认为修辞源自诗歌（Rhet. 1404a20-40, cf. 1371b12-1372a1）。然而，即便是在《修辞学》中，我们也能找到亚里士多德的典型论证：将属于诗歌的东西归于其他著作（比如《诗学》），随之便努力将修辞和诗学分开。

构的诗学形式，特别是探讨肃剧、谐剧和史诗。他开宗明义，随后逐一研究，首尾呼应，逻辑清晰。如果你不介意，我们不妨说亚里士多德走的是"下行之路"，意在指向更加具体的特殊性，而这就让他得以聚焦于各种诗文（比如说肃剧）、实现其特殊目标的独特方式。

在柏拉图这里，情况完全不同。柏拉图没有一部作品将一个主题定义为"诗学"，也没有在任何一个地方清楚明白地将诗从本质上同其他类似的艺术形式区别开来。然而，事实上在柏拉图的著作之中有一处我们发现了某种近乎"诗"的定义——那就是《会饮篇》中的一个段落划定如此宽泛的界限，以至于将所有艺术形式囊括其中。在那个段落之中，对苏格拉底行教谕之举的第俄提玛指出：

> 汝自当知，诗之为物，广泛已极：举凡一切适于无中生有者，谓之曰诗；故而举凡由技艺制作而成者，亦谓之曰诗；举凡从此技艺之业者，均谓之曰诗人。（《会饮篇》205b8-c2）

紧接着这段对话之后，对话人详细地将整体之中一个熟悉的部分（关于音乐与韵律的部分）阐释为诗，但在整个对话之中引人注目地反复使用命名的动词（καλέω, προσαγορέω）。与前面的论证针锋相对，这就强烈地暗示，第俄提玛将上述分类视为武断随意而且约定俗成的[①]：

> 然则君知：此等人物（众艺从业者），绝不可皆冠之以"诗人"，实则另有所称。诗艺笼统，别有分梳，惟有部分孤立元素关乎乐与韵者，方冠之以整体之名。惟有此类，方谓之诗；惟独居有此等诗艺元素者，方谓之"诗人"。

[①] 这里说最为武断随意，可能是因为"诗"这个术语的使用仅仅基于音乐和韵律。亚里士多德也表述过同样的观点，参 *Poetics* 1447b13-6。

如果说，第俄提玛这个宽泛的诗学概念颇不寻常，那么我们不妨视之为夸夸其谈，弃之不顾。但是，在柏拉图的对话之中，从头到尾都贯彻着一种"对普遍性的渴求"①。在许多领域之中都是如此，在诗学中亦不例外，柏拉图执着地追求一种完美的普遍论述。有时我们发现，所有韵律形式的诗被合而论之（《申辩篇》22a）；有时我们又发现，所有的诗歌都被用"迷狂"笼而罩之，概而述之（《伊安篇》533c-535a）；有时我们还发现，所有诗歌都被当作陈年旧物以及风格粗野的叙述打入冷宫（《理想国》377 ff.）；我们有时也发现，诗歌与绘画、雕塑、戏剧表演以及上述一切艺术形式相提并论（《法礼篇》667b-669b）。总之，广义的诗学多次被关联于普天之下一切创造行为。②

显然，这么一个范围广大的论域需要聚焦，否则一切都失落于差异之中，无迹可求。柏拉图发现，这个焦点就在于摹仿概念。当然，就像其他许多概念一样，柏拉图对摹仿的论说也并非完全一致。在此，我

---

① "对普遍性的渴求"（a craving for generality），语出维特根斯坦的《蓝皮书》（1969：17）。关于这一点更为具体的论述，请参 Stenlund（2002）。维特根斯坦说，"运用一种普遍性，赋予不同论述以整体性"——虽然在具体的文脉之中没有指名道姓地提到柏拉图，但这一描述所指涉的实践却具有地地道道的柏拉图主义品格。在《会饮篇》中，这类整体化论说不仅应用于诗，且被应用于美（尤其请注意 210c7-d6 之中"πολύ"一词的双重使用）。在对话的结束处，苏格拉底一言以蔽之："一人可以心谙谐剧之道，兼知肃剧之旨。"（223d3-5）我们感到，在这个结论背后，上述整体化论述同样起作用。事实上，在苏格拉底对定义的执着要求之中通常也能看到这种"对普遍性的渴求"（参《卡米德斯篇》159-60；《拉凯斯篇》190d-191e；《游叙弗伦篇》6d-e；《美诺篇》72a-c；《大希庇阿斯篇》287d-289d；《泰阿泰德篇》146c-147d；以及《斐勒布斯篇》191c-e）。在《拉凯斯篇》里就可以发现一个特别明确的例子：苏格拉底扩大勇敢的界限，将所有德性包括在其中（参 Vlastos 1956：xlvii-li；以及 Santas，1969：440-2，比照亚里士多德《尼科马可伦理学》III. 6-8）。

② 参《理想国》（596c-e）和《智者篇》（Sophist 233d-235a），后者显然拓展了前者的论述。也许，将宇宙创造者描述为"神圣工匠"（Δημιουργός）反映出《理想国》（596）的视角（δημιουργ-，596b6，b9，b10，b12，d3，d8，e6），同时柏拉图在反讽意义上运用"智者"一词（σοφιστήν，596d1），原因是对苏格拉底思想取向一无所知的格劳孔以为动物植物、众生与神衹、天地在名分上的创造者必定"均为有智"，而苏格拉底怀藏着诗人和其他一些形象的创造者，他所想到的是"完美的说谎人"。将诗学与智术相提并论，而智术乃是一切技艺之中变化莫测和面目繁多的技艺，可能也是柏拉图在《理想国》（514a-517a）以及《普罗塔戈拉篇》（316c-317c）之中所持之论。

们无法全面论说这个概念的方方面面、样态各异的特征。^① 故而，需要强调指出，柏拉图方便地用来笼罩诗学全局的唯一摹仿概念，乃是将摹仿视为绘画或再现。^② 正是依据这一概念，柏拉图认为，诗人总是必须有所言说，画家总是必须有所描画，舞者总是必须借着动作有所再现。所以，正是这种意向性和再现性的艺术"关涉性"（aboutness）^③ 持久地牵引着柏拉图的注意力。^④ 从《申辩篇》到《法礼篇》，无处不表现出柏拉图几近迷狂，情迷诗学对象，情迷"诸君（艺人）之可能意指"（τί λέγοιεν，《申辩篇》22b4），情迷"诸君（艺人）之所欲"（cf. τί ποτε βούλεται，《法礼篇》668c6）。

柏拉图的这种执念，反过来又能说明他在某些论及诗艺与叙述的段落之中赋予阐释以优先地位。譬如，在《伊安篇》的开头，苏格拉底意味深长地宣称："若不解诗人所咏之物，遂不可为吟诵之优者；究其原委，吟诵即传译，诵者当为译者，将诗人之思传译给听诗之人。"（530c1-4）随后，在《伊安篇》中，（尽管是在最低程度上）诗人自己又被当成诸神的"传译者"（ἑρμηνής，534e4），而吟诵者则被当成"传译者之中的传译者"（ἑρμηνέων ἑρμηνῆς，535a9）。在《克拉底鲁篇》中有一段对话，反映、复现和转译了《伊安篇》（534-535）的同源结构。在这段话中，苏格拉底称赫耳墨斯为"传译之神"（τὸ ἑρμηνέα，407e6），因

---

① 关于柏拉图不同摹仿观的充分探讨，参 Halliwell（2002：39-40）. See also Murray（2007：3-12）。

② 摹仿显然无法笼罩诗的全部，因为并非所有的诗都是摹仿，柏拉图明明白白地希望将那些非摹仿的诗（抒情诗）纳入其广义的诗学理论中。但是，我们又不希望隐含下面一种意图：好像柏拉图拒绝认为摹仿（mimesis）即仿效（imitation）。柏拉图确实认为，摹仿与再现的效果之间，至少在心灵活动的层面上具有类似性，因为二者都致力调适心灵，使之适应所谓的"现实"。

③ 参 Danto（1983，1-2），且比较在这些文脉之中 Halliwell 关于柏拉图对于介词 περί（"about"）之运用的论述（2002：40，40n9）。

④ 即便是柏拉图的某些对话压根儿没有提到"摹仿"，但也确实有一种对于"诗人之诗作意向"的关切（e.g. *Apology* 22a-e, *Protagoras* 338e-348a）。关于这一点更充分的探讨参阅 Halliwell（2002：39-43）。

为此神不寻常，乃是"发明神话的那一位"（τὸ εἴρειν ἐμήσατο，408b1）。在同一段话中，苏格拉底还进一步赋予赫耳墨斯的双性之子——牧神潘——以特殊的使命，那就是以诸如肃剧中的神话、虚构之类的"虚拟"（ψευδός，408c6）和"粗糙"（τραχύ，408c7）的形式向人类传递意旨杳深的话语。虽然没有特别地提到诗，同一种论证结构再次反映在《会饮篇》中：第俄提玛描述了一个居中的存在类别，人称"精灵"或"半神"，据说他有能力"传译"和"传达"（Ἑρμηνεῦον καὶ διαπορθμεῦον，202e3）天地之间的盈虚消息；除此之外，第俄提玛还进一步描述了那类"精灵人"（203a5），据称他们禀赋智慧，向终有一殁的存在者解释隐秘的信息。[1] 爱洛斯，就是这样的半神之一——他就是一位"爱智者"（哲人），襄助人类心想事成，生养出"美"的存在；或者，在第俄提玛言说的普泛意义上，他帮助人类吟咏成诗，美梦成真。

　　柏拉图聚焦于再现与阐释，反映了一种对诗学权威的暧昧立场。众所周知，诗学权威已经构成了其文化语境之中尤为重要的部分。像同时代的希腊人一样，柏拉图认为，自识文断字时代以来，狭义的诗人权威深深植根于儿童。[2] 许多学者注意到，引诗为源强化权威的实践在公元前5世纪蔚然成风，柏拉图的对话亦提供了丰富而鲜活的证据。[3] 不仅如此，我们还发现，在柏拉图的对话中，苏格拉底及其同侪常常公认：

---

[1] 这一段落在实用意义上同《伊安篇》中主题相似的段落紧密关联，参 Stern-Gillet (2007)。在 Saw 即将发表的成果之中，灵感与诗歌的关系得到了全面的考量。在这种关联之中，也许值得注意，柏拉图所表达的对于神谕和灵感话语的要求，恰恰就是他对诗歌的要求——问题在于："它意指何物？"（see *Apology* 21b3-4, *Timaeus* 71e6-72b5）

[2] 关于教化之中显示权威，特别参 *Protagoras* 325e-326b。普罗塔戈拉借着"优异诗人"（ποιητῶν ἀγαθῶν，325e5，326a7）来强化这么一个论断：出类拔萃但名不见经传的诗人被视为权威。我们不妨假设，普罗塔戈拉认为事情理所当然，不容争辩，此乃美德可教的证据。

[3] 关于公元前5世纪的"引诗强化权威"的一般状况，及其在柏拉图思想之中的呈现，参 Halliwell（2000）。

诗人之道说，尽是花言巧语①；但是，也不妨说，诗人道说饱含灵感，这么一种推测也有欠公平。但是，与此同时，我们必须承认，谴责诗人与尊敬诗人，二者并行不悖。秉持此一断制谴责诗人者，并不限于赫拉克利特、色诺芬和梭伦这样的哲人与圣贤；抒情诗以及随后的古式谐剧，同样也在被谴责之列。而且，假如柏拉图对话之中的角色普罗塔戈拉值得信任，那么，我们就应该认为，有教养之人的标志就在于："能领悟诗人之道说，能知道何者构思完美，何者有欠缜密，且有方略辨识，有问能答，有疑能解。"（339a1-3）我们马上知道，柏拉图认为，自由地批评一切诗学话语，在有教养的雅典人中间蔚然成风。②但是，我们同样也注意到，普罗塔戈拉的主张再度反映在柏拉图的封笔之作《法礼篇》中。对话之中的雅典人总结陈词："举凡睿智之批评家，论衡技艺、音乐之类摹仿艺术，先须认知摹仿之为何物，次须明了如何正确摹仿，尤须知道如何恰如其分，令摹仿之举功德圆满，无论借以语言、音乐抑或节律。"（669a7-b3）

若问"哪类创造物置于柏拉图的诗学名目之下？"答曰："借着一切媒介来摹仿的一切创造行为。"③在此，我们仅限于语言摹仿。但是，为了揭示潜在地包含在柏拉图诗学之中的语言摹仿的范围远远宽于叙事诗或狭义的摹仿诗作，我们感到还是有必要进行一个概述。比如，诗学之中包括抒情诗，但它常常不直接描述情节。它将不仅包括诗人自己的"难说之辞"（λόγοι χαλεποί，《理想国》378a7），而且也将包括圣贤和

---

① 参《申辩篇》22b，《伊安篇》Ion 534d-e，《普罗塔戈拉篇》339b，《会饮篇》209d，《理想国》479a 以下。也许还可以参《理想国》595c（有条件地忽略 598-600，但潜在地免除 exonerated 607b-608b），以及《法礼篇》629b。

② 我们预先提到《会饮篇》中的角色，他们构成了雅典公民之中精英团体，关于这一点请注意苏格拉底风格的粗鲁反讽（194c2-7）。

③ 在此，我们不刻意区分"摹仿"与"文字"。也许柏拉图作出过这种区分（Cratylus 422 ff., Republic 472 ff., 484 ff.），但如果真是这样，这种区分同样也是可疑的（Cratylus 439, Republic 500-1，Critias 293，Laws 769 ff.）。关于《克拉底鲁篇》之中这一主题的探讨，参阅 Halliwell（2002：44-8），以及 Morgan 关于寓言与象征之分的论述（2004：73 ff.）。

先知口中的艰涩神秘之道（cf. Protagoras 342-3，《申辩篇》21b）。它还将包括神话寓言，它们有时以韵律形式表达（如奥尔菲神谕和品达的诗歌，参《美诺篇》81a5-81c4），有时又没有韵律形式（如奥丽提亚神话，《斐德若篇》229b）。它还将包括荒诞故事、寓言以及其他神话故事（《理想国》377，《斐多篇》60d）。它可能还包括基于基本神话虚构历史——如《理想国》提到的腓尼基传奇，《法礼篇》所叙述的大洪水之后半真半假的历史，《蒂迈欧篇》和《克里提阿篇》再现的亚特兰蒂斯神话。最后，它甚至还可能包括立法之举，因为柏拉图有时将立法视为一种诗性活动（《法礼篇》769 以下；《会饮篇》209d-e）。一言以蔽之，柏拉图的"诗学"跨越了我们通常所见的那些本质上完全不同的言语与文字所活动的领域。到底是什么将他们变为一个整体呢？细数起来，有如下各端：(1) 它们负有足够的权威以至于一开始就必须摹仿（再现）真与善；(2) 它们的摹仿十分间接，充满隐喻色彩，目的是提出一个事关意旨意向的公平问题；(3) 理智对待摹仿或批判从事诗学的人，必须有能力指出"它们到底摹仿什么？""如何精确而又恰如其分地完成摹仿的使命？"当然，我们也必须注意到，依据这些标准，柏拉图自己的对话也该算是诗学创造。稍后我们希望揭示，《会饮篇》鼓励我们将对话视为真正的诗学创造，且将这些对话纳入同一种批判诗学的审察之下，正如它们也让狭义的诗歌接受这样的审察。

二、《会饮篇》作为批判诗学的熔炉

如果我们记住柏拉图宽泛的批判诗学构想，那么一定就可以注意到，《会饮篇》自始至终都是将一系列不同类型的诗学置于批评的语境之中。这场对话本身就是半真半假的历史叙事①，故事的主体乃是一个名叫阿波罗多洛斯的人所叙说的阿伽通家的一场宴会，这个叙述者据说疯疯癫癫而

---

① 我们将柏拉图的《会饮篇》叫作"半真半假的历史故事"，却并不否定,（接下页）

不通世故（173e2-3，cf. 173d3-4）。至少，阿波罗多洛斯所述有些也仰仗苏格拉底的权威，还当即谴责了弗伊尼可斯所述的一个不同版本（172b3），但他自己的叙述却又遭到了阿里斯托德莫斯的质疑，因为后者的模糊记忆有时更接近于两个版本的源头（176a，178a，180c，199c，223c-d）。

一旦我们进入叙述的核心，就会广泛地和经常地接触到对于诗学权威的批评，特别是轶闻之中那种利用诗歌来达到教谕的目的——塔兰特（Dorothy Tarrant）称之为"对话的引子"（conversational tag，1951：59）。所以，我们看到饮酒者用诗，法无常法，变幻莫测，将所引诗句置于新的情境之中，脱胎换骨，改变其意义，从文类的窠臼之中将它们解放出来。然而，任何一种关于诗人意向涵义的论断常常都没有将这种批评具体化。甚至苏格拉底也成为这种"非批判的批评"之同谋。只要研究一下《会饮篇》中的引文以及引诗，一个模式就浮现出来：任何一个简单的例子至少都必须经受一度隐秘的批评，否则根本就站不住脚。只要检索一下那些清楚明白的例子，就一望便知。

[**例 1**]……好人宴请，好人不请自来（《会饮篇》174b4-5）

苏格拉底对阿里斯托德莫斯诵读这行诗，为的是用甜言蜜语勾引他作为不速之客参加阿伽通的宴会。苏格拉底蓄意直指荷马[①]，认为诗人不仅以辞害意，玷污箴言，而且犯下了肆心之罪，因为他恶意诽谤墨

（续上页）阿伽通赢得肃剧比赛时他可能真的在家宴请宾客，也正是在会饮之中，苏格拉底等人颂赞爱神。这件事或真或假（参 Xenophon, *Symposium*）。但柏拉图的对话竭力把它当作历史来叙述（172a1-2，173b1-6），事件的进程及其意涵也许包含着太多的柏拉图天才的标记，以至于难以被视为真实情形的微弱再现。

① 关于柏拉图引证荷马史诗，参 Lamberton（1989），他讨论了柏拉图对荷马史诗以及广义的诗所持有的一种暧昧且反讽的立场。又参 Benardete（1963），他研究了柏拉图误引荷马史诗，并断言误引绝非偶然口误，而可能是当下哲学探讨的语境要求。这是一种敏感的解读，其最为明显且最为基本的理由在于，《伊利亚特》和《奥德修斯》之手抄本在柏拉图时代非常流行；此乃"皮斯斯特拉提德当政的体制下，荷马式表演传统改革"所开启的转型之一个阶段（Nagy [2001]：110）。

涅拉奥斯，称他为"渺小的枪手"①，又不请自来，参加阿伽门农的宴会——渺小之辈蹭伟人之饭局。而且，苏格拉底甚至质疑这句格言的真实性，因为正如阿里斯托德莫斯指出的，他自己的处境与荷马没有什么两样，都犯下肆心之罪：他是"渺小之辈"，却不请自来，参加获奖肃剧诗人的庆祝宴。

苏格拉底谴责荷马，就是劝诱我们反思他自己的批判实践。他真的理解诗人所说？他的摹仿是否地道？至于说墨涅拉奥斯为"惨败的枪手"，苏格拉底显然不记得，诗人用阿波罗神的口吻，说起话来并不像记忆的那么凶恶：

……墨涅拉奥斯……曾经是
渺小的枪手……（《伊利亚特》17.587-88）

省略上下关联的副词"πάρος"（曾经），苏格拉底就改变了阿波罗的口气——但阿波罗确实是在悲伤之光中来到赫克托尔身边，对他严辞厉责，说他毁了自己在希腊人中间的口碑，从而激励墨涅拉奥斯打起精神来赢得这场战争。意味深长的是，尽管阿波罗假惺惺地恭维墨涅拉奥斯，但他为了羞辱赫克托尔，却把墨涅拉奥斯描写成孤胆英雄，在战场上无比神勇（*Il.* 17.588-90）。山行直子（Naoko Yamagata）指出，在《伊利亚特》的这个文脉之中，诗人"确实无意公平地描述墨涅拉奥斯"（2012：132）。

我们再次注意到，当墨涅拉奥斯不请自来、来到阿伽门农面前，《伊利亚特》的诗行恰恰不是苏格拉底所引的句子：

擅长呐喊的墨涅拉奥斯不请而来，
他心里知道他的哥哥做事很辛苦。（《伊利亚特》2.408-409）

---

① ［译注］又译"阴柔的武士"，此处从王焕生先生的译文。

我们真的能说，这行诗把墨涅拉奥斯描写成蹭伟人饭局的渺小之辈么？虽然我们本来打算善待苏格拉底，认为他性情温和，充满善意，可是他对荷马的谴责确实武断霸道，而且难以置信。

[**例 2**] "两人结伴同行，许有意会，作何言说。" 渠等上路，边走边说。(《会饮篇》174d2-3)

为了化解阿里斯托德莫斯的忧虑，苏格拉底改述箴言。他引述《伊利亚特》中十分熟悉的古老俗话"结伴同行"。在那幅场景之中，狄奥墨得斯求同伴一起去袭击特洛亚人的军营：

……两人结伴同行，每个人都出主意，对事情会更有利（《伊利亚特》10.224）

我们一望便知，在当下赴宴的语境下，或者更宽泛地说，在一篇关于"厄洛斯"的对话语境之中，运用这个意象已经使之面目全非了。诚然，令人匪夷所思的是，苏格拉底如此蔑视荷马和他的朋友阿里斯托德莫斯，他让阿里斯托德莫斯独自去阿伽通家，而他自己磨蹭到了邻居的廊下，自个儿想得出神。显而易见，苏格拉底的行为举止同他好像要理解和赞美的诗句一点都不相容。

[**例 3**]
然则，赫西俄德有言：
混沌初开，
随之，
地母借着博大胸怀，稳稳承载恒常万物，
厄洛斯随后……

(《会饮篇》，178b4-6)

> 最初生成者确为混沌，其次便生出地母
> 胸怀博大，稳稳承载恒常万物
> （奥林波斯山冰雪覆盖，为神祇之家），
> 大地广阔，深处幽暗，囚禁塔尔塔罗斯，
> 爱神厄洛斯，不朽诸神之中极美者，
> 令所有神祇及芸芸众生丧魂落魄，目瞪口呆，
> 且勾走了众生的理智，腹中虚空。（《神谱》，116-122）

颂赞爱神的谈话终于开始了，我们发现赫西俄德的《神谱》位于篇首，尤其引人注目。斐德若吟诵赫西俄德的诗句，借以强固他的主张：爱神厄洛斯乃是最古老的神，先天地生，不为他人所生。可是，赫西俄德《神谱》安排的秩序清清楚楚：混沌，大地，塔尔塔罗斯，然后才是厄洛斯。事实上，阿伽通稍后就废黜了"厄洛斯为最古老神祇"这一赫西俄德想法（195b-c），同时宣称：如果厄洛斯为众神之祖，诸神之间就没有这么惨烈的战争与冲突。斐德若也吟诵赫西俄德的诗句来证明"厄洛斯乃是先天地生，不为他人所生"。（这是一个心照不宣却绝无证据的论点：对于厄洛斯的父母，赫西俄德只字未提，所以他一定没有父母。）后来，苏格拉底问询第俄提玛谁为厄洛斯之双亲，女祭司答之以贫瘠与丰饶的寓言（203b ff.）。于是，上述观点同样也就不攻自破了。

[**例4**] [179d1] 故此，即便诸神，亦对爱神之品格与德性尊敬有加。彼等从地狱遣返俄阿格洛斯之子奥尔菲斯，却不能遂愿，心有戚戚。彼所心仪之妇人，仅闪魅影，而非真身。缘由在于，诸神认定此君虽贵为乐师，却天性阴柔，不若阿尔克斯提斯那般一往无前，敢为情殇，却想方设法活着走到冥府尽头。是故，诸神施行正义，任其殁于妇人之手 [179e]。反之，阿喀琉斯不然，却得以嘉奖，即被送往福人之岛。究其缘由，则为其母开示：虐杀赫克托尔，必死无疑；免于杀戮，则衣锦还乡，颐养天年。故而，此君义

无反顾,襄助悦己者[erastes]帕特洛克罗斯[180a],实施以血还血之复仇,不止为悦己者慷慨赴死,且与之同赴黄泉。诸神如此激赏,因其恩及悦己者之壮烈而赐予至上尊荣[timein]。埃斯库罗斯言阿喀琉斯为帕特洛克罗斯之情人,实乃无稽之谈,阿喀琉斯之美甚于帕特洛克罗斯——实则,如同荷马所咏,诚乃英武之众当中之至美者,白皙面目,未缀胡荃,且幼于帕特洛克罗斯。(《会饮篇》,179d1-180a7)

斐德若以各种方式暗引阿尔克斯提斯和阿喀琉斯神话,既引用荷马,也引用埃斯库罗斯,让他们彼此颠覆对方的权威。① 这些暗引的意图,乃是为了确立这么一条论断:唯有爱者才会为所爱之人慷慨赴死。可是,第俄提玛也废黜了这条论断,表示:阿尔克斯提斯和阿喀琉斯的壮举并非"利他",而是"为了不朽的声名"(208d)。②

[例5] …… 或许赫拉克列特欲言又止,但言不逮意。此君常说:"太一自生二,自相生和谐,犹如弓弦或竖琴。"然则,若就此断言"和即不和,和即不调之物相加",那就大谬不然。或许,此君之意在于:高下相倾,先不和谐之音因乐艺而得和谐。(《会饮篇》187a3-b2)

厄里克希马库斯谴责赫拉克利特之表面文章大谬不然,并对赫拉克利特的真实意图做了他自己的猜测性解释,其基本逻辑乃是让赫拉克利特的表述言之成理,自圆其说。

---

① 关于埃斯库罗斯对于阿喀琉斯和帕特洛斯罗斯之为悦己者的看法,参 Tr GF3, 135-6 Radt。
② 埃斯库罗斯、阿喀琉斯和帕特洛斯罗斯的看法显然错了,欧里庇得斯关于阿尔克斯提斯的看法也一样错误。

[例6] 汝自寻思：如若赫淮斯托斯携铁匠家什，立于交欢男女之侧，且问："凡夫俗子兮，汝等究竟于彼此求得何物？"渠自茫然。试想，铁匠又问："汝等真愿相拥相抱，型为一体，昼夜不分？若然，吾愿熔铸汝等为一体，合二为一……"（《会饮篇》192d2-e1）

从这个故事之脉络内部，阿里斯托芬又引喻出另一个故事：赫淮斯托斯之妻阿芙洛狄特与阿瑞斯私通，被捉奸在床（*Od.* 7. 266-366）。但是，阿里斯托芬歪曲了荷马史诗的叙述。不是为情人们下套，让他们难逃天罗地网，以便对他们横加羞辱，阿里斯托芬则是成全他们的好事，使他们合为一体，享受风流快意，以便有情人终成眷属。这个故事的两个版本在《会饮篇》中都被废黜了：阿伽通灭了荷马，说逮住阿瑞斯的不是赫淮斯托斯，而是厄洛斯；第俄提玛灭了阿里斯托芬，说一个人只要瞥见美本身，他就会彻底地永远地断念于俊郎妙女（B211d3-6）。

[例7] 荷马描摹阿特，赞其神圣且轻柔，汝可思念那双轻柔之足。荷马颂曰：
渠之步履，轻柔而又轻柔，因渠之双足，从不沾灰，惟在众人头顶迈步。（《会饮篇》，195d2-4）

宙斯之长女阿特，令众人皆迷惘
可诅咒者啊，可她双足轻柔，从不
沾灰，惟在众人头顶迈步，给人心予以约束，横加罗网。（《伊利亚特》19. 91-94）

最后阿伽通想方设法准确地引用荷马，说阿特乃是在人头上走（195d3-4）。但他明明白白地戏仿了这句古诗，因为他指出人的脑壳并不比大地柔软，进而提供了一个更优美的版本。依据这个版本，唯有爱神厄洛斯才触摸到诸神和众生之中最温柔的部分——诸神与众生的情致与灵魂。

　　人们一般假设，柏拉图的同侪都倾向于将一切特殊的古诗都奉为不言自明的权威。然而，上述一切谴责与批评的最终结果都动摇了这一假设。这倒不一定会动摇赞颂一般诗学权威的口头禅；但我们必须注意到，在第俄提玛断言每一个人都有权妒忌荷马、赫西俄德和其他优秀诗人的时代（209d1-4），包括苏格拉底在内的"会饮客"都已经在质疑诗人的权威。所以，一方面，第俄提玛不容争辩地诉诸关于荷马、赫西俄德的诗学通则，另一方面也将一般批评实践的内在矛盾展示在对话的中心。

　　人们常常假设，柏拉图本人直接参与了同诗人的角逐。① 但我们以为，《会饮篇》之中所展示的批评实践表明，这个假设太草率了。因为，至少应该承认，只要批评家拒绝使他们不如意的一切诗学意涵，他也一样参与了同这些批评家的角逐。他确实渴望真正地领悟诗歌，也就是说，去理解那些确实配得上其崇高声名的诗歌，并以此为标，走向正道，强化高贵的诗歌，展示其独特的价值。在如下论述之中，我们将要表明，这一双重诗学谋略，将通过阿里斯托芬和第俄提玛对话中所呈现的寓言与反寓言，而得到栩栩如生的证明。

三、阿里斯托芬的寓言——《会饮篇》189c–192e

　　按照阿里斯托芬的叙述，人类原本双性同体，两副面目，四支臂膀四条腿。他们很容易地把腿和手伸长或者卷成一团，"像玩杂耍一样"滚动前行（ὥσπερ οἱ κυβιστῶντες, 190a6）。但他们常常"胆大包天"（φρονήματα μεγάλα, 190b6），且不守本分，肆心冒犯神的尊严。为了让人类有所收敛，不那么无法无天，宙斯果断地把他们一劈两半，"宛如切青果制果脯，又如用发丝分鸡蛋"（ὥσπερ οἱ τὰ ὄα τέμνοντες καὶ

---

① 参 Nagy（1999：145）。

μέλλοντες ταριχεύειν, ἢ ὥσπερ οἱ τὰ ᾠὰ ταῖς θριξίν, 190d7-e2)。如此宙斯便一举两得，既削弱他们令其不再张狂，又让他们数目倍增，以便众神得到更多的贡品。他又吩咐阿波罗扭转他们的头，以便他们能看到切割的伤痕而懂得遵纪守法。然后，他又令阿波罗缝合切口，把切开的皮从两边拉到现在叫作肚皮的地方，像封紧布袋口一样在中央部分打个结，这口子就是今天所谓的"肚脐眼"（ὥσπερ τὰ σύσπαστα βαλλάντια, 190e7-8）。自此以后，人就像现在这样，用两条腿走路。而且宙斯还警告他们，如果再不安分守己，他就要再切分一次。

按照这么一个传说，我们每个人都是一个完整之人的一块"符片"（σύμβολον, 191d4），总是在追求另一半符片。只要一个人遇到了另一半，他们就想永不分离。他们彼此迷恋，海誓山盟，"彼此之间从不明说各自所求"（οἳ οὐδ' ἂν ἔχοιεν εἰπεῖν ὅτι βούλονται, 192c3），而仅仅是两心相知，两情相悦，隐约预感，示之以谜。柏拉图就是这么精于反讽，将阿里斯托芬所述传说之真正的非理性为己所用，以便凸显诗学的非理性。回想一下《法礼篇》所规定的批判诗学第一原则，我们就不难觉知艺术品的意向对象——"言其所欲"（τί ποτε βούλεται, 668c6）。但这就是苏格拉底质问之所在：诗人不能道说的，究竟是什么（《申辩篇》22b）。《会饮篇》中，阿里斯托芬偷梁换柱，将这种不能道说的弱势硬是塞给传说之中的人物，以便拒不承担解释其核心思想的责任。

可是，他所做的，还远不只是这样。他还求助于习俗道德和君子协定，以便免于解释的责任。他强调，肆心犯上后果不堪设想，一心向神便是美德，而且诸神与人之间秩序不仅源于习俗而且合乎道德。而且毫无疑问，他进一步宣称，人类自作聪明必须为我们当下的处境受责：正是因为人类胆大包天才导致了他们的堕落。这样的错误一望便知，简单而且明确。除此之外，阿里斯托芬还将一切深思熟虑之举和高瞻远瞩之思归给诸神。源始双性同体的存在物之日常活动都是无知无虑的（像马戏团戏子滚动车轮一样前行），被劈成两半的人却必须献祭、交媾、劳作而非沉思，而保护人类的职责在于宙斯而不在于人类。不朽的诸神与终殁的人类，在理性上判若霄壤，其中的鸿沟必须得到尊重。

阿里斯托芬主张，神圣权威必须不加批判地尊奉，所以这就差强人意地加固了诗学的权威，理由在于：让神话故事代代相传的，正是诗人。而且，他自己还以一种貌似无辜的口气评论"谐剧诗神"（189b7），明确地提醒对话伙伴注意他自己与神圣权威的关系。因此，他讲述的情爱神话，正如这个神话所描述的情意绵绵和情欲黏黏的情形一样，都荒诞无稽，有悖理性。许多人被这个故事蒙蔽得神魂颠倒①，但库尔克（Leslie Kurke）指出，"情爱即寻求另一半"这一老掉牙的爱论之魅力却是天真单纯的，其基础只不过是自作聪明地利用了"源自日常生活的栩栩如生的形象"（2011：310）。

一种仔细端详阿里斯托芬讲词的方法，乃是视之为源自习俗的"纸老虎"，其诗意的神话创造与一种同样出自习俗的诗学权威观难解难分地联系在一起。但毫不奇怪，这种纸老虎般的诗学权威在第俄提玛的讲词之中遭到了毁灭性的打击。我们看到，在结构上说这种策略更加实用。在我们看来，绝非偶然：关于情爱渴望的核心意象未作解释地存留不论；阿里斯托芬也无所作为，丝毫不努力为情爱之正当性辩护，同样也不想指出在何等程度上，同特殊存在的另一半永结同心、合体为一乃是吾人必须追求和领受的情爱至境、情爱胜境。②我们认为，这么一些花样让柏拉图如愿以偿，有机会通过第俄提玛对阿里斯托芬的回应，来解释他所构想的合适的诗学批评之必然基础，而不是去谴责谐剧诗人。

---

① 参 Nussbaum（1986：171-5）、Nozick（1989：68-86, esp. 76, 81）、Solomon（1981：110, 111, 118, 144, 271, 275）。甚至包括弗洛伊德、荣格这些思想家在内的人都断言，阿里斯托芬的神话"代表了柏拉图自己的情爱观"（Allen, 1991：31-2, with references 32n53）。

② 意味深长的是，在阿里斯托芬的讲词中，既没有出现"善"（ἀγαθός），也没有出现"美"（καλός）这么一些词汇。阿里斯托芬说到了敬神之心和侍神之举的好处，但他确实没有提到，在何等意义上与另一半的合一乃是我们所追求的境界，而第俄提玛恰恰挑出这一点，予以特别关注（205d）。

四、第俄提玛的寓言——《会饮篇》202e–204c

在苏格拉底的记忆框架之中，第俄提玛多番向他传道，而第俄提玛所述神话，与听众隔着五层（201d，206b，207a，212b）。无论她是否代表一个真实的历史人物，苏格拉底都在谨慎地呈现关于她的可信身份。她是来自曼提尼亚的女祭司，不仅深谙情爱之道，而且在许多别的事情上也智慧超群（201d2-3）。苏格拉底说：她"用心劝导"（ἐποίησε，201d4）雅典人祭奠神祇，从而将一场瘟疫推迟了十年；此乃她工于祭祀之道的明证。苏格拉底还说：她向他传授了"情爱之道，此乃他宣称必须领悟的一宗道理"（καὶ ἐμὲ τὰ ἐρωτικὰ ἐδίδαξεν，201d5 参 ὃς οὐδέν φημι ἄλλο ἐπίστασθαι ἢ τὰ ἐρωτικά，177d7-8）；此乃她工于情爱之道的明证。尽管在狭义的诗歌领域之外围活动，但第俄提玛的创造之举与传道之功，确实赋予了她与诗学权威同等的权威。所以不足为怪，她说起话来俨然"才智超群"（ὥσπερ οἱ τέλεοι σοφισταί，208c1），而这么一种措辞常常是用于描述杰出诗人。在此，第俄提玛被赋予了与诗人平起平坐的权威。

第俄提玛为了表述自己所述故事之中的核心观念，而引入了"精灵"一类存在者。这就进一步强化了女祭司与大诗人之间平起平坐的关系。"精灵"位居凡人和神祇之间（202e3-4），给凡人传释（ἑρμηνεῦον）神祇的信息。除了"精灵"之外，第俄提玛还引入了一类"古灵精怪的人物"（δαιμόνιος ἀνήρ，203a5）。这类人物智术超群（σοφός），精于占卜、祭祀、降神以及巫术（参 περὶ τὰ τοιαῦτα 203a5-6，对照 202e7-203a1）。有些学者认为这是暗指苏格拉底，可是在《会饮篇》中唯一合乎这个标准的人物只能是第俄提玛。正是她这位智术超群的女祭司劝勉雅典人向神祇顶礼膜拜。她向众人传递神旨，因而我们必须认为，第俄提玛乃是精灵中的精灵，传释者中的传释者。因而，她与柏拉图《伊安篇》中诵诗者具有平起平坐的地位（535a9）。她是传释者之中的传释者，传递神祇或神圣存在物的信息。① 可是，第俄提玛的传释对象人物身上体现出一种明显的差异。《伊安篇》中的诗人与诵者被视为神（圣）灵（感）附体（ἐνθέος）。他们只是传递神祇的思念，既不理解，也不讲究技巧。② "人神不相杂"（θεὸς δὲ ἀνθρώπῳ οὐ μείγνυται, 203a1-2），所以无论如何，这么一种神灵附体在第俄提玛的述说之中没有地位。在第俄提玛的传释活动中，"古灵精怪之人"（203a6）势必以其智术与巧术来担负传释的使命。关于这种传释活动，第俄提玛举例说明：她给苏格拉底讲述了"贫乏之神"和"丰盈之神"生育"爱欲之神"的故事。故事寥寥数语，几行字就讲完了，可是苏格拉底却故弄玄虚："这个说来话长也"（Μακρότερον μέν ... διηγήσασθαι, 203b1）。在此，"述说"不只是"叙述"：在接下来的训导中，她为苏格拉底提供了"解释"，并隐晦地提供了"精致的传释"。

第俄提玛的故事十分简单，不难复述。她说：阿芙洛狄特出生，诸神大摆筵席，贫乏之神站在门口，前来乞讨。丰盈之神饮了琼浆玉液，步入宙斯的花园，醉意醺醺，侧身而眠。贫乏之神自知匮乏，心生一念，要与丰盈之神生育一子。于是，她与丰盈之神相拥而眠，便红颜结胎，孕育了爱欲之神。所以，厄洛斯在阿芙洛狄特生日投胎，也是阿芙洛狄特的侍从和帮手，而且"生性爱美，因为阿芙洛狄特生来即美"（φύσει ἐραστὴς ὢν περὶ τὸ καλὸν καὶ τῆς Ἀφροδίτης καλῆς οὔσης, 203c3-4）。

第俄提玛所讲述的故事与她自己的解释，结合得可谓天衣无缝。一方面她坚持那种叙事的方式，另一方面着手解释故事之中的谱系意义。她说，爱欲之神身上流着两个人的血液，既分享其父的某些特征，又分享其母的某种命运。作为贫乏之神的儿子，他"永远匮乏"（203c6）。他不漂亮也不文雅，而是"粗鄙、萎靡、赤裸双足、无家可归，总是苍天

---

① 参 Saw 待刊研究成果，其中对《会饮篇》中诗人和祭司的平起平坐关系展开了充分的论述，此处的讨论受益于这项研究。

② 在《伊安篇》中，据说诗人神灵附体，灵魂出窍（ἔκφρων, 534b5），诗人和诵诗者常常都无须讲究技巧（τέχνη）（533d5, 533e7, 534c1, 534c7, 534c9, 536c2, 536d5, 542a6-8, 542b3-5）。

为被，大地为床，露宿街头，门阶过夜"（203c7-d2）。然而，他赋有其父的精明，善于追求美好之事物；他还"勇而有魄，激情满怀，满有心机，是一个强大的（δεινός）猎手，渴望真诚且有超群的才干，终生爱智，因而是个可畏的（δεινός）奇才、巫师和智者"（203d4-8）。爱神终有一殁，又永垂不朽，既不会神魂颠倒，也不会完全满足，位居智慧与蒙昧之间（ἐν μέσῳ，203e5）。如此说来，他就是爱智者（φιλοσόφον，204b4），因为智慧之爱恰在智慧与蒙昧之间。

这些解释可谓循循善诱，栩栩如生，颇有故事性，随后的展开却渐渐离弃了神话言辞，第俄提玛的劝导最后功德圆满。通过这个程序，她努力向苏格拉底传递爱欲之神的最高隐秘。所以亨特（Richard Hunter）言之成理：贫乏之神和丰盈之神的寓言乃是哲学教化的构成部分，其教化对象乃是追求美的学徒，尽管这只不过是哲学教化的初阶（2004：85）。不过，这个寓言远不只是如此。将一种对欲望之本质、对象和功能的理解融为一体（而全部内容都展示在第俄提玛随后的解释中），所以唯有具有完美智术的教育者才有资格讲述这么一个故事。美本身在场，方能有如此这般的创造。贫乏之神与丰盈之神的寓言，不仅表示通往理性灵见的诱因，而且本质上乃是这么一种灵见的至境。

夏菲尔德（Frisbee Sheffield）指出，利用贫乏之神与丰盈之神的寓言，"苏格拉底构想了一些具有正当哲学蕴含的故事"（2006：45）。这种说法当然不离谱，但没有说到位，因为这则寓言同样也让我们去构想一些具有正当形式和创作意旨的故事。在第俄提玛讲词关于"爱的阶梯"的著名段落之中，形容词"正当地"（ὀρϑῶς）反复出现，而这是多么令人惊讶啊！① 第俄提玛强调，爱的学徒循着正道追随导师是重要的（210a2，a4），而且引导者的引导也必须正当（参 210a6-7：ἐὰν ὀρϑῶς ἡγῆται ὁ ἡγούμενος，动词"ἡγέομαι"令人想起"διηγέομαι"——"叙述/解释"，203b1）。唯有由着正道、循序渐进地观照过众物之美者（ϑεώμενος ἐφεξῆς

---

① 在一个页面上，"正当"一词出现了 6 次（210a2，a4，a6，c3；211b5，b7）。

τε καὶ ὀρθῶς τὰ καλά, 210e3）方可获得对美本身的最后灵见。也就是说，为了正当地观照众物之美，就必须有能力看出，在哪一方面这些事物才称得上是对美本身的正当再现。

在第俄提玛所讲的故事及其解释之中，我们可以看到（前述）柏拉图诗学的全部要素。我们必须认识到，这个故事意味着什么，意图何在，故事必须正确地再现它的意味，故事必须有某些美的或者善的目标。恰恰是以此为基础，第俄提玛才有底气谴责阿里斯托芬的故事，并且解释她自己的故事。

阿里斯托芬讲述一个分身切割的故事，其焦点放在因分离而孤独的一半上（"ἥμισυ"一语强调了这一点，190e3，191a6，191b2，191b4，192b6）。然而，这种孤独乃是自私自利的，因为它保护了诗学权威的约定俗成之条件。阿里斯托芬摹情状物之中，说思想属于诸神；人类无权也没有地位去质疑诸神或者含蓄地质疑诸神的信使——诗人（ἑρμηνῆς，《伊安篇》534e4）。反之，第俄提玛讲述了一个天造地合的故事，其焦点放在居中者身上（"μεταξύ"一语表明了这一点，202a3，202a9，202b5，202d11，202e1，204b1，204b5）。这些居中者让第俄提玛充分展示诗学权威的君子协定。第俄提玛摹情状物，将智慧归之于诸神（204a），但爱欲之神的介入和调停，让我们凡夫俗子也能谋事问策、沉思默想以及爱智求真（203d）。正因为如此，我们亦能循着正道，评说以及再现人间物事，因为正当的意见位居蒙昧与知识之间（202a-b）。第俄提玛的哲学诗人，即渴望在美本身之在场中创造的诗人，都在努力循着正道，通达对于可观对象及其范本的灵见。

五、结论——第俄提玛寓言对于柏拉图诗学的含义

第俄提玛寓言傲慢专横，经天纬地，表达了柏拉图诗学的最高境界。制作者（诗人）必须彻悟他们渴望摹仿的对象，以及循着正道美轮美奂地摹仿这一对象。在阿伽通宴席结束时，苏格拉底很可能依据这一

前提逼迫诗人达成这么一种共识:"一人可以心谙谐剧之道,兼知肃剧之旨。技艺高超之肃剧诗人当是谐剧诗人。"(223d3-5)但是,在其解说之中,第俄提玛警告在先。这些条件不仅适合于那些以形象作引领的人,而且也适合于追随形象的人。他们也必须追求智慧(即虔心尚哲),绷紧神经,循着正道,尽其所能瞩望美的最高境界——而这便是一切充当引领作用的形象之根基。质言之,追逐美境者,定是批评家,不仅热切硬朗,而且禀赋才情。

这一警告十分关键,因为它要求我们也批评第俄提玛的讲述。一旦遵令为之,我们就发现,她的讲述也并非正宗。试想:在第俄提玛寓言中,爱欲之神乃是爱智者,可他却毫无智术,而是"终生追求智慧"(διὰ παντὸς τοῦ βίου, 203d7)。他心机慧黠,颇有天分,但他永远匮乏(πένης ἀεί ἐστι, 203c6),永不餍足(203e4-5)。唯有众神才有智慧,爱欲之神只是精灵,永远位居智慧与蒙昧之间。言外之意,是说人类与精灵相比,位置等而下之,一定距离智慧更远。如此形容爱欲之神,就削弱了第俄提玛的断语:古灵精怪之人才智超群。同时,这也削弱了苏格拉底自己的断语:爱欲之神领悟爱欲之道。在某种程度上,第俄提玛或许就是一个智者,但她俨然"一副智术高超的行家模样"(ὥσπερ τέλεοι σοφισταί, 208c1)。她顶多也只不过提供了智慧之可能类像的范本而已。这一教导适合于柏拉图的批判诗学,尤其适合于柏拉图的对话本身。柏拉图并非那种"神奇至极之智术师"(《理想国》, Πάνυ θαυμαστόν, ἔφη, λέγεις σοφιστήν, 596d1),无从生有地造天造地、造植物与动物和诸神。但正如拉封丹后来说①,他也非"仅仅是一名智术师",因为他纯粹从幻想之中造出形象。他终归是一名爱智者(哲人),循着正道,追寻真理,再现美境,而且要求我们通过批评开启同样的志业。

第俄提玛的讲词吁请自我批评。笔者以为,这么一种观点由于对话中一个奇特的人物之出场而被进一步强化了。《会饮篇》显然特别谨慎,

---

① 参杰弗逊 1814 年 7 月 5 日致亚当斯的信(Ford, 1898: 462-4)。

提示我们注意对话中的辩难行为，而与此同时又以最为私密的方式坚持现实的质问。① 甚至在整个对话场景之中，我们时刻都在遭遇这个奇特的人物。他就是阿波罗德洛斯。此君宣称，"谈论哲学，以及倾听别人谈哲学"不仅让他受益匪浅，而且万分愉快（περὶ φιλοσοφίας λόγους, 173c3-4）。阿波罗德洛斯是苏格拉底的追随者，耳濡目染他的言行（ἐπιμελὲς πεποίημαι ἑκάστης ἡμέρας εἰδέναι ὅτι ἂν λέγῃ ἢ πράττῃ, 172c5-6），所以我们不妨指望他转述苏格拉底的论辩逻辑。而苏格拉底的逻辑构成了故事的主干，所以他费尽心机去查证，甚至还要同苏格拉底对质以便坐实这种逻辑（οὐκ ἀμελέτητος εἶναι, 172a1; οὐκ ἀμελετήτως ἔχω 173b1; Σωκράτη γε ἔνια ἤδη ἀνηρόμην ὧν ἐκείνου ἤκουσα, 173b5）。可是，事实上他遗漏了全部细节。譬如，在去阿伽通家的路上，苏格拉底和阿里斯托德莫斯究竟讨论了些什么？阿波罗德洛斯未置一词。可是，苏格拉底建议，他们"二人同行"。在柏拉图的其他对话之中，"二人同行"这个俗语暗示了苏格拉底的对话风格（*Protagoras* 348c, cf. 314c）。即便苏格拉底对阿里斯托德莫斯什么也没有说，但他在这么一种内心对白之中确实孤身同一种思想角力（《会饮篇》174d5, cf.《泰阿泰德篇》1896-7），但阿波罗德洛斯对于苏格拉底思想之内涵及其沉思默想之过程无话可说。所以，在苏格拉底、阿伽通和阿里斯托芬之间有一场对话，只是在对话结束时才揭示出来。为什么阿波罗德洛斯不努力回想和转述这些细节？如果人们回答说，这位不著姓名的朋友只关心情爱讲词（173e5-6），那么，这恰恰就强化了一种感觉：重要的细节被遗漏了。

甚至在对话内部，我们也发现辩驳情节已经开始，但跟进者稀，而且随即被弃之不顾。在对话中，苏格拉底盘问阿伽通，当他做了丢人现眼的事情而当着众人的面是否感到羞耻（194a）。论辩开始了，但斐德若打断了质问（194d）。苏格拉底又开始了另一场质问（199c），他问

---

① 同样的策略也出现在《会饮篇》关于悲剧的讨论之中。Nails (2006) 认为，对话常常提醒我们注意雅典历史上的悲剧事件，但将对这些事件的实际讨论维持在私密状态。这种策略强化了对悲剧事件的意识，为对话之中关于诗学悲剧的讲词增加了一个隐秘维度。

阿伽通爱欲之神何所爱以及他是否拥有爱欲对象。苏格拉底本人马上打断了辩驳（201d），为的是重温第俄提玛的劝勉。这些劝勉反过来又引发了质疑（201e）。第俄提玛以其人之道反治其人之身，以辩驳的方式展开对苏格拉底的拷问，正像在她讲完故事之后那样，但辩驳的问题越来越变得像是明知故问，最后为教条式的启示鸣锣开道。阿尔喀比亚德斯也强调苏格拉底的话语如何令人难忘（213e, 215c），苏格拉底的言辞如何让他重返正道，让他知耻而后勇，但至于苏格拉底如何面授机宜，对他展示了哲学智慧的何等内涵，他却守口如瓶，没有透露点滴。

哲学话语被删节、被规避、被抹平以及被遮蔽的情形，在柏拉图对话中都有章可循。但是，在一篇旨在揭示情爱之本的对话之中，这种哲学话语的逻辑规则却恍惚如谜。对话之中，爱欲之神被说成是哲人，其唯一的渴望是去占有他痛苦地感到匮乏的智慧。[①] 我们认定，这绝非偶然。以这种方式讲故事，由来已久：不置一词的内容同所说的内容同等重要。所以，对话之中的沧海遗珠，尤其重要，那是以第俄提玛自己的言辞来批判地质疑第俄提玛的故事。"如何称赞这番话语，一任诸君"（212c），我们再一次注意到批评意识富有孕育性的暗示。在《会饮篇》中，大凡诗歌均受谴责，但唯有批判诗学依据其意图、正当和有益三项标准，而被启示给读者，遗赠给公众。至于批判诗学的实践后果，那就要另当别论了。

参考文献

Allen, Reginald. 1991. *The Dialogues of Plato. Vol. II: The Symposium.* New Haven: Yale University Press.

Chvatík, Ivan. 2005. "Αἰσώπουτιγέλοιον: Plato's *Phaedo* as an Aesopian Fableabout the Immortal Soul. A fragmentary attempt in understanding, " *New Yearbook for Phenomenology and Phenomenological Philosophy*, 5, pp. 225-43.

Clayton, Edward. 2009. "The Death of Socrates and the Life of Aesop, " *Ancient*

---

① 对《会饮篇》中情爱与逻各斯之关系的讨论，参 Wolhmann (1992)。

Philosophy, 28, pp. 311-28.

Danto, Arthur C. , 1983. "Art, Philosophy, and the Philosophy of Art," *Humanities*, 4, 1-2.

Dover, Kenneth J. 1980. ed. , *Plato: Symposium*. Cambridge: Cambridge University Press.

Ford, Paul Leicester, ed. 1898. *The Writings of Thomas Jefferson*, vol. 9. New York: G. P. Putnam's sons.

Halliwell, Stephen. 2000. "The Subjection of Muthos to Logos: Plato's Citations of the Poets, " *The Classical Quarterly*, n. s. , 50, pp. 94-112.

Halliwell, Stephen. 2002. *The Aesthetics of Mimesis*. Princeton: Princeton University Press.

Hunter, Richard. 2004. *Plato's* Symposium, Oxford: Oxford University Press.

Johnson, Marguerite and Tarrant, Harold. 2014. "Fairytales and Make-believe, or Spinning Stories about Poros and Penia in Plato's *Symposium*: A Literary and Computational Analysis, " *Phoenix* (forthcoming) .

Kamen, Deborah. 2013 "The Manumission of Socrates: A Rereading of Plato's *Phaedo, " Classical Antiquity*, 32, pp. 78-100.

Kurke, Leslie. 2006. "Plato, Aesop, and the Beginnings of Mimetic Prose, " *Representations*, 94, pp. 6-52.

Kurke, Leslie. 2011. *Aesopic Conversations: Popular Tradition, Cultural Dialogue, and the Invention of Greek Prose*. Princeton: Princeton University Press, 2011.

Lamberton, Robert. 1989. *Homer the Theologian: Neoplatonist Allegorical Reading and the Growth of the Epic Tradition*. Berkeley: University of California Press, 1989.

Morgan, Kathryn. 2004. *Myth and Philosophy from the Preocratics to Plato*. Cambridge: Cambridge University Press.

Murray, Penelope, ed. 2007. *Plato on Poetry*. Cambrgide: Cambridge University Press, 2007.

Nagy, Gregory. 1999. "Homer and Plato at the Panathenaia: Synchronic and Diachronic Perspectives, " In John Peradotto, Thomas M. Falkner, Nancy Felson, David Konstan (eds) . *Contextualizing Classics: Ideology, Performance, Dialogue: Essays in Honor of John J. Peradotto*. Lanham, MD: Rowman & Littlefield, pp. 123-50.

Nagy, Gregory. 2001. "Homeric Poetry and Problems of Multiformity: The 'Panathenaic Bottleneck,' " *Classical Philology*, 96, pp. 109-19.

Nails, Debra. 2006. "Tragedy Off-Stage, " In J. H. Lesher, D. Nails and F. C. C.

Sheffield, eds. , *Plato's* Symposium: *Issues in Interpretaton and Reception.* Cambridge, MA: Harvard University Press, pp. 179-207.

Nightingale, Andrea Wilson. 1993. "The Folly of Praise: Plato's Critique of Encomiastic Discourse in the *Lysis* and *Symposium,*" *Classical Quarterly*, n. s. 43, pp. 112-30.

Nozick, Robert. 1989. *The Examined Life.* New York: Touchstone.

Nussbaum, Martha. 1986. *The Fragility of Goodness.* Cambridge: Cambridge University Press.

Santas, Gerasimos. 1969. "Socrates at Work on Virtue and Knowledge in Plato's *Laches,*" *Review of Metaphysics*, 22, pp. 433-60.

Saw, Lacey. (Forthcoming). "Interpretation and Inspiration in Plato's *Symposium,*" *Ancient Philosophy.* (Accepted in final version 2014.)

Sheffield, Frisbee. 2006. *Plato's* Symposium*: The Ethics of Desire.* Oxford: Oxford University Press.

Stenlund, Sören, 2002. "The Craving for Generality," *Revista Portuguesa de Filosofia*, 58, pp. 569-80.

Stern-Gillet, S. 2007. "Poets and Other Makers: Agathon's Speech in Context," *Proceedings of the Fifth Symposium Platonicum Pragense,* 349, pp. 86-107.

Solomon, Robert. 1981. *Love: Emotion, Myth and Metaphor.* Garden City, NY: Anchor/Doubleday.

Tarrant, Dorothy. 1951. "Plato's use of quotations and other illustrative material," *Classical Quarterly,* n. s. 1, pp. 59-67.

Vlastos, Gregory, ed. 1956. *Plato's* Protagoras. Indianapolis: Bobbs-Merrill.

Wittgenstein, Ludwig. 1969. *The Blue and Brown Books.* Oxford: Basil Blackwell.

Wohlmann, Avital. 1992. *Eros and Logos.* Translated from the French by Emanuel Corinaldi. Preface by David B. Burrell, C. S. C. Jerusalem: Editions de l' Olivier, Kesset Publication Ltd.

柏拉图《法义》中的灵魂神话

林志猛 撰

柏拉图的对话经常运用神话故事，这些神话大致可分为两类：一是有关创世和人类早期历史的神话，二是涉及灵魂命运的神话。① 后一类神话可谓末世论神话，主要出现在《高尔吉亚篇》《斐多篇》《理想国》《斐德若篇》和《法义》（Laws）② 中。有关灵魂命运的末世论神话，旨在呈现灵魂在人生前死后受到的奖赏或惩罚，以及灵魂在投生前所做的选择。在这些对话中，《法义》卷十的灵魂神话显得与众不同。《法义》中的描述虽没有像其他对话那样具体，但它把神话（muthos）和论证（logos）融为一体，不仅关注个体灵魂的奖惩，而且着眼于宇宙大全的善。在《法义》的神话中，宇宙灵魂与人的灵魂、整体与部分、诗与哲学之间的关系皆得到了相应的思考。

《法义》表明，为了说服年轻的灵魂去追求正义而非沉溺于快乐，

---

① 参阅艾德尔斯坦，《神话在柏拉图哲学中的作用》，收于张文涛选编：《神话诗人柏拉图》（北京：华夏出版社，2010年），第49页。

② 旧译《法律篇》《法篇》，文中的《法义》引文皆为笔者根据希腊原文译出。原文校勘本 See J. Burnet, *Platonis Opera*（Tom. V），Oxford:Clarendon Press, 1907；英译本 See T. Pangletrans. with notes and an interpretive essay, *The Laws of Plato*, New York: Basic Books, 1980；笺注本 See E. England ed. and notes, *The Laws of Plato*, New York: Manchester University Press, 1921；Klaus Schöpsdau Übersetzung und Kommentar, *Plato Nomoi*（*Gesetze*），Buch I-VII, Göttingen: Vandenhoeck & Ruprecht, 1994。后文出自该著的引文，将随文在括号内标出该著名称首词和引文出处编码，不另作注。

立法者可像诗人那样借助神话来劝谕（663e）。但立法者不是照搬诗人的神话，而是要改编神话：去除神话中关于诸神的不恰当描述，使神话更富教育意义。柏拉图要求，诗人们必须表现有德之人以"正确地作诗"。可以看到，柏拉图创作的灵魂神话极具吸引力，能唤起年轻人去关心自己的灵魂和美德，无疑是在"正确地作诗"。这种神话诗作为最好的"法律序曲"，将置于有关不虔敬的法律条文之前，劝谕那些认为诸神存在却不关心人类事务的人，审视并改变自己的灵魂状态。通过考察《法义》中的神话诗可以看清，柏拉图所作的"诗"与传统诗作有何异同，他作诗的旨归何在。

一、神话的咒语

诗人们赞颂过，坏人和不义者好运连连、幸福无比，他们得享天年，子孙满堂并备受尊敬，甚至取得僭主的统治地位（Laws：899e1-900a5）。据此，年轻人虽不至于谴责诸神，否认诸神存在，却也认为诸神蔑视人类事务。诗人们关于坏人得福、好人遭殃的看法，威胁到了神义论。但柏拉图证明，诸神具有理智、节制、勇敢等美德，不可能因漫不经心、缺乏能力或无知而忽视人世。柏拉图在论证诸神存在时还得出，诸神是拥有完整美德的宇宙灵魂，有心智的宇宙诸神便是宇宙灵魂，能驱动天体、大地和万物。尽管柏拉图的论证充分，但他最后表示，仍需一些神话的"咒语"（epodē）来劝谕不虔敬的年轻人（Laws：903a10-b2）。

借助论证和神话，柏拉图将强制与劝谕结合了起来。论证的力量在于，它要求年轻人充分思考诸神的美德，思考灵魂与诸神的关联，从而深入反省自己关于诸神不关心人类的偏见。但是，除了"晓之以理"外，还要"动之以情"。论证指向人的理性部分，神话那令人着迷的"咒语"（epodē）则可劝导仍存疑惑的灵魂，驯服人的血气（thumos）。epodē 意指唱出来的歌词、用以疗伤的咒语，《法义》卷二（659d1-660a8）在讨论音乐问题时就已提过。柏拉图将歌曲视为"灵魂的咒语",用以引导儿童的苦乐感顺从法律宣布为正确的道理。这些咒语具有严肃目的,但被称为"游戏"和"歌曲",因为年轻人的灵魂无法保持严肃性。① 诗人们要"正确地作诗"意味着,他们创作的音乐作品必须致力于培养人的美德,而非仅仅让人获得快乐。柏拉图甚至表示,立法者若想运用好音乐,就必须比诗人有教养,知道模仿高贵与否,才会使年轻人听到"走向美德的合适咒语"(Laws: 670e2-671a1)。这些"咒语"是动听的歌声、优美的歌词和神话,但又对人类事务有根本的洞见,能够正确评判何为高贵和低贱,有益于劝导年轻人走向美德。② 神话的咒语中进一步提到:

> 万物的照管者安排万物,为的是整全的保存和美德,并尽可能让每一部分遇到和去做适合自身的事情。对于这些部分的每一个,统治者们均规定了任何时候的遭遇和活动,直至最小的方面,它们在细枝末节上都尽善尽美。(Laws: 903b4-9)

这里突出了整全与部分的关系,并将宇宙观与目的论融为一体。万物的照管者并非随意安排一切,而是着眼于整全的保存和美德,并让各部分依自己的本性各司其职。在此强调的是整全的保存,而非部分的保存或自我保存。过于关注自我保存,就不会去关心美德,而会去追求自

---

① See Luc Brisson, *Plato the Myth Maker*, Gerard Naddaf trans., Chicago: The Universtiy of Chicago Press, 1998, p. 75.

② 关于"神话的咒语"的性质,存在各种不同的看法。Morrow 认为,这种神话明显有意成为信仰的表白,而非辩证得出的结论。See Gleen Morrow, *Plato's Cretan City: A Historical Interpretation of the Laws*, Princeton: Princeton University Press, 1960, p. 485. Bobonich 则表示,神话的咒语是一种理性的劝谕,基于理性的思考,既是理性的论证,又诉诸情感。See Christopher Bobonich, "Persuasion, Compulsion and Freedom in Plato's *Laws*," in *The Classical Quarterly*, Vol 41, No. 2 (1991), pp. 374-5. Dodds 宣称,这些咒语并非理性的,却服务于理性的目的。See Eric Dodds, *The Greeks and the Irrational*, Boston: Beacon, 1957, p. 212.

身的权利，从而对整全的保存和优异构成威胁。整全的美德和完善乃是宇宙的目的所在，实现这一目的，每一部分才有机会遇到适合自身的事情——智慧无比的照管者会为每部分作出符合其自然本性的安排，让每部分实现自身的正义。神义似乎体现在这一点上。"统治者们"对每一部分都明察秋毫，甚至为其遭遇和活动做了细致入微的规定。"统治者们"具体指谁，这里没有明确说明。在柏拉图的其他对话中，诸神和精灵常常被视为统治者。① 赫西俄德在告诫凡间的统治者时说，在宽广的大地上，宙斯有三万个"永生者"看护凡人，监视着人间的审判和残酷行为。宙斯能看见并察觉一切，注意到城邦中的正义类型。② 在柏拉图神话的咒语中，统治者们使每个细节都臻至完美，并规定了每一部分的行为，使之实现与自己本性相符的正义。这可以与赫西俄德描述的黄金时代相媲美，但在赫西俄德笔下，我们没有看到，宙斯也使人去做适合自己本性的工作，宙斯似乎不清楚实现正义的真正方式。这或许是柏拉图的诸神与传统诸神的区别之一。

对于认为诸神不关心人类的年轻人，柏拉图略带义愤地称之为"顽固的家伙"。人作为整全中的一分子，即便微不足道却也总是奋力趋向整全。但不虔敬者没有注意到，所有生成的目的在于，用幸福的存在描绘整全的生活，"整全的生成不是为了你，而你却是为了整全"（*Laws*：903c1-5）。人较之于整全只是沧海一粟，人生百年稍纵即逝，相比于永恒的时间之流不过是个瞬间。人唯有奋力趋向整全，才能实现自己的美好人生。柏拉图对不虔敬的年轻人轻微地呵斥，正是为了让其体认到自身的渺小而走向伟大的整全，尽力为整全的美德做出小小的贡献。柏拉图的宇宙观诉诸人对高贵的渴望，并不断激起这种内在的渴望，从而强

---

① 参阅柏拉图《政治家篇》271d3-272a1,《法义》713d1-2,《斐德若篇》246e4-a5,《蒂迈欧篇》42e1。See also Gabriela Carone, *Plato's Cosmology and Its Ethical Dimension*, New York: Cambridge University Press, 2005, pp. 178-9.

② 参阅赫西俄德《工作与时日》，收于《工作与时日 神谱》（张竹明等译，北京：商务印书馆，1991年），第252—269行。

化人的完善、美德这些最高的目的。

在柏拉图神话的咒语中，每个艺匠创造出的每部分都是为了整全，让整体变得最好。他将宇宙论运用于政治结构中：人在宇宙中的位置如同人在城邦中的位置，都是整体与部分的关系，而个体的善应彰显整体的善。① 柏拉图再次轻微地指责年轻人，说他在发牢骚，抱怨诸神不将人类放在心上。年轻人并不知道，他与整全的力量同源，人在宇宙中的位置最有益于整全，同样也最有益于自身（Laws：903c5-d3）。说部分是为了整全，并不意味着要牺牲部分或个体的幸福。不虔敬的年轻人过于关注自身，而无法理解诸神如此设计整全的目的所在。人类与整全的力量同源，或许是因为人的灵魂与宇宙灵魂同根而生。② 人只要依据自己的灵魂本性，各安其位，各司其职，就最有益于整个宇宙变得完善。宇宙的有序和完善，同样有益于人更清楚地认识自己的天性而恪守本分。③ 不虔敬的年轻人不明白整体与部分的关系，是因为他没有理解宇宙中的灵魂问题。

由于灵魂始终与不同的身体结合，并经历了由自身或另一个灵魂引起的各种转变，留给"下跳棋（petteutē）的奕手"的唯一任务就是，"将已变好的性情移到更好的位置，将已变坏的性情移到更坏的位置，这样做依据的是适合每个灵魂的东西，以便分配给它相称的命运"（Laws：903d3-e1）。在这一富有诗意的神话咒语中，"下跳棋的奕手"可看作宇宙灵魂（即有完整美德的诸神）。人的性情就如同跳棋，原初的时候可能一模一样。但有的性情会变好，有的则会变坏，这取决于自己的灵魂所受的教养。宇宙灵魂根据每个灵魂的本质，为灵魂安排相应的位置和命运。不过，作为奕手的宇宙灵魂要转移不同性情的灵魂，必须首先了解每个灵魂的自然本性，据此才能做出合适的分配。德性完善、智慧无

---

① See Friedrich Solmsen, *Plato's Theology*, New York: Cornell University Press, 1942, p. 155.
② 参阅柏拉图《蒂迈欧篇》（谢文郁译注，上海：上海人民出版社，2003 年），41d-e。
③ 对比柏拉图《斐多》，收于《柏拉图对话集》（王太庆译，北京：商务印书馆，2004 年），97e-98a。

比的诸神能做到,只是整全的一分子的人能做到吗?"下跳棋的奕手"这一用语也让人想起,《法义》卷五曾将立法工作比作玩跳棋游戏——放弃游戏中的"神圣界限"亦即构建第二好的城邦,以便实际负责创建政制的人从中作出选择(Laws:739a1-b3)。立法有如下棋,应根据局势作出选择和改变。① 作为奕手的立法者要懂得什么是最好的政制,以及其他各种政制。而政制与人的灵魂的关系是平行的,什么样的灵魂类型对应什么样的政制。这就要求,立法者应对各种灵魂类型了如指掌,像德性卓绝的宇宙诸神那样,根据每个人的自然本性分配适合他的工作。显然,神话的咒语不仅用于引导年轻人,也意在教育立法者。

二、灵魂的命运

倘若"万物的照管者"能这样为灵魂分配命运,诸神就能最轻松地照管万物了。因为,"我们的王者"看到,一切行为均与灵魂有关,并具有诸多美德和邪恶(Laws:904a6-b2)。邪恶的出现提醒我们,人的灵魂有好坏之别。坏的灵魂在人类当中屡见不鲜,在诸天体中似乎不常见:宇宙的有序是常态,无序是罕见的非常状态。这淡化了坏的灵魂对宇宙的影响,而使最好的灵魂显现为宇宙的照管者("王者")。但对人而言,正义与不义、善与恶、美与丑始终相伴相随。只是柏拉图强调,"我们的王者"会对好的灵魂和坏的灵魂作出合适的安排。

在柏拉图的灵魂神话中,宇宙诸神(宇宙灵魂)被比作"王者""统治者"或"奕手",宇宙论与城邦政治显得紧密相关。"我们的王者"还看到,灵魂中所有的好东西始终天然有益,坏的东西则有害。因此,他为每部分设计了一个位置,而使美德以"最轻松和最好的方式大获全胜,邪恶则一败涂地"(Laws:904b4-8)。灵魂中的好东西是指各种美

---

① 参阅拙著《柏拉图〈米诺斯〉译/疏》(北京:华夏出版社,2010年),第58页。

德：理智、正义、勇敢等，在"我们的王者"即有心智的宇宙诸神看来，这些东西依自然而言始终有益。因为，自然的正义、勇敢都涉及智慧，有别于习俗的正义、勇敢。依据自然，坏东西就是灵魂的无序与不和谐，通过行不义获得的表面利益是以损害灵魂的秩序为代价。德性超迈的"王者"能认识灵魂的自然本性，也就能为每部分设计一个符合其本性的位置。美德（正义）若在于各司其职，做适合自己本性的工作，那么，借助"王者"的这一设计，美德就能大获全胜。① 美德的获胜方式之所以最轻松和最好，是因为有"王者"的恰当设计。如果灵魂中的好东西能战胜坏东西，邪恶、不义在很大程度上就会受到抑制。这种灵魂神话旨在强调一种观点：宇宙是个有德的秩序，受神圣理智支配，因此必定会惩恶扬善。②

通过给灵魂设计位置，"我们的王者"（宇宙诸神）也给"每个人的意愿分配了成为哪类人的责任"。在大多时候，每个人的类型、性格及灵魂的命运，均取决于一个人欲望的方式和灵魂的性质（Laws：904c1-4）。我们要成为什么样的人，乃是我们自己的责任。尽管这份责任是"王者"分配的，但它源于每个人自身的意愿（boulēsesin）。"王者"给我们分配的是成为好人的责任，而非随心所欲、自由自在地成人的权利。因此，人在此世要成为什么类型的人，责任最终在于自己。对权力、财富、荣誉的不同欲望，使人选择了不同的生活方式。要成为什么样的人，取决于我们对美德的欲望程度。一个人的欲望方式和灵魂性质，部分源于与生俱来的本性，部分与后天的教养有关。此世的王者、立法者不应迎合多数人的意愿，追求城邦的强大和富有——让人成为好人才是正确的意愿。

---

① See Seth Benardete, *Plato's* "Laws"*: The Discovery of Being*, Chicago: The University of Chicago Press, 2000, pp. 307-8.

② See Richard Stalley, "Myth and Eschatology in the *Laws*," in Catalin Partenie, ed., *Plato's Myths*, New York: Cambridge University Press, 2009, pp. 203-4.

既然灵魂的位置会移动，而且成为哪类人的责任在于人本身，那么，分有灵魂的万物发生转变的原因就内在于人自身。但转变时会依据"命定的秩序和法则"运动：性情上转变较小的会有水平的移动，转变较大且较不义的皆会跌入"深渊"和"哈得斯"（Hades）（Laws：904c9-d4）。有灵魂之物会发生转变，是因为性情上有所变化。"王者"原本为每个人的灵魂设计了恰当的位置，但欲望会使人偏离原来的位置。性情的转变出于人自己的意愿，不过，人要承担转变的结果。人的意愿看似自由，但自由并不意味着幸福，性情的自由转变伴随着灵魂的三种命运。一是性情上转变较小且较不重要时，灵魂会有水平的场所移动。相对于"王者"最初分配的性情，人在此世生活后若性情基本不变，没有变得太好或太坏，其灵魂就会从一个身体转移到另一个身体，在场所上只出现水平的移动，而没有激烈的向上或向下运动。《蒂迈欧篇》提到过灵魂的移动方向：在命定的时间里生活得体的灵魂会回到天上对应的星星，活得不得体的灵魂则会投生为妇女，若是仍没有摆脱邪恶，就会再投生为具有类似邪恶性情的野兽，直至在理性的支配下回到最初的完善状态。① 灵魂要向上、向下或水平运动，这就是命定的法则，任何人都无法违反。

当性情上的转变较大且较不义时，会出现第二种灵魂命运：跌入深渊和地下的哈得斯（冥府），睡梦中的人或亡灵都极其害怕这种地方。冥府是传统诗人笔下经常出现的意象，在《理想国》卷三开头，苏格拉底就引用了荷马史诗中七处有关冥府或亡灵的说法。但他要求删除这些诗句以及那些令人恐惧的名称，以免护卫者害怕死亡，丧失勇敢而变得软弱。② 既然如此，柏拉图为何要谈及哈得斯、深渊这些可怕的名称呢？应当注意，柏拉图是在宇宙论的语境中谈到所谓的末世论问

---

① 参阅柏拉图《蒂迈欧篇》（谢文郁译注），42b-d。
② See Allan Bloom trans. with notes and an interpretive essay, The Republic of Plato, New York: Basic Books, 1968, 386b4-387c6.

题。① 末世论涉及的是空间世界里不义灵魂的重新安置，② 旨在教导不虔敬的年轻人相信神义，而不去行不义。这样的末世论已削弱凄惨、阴霾的氛围，但又会让不义者担忧自己灵魂的命运。护卫者看到这样的景象，并不会丧失血气，反而会为落入不义的生活保持警惕，勇敢地与不义斗争。传统神话并未着眼于美德来描述灵魂的命运，而是着眼于人在世的表面幸福来评判人的命运。柏拉图通过改编传统神话，创作出了富有教育意义的神话诗，为规约灵魂生活提供了不同于诗人的选择。

灵魂除了水平运动和向下运动外，还会与其他灵魂结合，这是第三种灵魂命运。人要成为哪类人源于自身的意愿，灵魂的意愿要得到强化或削弱，关键在于与其他灵魂的联系。灵魂若与具有完整美德的灵魂联系紧密，就能获得大量的美德。若与恶贯满盈的灵魂同流合污，也会变得极其邪恶。那类特别有美德的灵魂是因为结合了某种"神圣的美德"——在属神的诸美德中，理智处于首位，这种神圣的美德应是指理智。人的灵魂要变得特别有美德，必须与有心智的宇宙灵诸神结合。在柏拉图关于灵魂命运的神话里，既有调教血气的劝谕（咒语），又有激发人追求智慧的论证，后者是诗人们所欠缺的。③ 灵魂对美德的意愿要变强，显然也需要"王者"来培育、唤起这种意愿。这也可谓是现世王者的使命和责任，是其"分配"的要义。

一个美德健全的灵魂在位置上会有显著的变化，与落入可怕冥府的邪恶灵魂不同，它会沿神圣的道路抵达另一个更好的地方（*Laws*：904d4-e3）。这条道路乃是向上的道路，回到天上的星辰的道路。在那个更好的位置上，灵魂会获得真正幸福的生活，返回最初的完善状态。要

---

① See Robert Mayhew, *Laws 10: Translated with a Commentary*, New York: Oxford University Press, 2008, p. 178.

② See Trevor Saunders, "Penology and Eschatology in Plato's *Timaeus* and *Laws*," in *The Classical Quarterly*, New Series, Vol. 23, No. 2（Nov., 1973）, p. 234.

③ See Kathryn Morgan, *Myth and Philosophy from the pre-Socratics to Plato*, New York: Cambridge University Press, 2000, p. 186.

是灵魂充满邪恶，那就会沿着邪恶的道路跌入万劫不复的深渊。在柏拉图的灵魂神话里，人的最终命运取决于其生前美德的多寡。这就扭转了传统诗人对人世命运的描述：好人遭殃，坏人得福。

三、立法哲人的灵魂神话

神话的咒语让人意识到自身在宇宙中的位置，以及整体与部分的关系。柏拉图创作神话来劝谕年轻人关心自己灵魂的命运，驳斥和规劝不虔敬者，这种灵魂神话也是一种诗，乃是柏拉图的神话诗。① 它能激励年轻人追求优异，唤起年轻人对高贵、正义和灵魂完善的渴望。诗人们也在诗作中呈现宗教问题，但柏拉图的神话诗对神、灵魂和宇宙的描述截然不同于传统诗人。② 因为，柏拉图式的立法哲人深谙摹仿的高贵与不高贵，他的神话诗融合了论证与神话，使逻各斯具有了诗和神话的形式，并使传统神话蕴涵着理性，这种神话诗将引导年轻人追求灵魂的完美。柏拉图将运用这种扣人心弦的神话诗，进一步劝导不虔敬的灵魂。

柏拉图引用了荷马的一句诗："这就是占有奥林波斯山的诸神的判决。"③ 他呼吁那些认为诸神忽视人类的年轻人："变得更邪恶的人被带到更邪恶的灵魂那里，变得更好的人则被带到更好的灵魂那里；在活着和每一次死亡中，他遭受的和做过的事情，合乎同类对同类做过的事情。"（*Laws*：904e4-905a1）刚刚提到哈得斯，现在又直接引用荷马关于诸神的诗句，无不提醒我们这是在创作神话诗。这句诗是奥德修斯对

---

① 柏拉图将《法义》中的全部对话当作"一种诗"，他甚至说，立法者本身也是诗人，创作的是最美、最好而又最真的悲剧。因为，立法者构建的政制是对最好的生活方式的模仿（817b2-5）。

② See Angelos Kargas, *The Truest Tragedy: A Study of Plato's* Laws, London: Minerva Press, 1998, pp. 34-6.

③ 荷马《奥德赛》（王焕生译，北京：人民文学出版社，1997 年），第 19 卷第 43 行。译文有改动。

儿子特勒马科斯（Telemachos）说的话，他们当时正密谋杀死佩涅洛佩（Penelope）众多罪恶的求婚人。在搬走厅堂中的武器时，智慧女神雅典娜发出优美的光辉照亮他们。特勒马科斯为此感到惊奇，奥德修斯在说出那句诗之前便要求他，"莫作声，藏起你的心智（nous），不要询问"。奥德修斯要求不去追问神义（光亮）的问题，并藏起"心智"，这暗示，"启蒙"之光（phāos）是要隐匿的。那么，不虔敬的年轻人是否也不应追问神义，要藏起自己的心智？或者说，心智不该用在谴责诸神上，而应用于关心自己的灵魂。① 心智用来向世人揭露神义不存在，进而启蒙世人，这就是不虔敬者的不义所在。这里最引人注目的是，在讨论宇宙诸神对灵魂的安排时，直接引入奥林波斯诸神的判决。这无异于将宇宙诸神等同于奥林波斯诸神——柏拉图暗中修改了传统诗人的神话。

诗人们常说，在人活着的时候，不义的灵魂不会受到惩罚，反而会获得各种好处。实际上，柏拉图早就驳斥了这种看法。人在世时，对恶行的最重大"判决"就是变得与恶人相似，从而远离好人，依附无可救药的坏人。变坏的人天性上也就变得与坏人相似，他们要遭受和做的事情，乃是坏人出于本性会对彼此做和说的事情。坏人对坏人（同类对同类）也会使坏，这种坏与其说是惩罚，不如说是"报应"，是伴随不义的不幸。逃脱这种"报应"的人并没有使灵魂得到医治，遭受"报应"的人却被毁灭（Laws：728b3-d3，亦参《理想国》591a10-b7）。不义者不可能获得幸福，因为他的灵魂残缺而又丑陋。相反，变好的灵魂能与更好的灵魂共处，好人对好人所做的事会使人更好，让人的灵魂不断接近完满，得到真正的幸福。幸福和不幸是从人的灵魂状态来定义，而非从人的所得来评判，这就颠覆了诗人们的观点。

柏拉图的神话诗不仅有宇宙论色彩，而且打上了末世审判的印记：人们永远无法夸耀（epeūksetai）逃脱得了诸神对灵魂命运的判决（Laws：

---

① 参阅施特劳斯《柏拉图〈法义〉的论辩和情节》（程志敏等译，北京：华夏出版社，2011年），第153页；See also B. Benson, *Plato's Theology for Adolescents: An Interpretation of the Tenth Book of Plato's* Laws, Boston: Boston College, 1997, pp. 183-4。

905a1-2）。*epeuksetai* 也有向神许愿的意思，这就透露，不可通过许愿、祈祷来摆脱诸神的审判。诸神是有完整美德的灵魂，坏人的献祭、许愿无法收买。有些不义者和坏人临终前可能会夸耀，自己罪恶重重却未曾受惩罚。但他们不知道，生前混乱无序、没得到医治的灵魂，乃是不幸的灵魂。在死后，他们的灵魂会落入可悲的境地。

在这个灵魂神话中，柏拉图强调，诸神绝不会忽视对灵魂的判决——诸神作为有心智的灵魂，当然不会忽视灵魂问题。从这个意义上讲，任何人的灵魂都无法摆脱审判。柏拉图使用了一句非常诗意的话："哪怕你小得足以遁入地下深渊，哪怕你高得足以飞入上天"（*Laws*：905a5）。欧里庇得斯在两个剧本中曾用过类似的说法。美狄亚（Medea）为了报复伊阿宋另娶公主，便谋害了公主和自己的两个儿子。伊阿宋在不知儿子已死的情况下说，美狄亚若不愿遭受王室的"判决"，就得把"身子藏入地下深渊，或长翅膀飞上天"[①]。而在《希珀吕托斯》中，阿耳忒弥斯对忒修斯说，"为何你不羞愧地把身子藏入地下深渊（*tartara*），或飞上天转变你的生活"[②]。由于听信了妻子的谗言，忒修斯认定儿子希珀吕托斯勾引后母，便滥用波塞冬许诺他应验的誓言，以死相咒。美狄亚和忒修斯均涉及不正当的谋害，欧里庇得斯提到这句话时，都是在描述如何逃避惩罚。逃避的方法要么是隐藏自己的身体，要么是改变身体的形状（长翅膀），以远离人世。但在柏拉图的神话诗中，一个人的身体变得再怎么小或再怎么大，即使能遁入地下深渊或飞上天，灵魂也要受到审判。身体可以逃脱此世王者的惩罚，但统治灵魂的不死"王者"永远监管着灵魂。无论人在世上活着，或是死后进入哈得斯，还是灵魂被移到比哈得斯还可怕的位置，灵魂都会受到应有的"报应"（*timorian*）——与邪恶的灵魂相伴随，会得不到医治而毁灭。这段

[①] 欧里庇得斯《美狄亚》，收于《罗念生全集》第3卷（罗念生译，上海：上海人民出版社，2004年），第1296—1298行。译文略有改动。

[②] 欧里庇得斯《希珀吕托斯》，收于《欧里庇得斯悲剧集》（中）（周作人译，北京：中国对外翻译出版社公司，2003年），第1290—1294行。译文略有改动。

富有诗意的言辞,无疑能激起人对灵魂处境的深切忧虑,转而密切关注自己的灵魂状态。

柏拉图相信,对灵魂的判决同样适合那些拥有表面幸福的不虔敬者。否定神义的年轻人曾认为,那些人靠不虔敬的行为爬上僭主位置,摆脱了不幸而获得幸福。柏拉图以更具神话色彩的言辞说道,这样的人并不知晓诸神对整全的贡献有多大。而不知道这点的人,对于幸福与不幸的真谛,"绝不会窥见堂奥,也无法作出解释"(Laws:905b5-c4)。坏人得福仅仅是表象,他们逃脱不了灵魂的判决,无论活着还是死去之后。在诗人那里,得享天年、子孙满堂、受人尊敬便是所谓的"幸福"。实际上,这只是多数人眼中的幸福。在柏拉图看来,真正的幸福在于灵魂的和谐与完善。尽管大多数人不会追求灵魂的幸福——他们的灵魂只做水平运动,不会有太大的变化,但对于灵魂会有激烈运动的少数人,灵魂的幸福才最值得追求。有智识力的不虔敬者为坏人享有表面的幸福愤愤不平,柏拉图劝谕他们扭转灵魂的视角,去发现何谓真正的幸福。

柏拉图转而称否定神义的年轻人为"最大胆的家伙",年轻人的大胆可能在于,不害怕冥府和比冥府更恐怖的地方,或根本不相信冥府的存在,尽管大多数人相信。但不害怕或不相信并不意味着"不必知道(gignōskein)"冥府存在的意义。对于多数人而言,由于畏惧死后在冥府中受罚,他们生前就不敢恣肆妄为,而是尽量过上有德的生活。不虔敬者认为诸神疏忽大意,乃是出于无知:"不知道"诸神对整全的贡献,以及冥府对多数人的意义。柏拉图呼吁他应当"知道",这无疑会激起心智颇高的年轻人的羞耻,不再沉溺于抱怨诸神的冷漠,而去叩问有关诸神的真相。柏拉图进一步唤起了年轻人的求知欲和对高贵的渴望:不知道诸神同诸灵魂及整全的关系,就无法洞见和解释什么是幸福的生活和不幸的命运。要理解真正的幸与不幸,关键在于理解各种灵魂的本性及类型。有思考力的年轻人不应停留于谴责和抱怨,而应去理解:真正好的生活乃是有思想的生活,头脑清醒,能认识整全的生活,健全的灵魂要能洞察人世的幽微，解释纷繁复杂的世相，并深思熟虑地行动。

在论证诸神存在并关心人类时，柏拉图始终没有处理诸神的正义问题。在神话诗里，他却明确提到诸神的判决和报应，神义获得了正面的肯定。但解决神义问题的前提是，将奥林波斯诸神转换为宇宙诸神（即有完整美德的诸灵魂）——灵魂学等同于神学。① 诗人们无法解释神义的问题，是因为他们只从个人生活的得失来理解神义。柏拉图则把个体生活与整体的人类生活黏合起来，以讨论神圣计划的实现。在柏拉图创作的神话诗中，个体灵魂受到了最大的关注，神义问题才确实得到了解决。② 传统诗人、自然哲人（唯物论者）和智术师，皆无法妥当地解决这些问题。引人注目的是，柏拉图的灵魂学和宇宙论并没有否定传统宗教，而是频频谈及诸神、冥府和报应。灵魂学、宇宙论跟神话要素的结合，对于有智性追求的少数人有极大的吸引力，对于常人则具有威慑力和说服力。柏拉图的神话诗将劝谕不同类型的人关注不同的东西，深化人向善的意愿。

---

① See Thomas Pangle. "The Political Psychology of Religion in Plato's *Laws*," in *The American Political Science Review*, Vol. 70, No. 4（Dec.，1976），p. 1077.

② See Friedrich Solmsen, *Plato's Theology*, pp. 158-9.

《法礼篇》的"至真悲剧"喻说

王柯平 撰

《法礼篇》是柏拉图最长和最后一部对话作品,其主要目的在于构建一座"次好城邦"和一套上佳的法律习俗,以便确保城邦的善政、共同福祉、正确教育与公民德行。柏拉图将其喻为一部旨在"摹仿最美好生活"的"至真悲剧",同时将立法者比作"严肃的诗人"。乍一看来,此喻说(analogy)似乎"风马牛不相及",但细加追究,则发现其用意隐秘沉奥,不仅涉及正义的法礼、哲学、宗教与悲剧,而且涉及城邦理想的现实、衰落、复兴与重建。本文将从悲剧特征、法礼功用与城邦宿命等角度出发,尝试揭示上述喻说的多重隐微意味,并由此推知三种正义、两种悲剧、两种诗人与两种生活的内在差异。

喻说缘起

在《法礼篇》卷七里,柏拉图描写了这样一种情境:一伙外来的"严肃诗人"或"悲剧作家"提出"请求",要在新建的城邦里演出自己的作品,展示自己的诗才。面对这些登门"切磋"技艺的"挑战者",柏拉图假借那位"雅典客人"之口,代表对话中的三位立法家,慷慨陈词,果敢应战,决意与来者一比高下:

我们自己就是悲剧作家,我们知道如何创作最优秀的悲剧。事实上,我们整个政治制度就建得相当戏剧化,是一种高尚完美生活的戏剧化,我们认为这是所有悲剧中最真实的一种。你们是诗人,而我们也是同样类型的人,是参加竞赛的艺术家和演员,是一切戏剧中最优秀的戏剧的艺术家和演员,这种戏剧只有通过一部真正的法典才能产生,或者说,这至少是我们的信念。所以你们一定不要指望我们会轻易地允许你们在我们的市场上表演,让你们演员的声音盖过我们自己的声音,让你们在我们的男孩、妇女、所有公众面前公开发表激烈的演说。你们发表的看法所涉及的问题与我们相同,但效果不一样,而且大部分效果是相反的。呃,在城邦的执政官还没有决定你们的作品是否适宜公演之前,如果我们允许你们这样做,那么我们真是疯子,如果你们能找到一个人允许你们这样做,那么整个城邦也是疯子。所以,你们这些较为弱小的缪斯神的子孙,先去执政官那里,把你们的诗歌表演给他看,让他拿来与我们的诗歌作比较。然后,如果证明你们的情感与我们相同,或者比我们更好,那么我们会给你们配一个合唱队,如果不是这样,那么,我的朋友,我恐怕我们绝不会这样做。①

这番回应显得自信满满、立场坚定,流露出挑战的态度和蔑视的语气。按照那位"雅典客人"的说法,他们三位资深立法家都是名副其实的"严肃诗人"或"悲剧作家",能够创作和表演"最美好的戏剧"(*tou kallistou dramatos*),以此来展现"最美好和最高贵的生活"(*tou kallistou kai aristou bion*)。在技艺上,他们与来访的诗人和演员相比毫不逊色,甚至还高出一筹。

柏拉图何以言之凿凿地得出这一论断呢?对此问题最直接的回答是:立法的功绩归于神,立法者是与神打交道的人。②立法者由此获得

---

① Plato, *Laws* 817a-e.
② Plato, *Laws* 624.

神性启示，就像神启诗人一样，借助神赐的灵感来创构自己的作品。这样，立法者的作品虽然是法律，但却类似一种特殊形式的神启诗。在柏拉图心目中，神启诗总是高于摹仿诗。另外，立法者还具有一般诗人没有的卓越德行，譬如，(1) 眼光敏锐，能够在各种程序或境遇中判别出公正与否，同时制定出相应有效的奖惩制度；(2) 博古通今，谙悉传统习俗与各种礼仪，善于裁定城邦公民阶层的适当言行；(3) 选贤任能，安排富有智慧与真正信仰的护法者来监督城邦的法治；(4) 推崇理智，通过理性思索与精心设计，引导城邦公民在遵纪守法的同时，养成冷静、节制与正义等美德①；(5) 追求完善，通过实践检验和修正来追求立法的绝对完美与执法的不断改善，借此确保城邦体制与法治的进步而非退步。② 这些特质足以表明立法者非一般诗人可比。不过，本文所要讨论的重点并非在此，而在于"至真悲剧"喻说的隐秘意味，这涉及《法礼篇》这部政论著述与悲剧这种诗性叙述之间的隐秘性象征关系。

《法礼篇》的读者不难发现，上述喻说出现在探讨立法的论著里，实属罕见，颇显怪异。依据词源，原文"*tragōdian tēn alēthestaten*"不仅意指"至真悲剧"或"最不可遗忘的肃剧"，而且表示"不回避人们认识或反思的最现实的悲剧"。如此看来，这种悲剧亦如《法礼篇》自身独一无二的结构、形式和内容，堪称一种特殊的"悲剧"类型，已然超过普通意义或诗学意义上的悲剧，代表一种服务于柏拉图城邦政治思想的独特概念。柏拉图之所以称其为"悲剧"，实际上是一种修辞用法。若要弄清其真实所指，显然不可望文生义，而应从其隐含的文化、历史及政治背景入手。

首先，值得注意的是，这一喻说表明柏拉图对悲剧的态度有所和缓，不再像先前那样一概拒斥或断然否弃。譬如在《理想国》里，当柏

---

① Plato, *Laws* 632b-c.
② Plato, Laws 769d-e.

拉图审视青年卫士的艺术教育时，就曾依据自设的适度原则，坚决将悲剧排除在外，唯恐其败坏"美好城邦"的教育。他曾声称，悲剧诗人一则擅长以骇人事件欺骗孩童，使其变蠢；二则擅长摹仿人物的苦难，借此激发有害的情感，比如过度的同情、恐惧和怜悯等，而这些苦难本不该发生在英雄和神祇的身上，因为他们是青年卫士的表率或习仿范型。总之，柏拉图认为悲剧会导致观众陷入悲伤而变得懦弱，会触动灵魂中的激情部分而不是理性部分，会助长相对次等的情绪，继而损害居于上等的理性。这就好比城邦中恶人掌权，他们反过来会迫害善人一样。①

可见，柏拉图在《理想国》里夸大了悲剧的负面效应，忽视了其积极意义，继而对悲剧诗人采取了零容忍的排斥态度。在他眼里，这类诗人喜欢炫技，自以为妙笔生花，惯于杜撰一些脱离真实的骇人故事，使灵魂滋生邪恶的品性，使观众屈服于无知的官能，最终沉溺于情感刺激，无法辨别是非优劣。此外，对于同一事物，这类诗人时常会随意称呼，无所定名，制造乱象。看来，柏拉图主要是从三方面来对待诗学意义上的悲剧。第一，他站在认识论立场上反对悲剧。他从摹仿（*mimesis*）的角度出发，借由床喻的三个层次来贬低和抵制悲剧。在床喻中，柏拉图论及三种床，其一为造物者（*the demiurge*）创设的作为至真原型的理式之床，其二为木匠通过摹仿理式之床而打造出的木床，其三为画家通过摹仿木床而描绘出的画床。这里，画床与理式之床隔了两层。相应地，从价值上判断，画床作为二度摹仿的影像，是三类床中最低等的一类，与理式之床仅存间接的象征关系。同样，悲剧这种诗从本质上讲，也只是摹仿性技艺（*technē*）的产物而已。第二，柏拉图进一步从道德和情感角度谴责悲剧。他认为，悲剧拥有巨大的感染力，悲剧演出中角色的遭遇和苦难，极有可能影响青年卫士的心智和性情，会导致他们陷入过度的悲伤；另外，悲剧会唤起听众摹仿的天性，会驱使他们摹仿演

---

① Plato, *Republic* 604-606.

员或剧中人物的言行举止。第三，从政治教化的立场出发，柏拉图始终对悲剧抱有一定的敌意或警觉。他曾反复强调，诗歌激发的强烈怜悯和伤感情绪，不利于实施"正确教育"，不利于培养合格公民。换言之，年轻人不适合观看悲剧，更不应学习和表演悲剧。柏拉图对待悲剧的这种态度，反映出他所持守的道德化教育理念和审美意识。

尽管如此，柏拉图在《法礼篇》里还是或多或少弱化了先前他对悲剧所抱的否定或敌视态度。他似乎变得比较宽容，至少在表面上允许悲剧在新建城邦中演出，但基本前提是悲剧应符合他在政治、道德和美学方面设定的标准与要求。其实，这种弱化或和缓的态度，大多停留在口头上，而未落实在行动中。故此，那些外来的悲剧诗人依然无法进入城邦，因为相关的审查条例太过严苛，几乎无人能够顺利通过。有趣的是，无论是出于礼节，还是有意为之，柏拉图在《法礼篇》中对悲剧诗人显得客客气气，亦如《理想国》的相关描述所示，一旦发现外来诗人不符合城邦的道德化教育之需，就随之以礼遇的方式给其戴上毛冠、涂上香料，将他们欢送到别的城邦。① 显然可见，柏拉图对悲剧一直保持警惕，始终担心这种诗体的消极感染作用。如今，在他试图改变自己以往对待悲剧的态度之际，读者不难发现如下情境："在《理想国》里谴责悲剧，主要是因为悲剧会'引起怜悯'；在《法礼篇》里构想'至真悲剧'，并非是因为悲剧摆脱了上述效应，而是因为悲剧的表现形态及其功能已然发生了变化。"②

在《法礼篇》中，柏拉图是在讨论 15 岁以上年轻人的教育课程设置（包括其身体和舞蹈训练这些具体话题）时提出"至真悲剧"这一喻说的。此前，他曾表示城邦可以有条件地容许悲剧演出，但随之一再强调城邦的艺术教育准则，并对诗人及其作品提出诸多审查要求。例如，悲剧的言语、歌唱与舞步等，都不能违反城邦确立的公共标准。此

---

① Plato, *Republic* 398a-b.
② Laks, "Plato's 'Truest Tragedy': *Laws* Book 7, 817a-d, "2010, p. 231.

外，他还颁布了相关法令，规定诗人的创作不能有悖于普遍认可的正义和法礼，规定其作品在未通过申请程序与获得许可之前不得向任何公民展示。这里所涉及的申请程序是：诗人先向审查官和法庭管理人员提交申请，然后进行预演，以供评估。按照规约，作品语言务必得体，人物安排务必得当，中心思想务必正确，否则无法通过审查，不能获准演出。①

这一做法使人自然联想到柏拉图一贯推行的文艺审查制度。无论在《理想国》里，还是在《法礼篇》中，柏拉图针对诗乐、歌舞和演出活动所制定的那些"法规律条"，实已构成一系列细致而严密的审查制度。这一制度既针对悲剧，也针对喜剧；既针对诗人，也针对演员。也正因如此，那位雅典客人才会把来访的悲剧诗人和演员视为令人不快的闯入者，才会不惮其烦地摆出种种规定，设法将他们拦在城外。总的说来，这套规定大体分为硬性与软性两种。硬性规定主要基于公民应当恪守的城邦法礼。据此，如果某一作品"犯规"，城邦便可将作者驱逐出去，终止其不当演出②，软性规定则来自富有经验的专业裁判，他们受命于城邦议会，专职审查诗歌及其表演，其标准基于城邦公认的教育宗旨、艺术水平与审美趣味③。在柏拉图眼里，消遣艺术对公民教育至关重要，因其富有审美价值，能够愉悦人心。但是，如果不加以妥善监管，这种艺术就会影响年轻人的品格塑造。凡此规定，"软硬兼施"，其目的在于将艺术创作和表演引向"正道"，确保城邦教育的"正确性""合理性"或"道德性"，最终是为了培养优秀公民或"完善公民"，维护"次好城邦"的社会秩序与持续发展。

看得出，柏拉图的确为艺术教育的正确性或道德化付出了不懈努力。这其中尤为突出的一点是：他试图以立法的名义来实现上述目的，依此来规范悲剧诗人的创作，要求他们应以何种台词与表演来展现何种

---

① Plato, *Laws* 800-802.

② Plato, *Republic* 379, 380d-381e, 382e, 398a-d; *Laws* 799, 935d-e, 936a-b, 800e-802a, 816-817a.

③ Plato, *Laws* 658e-659a, 802, 816d-e, 817.

人物德行及其品质，依此从寓教于乐的角度来启迪人心和感化观众。在审查过程中，资深的专家至少要从道德劝诫和艺术审美两个层面来审视唱什么、跳什么（内容）与如何唱、如何跳（形式）等问题。通常，一出诗剧如果违背道德教育的基本宗旨，就不会通过审查，得不到演出机会。尽管柏拉图欢迎外来诗人到城邦献艺，但却为其设置"障碍"，抬出一套专为"歌舞艺术和学习活动所制定的法则"，并以是否"配置歌队"为重要条件。众所周知，古希腊悲剧具有歌舞的本性（choral nature），每出悲剧开场，大多是由歌队（chorus）率先登台，其人数早期为12名，后来增至15名。通常，歌队成员都是合唱与舞蹈的高手，他们占据剧场的中心地位，主导悲剧的表演进程，而悲剧诗人创写的诗句，则被当作演员与歌队吟唱的"歌词"。事实上，在每年一度的狄奥俄尼索斯节庆期间，所有参加表演比赛的悲剧，与其说是参赛诗人与演员之间的竞争，毋宁说是参赛歌队之间的竞争。在此意义上，如若抽调歌队或不配歌队，这对悲剧表演而言就等于釜底抽薪，使其无法登台献艺了。

值得一提的是，从三位资深立法家和悲剧诗人的交谈中，我们在一定程度上可以感受到古希腊人的竞争意识。这种竞争意识在古希腊人中相当普遍，在雅典人中尤其突出，因其早已融入古希腊的民族特性中，成为他们生活中不可或缺的组成部分。这种意识几乎已经化成生活习惯，通常体现在每年一度的戏剧竞赛剧场里，展示在古代奥林匹克的竞技赛场上，甚至张扬在你死我活的肉搏战场上。从本质上说，民主政制为这种竞争意识的形成和展现创造了良好氛围，相关的成文法及不成文法（习俗）也为之奠定了基础。当时，诗人、演员和歌队都有权参与竞赛，在公共场所演出他们的作品。观众和裁判也会积极参与竞赛，以便选出优胜者。根据柏拉图《法礼篇》中的描述，为博裁判欢心，参赛诗人甚至会雇用一群支持者或啦啦队为自己的演出鼓掌喝彩，同时也向同台竞赛者的演出喝倒彩，甚至不惜扰乱演出秩序，影响裁判评分，由此引致不良的"剧场政体"（theatrocracy）氛围。结果，自由过度与滥用权力成为"剧场政体"的必然产物,这与败坏腐化的民主政体具有本质意义上的功能相似性(functional resemblance)。①

特别值得一提的是,柏拉图在《法礼篇》里将三位立法家奉为技艺高超的"最佳悲剧家",就等于凸显了立法家的地位,强调了法治教育的意义,降低了悲剧诗人的身份。这里所说的悲剧诗人,是指通常意义上的悲剧诗人,也就是那些为戏剧表演而创作并醉心于戏剧竞赛的悲剧诗人。在此意义上,古希腊传统形式的"悲剧",在柏拉图那里已被置换成一种旨在建构正义法礼、表现理智德性和推行公民教育的"肃剧"。如此推知,柏拉图似乎意在告知人们,在城邦这个政治、经济、文化与教育共同体里,法礼高于艺术,理智大于情感,哲思胜于审美,德性重于娱乐。唯有遵循这一价值判断趋向,才会服务于城邦的共同利益。

与此同时,我们发现柏拉图在这里又复归到他难以离舍的"固定中心"(fixed center)。② 这一中心主要与诗人和诗歌密切相关,贯穿于柏拉图的整个思想体系。无论柏拉图在对话中如何进行哲学思辨,诗人和诗歌总是以多种性相暗藏于字里行间,隐约构成对话的背景与思索的养料。无论柏拉图在逻辑推论中如何背离诗人的身份,但为了达成有效沟通或出于其他原因,他最终还是会回归诗人的立场。例如在《法礼篇》中,柏拉图在大谈立法的诸多功用时,正是这一伙闯入新建城邦、希望赢得演出许可的悲剧诗人让他回到了"固定中心"。悲剧诗人所从事的是严肃而庄重的职业,但在柏拉图眼中,立法者比悲剧诗人扮演着更严肃更庄重的角色。这再次表明,柏拉图始终关注诗与哲学的互动关系。他的所作所为,似乎是在捍卫自己作为诗人哲学家的身份,这实际上也是他在所有对话中一以贯之的做法。如果将柏拉图的对话视为哲学诗,我们会发现他自己最看重的是诗性智慧。因此,他经常会复归于由诗而

---

① Plato, *Laws* 700a-701b.
② Crotty, *The Philosopher's Song*, 2011, p. 222.

立的"固定中心",是不足为奇的一种常态。

不过,读者至此,通常颇感诧异的是"至真悲剧"这一喻说,因为《法礼篇》展现出一种独特的言说方式,与亚里士多德所界定的古希腊传统形式的悲剧或悲剧诗作截然不同。我们先来看看《诗学》中的相关论述:

> 悲剧是对一个严肃、完整、有一定长度的行动的摹仿,它的媒介是经过"装饰"的语言,以不同的形式分别被用于剧的不同部分,它的摹仿方式是借助人物的行动,而不是叙述,通过引发怜悯和恐惧使这些情感得到疏泄。①

根据原文的解释,"所谓'经过装饰的语言',指包含节奏和音调(harmonia)的语言"②。具体说来,它主要指的是剧作中的格律文③。所谓"以不同的形式分别被用于不同的部分",指剧中某些部分只采用六音步诗体,其他部分则可能用到唱段。④ 所谓"对一个行动的摹仿",意味着主人公必须具备某些性格和思想方面的鲜明特征。这里的性格和思想不仅是"引发行动的两大自然因素",也是悲剧六要素(情节、性格、思想、言语、唱段、戏景)之二。⑤ 性格和思想是再现悲剧行动的关键因素,前者强调行动本身,后者则指向某种道德目的,两者的结合能够唤起悲剧发现,抑或激发理性思考。《诗学》中,亚里士多德区分

---

① Aristotle, *The Poetics* 1449b, VI. 2-3. "Tragedy is the imitation of an action that is serious, complete, and of a certain magnitude; in language embellished with each kind of artistic ornaments, the several kinds being found in separate parts of the play; in the form of action, not of narrative; through pity and fear effecting the proper katharsis or purgation of these emotions." 中译文参考了陈中梅译《诗学》,(北京:商务印书馆,1996年),第63页。

② 同上书,第63页。

③ 同上。

④ Aristotle, *The Poetics* 1449b, VI. 3-4.

⑤ Aristotle, *The Poetics* 1450a, VI. 7-17.

出四种悲剧类型：复杂剧（hē peplegmenē）、苦难剧（hē pathētikē）和道德剧（hē ēthikē）、简单剧（hē haplē）。① 四种类型里他最看重复杂剧，因为复杂剧完全依赖于突转和发现。然而，四种悲剧至少有两大共同特征：第一，悲剧摹仿的都是优于一般人的好人，虽然他们可能有缺陷或者过失（hamartia，例如荷马和阿伽松笔下的阿喀琉斯）。② 第二，悲剧摹仿的不仅是一个完整的行动，还是能引发恐惧或怜悯的事件（mimēsis of alla kai phoberōn kai eleeinōn）。假如事件的发生让观众觉得意外，这便能达到最好的悲剧效果；要是事件还能遵循因果律，那么效果会更加出色。③

很显然，无论是根据柏拉图还是亚里士多德的相关界定，《法礼篇》均非一部古希腊传统形式上的悲剧或悲剧诗作，它既无一般悲剧所描写的个人过失（hamartia）或人生苦难等情节或行动，也无一般悲剧特有的戏剧性结构与装饰性语言（节奏与韵律），同时也不涉及恐惧与怜悯等悲剧情感的激发、疏泄或净化。更何况在其已往的对话中，譬如在《理想国》里，柏拉图对悲剧持有疑虑和批评的态度，认为诗人通过悲剧来表演极其悲惨的故事并借用由此产生的强大感染力，意在满足和迎合观众心灵中"那个（在自己遭到不幸时被强行压抑的）本性渴望痛哭流涕以求发泄的部分"；这虽然会给人提供情感发泄之后的松弛感或愉悦感，但却养肥了本应"干枯而死"的诸种情感，这其中包括怜悯、爱情、愤怒与苦乐等，其结果会导致人们放纵自己心灵中的欲望部分，弱化自己心灵中理智部分，到头来在诗歌所摹仿的那些情感的统治下，人们非但不能生活得更美好更幸福，反倒生活得更糟糕更可悲。④

那么，柏拉图在论述这套"实在而独特的法礼"之前，为何要先行将其比作一部"至真悲剧"呢？这是否意味着柏拉图为了突出立法的严

---

① Aristotle, *The Poetics*, 1455b-146a, XVIII. 2-3.
② Aristotle, *The Poetics*, 1454b, XV. 8-9.
③ Aristotle, *The Poetics*, 1452a, IX. 11-12. 中译参考陈中梅译《诗学》，第 82 页。
④ Plato, *Republic* 606a-d.

肃性而将其等同于悲剧的严肃性呢？还是为了让立法程序与悲剧诗艺一争高下而采用的一种修辞策略吗？或者是为了吸引人们对立法程序及其教育实践目的（telos）的关注而采用的一种先声夺人的言说方式呢？这其中恐怕还隐含着其他社会历史方面的原因。

多重意味

如前所述，《法礼篇》旨在构建一座"次好城邦"及其所需的适当政体和法礼制度。柏拉图将其喻为一部"至真悲剧"，确有些独出心裁和令人诧异之感，但这绝不是随意而为。其隐含的玄秘喻意可从以下角度予以审视：

第一，从悲剧的历史地位来看，它在公元前 5 世纪的雅典已然达到顶峰，是雅典民众最引以为豪的伟大成就，在其辉煌的文化传统中占有极其重要的地位。事实上，在雅典民众的心目中，唯有杰出的悲剧诗人方可同相传的史诗作家荷马相媲美。有鉴于此，柏拉图将这篇论述法礼的对话喻为"至真悲剧"，便反映出他所持的双重态度：一方面是出自个人对这部对话的重视和珍爱，故此推崇备至，将其喻为"悲剧"中的杰作；另一方面是对来访诗人及其诗作的讥讽或蔑视，认为他们的所作所为都属于不值得认真对待的娱乐消遣。我们知道，柏拉图在师从苏格拉底开始研究哲学之前，曾是一位诗人和悲剧作家，他对诗歌艺术的精通，使他有资格对诗歌做出自己的评判。但此时此地，他从事哲学研究已近暮年，确然进入另一境界，即哲学或智慧的境界，他对于传统诗歌所表现的情思意趣，不仅司空见惯，而且不屑一顾，就像一位阅历深广的老人，笑看一群儿童在树荫下一本正经地游戏一样。

第二，从悲剧与法律的应和关系来看，两者在某些方面都具有相似性。通常，悲剧所表现的那些可怕事件或感人情节，必然会激发观众诸多的情感反应，这其中最为显著的要数恐惧与怜悯，因为他们担心相关的苦难与厄运也会降临在自己或亲友头上。即便他们认为这些东西不会殃及自身或亲友，但出于人类大多具有的同情心，他们也会对别人遭难的可怕情景感到恐惧，对其悲苦多舛的命运表示怜悯。这或许跟古希腊人面对无常命运的悲观态度有关。不管出自哪一种情况，悲剧所激发的恐惧感与怜悯感，对观众都会产生一种警示和教育作用。相应地，法律所规定的条例律令，旨在惩戒或处罚违法乱纪者，借此维护社会的治安和秩序。这些条例律令，连同辅助性的卫士、司法与牢狱系统，在本质上是强制性和暴力性工具，意在对遵纪守法者提供保护，对违法乱纪者形成威慑，使其因惧怕遭受惩罚而不敢轻举妄动或胡作非为。这样，法律对人们也会产生一种警示和教育作用。在此意义上，悲剧与法律似有某种效应相似性。另外，根据亚里士多德的观点，悲剧对主人翁的惩罚，是因其"过失"所致；而刑法对肇事者的惩罚，也是因其"过失"所致。当然，主人翁的"过失"，主要是"命运"作祟，涉及神秘的外力或前世的业报（karma）；而肇事者的"过失"，主要是欲望引起，关乎人性的弱点或情势的诱惑。无论各自状况如何不同，两者因"过失"而遭惩罚都是不争的事实。故此，从表面的逻辑关系来看，悲剧式与刑法式惩罚亦有某种因果相似性。上述观点广受认同，但窃以为此论略显牵强，原因有二：其一，悲剧中的"过失"以艺术化的方式呈现，它终究属于虚构，而肇事者的"过失"则确实存在，还对社会造成危害。其二，观众会同情舞台上受苦受难的人物，但看到现实中的罪犯受罚，他们反而可能感到宽慰，甚至幸灾乐祸。虽然悲剧和法律的惩罚都旨在警示人们，根本目的都在于教育而非威慑，但两者引发的反应和效果却大不相同。

第三，《法礼篇》论及的悲剧与古希腊悲剧概念有明显的差异。从悲剧所摹仿的内容来看，柏拉图的界定特指《法礼篇》这出"至真悲剧"，认为该剧在"整个城邦政体上所摹仿的是最美好的生活"。这里所谓"至真悲剧"，意指关于次好城邦最真实、最接近现实或最富有真理性的描述；这里所谓"摹仿"，意指构想与创建；这里所谓"城邦政体"（politeia zynestēke），意指城邦的政治体制或管理制度；这里所谓"最美好的生活",意指"次好城邦"所提供的公正而幸福的生活。不过，对于雅典悲剧而言，其摹仿或再现的内容，主要是主人翁遭遇的灾难或多舛的命运，这便与柏拉图喻说中的"至真悲剧"难以契合。相比之下，亚里士多德的界说更符合悲剧的属性，他认为悲剧所"摹仿的行动"（*mimēsis praxeōs*），应是"严肃、完整、并有一定长度的"（*estin ... spoudaias kai teleias megethos echouses*）行动。① 这里所谓"悲剧"，意指悲剧诗或悲剧作品；这里所谓"摹仿"，意指再现加表现；这里所谓"行动"（*praxeōs*），意指由令人恐惧与怜悯的事件编排而成的情节结构。看得出，与行动的"完整性"和"一定长度"这两大要素相比，行动的"严肃性"乃是成就悲剧的首要条件，或者说是悲剧之所以成为悲剧的关键所在，这也正是"悲剧作家"（*tragōdian*）也被称为"严肃诗人"（*spoudaion poiēton*）的主要原因。这种"严肃性"（*spoudaiotēs*），既涉及悲剧事件的本质属性，也关乎悲剧人物的道德品格，故要求两者均达到严肃、认真、诚挚、善好和卓越的程度。

不过，当我们依据亚里士多德的上述界说，来考察柏拉图为何使用"至真悲剧"来喻指《法礼篇》这部对话时，就会发现其中隐含下列"悖论"：悲剧所摹仿的行动应是"严肃的"（*spoudaias*）或需要"认真对待的"，而《法礼篇》所论的人类事务在柏拉图看来是不严肃的或不值得认真对待的。我们知道，柏拉图洞识人性的诸多弱点，故对人类事务的看法偏于消极。譬如，在《法礼篇》里，他特意强调"人类事务不值得那么严肃认真地对待"②。在《理想国》里，他亦持类似立场，断言"人类事务毫无值得特别关注或严肃对待的东西"（*oute ti tōn anthrōpinōn axion on megalēs spoudēs*），并且宣称"严肃对待人类事务实属不得已而为之"。③ 如此一来，将《法礼篇》喻为"至真悲剧"，似乎是一种"概

---

① Aristotle, *The Poetics* 1449b24-25.

② Plato, *Laws* 803b.

③ Plato, *Republic* 604b.

念的误置"(conceptual fallacy)。柏拉图一方面忽视甚至轻视微不足道的人类事务，另一方面却又竭尽毕生心力追寻理想政制（politeria），探讨人类事务的有效管理，意在让全体公民过上更加正义、有尊严的幸福生活，他的这种"两面性"自然容易引发上述"误置"。尽管柏拉图消极看待人类本性和缺陷，他对人类事务的态度仍有矛盾之处。

那么，在柏拉图心目中，什么才是严肃的事情并需要认真对待呢？如其所言——

> 我们务必严肃认真地对待（spoudazein）那些严肃的事情（spoudaion），无须严肃认真地对待那些不严肃的事情（mē spoudaion）。质而言之，神（theos）是值得完全认真关注（spoudēs）的对象，而人（anthrōpos）则如前所言，是神的玩物（theou ti paignion）——这事实上是人的最佳部分。因此之故，我认为每个男人与女人都务必参照这一品格特性度过一生，要参与最高贵的消遣游戏（kallistas paidias），这样才会使每个人养成与其现在截然不同的心智。①

由此可见，神的事务是严肃的，是必须认真关注和对待的，因为神是完美而明智的，是人应效仿或学习的范型。反之，其他事务既不严肃而无须认真对待，人的事务就属此列。这里所谓的"人"，也就是"如前所言"的那类"人"，柏拉图称其为"活的动物"（zōōn）、"神的玩偶"（thauma）或"神的玩物"（paignion）。此"人"一方面由象征人性欲望的"铁线"扯动，另一方面由代表神明理性的"金线"牵引。前者喻示人的感性弱点，使人受欲望的支配而采取盲目的行动；后者象征人的理智潜能，让人在神明理性的引导下采取合法的行动。②

古希腊传统中，人与神密不可分，互为参照。赫拉克利特认为，

---

① Plato, *Laws* 803b.
② Plato, *Laws* 644d.

再美丽的猿也比不上人；同样，与众神相比，最美丽的人也不过是丑陋物种。① 在苏格拉底看来，人（尤其是富有哲学气质的人）是神遗落在凡间的孩子，人的灵魂与神相似，甚至能达到神的高度，然后回归天界。② 而在这里，柏拉图重复前说，再次将"人"比作"神的玩物"（paignion），将其视为"人的最佳部分"（to beltiston），也就是"最善、最好或最美部分"，并要求人人务必参照"这一品格特性度过一生"，务必参与"最高贵的消遣游戏"，借此"养成与其现在截然不同的心智"。在这里，柏拉图表面上是在扬神抑人，实际上是引人向神，试图由此将"人"与"神"联结起来，借机将神性赋予人性，将人类推向超越自我的跳板。这意味着人的自我完善不仅依靠神赐的理性，更取决于人与神的亲密关系。

要使人神关系更加紧密，最高贵的消遣游戏（kallistas paidias）或许是与神接近的最佳方式。投身于这种高贵游戏，每个人都必须各行其是，竭尽一生去遵守游戏规则。这种游戏绝不是单纯的消遣或娱乐，而是严肃正经、意义重大的行为。作为神的玩物或玩偶，每个人都有机会与神交流，建立牢固的人神关系。处于这个位置上，人便是在向神学习，最重要的使命或许就是在神的指引之下管好人类事务，成为有德性的公民。柏拉图一再宣称：人之为人，在于像神。人的自我完善与超越追求，就在于充分利用神明所赐的理性或理智，不断地接近神明和效仿神明，最终成为与神明相似的存在。这样一来，人的事务就会转化为"严肃的事情"，或与神相关的事务，就会由此形成需要认真对待的"严肃性"。此外，当人与神进行严肃的游戏时，会呈现出两种存在样态：神之玩物或神之玩偶。这两种样态都是神构想中更完善的人。两种样态看似差异明显，实则功用并无二致，都指向人类的生成和完善。因此，两种样态恰好暗合居埃－帕斯特尔（Emmanuelle Jouët-Pastré）提出的"《法

---

① Plato, *Greater Hippias* 280a-b.

② Plato, *Phaedo* 80a-82c, *Phaedrus* 249-253.

礼篇》之游戏人类学"①。

　　但要看到，人的事务所获得的"严肃性"，本质上有别于悲剧所呈现的"严肃性"。在柏拉图心目中，前一种"严肃性"旨在强调"人的善行"（agatha anthrōpina）取决于"神的善行"（agatha theia）②，认定人之为人有赖于向神生成的超越性道德修为；有鉴于此，举凡尊奉"神的善行"或成为"像神一样"的人，必然是理智而幸福的，是不会因悲痛而伤感的。至于后一种"严肃性"，也就是悲剧所呈现的"严肃性"，主要是通过不幸的灾难与歌队的吟唱，唤起观众哀伤的情感与悲痛的反应，借此诱导他们严肃认真地对待"人的善行"，即那些缺乏神性但却自以为是的"善行"。相应地，来自《法礼篇》中那位雅典立法家的教诲，显然有别于柏拉图时代那些悲剧诗人所传达的要旨。在此意义上，柏拉图之所以将立法过程喻为"至真悲剧"，是因为该出悲剧所陈述的严肃主题，事关摹仿"最美好的生活"和创构"最真切的法礼"，要比基于传统样式的悲剧诗作所强调的严肃主题更为正确，更有教育价值，更符合建构"次好城邦"的政治与道德需求。至于柏拉图标举的那种"最佳悲剧作家"，虽说"技艺极其高超"，但他"并非诗人，而是立法家，诗人鼓动哀悼我们不幸的人类习性，立法家则教导我们唯一的不

---

　　①　Jouët-Pastré, *Le jeu et le sérieuxdans les* Lois de Platon（《柏拉图〈法礼篇〉里的游戏与严肃之论》, Academia Verlag, 2006, pp. 38-52）. 柏拉图将人视为神的玩偶或玩具。对此，Jouët-Pastré 在《柏拉图〈法礼篇〉里的游戏与严肃之论》一书中指出："人作为 [神之] 玩偶的存在形态，构成了审视人自身存在的观点，这对人是大有益处的；换言之，这对人而言是最值得认真对待之事。在《法礼篇》中，游戏问题本身既是人的问题，也是人成就自身的问题，同时这也符合人的本性。在此伦理视野中，需要辨识和理解 [人的] 这一形象。"（参阅该书第 38—39 页）随后，Jouët-Pastré 得出如下结论："雅典人仅给出神有资格造人的两种可能方式，但这两种方式（不管其语法建构如何）是互不兼容的……如此一来，借助具有神性的人类形象与神性玩偶的形象，便建立起一种人与神之间的密切联系。这一联系赋予城邦法礼以存在的理由。这两种形象将人置于一种涉及神性的明确关系之中，使人专注于完成一项自身趋向神明的任务。神之玩偶的形象假定心灵与城邦的和谐是必要的：这一规定能够团结不同的孩子来激活这一玩偶。该玩偶的形象蕴含在组合的理念里，其目的在于协和与教化种种对立的倾向或趋势。此形象必须从立法者的教育视野出发进行自我辨识，而游戏在此视野中则占有至关重要的位置。"（参阅该书第 52—53 页）

　　②　Plato, *Laws* 631b.

幸只会降临在没有德行的人身上"。①

第四，还应从悲剧的性格类型来看《法礼篇》中的喻说。亚里士多德将性格视为悲剧六要素之首，为此，他认为在塑造人物性格时应关注四个方面：其一，人物应当选择善的，其言行也必是善的；其二，性格应当是适当的；其三，性格应当是逼真的；其四，性格应当是前后一致的。② 由此可见，人物及其性格，在很大程度上决定了悲剧的主旨与结构。特别是就悲剧中的人物而言，亚氏不仅要求其行动务必遵循理性，而且要求其品格与形象务必高于原型。如其所言："鉴于悲剧所摹仿的人物要高于普通的水准（*epei de mimēsis estin hē tragōdia beltionōn ⟨e kath'⟩ hēmas*），因此[悲剧诗人]要学习优秀画家（*agathous eikonographous*）的样板，因为这些画家能够勾画出人物原型特有的形态，不仅栩栩如生，而且比原型更美。"③ 根据这些要求，柏拉图《法礼篇》中的"人物"可以分为三类。假设对话中的人物都是戏剧舞台上的角色，那么位于舞台前景的便是三位资深立法家——雅典人、克里特人和斯巴达人，位于舞台中景的是十位护法者及其"夜间议事会"的得力助手，位于舞台背景的则是那些众里挑一的公民。看到这些人，我们自然会得出如下结论：他们都是"善的"且"高于普通水准"的人物。当然，这不过是依据柏拉图"至真悲剧"喻说衍生出来的另一喻说，但是借此，我们或许可以理解柏拉图为何要将《法礼篇》称为一出"至真悲剧"了。

第五，我们还可以从悲剧语言的装饰特征来看柏拉图的喻说。根据亚里士多德的定义，悲剧语言的装饰不仅涉及古希腊诗歌所采用的节奏韵律与修辞艺术，还涉及古希腊歌队的舞蹈表演和吟诵风格。显然，这两者在《法礼篇》的行文里是直观不到的，只有谈论勇气之德性时，对话才偶尔引用几位诗人的诗句，比如斯巴达桂冠诗人提尔泰奥斯

---

① Meyer, "Legislation as a Tragedy: On Plato's *Laws* XII 817B-D," 2011, p. 402.
② Aristotle, *The Poetics* 1454a20-30, XV. 1-5.
③ Aristotle, *The Poetics*, 1454b10-15, XV. 8-9.

(Tyrtaeus)。虽然对话本身缺乏语言装饰，柏拉图在此篇对话的卷二与卷七中，却对诗乐教育及其必要性论述甚多，他曾反复劝导人们要认真对待有利于培养自身德行的诗乐歌舞，并将其视为培养"完美公民"的"正确教育"的重要组成部分。为此，他强调指出：

> 一个人务必在其一生中从事某种游戏活动（*paisonta tinas paidias*），即从事祭祀、歌唱与舞蹈之类活动，借此使自己能够赢得诸神青睐，能够抵挡敌人，能够取得战斗胜利。为了实现这一目的，一个人所要演练的那种歌舞，此前[在本文里]已经有过概述。①

通过这番豪言壮语，柏拉图为人类的游戏开辟了一个特殊疆域。一旦进入这个疆域，每个人都必须听命于诸神，才能获得神的恩典。也就是说，只要人人都按神之指令行事，就能享受神之庇护，如愿过上幸福的生活。诚然此乃天赐之福，人人都心向往之，没人能够拒绝这莫大的诱惑。

不难想象，希腊悲剧中应有的节奏、韵律、情节、行动与情感等要素，均可在人所从事的祭祀仪式、诗乐歌唱和各类舞蹈（如战争舞蹈与和平舞蹈）中，找到各自的表现形式及其风格特征。譬如，在祭祀神明的仪式或节庆中，人们会积极地参与或观看相关的歌舞表演，这在古希腊历史上，不啻是每个城邦的习俗惯例，还是每位公民的特殊权利。当然，在柏拉图眼里，这一切活动并非只是单纯的狂欢或消遣，同时还是推行公民教育的必要手段，是人们借此培养自身德性、愉悦神明和克敌制胜的演练或践履过程。

第六，柏拉图的"至真悲剧"喻说，也可以从诗歌与哲学之争的角度来进行观照。诗哲之争是"古来有之"的话题，柏拉图在《理想国》里讨论过，在《法礼篇》里虽未明确提及，但从字里行间依然可以看出

---

① Plato, *Laws* 803e.

这一争执的印迹。譬如，贬损外来诗人，称其为"没精打采的缪斯女神的子孙"；挑战外来诗人，自称"技艺高超"，是前来献技者的"竞争对手"；限制外来诗人，不允许他们在城邦公演；比拼外来诗人，与他们在执政官面前同台竞赛。"雅典人"自信地向外来者表示，他们三位立法家才是能力出众的悲剧诗人，他们能够"通过一部真正的法典创作出最优秀的剧作"。此外，在表示直接应战的前后，这位"雅典人"伙同"克里特人"克莱尼亚斯（Kleinias）和"斯巴达人"麦吉卢斯（Megillos），一再讥讽和批评诗人"缺乏理智"或"缺乏真知"，如其所言：

> 当诗人们坐在缪斯的三足祭坛前时，他已经失去了理智。他就像涌出清流的泉眼一样，不断吐出诗句；由于他的诗句表现了他的技艺本性，因此必定与他自己的话语存在矛盾之处，人们根本无法知道诗人说的话是真理呢，还是其诗中人物所说的话是真理。对同一事物或同一主题做出两个相反的陈述，这不是立法家要做的事，立法家通常对一样事物只做一种判断。①

这一讥讽还算客气，只是简要重复了先前在《伊安篇》里提出的"迷狂说"（mania），把诗人视为缪斯女神的应声虫或代言人。希腊语中，"迷狂"一词含褒贬双义，作为褒义词则意为"灵感"，作为贬义词则意为"发疯"。在一种神启灵思下形成的"迷狂"与"意识流"有些相似，它使得诗人口中念念有词，妙语连珠，其状异乎寻常，似乎不是人在说诗，而是诗在说人。因为，诗人一旦从"迷狂"中觉醒，便再也说不出那些精彩的诗句，再也写不出那些神来之笔了。结果，就造成前后矛盾的思想或诗心灵智的差异。

然而，柏拉图的讥讽才刚刚开始。他继续嘲弄"闯入"新城邦的外来诗人。随后这一段批评更为严厉，几乎等于某种"嬉笑怒骂"了，柏

---

① Plato, *Laws* 719c-d.

拉图辛辣地斥之为无知的浪人，甚至一无是处的愚人，说他们连最基本的数字都弄不明白，连昼夜都分不清楚。他说：

> 对于想用负责的方式来照看人类的诸神、精灵或英雄来说，获得一些关于必然性的实用知识和理论知识总是十分重要的。如果一个人搞不清一、二、三、奇数和偶数的本性，不会计算数字，甚至分不清昼夜，更不知日月星辰的运行轨道，那他无论如何都与神一般的标准相去甚远（pollou d'an deēsein anthropos ge theios）。任何人都不能忽视这些科目的学习，否则，他就是愚蠢至极，根本无法指望这样的人在知识的高级分支里取得一丝进步。①

柏拉图不遗余力地把这伙外来诗人贬为笑柄。从道德理性与自我完善的立场出发，人之为人，旨在像神，也就是像神一样明辨事理、至善尽美，这实际上是柏拉图一贯坚持的做人标准。如果说他笔下的这种人"与神一般的标准相去甚远"，那就等于说他已经失去了做人的资格。从认识论立场出发，柏拉图质疑诗人和诗歌，即便他确实高度赞扬诗歌的教育意义和美学价值。对此，只要稍加回顾柏拉图在《理想国》卷十里对诗人无知、诗人说谎和诗人乏能的严正指责，就不难看出他对无知者的抨击确属"含沙射影"，而遭其抨击的对象，正是那类自以为是的摹仿诗人。②

第七，从悲剧产生的艺术效应来看，柏拉图对此了然于胸，不仅十分关注，而且充满疑虑，曾先后数次提出批评。他认为悲剧诗歌特有的强大感染力会危害理想城邦对年轻人的教育，妨碍未来城邦卫士的健康成长。譬如，在《理想国》卷十里，他严厉抨击并极力抵制悲剧的演出和流传，认为悲剧诗歌具有动情作用和感染效果，极易妨碍年轻人的性

---

① Plato, *Laws*, 818c-d.
② 王柯平：《〈理想国〉的诗学研究》（北京：北京大学出版社，2005 年），第 287 页。

格塑造。这种诗擅长激发听众的哀伤悲痛之情,使人号啕大哭,甚至泣不成声,其行为举止显得女里女气,有悖于果敢勇武的男子气概;如果任其泛滥,就会对年轻的受教育者或城邦卫士产生消极影响,不仅不利于培养勇敢的美德,最终还会危及他们的心灵和谐与德行发展。因此之故,柏拉图特意指出:

> 当我们听到荷马或其他一些悲剧诗人在摹仿处于哀伤状态中的某位英雄时,就发现他充满悲情地长篇大论,痛不欲生地捶胸顿足;如此一来,就连我们中间最出类拔萃的人,在观赏这种表演时也会忘情,也会沉浸其中。我们会产生真正的共鸣,会赞扬这位以此方式打动我们的杰出诗人……然而,一旦这种悲情成为我们自己的悲情时,你会发现我们引以为豪的东西,恰恰是与此相反的东西,即我们应保持镇定自若和坚忍不拔的能力,因为这才是充满男子气概的行为,而先前惊叹的则是女里女气的举止。①

可见,柏拉图在此将荷马视为悲剧诗人的代表,其作为与别的悲剧诗人一样,均善于打"悲情牌",也就是借助伤感动人的言辞,来达到"煽情"的目的,使观众悲伤哀悼抑或痛哭流涕,陷入情感的洪流当中。在柏拉图眼中,这种效果只会损害观众的智性和节制,强化他们的情感和直觉。换言之,这会助长灵魂当中的低劣部分,即情欲,反而破坏灵魂里的高等部分,即理性。不妨借比喻来说明:这"正如城邦中恶人掌权,颠倒了是非,良善之人反受倾轧。同样地,摹仿诗人笔下脱离真实的骇人之物会使听众的灵魂产生邪恶品性,他们屈服于无知的官能,无法辨别优劣。此外,对于同一事物,他们时常随意称呼,无所定名"②。

于是,柏拉图倡导通过审查制度来净化或肃清城邦(diakathairontes…

---

① Plato, *Republic* 605d-e.
② Plato, *Republic* 604d-605c.

polin）里违反道德和教育目的的诗乐（mousikē），确保年轻公民获得正确的道德教育。① 在《理想国》卷三里，他不仅指陈荷马，而且抨击埃斯库罗斯。他认为荷马在《伊利亚特》中对阿喀琉斯的悲情描写有伤大雅，其因失去朋友帕特洛克罗斯而哭哭啼啼、辗转反侧的样子，委实有损英雄的气概，违背人们的期待，令人无法容忍②；与此同时，他批评埃斯库罗斯笔下的忒提斯（Thetis）有失体统，这位女神在自己的婚礼仪式上，从前来唱贺的日神那里得知她未来会遭遇不幸时，便开口诅咒阿波罗，全然一派悍妇的模样。柏拉图认为，"当有人用如此言语辱没神明，我们应当感到愤慨，我们不能给他配备歌队。我们更不能让教师用他（的作品）来教育年轻人，否则我们的卫士便无法成为敬神、像神的人，倘若人有可能向神靠拢"③。不给悲剧诗人"配备歌队"，就等于不允许其作品参赛演出。

无独有偶，在《法礼篇》里，柏拉图假借那位雅典人之口，继而对悲剧诗的情感效应及负面影响严加针砭。譬如，在卷七里，柏拉图提出他的忧虑：公共祭祀的悲剧表演离祭坛太近。他严厉指责悲剧表演"充斥大量绝对亵渎神圣祭品的内容。其言辞、韵律和乐调最是病态，它们极具煽动力、使观众情绪高昂，哪支合唱队能赢得观众——那群献祭之人的眼泪，便能得奖"④。为了打击并约束这样的演出，柏拉图在文中竭力暗示，立法家们已达成反对悲剧的共识：他们要控制悲剧的演出，让人们远离悲哀的噪声，合唱队必须演唱得体合适的曲目，演员应该穿着得体合适的服装，等等。然而，对他来说，上述规矩还不足以根治他所担忧的问题。随之，柏拉图有意抬高《法礼篇》这部"至真悲剧"，借此贬低来访的悲剧诗人及其作品，认为后者虽然音调悦耳、歌声嘹

---

① Plato, *Republic* 399e-401a.
② Plato, *Republic* 388.
③ Plato, *Republic* 383b-c.
④ Plato, *Laws* 800c-d.

亮、唱词华美，但其表现的内容有害无益，与城邦的共同利益和习俗惯例大异其趣。如果让其演出，堪称疯子之举。为此，柏拉图再度重申了他的解决之道：如果诗人的悲剧无法匹敌三位立法者所构想的"至真悲剧"，便不能给他们配备歌队。①

那么，除了激发哀伤的情感效应之外，是否还有其他因素引致柏拉图如此抵制悲剧呢？答案是肯定的。我们知道，希腊悲剧主要源自希腊神话。通常，悲剧所选择的神话与叙述的故事，主要表现的是家庭冲突。这种冲突自神开始，随之从天界延伸到凡世，无论是从乌拉诺斯、克洛诺斯到宙斯，还是从俄狄浦斯、安提戈涅到美狄亚，我们都能看到形形色色的家庭冲突，其起因涉及命运、权力、横祸、阴谋、报复、杀戮、傲慢、私心、愧疚、自残、尊严与激情，等等。诚如诺克斯（Bernard Knox）所言：

> 阿提卡悲剧里的种种神话，自始至终都被置于家族或家庭的架构之中——这一密切结合的单元，在古希腊要比今日有着更加紧密的关系……每一希腊悲剧神话就是一个关系交错的家史网络。在这些家庭内部，在他们彼此之间的关系之中，家庭生活所孕育的整个激情范围展露无遗。这些激情，诚如口头传统形成的材料所描述的那样，[在悲剧中] 得到极其强烈的典型表现。②

古往今来，表现家庭冲突是文学艺术永恒的主题，而希腊悲剧在这方面可谓领风气之先，开创了后世难以企及的范本。不过，在柏拉图看来，家庭是城邦组织的基本单元，或者说是城邦建构的重要根基。这种冲突一旦漫延开来，势必冲击或危及城邦共同体的人际关系、社会稳定与政治结构。故此，柏拉图对此类冲突十分警惕，更担心悲剧及其演出

---

① Plato, *Laws* 817c-d.
② Knox, *Word and Action: Essays on the Ancient Theatre*, 1979, p. 21; Also see Murray, "Tragedy, Women and the Family in Plato's *Republic*," 2011, p. 192.

会扩大或加剧此类冲突。出于建构"美好城邦"的目的和保障共同利益的考虑，他在《理想国》里干脆提出取消家庭的设想。不过，这一极端做法后来在《法礼篇》里得到修正，从而使家庭在法律的保护和监管下，成为组织和管理周密的社会单元，由此奠定了"次好城邦"的社群基础。不过，柏拉图对于重在描述家庭冲突主题的悲剧，一直心存忧虑，审慎对待。正因为如此，他有意将《法礼篇》喻为一部"至真悲剧"，借此传达与一般悲剧诗作截然不同的主题，即注重家庭和谐的伦理主题和保障家庭生活的法治原则。

历史语境

希腊城邦是希腊文化的独特创构。这一创构在伯里克利时代达到鼎盛，使雅典城邦成为"全希腊的学校"。但在伯罗奔尼撒战争之后，雅典与其他所有希腊城邦由盛而衰，在现实政治困局与未来新兴帝国的双重挤压下，最终走向终结。若从相关的历史语境来看，希腊城邦的这一宿命，在一定意义上与一出悲剧的失败结局倒有几分相像。

首先，从当时的现实局势来看，柏拉图撰写《法礼篇》是出自政治生活与精神生活的双重需要。就前者而言，雅典由于政治和军事上的衰变沉浮，已然失去霸主地位，沦为二流城邦，其重要竞争对手斯巴达也一蹶不振，失去了往日荣耀。在波斯人和迦太基人的东西夹击下，希腊文明在历史上首次面临前所未有的威胁，往昔辉煌的诸城邦无一能掌控全局，抵挡希腊文明的颓势。

众所周知，历史上最终扭转此局的，是在腓力二世（Philip II）与其子亚历山大大帝（Alexander the Great）领导下的强势的马其顿王国（Macedonia）。据史料记载，在柏拉图晚年，腓力二世早已开始扩张领土；柏拉图死后不久，腓力二世联合底比斯（Thebes）攻打温泉关（Thermopylae）南部的福基斯（Phocis），马其顿在这场战役中的亮相标志着新王国取代了希腊诸城邦的霸权。与此同时，"新城邦的建立或老城邦的复兴"，成为当时政治"局势最显著的特征"。[1] 于是在希腊人眼中，当时的首要任务便是为新城邦或复兴的老城邦订立一套完备的体制，包括政体和基本法。如此重任自然需要"政治"专家的意见和参与。[2] 作为政治专家之一，柏拉图也受命投身这项艰巨的工程。有鉴于此，柏拉图竭尽余力，构想"次好城邦"，这在很大程度上是为了满足政治生活中的紧迫需要，即为复兴城邦社会提供一套完善的政体和法礼。另一方面，在柏拉图的最后岁月里，随着雅典与斯巴达的日益衰落，象征希腊文化与精神理想的古老城邦今不如昔，其全盛时期的大好光景已成过去，这便给希腊人的精神生活造成巨大冲击，对柏拉图本人来讲更是如此。然而，作为哲学家和教育家，柏拉图满怀"挽狂澜于既倒"的抱负，他有极强的使命感，即使明知形势不利，困难重重，也不愿束手就擒，坐以待毙。柏拉图在《法礼篇》中引用的一句谚语暗示了当时的困难局面："连神灵也无法抗拒必然性。"[3] 假如神灵无力对抗支配神灵的必然性，那么人类同样无力对抗支配人类的必然性。

不过，城邦作为一个政治体制或精神实体，一直是希腊文化理想的重要范式，是启发希腊人思想与精神的灵感之源，柏拉图对此更是感同身受。于是，柏拉图不辱使命，全力以赴绘制出马格内西亚（Magnesia）的蓝图，这座新城邦不仅继承了雅典民主政制，同时还融合了充斥寡头政制色彩的斯巴达君主政制之特色。它是柏拉图集毕生经验及所学创造出来的混合政制。这不仅是为希腊人或世人提供一种参照框架，也不仅是为了延续城邦理想的人文香火，而且也是为了满足自己精神生活的深层需要。在此意义上，柏拉图通过《法礼篇》所做出的历史功绩，不亚于中国古代为恢复周礼而孜孜不倦的孔子。他的这部绝笔之作委实是"发奋之为作"，几近于"为天地立心，为生民立命，为往圣继绝学，为

---

[1] Taylor, *Plato: The Man and his Work*, 1956, pp. 463-4；泰勒：《柏拉图：生平及其著作》（谢随知等译，济南：山东人民出版社，1996 年），第 659 页。

[2] Taylor, *Plato: The Man and his Work*, 1956, pp. 463-4.

[3] Plato, *Laws* 818b.

万世开太平"的壮举。①

其次，从希腊城邦的历史终结来看，以雅典、斯巴达等城邦为鉴，柏拉图似乎已经预见到，甚至不幸言中了城邦由盛而衰的发展态势。两大因素促使他写就了《法礼篇》：其一，对衰落的清醒认知，其二，对复兴的热切期盼。前者源自他的历史认知，他谙悉盛极而衰的规律，深知城邦起落的命运。这一点在《理想国》中得到了充分体现，随着政权更迭，政体层出不穷，但只会愈发败坏：贵族政体（aristocracy）退化为荣誉政体（timocracy），荣誉政体又转成寡头政体（oligarchy），寡头政体滑入了民主政体（democracy），民主政体则最终堕落为僭主政体（tyranny）。不断衰落的观念让人联想到赫西俄德的《工作与时日》，根据此书描述，从黄金时代、白银时代、青铜时代、英雄时代到黑铁时代，人类社会在不断堕落败坏，随着时间流逝，每个时代终将灰飞烟灭。换言之，在时间长河中，倒退似乎是符合规律、不可扭转的趋势，每个时代注定要渐趋倾颓。在此意义上，时间不过是短暂的中断，因为城邦政体在持续退化，变动成为常态。正如柏拉图在《第七封信》里所言："我们治理城邦不再遵照先辈的规矩和准则。先人已逝，后继难寻。更有甚者，律法和礼法正以骇人之速崩坏。"② 亲眼看见混乱无序的城邦生活以及接连不断的社会变动，原本对城邦建设充满期待的柏拉图也开始感到茫然失措。他依然思索着改变现状的出路，渴望有朝一日能够改革整个政体，但他最终意识到，当时的雅典政体已经败坏到极致，比其他城邦都要糟糕。为此他下了这样的判词："除非好运降临，奇迹出现，他们的政体已经无药可救。"③ 这些都诱发并增强了柏拉图对衰落的前瞻性认知。

然而，柏拉图的这种意识并非消极或悲观的，它恰恰反映出当时的

---

① 张载：《语录》，见《中国哲学史资料选辑》（宋元明之部卷一）（北京：中华书局，1982年），第154页。

② Plato, *The Seventh Letter* 325d-e.

③ Plato, *The Seventh Letter* 326a.

社会现实，或者说政治现实，但他自己从未放弃复兴城邦的努力。为此，他殚精竭思，试图扭转颓势，让城邦恢复活力。他构想出的"次好城邦"蓝图，作为实现复兴大计的参照。遗憾的是，他通过《法礼篇》为自己的时代和人民所传达的信息，终究来得太晚，已然时过境迁，无法如其所愿地产生任何实效了。柏拉图于公元前347年辞世，为后人留下这部尚未完成的遗作。不到十年之后，即公元前338年，喀罗尼亚战役（the Battle of Chaeronea）爆发，经由此战，腓力二世击败底比斯和雅典，向征服全希腊迈出了关键性的一步。正如下文所述：

> 《法礼篇》清楚透露出柏拉图的时代及其同胞所需要的信息，但它来得太迟，无法如柏拉图所愿，发挥其应有效用。希腊城邦的日子已经到头。就在柏拉图撰写这篇对话的当时，马其顿国王腓力二世已经开始一步步吞噬自由希腊世界的边界，明确表达了自己要做盟主和专制君王的意图；就在柏拉图写完这部遗作后不到十年，腓力二世赢得了喀罗尼亚战役①，而这场战役一直被视为希腊历史终结的标志。在腓力二世与亚历山大取得一连串胜利之后，希腊人再也无法生活在自己那种拥挤而狭小的城邦里面了，再也不会拥有那种能够掌握自己命运的兴奋感觉了。这意味着，作为城邦建设的模式，柏拉图的构想很快就过时了。②

也就是说，马其顿王国所采取的扩张政策和横扫希腊的战争结局，给小国寡民的古老城邦制度带来灭顶之灾。这不仅是不同理想冲突的结果，也是历史发展的必然，操控历史的往往是强权政治，许多时候甚至是丛林法则。在此意义上，《法礼篇》这部预言性的著作，在很大程度

---

① 喀罗尼亚是希腊古城，其遗址位于帕尔纳索斯善东南部的比奥蒂亚西部，靠近奥尔霍迈诺斯。公元前338年，马其顿的腓力二世在此赢得喀罗尼亚战役。公元前347年柏拉图逝世。这两件事相隔九年。

② Morrow, *Plato's Creton City*, 1960, pp. 592-3.

上,"是悲剧最后一幕的前奏(a prelude to the tragic finale):这场悲剧预示着自由城邦的衰落,标志着希腊文化古典时期的终结"①。

我们似乎还可以这么说,无论是对古老城邦理想的陨落来讲,还是对"希腊文化古典时期的终结"而言,柏拉图最后这部作品《法礼篇》,犹如天鹅临终前吟唱的一首悲怆之歌。但这并非是说,此首"悲怆之歌"连同其吟唱后的余音,都在人类的记忆中已成绝响。从历史上看,《法礼篇》所阐述的教育思想、立法精神和政治哲学,无论是在希腊化时期,还是在罗马帝国时期,以及在欧洲发展的历史进程中,其影响总是以不同的方式体现在相关的领域中。即便在今日,在这个全球化时代,举凡谈论或践行法治与民主等普世价值的国度,无论其位于西方还是东方,都会不同程度地回顾柏拉图所论述过的相关学说与问题,反思古希腊人所创设的城邦制度与政治智慧。这便说明《法礼篇》是具有生命力和恒久价值的杰作。同时,包括柏拉图在内,古希腊人(尤其是那些思想家、科学家和艺术家们)既是我们研究的对象,也是我们同行的伴侣。诚如对《法礼篇》做过历史解读的莫罗(Glenn Morrow)所言:

> 我已从多方面证明,《法礼篇》的特殊细节已经渗透到后来时代的生活与实践里,其影响力显然是不可忽视的。在比较重大的欧洲历史阶段,《法礼篇》的直接影响不易发觉,但其间接影响则远远大于通常所意识到的程度,因为《法礼篇》是古代传统的组成部分,后来的许多神职人员和政治家们都一直从中获得灵感。再者,古希腊人是具有普遍行为模式的人(universal men),古希腊城邦的理想从来不是仅仅属于古希腊人的理想。古希腊城邦作为历史上得到确认的共同生活实验,其特有的政治智慧对于其他时代试图组织其共同生活的其他人们来说,依然具有说服力和影响力。正是在

---

① Jaeger, *Paideia: The Ideals of Greek Culture*, Vol. III, 1971, p. vii.

《法礼篇》里，柏拉图全面而有效地率先阐述的适度原则、依法治国和以哲治邦等学说，堪称永远的财富（ktēmata es aiei）。①

结　语

综上所述，柏拉图的"悲剧"喻说，用意幽微而玄秘。若从悲剧的历史地位及其与立法的应和关系来看，柏拉图意在推崇法礼的实用价值和立法的理性精神，故此持守法礼高于艺术、理智大于情感、哲思胜于审美、德性重于娱乐的价值判断趋向。他把立法家比作严肃诗人，似乎把两者归入同一类，其实他归根结底还是抬高前者、贬低后者。若从悲剧的摹仿内容、人物类型、语言特征与艺术效应角度来看，柏拉图意在贬斥悲剧的情感作用和表现主题，凸显男子气概与勇武特质，推崇促进家庭和谐的伦理主题和保障家庭生活的法治原则，鼓励"正确的教育"理念和合适的诗乐教育方法。若从悲剧和人生的严肃性来看，柏拉图意在强调经由法律教育和哲学训练，达到人性完善和向神生成的德行修为，故此将"人"比作"神的玩物"或"玩偶"，借机将"人"与"神"联结起来，将神性赋予人性，将人类推向超越自身的跳板，让人充分利用神明所赐的理性或理智，不断地接近神明和效仿神明，最终成为与神明相似的存在。《理想国》中的厄尔神话以及《法礼篇》中的劝诫神话（the myth of exhortation）都很好地诠释了通过哲学向神生成的这种方式。若从相关的历史语境考察，柏拉图似乎有意提出这一喻说。他预感到希腊城邦的现实危机与历史终结，因此竭尽所能，构想出"次好城邦"，试图重振希腊城邦的活力和延续这一政治理想的追求。然而，"大厦将倾，独木难支"，历史发展的必然逻辑决定了由盛而衰的城邦宿命，此乃柏拉图本人最不愿看到可又无力扭转的困局。

柏拉图将"至真悲剧"喻说用作一种修辞手法，诗人油然联想起"偷

---

① Morrow, *Plato's Creton City*, 1960, p. 593.

梁换柱"这句中国成语。当然,"偷梁换柱"本意为以假代真,依此比喻柏拉图所为,实无贬义,只是借此意指其以政治意义上的法律置换了诗学意义上的悲剧而已。诚如拉克斯(André Laks)所言,此喻说"拓展了悲剧概念",是"柏拉图'去戏剧化'(de-theatricalization)的一部分。柏拉图力求剥离悲剧的戏剧成分——这是他在《法礼篇》中将政体(politeia)喻为悲剧的前提"。① 至此,一种新的悲剧形式诞生了。这种悲剧不再以展现悲剧人物的体验为目的,相反,它旨在构建次好城邦、培养"完美公民",最终实现"最高贵、最美好的生活"。纵观《法礼篇》全书,这种悲剧关涉柏拉图"法礼"(nomoi)概念的意图和功用,"法礼"囊括法律法规、习俗礼法等成文法及不成文法。因此,"法礼"概念涵盖了政治、哲学和宗教三大维度。

  法礼的三大维度都以促进和维护正义为宗旨,而正义是构建新型城邦、成就幸福生活的重要基石。正义最具包容性,涵盖了智慧、勇武和节制等其他三种城邦美德,不仅代表社会共同体的和谐、秩序和稳定,而且是有意义人生不可或缺的前提。为了实现正义,从政治上应追求正义的法律,从哲学上应探寻正义的哲学,从宗教上应维护正义的宗教。简言之,要确立正义的法律,就必须重视立法程序,选择适宜政体,培养公民的遵纪守法精神。要建构正义的哲学,就必须真心实意地学习哲学,接受哲学训练,在道德实践和认识活动中正确运用理性(nous)。要传布正义的宗教,就必须稳固城邦的宗教信仰,加强敬神的虔诚意识和恪守神性规制的祭祀活动。正义的法律要求人们在遵纪守法的同时全面依法治国理政。正义的哲学帮助人们从概念和实践中掌握理性。正义的宗教以神正论(theodicy)和末世论(eschatology)为根基,涉及哲学、伦理,甚至宇宙论等层面的认知,依此引导和劝诫人们敬畏神明,遵循神性礼法。所有这一切,都是为了保障"正确的教育",为次好城邦培养"完善的公民"。

---

 ① Laks, "Plato's 'Truest Tragedy': *Laws* Book 7, 817a-d," 2010, p. 220.

不过，柏拉图对待正义悲剧的态度则另当别论，因为他深知悲剧诗人热衷于宣扬一种缺乏真理但却极具煽动力的正义观念，并且经常对神与人的命运和生活持有悲观或消极的看法。这里不妨以埃斯库罗斯的《俄瑞斯忒斯》（*Oresteia*）为例。此三联剧取材于骇人听闻的古老故事，意在昭示法律精神最终战胜了流血复仇。就主题而言，这三部悲剧都与复仇女神所歌唱①（由歌队呈现）的正义相关。该故事结尾处都极力颂扬城邦的法律，展现公民对法律的由衷尊崇。然而，剧中的正义却是以这等方式得以实现：克吕泰墨斯特拉（Clytaemnestra）为替死去的女儿报仇，残忍地谋杀了自己的丈夫阿伽门农。这部悲剧让我们认识到如下结果：作为"善"的正义，是如何演化为破坏性的、毁灭性的甚至灾难性的社会或文化力量的。②因此，柏拉图抵制正义的悲剧，认为后者会带来可怕的负面效果。他所构想的美好城邦，绝不允许这种悲剧存在。

至此，库恩（Kuhn）和拉克斯（Laks）对"至真悲剧"喻说的相关解读值得关注，因其能从柏拉图的对话原文中找到相应证据。譬如，库恩认为，柏拉图意在借此来"完善体现于悲剧里的一种思维方式"③。拉克斯声称，"当《法礼篇》倡导依据法礼这种'至真悲剧'来完善人生时，就此反观《理想国》所述的做法，这实则彰显出《法礼篇》自身的逻辑及其更为深刻的真理"④。此外，库恩断言，柏拉图的喻说意味着"悲剧作品向哲学靠拢的自我提升运动"⑤。这些说法均有一定道理，其主要原因至少有二：（1）在柏拉图的诗化哲学中，这种运动既是诗与

---

① 复仇女神之歌如下："有一个地方，在那里恐惧是好事……如果人心没有恐惧的滋长，试问哪座城池、哪个凡人会敬畏正义……不要赞美毫无规矩的生活，不要颂扬施行暴政的君主……敬畏正义的祭坛；切不可为了利益辱没正义！"参阅"There is a place where fear is a good thing… For what city, what mortal would revere Justice, unless they nourish their heart on fear…praise neither the life that is unruled, nor the one that is tyrannized…Revere the altar of Justice; do not dishonor it at the sight of profit!" See Sommerstein（1989:517-28, 538-41），Crotty（2011:32）。

② Crotty, *The Philosopher's Song*, 2011, p. 33.

③ Kuhn, "The True Tragedy: On the Relationship between Greek Tragedy and Plato," 1941, p. 39.

④ Laks, "Plato's 'Truest Tragedy': *Laws* Books 7, 817a-d, " 2010, p. 229.

⑤ Kuhn, "The True Tragedy: On the Relationship between Greek Tragedy and Plato," 2010, p. 229.

哲学之争的必然结果，也是悲剧作品的本质属性和重要特征，尼采在论及希腊悲剧哲学时曾就此做过深入探讨。(2) 相比之下，《理想国》比《法礼篇》更能体现这一运动的导向。在《理想国》中，柏拉图竭力把哲学提升到统治地位，笃信正义的哲学足以支撑"理想城邦"的构建。在《法礼篇》中，他虽然审视了正义的哲学和正义的宗教，但更多强调的是正义的法律或城邦的法治。他从理论到实践的转向，让我们深切地认识到这一点：要维护"次好城邦"的正义，法律才是重中之重，哲学和宗教只是不可或缺的辅助手段，此两者都服务于前者。可见，在"至真悲剧"喻说的三个维度中，保障法治的正义法律最为关键，明显高于正义的哲学与宗教。相应地，在构建"次好城邦"的宏图伟业中，正义的哲学和宗教虽然必不可少，但其重要性始终不及正义的法律。如此说来，我们可对库恩的观点修正如下：柏拉图"至真悲剧"的喻说，象征着悲剧作品迈向政治哲学的核心，此乃经由立法程序的一种自我提升运动。

最后，必须重申，当代读者唯有高度重视柏拉图推崇的那种事关城邦法礼的新式悲剧，才能深入领会"至真悲剧"喻说的真正意涵。此新式悲剧实则喻指极其严肃而重大的政治构想，就像有的学者所说的那样：这种悲剧本身就内在于这座城邦之中，甚至可以将其与这座城邦等同视之，因为该悲剧所构建的正是该城邦的政体制度。① 如果完全因循这一思路，我们至少需要识别两种悲剧、两种诗人与两种生活。在这两种悲剧中，一种是为观众表演的剧场悲剧，其情节与人物是虚构的，其效应是诉诸感性审美的，其实质是戏剧性的摹仿活动；另一种是城邦政体与立法的政治悲剧，其内容与人物是真实的，其用意是诉诸理性认识的，其实质是政治性的社会实践，是严肃而重大的立法和教育工程。在这两种诗人中，一种是集市诗人，是游走城邦集市和推销自己作品的艺术家，他们依靠想象或摹仿来再现自己的故事，借助表演来展示自己的技艺，通过交易来谋取自己的利益，其目的是满足自己艺术、才情、审

---

① Laks, "Plato's 'Turest Tragedy': *Laws* Book 7, 817a-d," 2010, p. 219.

美与生计等方面的实际需要；另一种是立法诗人，是社会制度与法礼的设计者，他们凭借理智思索与理性话语，通过探寻良好的城邦政体制度与法礼系统，来建构城邦公民之间和谐与友善的关系，培养城邦公民非凡的德性与守法的意识，其目的是确保城邦公民享受公正、幸福且有尊严的美好生活。在这两种生活中，一种是集市诗人或剧场悲剧诗人所摹仿或再现的戏剧化生活，即一种源于虚构、充满怜悯与恐惧、令人感到痛苦不堪的生活；另一种则是立法诗人或政治悲剧诗人所构想或追求的社会化生活，即一种源自良法、基于公正、和谐有序、令人感到快乐幸福的生活。说到底，柏拉图将构建次好城邦这一严肃而重大的社会实践比作"至真悲剧"，其最终目的是想确立一套独特而良好的法礼，利用其强大的说服力与教育功能，一方面确保城邦公民从理性上认同和支持实施这一套法礼，另一方面培养和提升城邦公民的理性知解能力，以便使他们在个体与集体活动中通过合理运用这种能力而充分受益，同时也使他们借此能力来真正理解自己行为是否合理合法的原因，据此进而采取既符合个体利益，也符合共同福祉的正当而有效的行为。可以说，这种能力对于享有自由权利的公民而言，既是他们成就公民德性的组成部分，消除无知症状的一剂良药，开启实践智慧的一把钥匙，同时也是他们践履城邦正义的一种实践。

参考文献

Aristotle, 1922, *The Poetics of Aristotle,* trans. S. H. Butcher, London: Macmillan.

Crotty, Kevin, 2011, *The Philosopher's Song,* Lanham: Lexington Books.

Jaeger, Werner, 1971, *Paideia: The Ideals of Greek Culture,* trans. Gilbert Highet, Oxford & New York: Oxford University Press, Vol. III.

Jouët-Pastré, Emmanuelle, 2006, *Le jeu et le sérieux dans les Lois de platon*, Sankt Augustin: Academia Verlag.

Knox, Bernard, 1979, *Word and Action: Essays on the Ancient Theatre,* Baltimore: Johns Hopkins.

Kuhn, H., 1941, "The True Teagedy: On the Relationship between Greek Tragedy and Plato," *Harvard Studies in Classical Philosophy*, 52, pp. 1-140.

Laks, André, 2010, "Plato's 'Truest Tragedy': *Laws* Book 7, 817a-d," in Christopher Bobonich (ed.), *Plato's* Laws: *A Critical Guide,* Cambridge: Cambridge University Press.

Meyer, Susan Sauvé, 2011, "Legislation as a Tragedy: On Plato's *Laws* VII, 817B-D," in Pierre Destrée & Fritz-Gregor Herrmann (eds.), *Plato and the Poets,* Leiden & Boston: Brill, pp. 387-402.

Morrow, G. R., 1960, *Plato's Cretan City,* New Jersey: Princeton University Press.

Murray, Penelope, 2011, "Tragedy, Women and the Family in Plato's *Republic*," in Pierre Destrēe & Fritz-Gregor Herrmann (eds.), *Plato and the Poets,* Leiden: Brill, pp. 175-93.

Plato, 1997. *Complete Works*, (eds.), John M. Cooper, Indianapolis and Cambridge: Hackett Publishing Company.

Plato, 1994, *Laws,* trans. R. G. Bury, London and Cambridge: William Heinemann & Harvard University Press.

Plato, 1975, *The Laws,* trans. Trevor J. Saunders, London: Penguin Books.

Plato, 1963, *Republic,* trans. Paul Shorey, London and Cambridge: William Heinemann & Harvard University Press.

Taylor, A. E., 1956, *Plato: The Man and his Work,* New York: Meridian Books.

亚里士多德：《诗学》，陈中梅译注，北京：商务印书馆，1996年。

泰勒：《柏拉图：生平及其著作》，谢随知等译，济南：山东人民出版社，1996年。

王柯平：《〈理想国〉的诗学研究》，北京：北京大学出版社，2005年。

张载：《语录》，见中国社会科学院哲学研究所编：《中国哲学史资料选辑》（宋元明之部卷一），北京：中华书局，1982年。

主要参考文献

Adam, James (trans.). 1902. *The* Republic *of Plato*. Cambridge: Cambridge University Press.

Annas, Julia. 1982. "Plato's Myths of Judgment," *Phronesis*, 27, pp. 119-33.

Babut, Daniel. 1975. "Simonide moraliste," *Revue des Etudes Grecques*, 88, pp. 20-62.

Baghassarian, Fabienne. 2014. "Méthodes d'interprétation des mythes chez Platon," *Journal of Ancient Philosophy*, 8, pp. 76-104.

Benardete, Seth. 1963. "Some misquotations of Homer in Plato," *Phronesis*, 8, pp. 173-8.

Benardete, Seth. 2000. *Plato's* Laws: *The Discovery of Being*. Chicago: The University of Chicago Press.

Bloom, Allan (trans.). 1968. *The* Republic *of Plato*. New York: Basic Books.

Bluck, Stanley. 1961. *Plato's* Meno. Cambridge: Cambridge University Press.

Bobonich, Christopher. 1991. "Persuasion, Compulsion and Freedom in Plato's Laws," *The Classical Quarterly*, new series, 41:2, pp.365-88.

Boder, Werner. 1973. *Die sokratische Ironie in den platonischen Frühdialogen*. Amsterdam: B. R. Grüner.

Boys-Stones, George R. 2003. "The Stoics' Two Types of Allegory," in G. R. Boys-Stones (ed.), *Metaphor, Allegory, and the Classical Tradition: Ancient Thought and Modern Revision*. Oxford: Oxford University Press, pp. 189-216.

Brandwood, Leonard. 1976. *A Word Index to Plato*. Leeds: W. S. Maney & Sons.

Brisson, Luc, and Meyerstein, Walter. 1991. *Inventer l'univers: Le problèm de la connaissance et les modelès cosmologiques*. Paris: Les Belles Lettres.

Brisson, Luc. 1999. *Plato the Myth Maker*, trans. Gerard Naddaf. Chicago: University of Chicago Press.

Brock Roger. 1990. "Plato and comedy," in E. M. Craik, (ed.), *Owls to Athens: essays on classical subjects presented to Sir Kenneth Dover* Oxford: Clarendon Press, pp. 39-49.

Buffière, Félix. 1956. *Les Mythes d'Homère et la Pensée Grecque*, Paris: Belles Lettres (rep., 1973).

Butcher, S. H. (trans.). 1922. *The* Poetics *of Aristotle*. London: Macmillan.

Burkert, Walter. 1962. "*Goēs*. Zum griechischen 'Schamanismus,' " *Rheinisches Museum für Philohogie*, 105, pp. 36-55.

Burkert, Walter. 1985. *Greek Religion*, trans. John Raffan. Cambridge, MA: Harvard University Press.

Burkert, Walter. 1992. *Lore and Science in Ancient Pythagoreanism*, trans. E. L. Minar. Cambridge, MA: Harvard University Press.

Burkert, Walter. 2004. *Babylon, Memphis, Persepolis: Eastern Contexts of Greeks Religions*. Cambridge, MA: Harvard University Press.

Burnet, John. 1907. *Platonis Opera*, Vol. V. Oxford: Clarendon Press.

Burnyeat, Myles. 1999. "Culture and Society in Plato's *Republic*," in *The Tanner Lectures on Human Values*, 20. Salt Lake City: University of Utah Press, pp. 217-324.

Bury, R. G. (trans.). 1994. *Plao's* Laws. London and Cambridge: William Heinemann & Harvard University Press.

Cairns, Douglas L. 1993. *Aidōs: The Psychology and Ethics of Honour and Shame in Ancient Greek Literature*. Oxford: Oxford University Press.

Calame-Giaule, Genevieve. 1970. "Pour une étude ethnolinguistique des littérateurs orales africaines," *Langages*, 19, pp. 22-45.

Califf, David J. 2003. "Metrodorus of Lampsacus and the Problem of Allegory: An Extreme Case?" *Arethusa*, 36, pp. 21-36.

Cappuccino, Carlotta. 2011. "Plato's Ion and the Ethics of Praise," in P. Destrée & F.-G. Hermann (eds.). *Plato and the Poets*. Leiden: Brill, pp. 63-92.

Capra, Andrea. 2005. "Protagoras' Achilles: Homeric Allusionasa Satirical Weapon (Pl. Prt. 340a)," *Classical Philology*, 100, pp. 274-7.

Carey, Christopher. 2000. "Old Comedyand the Sophists," in D. Harvey and J. Wilkins (eds.). *The Rivals of Aristophanes: Studies in Athenian Old Comedy*. Swansea: The Classical Press of Wales, pp. 419-36.

Carone, Gabriela. 2005. *Plato's Cosmology and Its Ethical Dimension*. New York:

Cambridge University Press.

Chantraine, Pierre. 1968-80. *Dictionnaire étymologique de la langue grecque*. Paris: Klincksieck.

Chvatík, Ivan. 2005. "Αἰσώπου τι γέλοιον: Plato's *Phaedo* as an Aesopian Fable about the Immortal Soul. A fragmentary attempt in understanding, " *New Yearbook for Phenomenology and Phenomenological Philosophy*, 5, pp. 225-43.

Clayton, Edward. 2009. "The Death of Socrates and the Life of Aesop," *Ancient Philosophy*, 28, pp. 311-28.

Collobert, Catherine. 2011. "Poetry as Flawed Reproduction: Possession and Mimesis in Plato," in P. Destrée & F. G. Herrmann (eds.), *Plato and the Poets*. Leiden: Brill, pp. 41-61.

Compagnon, Antoine. 1998. *Le Démon de la Théorie: Littérature et Sens Commun*. Paris: Seuil.

Cooper, John M. (ed.). 1997. *Complete Works*. Indianapolis and Cambridge: Hackett Publishing Company.

Cornford, Francis M. 1932. *Before and After Socrates*. Cambridge: Cambridge University Press.

Corrigan, Kevin. 1997. "The comic-serious figure in Plato's middle dialogues: the *Symposium* as philosophical art," in S. Jäkel, A. Timomen and V. M. Rissanen (eds.). *Laughter Down the Centuries*, Vol. III. Turku: Abo Akademis Trykeri, pp. 55-64.

Cosmopoulos, Michael. 2003. *Greek Mysteries: The Archaeology and Ritual of Ancient Greek Secret Cults*. London/New York: Routledge.

Cossutta, Frédéric. 2001. "La joute interprétative autour du poème de Simonide dans le Protagoras: herméneutique sophistique, herméneutique socratique ?" in F. Cossutta and M. Narcy (eds.). *La Forme Dialogue chez Platon: Évolution et Réceptions*. Paris: Jérôme Millon, pp. 119-54.

Coulter, John A. 1976. *The Literary Microcosms: Theories of Interpretations of the Later Neoplatonists*. Leiden: Brill.

Crotty, Kevin. 2011. *The Philosopher's Song: The Poets'Influence on Plato*. Lanham MD: Lexington Books.

Currie, Gregory. 1996. "Interpretation and Objectivity," *Mind*, 102, pp. 413-28.

Danto, Arthur C. 1983. "Art, Philosophy, and the Philosophy of Art," *Humanities*, 4, pp. 1-2.

Demos, Marian. 1999. *Lyric Quotation in Plato*. Lanham, MD: Rowman and Littlefield.

Denyer, Nicholas. 2008. *Plato* Protagoras. Cambridge: Cambridge University Press.

Destrée, Pierre and Hermann, Fritz-Gregor. (eds.). 2011. *Plato and the Poets*. Leiden: Brill.

Dixsaut, Monique. 2000. *Platon et la Question de la Pensée, Etudes platoniciennes I*. Paris: Vrin.

Dodds, Eric. 1957. *The Greeks and the Irrational*. Boston: Beacon.

Dorati, Marco. 1995. "Platone ed Eupoli (*Protagora* 314c-316a)," *Quaderni urbinati di cultura classica*, 50, pp. 87-103.

Dover, Kenneth James. 1980. *Plato:* Symposium. Cambridge: Cambridge University Press.

Edelstein, Ludwig. 1949. "The Function of the Myth in Plato's Philosophy, " *Journal of History of Ideas*, 1:4, pp. 463-81.

Edmonds, Radcliffe III. 2012. "Myth and Elenchos in Plato's *Gorgias*," in Collobert, Destree, and Gonzales (eds.). *Plato and Myth*. Leiden: Brill, pp. 171-90.

Edmonds, Radcliffe III. 2004. *Myths of the Underworld Journey: Plato, Aristophanes, and the "Orphic" Gold Tablets*. Cambridge: Cambridge University Press.

England, Edwins (ed.). 1921. *The* Laws *of Plato*. New York: Manchester University Press.

Erler, Michael. 2003. "To Hear the Right Thing and Miss the Point: Plato's Implicit Poetics," in A. N. Michelini (ed.). *Plato as Author: The Rhetoric of Philosophy*. Leiden: Brill, pp. 153-73.

Fagles, Robert. 1996. *Homer:* The Odyssey. New York: Penguin.

Fish, Stanley. 1980. *Is There a Text in this Class?: The Authority of Interpretive Communities*. Cambridge, MA: Harvard University Press.

Ford, Andrew. 1999. "Performing Interpretation: Early Allegorical Exegesis of Homer," in M. Beissinger, J. Tylus, S. Wofford (eds.). *Epic Traditions in the Contemporary World: The Poetics of Communities*. Berkeley: University of California Press, pp. 33-53.

Ford, Andrew. 2002. *The Origins of Criticism: Literary Culture and Poetic Theory in Classical Greece*. Princeton & Oxford: Princeton University Press.

Ford, Andrew. 2005. "The Function of Criticism *ca.* 432 BC: Texts and I nterpretations in Plato's *Protagoras*," Princeton/Stanford Working Papers in Classics, http://www.princeton.edu/~pswpc/papers/authorAL/ford//ford.html

Ford, Paul Leicester (ed.). 1898. *The Writings of Thomas Jefferson*, Vol. 9. New York: G. P. Putnam's sons.

Frankfort, Henri, John Wilson and Thorkild Jacobsen. 1946. *Before Philosophy: The Intellectual Adventure of Ancient Man.* Chicago: University of Chicago Press.

Frede, Dorothea. 1986. "The Impossibility of Perfection: Socrates' Criticism of Simonides' Poem in the Protagoras," *The Review of Metaphysics*, 39, pp. 729-53.

Freydberg, Bernard. 2007. "Homeric Μέθοδος in Plato's Socratic Dialogues," in G. A. Scott (ed.), *Philosophy in Dialogue: Plato's Many Devices. Evanston* IL.: Northwestern University Press, pp. 111-29.

Garland, Robert. 1985, *The Greek Way of Death.* Ithaca: Cornell University Press.

Gigon, Olof (ed.). 1987. *Aristotelis Opera III: Librorum Deperditorum Fragmenta.* Berlin: De Gruyter.

Gill, Christopher. 2002. "Dialectic and the Dialogue Form," in J. Annas and C. Rowe (eds.). *New Perspectives on Plato, Modern and Ancient.* Washington: Harvard University Press, pp. 145-71.

Giuliano, F. M. 2005. *Platone e la Poesia: Teoria della Composizione e Prassi della Ricezione, International Plato Studies* (22). Sankt Augustin: Academia Verlag.

Goldschmidt, Victor. 1982. *Essai sur le 《Cratyle》. Contribution à l'Histoire de la Pensée de Platon.* Paris: Vrin (rep.).

Graf, Fritz and Johnston, Sarah Iles. 2007. *Ritual Texts for the Afterlife: Orpheus and the Bacchic Gold Tablets.* London: Routledge.

Graziosi, B. & Haubold, J. 2002. *Inventing Homer.* Cambridge: Cambridge University Press.

Griswold, Charles. 2008. "Plato on Rhetoric and Poetry," In E. N. Zalta (ed.), *Stanford Encyclópedia of Philosophy*, http://plato.stanford.edu/entries/plato-rhetoric/.

Guthrie, Chambers. 1965. *A History of Greek Philosophy*, Vol. 2: *The Presocratic Tradition from Parmenides to Democritus.* Cambridge: Cambridge University Press.

Halliwell, Stephen. 1984. "Plato and Aristotle on the denial of tragedy," *Proceedings of the Cambridge Philological Society*, 30, pp. 49-71.

Halliwell, Stephen. 1986. *Aristotle's Poetics.* Chicago: University of Chicago Press.

Halliwell, Stephen. 1996. "Plato's repudiation of the tragic," in M. Silk (ed.). *Tragedy and the Tragic: Greek Theatre and Beyond.* Oxford: Clarendon Press, pp. 332-49.

Halliwell, Stephen. 2000. "The Subjection of Muthos to *Logos*: Plato's Citations of the

Poets," *The Classical Quarterly*, new series, 50, pp. 94-112.

Halliwell, Stephen. 2002. *The Aesthetics of Mimesis*. Princeton: Princeton University Press.

Halliwell, Stephen. 2007. "The Life-and-Death Journey of the Soul: Interpreting the Myth of Er," in G. R. F. Ferrari (ed.). *The Cambridge Companion to Plato's Republic*. Cambridge: Cambridge University Press, pp. 445-73.

Halliwell, Stephen. 2009. "The Theory and Practice of Narrative in Plato," in J. Grethlein and N. Rengakos (eds.). *Narratology and Interpretation* Berlin: De Gruyter, pp. 15-41.

Halliwell, Stephen. 2011a. "Antidotes and Incantations: is there a cure for poetry in Plato's *Republic*?" in P. Destrée and F. G. Hermann (eds.). *Plato and the Poets*. Leiden: Brill, pp. 241-66.

Halliwell, Stephen. 2011b. *Between Ecstasy and Truth: Interpretations of Greek Poetics from Homer to Longinus*. Oxford: Oxford University Press.

Hamilton, Edith and Cairns, Huntington (eds.). 1961. *The Collected Dialogues of Plato*. Princeton: Princeton University Press.

Hobbs, Angela. 2000. *Plato and the Hero: Courage, Manliness and the Impersonal Good*. Cambridge: Cambridge University Press.

Hunter, Richard. 2004. *Plato's* Symposium. Oxford: Oxford University Press.

Jaeger, Werner. 1974. *Paideia: The Ideals of Greek Culture*, Vol. III, trans. Gilbert Highet. Oxford & New York: Oxford University Press.

Jäkel, S., Timonen A. and Rissanen V. M. (eds.). 1997. *Laughter down the centuries*. Turku: Abo Akademis Trykeeri.

Janaway, Christopher. 1995. *Images of Excellence: Plato's Critique of the Arts*. Oxford: Clarendon Press.

Jeramiah, Edward. 2012. *The Emergence of Reflexivity in Greek Language and Thought*. Leiden: Brill.

Johansen, T. Kjeller. 2004. *Plato's Natural Philosophy: A Study of the* Timaeus-Critias. Cambridge: Cambridge University Press.

Johnson, Marguerite and Tarrant, Harold. 2015. "Fairytales and Make-believe, or Spinning Stories about Poros and Penia in Plato's *Symposium*: A Literary and Computational Analysis," *Phoenix*, 68, pp. 291-312.

Jouanna, Jacques. 1992."Le soufflé, la vie et le froid: remarques sur la famille de *psuchô* d'

Homere à Hippocrate," *Revue des Etudes Grecques*, 100, pp. 203-24.

Kahn, Charles. 2001. *Pythagoras and the Pythagoreans: A Brief History*. Indianapolis: Hackett.

Kahn, Charles. 1979. *The Art and Thought of Heraclitus*. Cambridge: Cambridge University Press.

Kamen, Deborah. 2013. "The Manumission of Socrates: A Rereading of Plato's *Phaedo*," *Classical Antiquity*, 32, pp. 78-100.

Kargas, Angelos. 1998. *The Truest Tragedy: A Study of Plato's* Laws. London: Minerva Press.

Knox, Bernard. 1979. *Word and Action: Essays on the Ancient Theatre*. Baltimore: Johns Hopkins.

Kurke, Leslie. 2006. "Plato, Aesop, and the Beginnings of Mimetic Prose," *Representations*, 94, pp. 6-52.

Kurke, Leslie. 2011. *Aesopic Conversations: Popular Tradition, Cultural Dialogue, and the Invention of Greek Prose*. Princeton: Princeton University Press.

Labarbe, Jules. 1949. *L' Homère de Platon*. Liege: Faculté de Philosophie et Lettres.

Laird, Andrew. 2003. "Figures of Allegory from Homer to Latin Epic," in G. R. Boys-Stones (ed.). *Metaphor, Allegory, and the Classical Tradition: Ancient Thought and Modern Revision*. Oxford: Oxford University Press, pp. 151-75.

Laks, André. 2010. "Plato's 'Truest Tragedy': *Laws* Book 7, 817a-d," in Christopher Bobonich (ed.). *Plato's* Laws: *A Critical Guide*. Cambridge: Cambridge University Press, pp. 217-31.

Lamberton, Robert. 1986. *Homer the Theologian: Neoplatonist Allegorical Reading and the Growth of the Epic Tradition*. Berkeley: University of California Press.

Lamberton, Robert and John J. Keaney (eds.). 1992. *Homer's Ancient Readers*. Princeton: Princeton University Press.

Lear, Jonathan. 2006. "Allegory and Myth in Plato's *Republic*," in G. Santas (ed.). *The Blackwell Guide to Plato's* Republic. Malden, MA: John Wiley & Sons, pp. 25-43.

Lavery, Jonathan. 2007. "Plato's Protagoras and the Frontier of Genre Research: A Reconnaissance Report from the Field," *Poetics Today*, 28, pp. 191-246.

Ledbetter, Grace. 2003. *Poetics before Plato: Interpretation and Authority in Early Greek Theories of Poetry*. Princeton: Princeton University Press.

Lesher, James. 1992. *Xenophanes of Colophon*. Toronto: University of Toronto Press.

Levinson, Jerrold. 1996. *The Pleasures of Aesthetics*. Ithaca: Cornell University Press.

Lévy, Edmond. 1995. "Arétè, timè, aidôs et némésis: le modèle homérique," *Ktèma*, 20, pp. 177-211.

Lewis, Victor. 2006. "Plato's *Minos*: the Political and Philosophical Context of the Problem of Natural Right," *The Review of Metaphysics*, 60:1, pp. 17-53.

Lohse, Gwinner. 1964, 1965, 1967. "Untersuchungen über Homerzitate bei Platon," *Helikon*, 4, pp. 3-28; 5, pp. 248-95; 7, pp. 223-31.

Long, Anthony. 1996. *Stoic Studies*. Cambridge: Cambridge University Press.

Maehler, Herwig. (ed.). 1989. *Pindari Carmina cum Fragmentis: Pars II, Fragmenta*. Leipzig: Teubner.

Mansfield, Jaap. 1990. *Studies in the Historiography of Greek Philosophy*. Assen: Van Gorcum.

Martinho Dos Santos, Marcos. 2007. "Théagène de Rhégium et Métrodore de Lampsaque: À propos de la paternité de l' exégèse allégorique des mythes homériques," *Ateliers*, 38, pp. 11-23.

Mayhew, Robert. 2008. Laws *10: Translated with a Commentary*. New York: Oxford University Press.

McCabe, Mary Margaret. 2007. "Irony in the soul: should Plato's Socrates be sincere?" in M. B.Trapp (ed.). *Socrates from antiquity to the Enlightenment*. Ashgate: Ashgate, pp. 17-32.

Meyer, Susan Sauvé. 2011, "Legislation as a Tragedy: On Plato's *Laws* VII, 817B-D," in Pierre Destrée & Fritz-Gregor Herrmann (eds.). *Plato and the Poets*, Leiden & Boston: Brill, pp. 387-402.

Morgan, Kathryn. 2000. *Myth and Philosophy from the pre-Socratics to Plato*. New York: Cambridge University Press.

Morrow, Glenn. 1953. "The Demiurge in Politics: The *Timaeus* and the *Laws*," *Proceedings and Addresses of the American Philosophical Association*, 27, pp. 5-23.

Morrow, Gleen. 1960. *Plato's Cretan City: A Historical Interpretation of the* Laws. Princeton: Princeton University Press.

Most, Glen W. 1994. "Simonides' Ode to Scopas in Contexts," in I. J. F. de Jong and J. P. Sullivan (eds.). *Modern Critical Theory and Classical Literature*. Leiden: Brill, pp. 127-52.

Most, Glen W. 2011. "What Ancient Quarrel between Philosophy and Poetry?" in P. Destrée & F. G. Herrmann (eds.). *Plato and the Poets*. Leiden: Brill, pp. 21-40.

Murray, Penelope. 1996. *Plato on Poetry*. Cambridge: Cambridge University Press.

Murray, Penelope. 2011. "Tragedy, Women and the Family in Plato's *Republic*," in Pierre Destrée & Fritz-Gregor Herrmann (eds.). *Plato and the Poets*. Leiden: Brill, pp.175-93.

Murray, Penelope. 2013. "*Paides Malakôn Mousôn*: Tragedy in Plato's *Laws*," in A. E. Peponi (ed.). *Performance and Culture in Plato's* Laws. Cambridge: Cambridge University Press, pp. 294-312.

Naddaf, Gerard. 2000. "Literacy and Poetic Performance in Plato's *Laws*," *Ancient Philosophy*, 20, pp. 339-50.

Naddaf, Gerard. 2005. *The Greek Concept of Nature*. Albany: State University of New York Press.

Naddaf, Gerard. 2007. "The Role of the Poet in Plato's Ideal Cities of Callipolis and Magnesia," *Kriterion*, 46, pp. 329-49.

Naddaf, Gerard. 2009a. "Algunas reflexiones sobre la noción griegatemprana de inspiración poética," in *Mythosy Logos Revista de Filosofía* (ed.). Miguel Giusti, in *ARETĖ*, 21, pp. 51-86.

Naddaf, Gerard. 2009b. "Allegory and the Origins of Philosophy," in W. Wians (ed.). *Logos and Mythos: Philosophical Essays on Greek Literature*. Albany: State University of New York Press, pp. 99-131.

Naddaf, Gerard. 2010. "Spontaneous Generation and Creationism in Pre-Socratic Monism in Light of Aristotle's Analysis in the *Physics*," *Anais de Filosofia Clássica*, 8, pp. 23-40.

Naddaf, Gerard. 2012. "L' *Historia* comme genre littéraire dans la pensée grecque archaïque," in L. Brisson et als (eds.). *Lire les présocratiques*. Paris: Presses Universitaires de France, pp. 61-78.

Nagy, Gregory. 1999. "Homer and Plato at the Panathenaia: Synchronic and Diachronic Perspectives," in John Peradotto, Thomas M. Falkner, Nancy Felson, David Konstan (eds.), *Contextualizing Classics: Ideology, Performance, Dialogue: Essays in Honor of John J. Peradotto*. Lanham, MD: Rowman & Littlefield, pp. 123-50.

Nagy, Gregory. 2001. "Homeric Poetry and Problems of Multiformity: The 'Panathenaic Bottleneck'," *Classical Philology*, 96, pp. 109-19.

Nails, Debra. 2002. *The People of Plato*. Indianapolis: Hackett.

Nails, Debra. 2006. "Tragedy Off-Stage, " in J. H. Lesher, D. Nails and F. C. C. Sheffield (eds.). *Plato's* Symposium: *Issues in Interpretaton and Reception*. Cambridge, MA: Harvard University Press, pp. 179-207.

Nehamas, Alexander. 1981. "The Postulated Author: Critical Monism as a Regulative Ideal, " *Critical Inquiry*, 8, pp. 133-49.

Nietzsche, Friedrich. 1988. *Die Geburt der Tragödie etc,* in G. Colli and M. Montinari (eds.). *Kritische Studienausgabe*, Vol. 1. Berlin: De Gruyter.

Nightingale, Andrea. 1993. "The Folly of Praise: Plato's Critique of Encomiastic Discourse in the *Lysis* and *Symposium*," *The Classical Quarterly*, new series, 43, pp. 112-30.

Nightingale, Andrea. 1995. *Genres in Dialogue: Plato and the Construct of Philosophy*. Cambridge: Cambridge University Press.

Nightingale, Andrea. 1999. "Historiography and Cosmology in Plato *Laws*,"*Ancient Philosophy*, 19, pp. 299-325.

Nozick, Robert. 1989. *The Examined Life*. New York: Touchstone.

Nussbaum, Martha. 1986. *The Fragility of Goodness*. Cambridge: Cambridge University Press.

Obbinck, Dirk. 2003. "Allegory and Exegesis in Derveni Papyrus: The Origin of the Greek Scholarship," in G. R. Boys-Stones (ed.). *Metaphor, Allegory, and the Classical Tradition: Ancient Thought and Modern Revision*. Oxford: Oxford University Press, pp. 177-89.

O'Connor, Douglas Kevin. 2007. "Rewriting the poets in Plato's characters," in G. R. F. Ferrari (ed.). *The Cambridge Companion to Plato's* Republic. Cambridge: Cambridge University Press, pp. 55-89.

Onians, Richard Broxton. 1951. *The Origins of European Thought*. Cambridge: Cambridge University Press.

Pangle, Thomas. 1976. "The Political Psychology of Religion in Plato's *Laws*," *The American Political Science Review*, 70:4, pp. 1059-77.

Pangle, Thomas (trans.). 1980. *The* Laws *of Plato*. New York: Basic Books.

Pappas, Nicholas. 1989. "Socrates' Charitable Treatment," *Philosophy and Literature*, 13, pp. 248-61.

Parry, Hugh. 1965. "An Interpretation of Simonides 4 (Diehl)," *Transactions of the*

American Philological Association, 96, pp. 297-320.

Partenie, Catalin (ed.). 2009. *Plato's Myths*. Cambridge: Cambridge University Press.

Pépin, Jean. 1976. *Mythe et Allégorie, les Origines Grecques et les Contestations Judéo-Chrétienes*. Paris: Etudes augustiniennes.

Rankin, H. D. 1967. "Laughter, humour and related topics in Plato," *Classica et medievalia*, 28, pp. 186-213.

Reeve, C. D. C. 1989. *Socrates in the Apology*. Indianapolis: Hackett.

Richardson, Nicholas J. 1975. "Homeric Professors in the Age of the Sophists," *Proceedings of the Cambridge Philological Society*, 21, pp. 65-81.

Riedweg, Christoph. 2002. *Protagoras: His Life, Teaching, and Influence*. Ithaca: Cornell University Press.

Robertson, Noel. 2003. "Orphic Mysteries and Dionysiac Ritual," in Michael Cosmopoulos (ed.). *Greek Mysteries*, pp. 229-33.

Rosen, Stanley. 1987. *Plato's* Symposium. New Haven and London: Yale University Press.

Rowe, C. J. 1997. "The good, the reasonable and the laughable in Plato's *Republic*," in S. Jäkel, A. Timonen and V. M. Rissanen (eds.). *Laughter down the centuries*, Vol. III. Turku: Abo Akademis Trykeri, pp. 45-54.

Rudhart, Jean. 1996. "Le preambule de la theogonie," in,Fabienne Blaise, Pierre Judet de la Combe, and Philippe Rousseau (eds.). *Le Métier du mythe: lectures d'Hésiode*. Lille: Septentrion Presses Universitaires, pp. 25-39.

Ruffell, I. 2000. "The World Turned Upside Down: Utopia and Utopianismin the Fragments of Old Comedy," in D. Harvey and J. Wilkins (eds.). *The Rivals of Aristophanes. Studiesin Athenian Old Comedy*. Swansea: The Classical Press of Wales, pp. 473-506.

Russon, John. 1995. "Hermeneutics and Plato's *Ion*," *Clio*, 24, pp. 399-418.

Rutherford, R. B. 1995. *The Art of Plato: ten essays in Platonic interpretation*. London: Duckworth.

Santas, Gerasimos. 1969. "Socrates at Work on Virtue and Knowledge in Plato's *Laches*," *Review of Metaphysics*, 22, pp. 433-60.

Saunders, Trevor. 1973. "Penology and Eschatology in Plato's *Timaeus* and *Laws*," *The Classical Quarterly*, new series, 23:2, pp. 232-44.

Saunders, Trevor. (trans.). 1975. *The* Laws *of Plato*. London: Penguin Books.

Saunders, Trevor. 1991. *Plato's Penal Code*. Oxford: Clarendon Press.

Sauvé Meyer, S. 2011. "Legislation as a Tragedy: on Plato's *Laws* VII, 817b-d," in P. Destrée and F.-G. Hermann (eds.). *Plato and the Poets*. Leiden: Brill, pp. 387-402

Schibli, H. S. 1990. *Pherecydes of Syros*. Oxford: Oxford University Press.

Schleiermacher, Friedrich. 1998. *Hermeneutics and Criticism*, trans. A. Bowie. Cambridge: Cambridge University Press.

Schöpsdau, Klaus. 1994. *Platon Nomoi (Gesetze)*: Übersetzung und Kommentar, Buch I-III. Göttingen: Vandenhoeck & Ruprecht.

Schuhl, P. -M. 1947. *La fabulation platonicienne*. Paris: Vrin.

Scodel, Ruth. 1986. "Literary Interpretation in Plato's *Protagoras*," *Ancient Philosophy*, 6, pp. 25-37.

Sedley, David. 2007. *Creationism and its Critics in Antiquity*. Berkeley and Los Angeles: University of California Press.

Sedley, David. 2009. "Myth, Punishment and Politics in the *Gorgias*," in Catalin Parentie (ed.). *Plato's Myths*. Cambridge: Cambridge University Press, pp. 51-76.

Segvic, Heda. 2006. "Homerin Plato's *Protagoras*," *Classical Philology*, 101, pp. 247-62.

Sheffield, Frisbee. 2006. *Plato's* Symposium*: The Ethics of Desire*. Oxford: Oxford University Press.

Silk, Michael S. 1974. *Interaction in Poetic Imagery*. Cambridge: Cambridge University Press.

Snell, Bruno. 1944. "Die Nachrichten über die Lehren des Thales und die Anfänge der griechischen Philosophie und Literaturgeschichte," *Philologus*, 96, pp. 170-82.

Solmsen, Friedrich. 1942. *Plato's Theology*. New York: Cornell University Press.

Solomon, Robert. 1981. *Love: Emotion, Myth and Metaphor*. Garden City, NY: Anchor/Doubleday.

Sorabji, Richard. 2006. *Self: Ancient and Modern Insights about Individuality, Life and Death*. Chicago: Chicago University Press.

Sorabji, Richard. 2008. "Some Recent Interpretations," in P. Remes and J. Sihvola (eds.). *Ancient Philosophy of Self*. New York: Springer, pp. 13-34.

Sourvinou-Inwood, Christiane. 2003. "Aspects of the Eleusinian Cult," in Michael Cosmopoulos (ed.). *Greek Mysteries*, pp. 25-49.

Stalley, Richard. 2009. "Myth and Eschatology in the *Laws*," in Catalin Partenie (ed.). *Plato's Myths*. New York: Cambridge University Press, pp. 187-205.

Stecker, Robert. 2002. "Interpretation and the Ontology of Art," in M. Krauz (ed.). *Is There a Single Right Interpretation?* University Park, PA: The Pennsylvania State University Press, pp. 159-80.

Stenlund, Sören, 2002. "The Craving for Generality," *Revista Portuguesa de Filosofia*, 58, pp. 569-80.

Stern-Gillet, Suzanne. 2007. "Poets and Other Makers: Agathon's Speech in Context," *Proceedings of the Fifth Symposium Platonicum Pragense*. Prague: Oikoumene, pp. 86-107.

Storey, Ian Christopher. 2003. *Eupolis. Poet of Old Comedy*. Oxford: Oxford University Press.

Strauss, Barry. S. 1993. *Fathers and Sonsin Athens*. Princeton: Princeton University Press.

Strauss, Leo. 1975. *The Argument and the Action of Plato's* Laws. Chicago: The University of Chicago Press.

Tarrant, Dorothy. 1951. "Plato's use of quotations and other illustrative material," *The Classical Quarterly*, new series, 1, pp. 59-67.

Tate, John. 1934. "On the History of Allegorism," *The Classical Quarterly*, new series, 28, pp. 105-14.

Taylor, A. E. 1956, *Plato: The Man and his Work*. New York: Meridian Books.

Taylor, C. C. W. 1976. *Plato: Protagoras*. Oxford: Clarendon Plato Studies.

Tell, Hakan. 2011. *Plato's Counterfeit Sophists*. Cambridge, MA: Harvard University Press.

Telò, M. 2007. *Eupolidis Demi*. Florence: Felicele Monnier.

Thayer, H. S. 1975. "Plato's Quarrel with Poetry: Simonides, " *Journal of the History of Ideas*, 36, pp. 3-26.

Trivigno, Franco. V. 2009. "Paratragedy in Plato's *Gorgias*," *Oxford Studies in Ancient Philosophy*, 36, pp.73-105.

Verdenius, Willem J. 1943. "L' Ion de Platon," *Mnemosyne*, 11, pp. 233-62.

Vicaire, Paul. 1960. *Platon Critique Littéraire*. Paris: Klincksieck.

Vlastos, Gregory (ed.). 1956. *Plato's* Protagoras. Indianapolis: Bobbs-Merrill.

Vlastos, Gregory. 1975. *Plato's Universe*. Seattle: University of Washington Press.

Vlastos, Gregory. 1991. *Socrates: Ironist and Moral Philosopher*. Ithaca: Cornell University Press.

Voegelin, Eric. 1957. *Plato*, Columbia: University of Missouri Press.

Weingartner, Rudolph H. 1973. *The Unity of the Platonic Dialogue: the* Cratylus, *the* Protagoras, *the* Parmenides. Indianapolis: Bobbs-Merrill Co.

Werner, Daniel. 2013. *Myth and Philosophy in Plato's* Phaedrus. Cambridge: Cambridge University Press.

West, Martin. 1971. *Early Greek Philosophy and the Orient*. Oxford: Clarendon Press.

West, Martin. 2007. *Indo-European Poetry and Myth*, Oxford: Oxford University Press.

Willink, C. W. 1983. "Prodikos, 'Meteorosophists' and the 'Tantalos' Paradigm," *The Classical Quarterly*, new series, 33, pp. 25-33.

Wimsatt, William K. and Beardsley, Monroe C..1989. "The Intentional Fallacy," in W. K. Wimsatt (ed.). *The Verbal Icon: Studies in the Meaning of Poetry*. Lexington: University Press of Kentucky, pp. 3-18.

Wittgenstein, Ludwig. 1969. *The Blue and Brown Books*. Oxford: Basil Blackwell.

Wohlmann, Avital. 1992. *Eros and Logos,* trans. Emanuel Corinaldi. Jerusalem: Kesset Publication Ltd.

Yamagata, Naoko. 2012. "Use of Homeric references in Plato and Xenophon," *The Classical Quarterly*, new series, 6, pp. 130-44.

Zanker, Andreas. T. 2013. " Expressions of Meaning and the Intention of the Text," *The Classical Quarterly*, 63, pp. 835-53.

亚里士多德：《诗学》，陈中梅译注，北京：商务印书馆，1996年。

泰勒：《柏拉图：生平及其著作》，谢随知等译，济南：山东人民出版社，1996年。

王柯平：《〈理想国〉的诗学研究》，北京：北京大学出版社，2005年；修订版，2014年。

王柯平：《〈法礼篇〉的道德诗学》，北京：北京大学出版社，2015年。